FP

अतृप्त अवसर

अनुकूल समयको असहज अर्थ-राजनीतिक विचार

स्वर्णिम वाग्ले

FP

FP

फाइनप्रिन्ट
फाइनप्रिन्ट प्रा. लि.
कर्पोरेट तथा सम्पादकीय कार्यालय
विशाल बस्ती 'क', विशालनगर, काठमाडौं
पोस्ट बक्स : १९०४१
फोन : +९७७-१-४५४३२६३, ४५२१६४१
इमेल : fineprintbooks@fineprint.com.np
वेबसाइट : www.fineprint.com.np

फाइनप्रिन्टद्वारा प्रथम पटक प्रकाशित, वैशाख २०७९

83 82 81 4 3 2

ISBN: 978-9937-790-25-3

ATRIPTA AWASAR BY SWARNIM WAGLE

विषयसूची

अन्तर्वार्ताहरू

भूमिका

समुन्नत नेपालको सैद्धान्तिक रूपरेखा

- गगन थापा

शासकीय स्थिरता र विकासले समाउन सक्ने गतिका दृष्टिले २०७४ देखि २०७८ सालको समय नेपालको इतिहासमै एउटा उल्लेख्य अवधि थियो । नयाँ संविधानको मिश्रित निर्वाचन प्रणालीअन्तर्गत कुनै पनि दलले स्पष्ट बहुमत ल्याई ढुक्कसँग पाँच वर्ष सरकार चलाउन गाह्रो हुन्छ भन्ने अनुमान चिर्दै कम्युनिस्ट दलहरूको एउटा कसिलो गठबन्धनले झन्डै दुईतिहाइ सांसदहरूको समर्थनमा सरकार चलाउने अवसर पायो । तर कमजोर राजनीतिक व्यवस्थापनका कारण यस्तो अपूर्व अनुकूलता साढे तीन वर्षभन्दा टिक्न सकेन । त्यो कालखण्डको अर्थ-राजनीतिक रेकर्ड राख्ने उद्देश्यसाथ वरिष्ठ अर्थशास्त्री डा. स्वर्णिम वाग्लेद्वारा प्रकाशित २५ ओटा लेखको यो सँगालोको चिरस्थायी महत्त्व रहने मेरो आशा छ । विगतको शासन शैली र सरकार सञ्चालनसँग गाँसिएका नीति, बजेट र आयोजनाबारेको टिप्पणीसँगै नेपालको दीर्घकालीन विकास रोडम्यापमा अन्तर्निहित सोच, मान्यता र दर्शनबारे डा. वाग्लेले राखेका विचारले भविष्यमा पनि दिशानिर्देश गर्नेछ भन्ने मेरो विश्वास छ ।

तथ्यसङ्गत तर्क र प्रक्षेपण त हुन्छन् नै । युवा पुस्ताले पर्न सक्ने भर, लिन सक्ने प्रेरणा र बोक्न सक्ने आशा उनका विचारहरूमा म पाउँछु । विगत केही वर्षदेखि म यस्तै आशाको त्यान्द्रो समातेर सामाजिक लोकतन्त्रको सैद्धान्तिक खाकाभित्र समुन्नत नेपालको विचार

निर्माण गर्न प्रयत्नरत रहेको हुँदा मेरा लागि यो पुस्तक सान्दर्भिक र उपयोगी छ ।

२००६ सालको आफ्नो प्रथम घोषणापत्रमा 'यथाशीघ्र मुलुकको सम्पूर्ण अवनतिको जरा उखेल्ने' भनेर नेपाली काङ्ग्रेस पार्टीले गरेको प्रतिबद्धता साढे छ दशकपछि पनि पूरा हुन नसकेको मात्र होइन, छिमेकी देशहरूको तुलनामा हामी निकै पछि परेका छौं । त्यसैले बदलिएको राजनीतिक र सामाजिक परिवेशमा हामीलाई उत्प्रेरणाको नवीन स्रोत चाहिएको छ, फेरि एउटा नयाँ सपनाको खोजी गर्नुपरेको छ । हरेक व्यक्तिको स्वतन्त्रता, समानता एवम् आत्मोन्नतिको अवसरलाई सुनिश्चित गर्दै यस्तो समाजको निर्माण गर्नु छ, जहाँ साझा दायित्वबोध, प्रयत्न र ऐक्यबद्धताका साथ लोकहितका लागि साझा समुन्नतिको सिर्जना गर्न सकियोस् । र त्यस्तो समाजमा हरेक नागरिकले स्वतन्त्र अनि सम्मानित रहेको महसुस गर्न सकून् । यसलाई मैले 'समुन्नत नेपाल, सम्मानित नेपाली'को अवधारणा भन्ने गरेको छु । सर्वप्रथम हामीले त्यो समुन्नतिलाई परिभाषित गर्नुपर्छ ।

संविधान निर्माणको चरण सकिएपछि समृद्ध नेपाल अबको हाम्रो गन्तव्य हो भन्ने एउटा राजनीतिक दृष्टिकोण छ । समृद्ध नेपालको त्यो अवधारणामा व्यापक भौतिक विकास, ठूलाठूला पूर्वाधारका संरचना, अग्ला भवन र भ्यू टावर, भीमकाय एयरपोर्ट, हिमालमा रेल चढाउनेलगायत ठूलो आर्थिक विकासको मार्गचित्र भेटिन्छ । त्यस्तो समृद्धिको आधार भौतिक विकास हो, जसले प्राकृतिक स्रोतहरूको अवैज्ञानिक दोहन गरेर पर्यावरणीय सङ्कट निम्त्याउँछ; विभेदका संरचनालाई झन् सुदृढ गर्छ, निश्चित ठाउँमा जनसङ्ख्याको केन्द्रीकरण गर्दै लैजान्छ; सहरी र ग्रामीण, धनी अनि गरिबबीचको खाडल अझ फराकिलो बनाएर द्वन्द्वको अवस्था सृजना गर्छ भन्ने कुरा विश्वभरिको अभ्यासले प्रमाणित गरिसकेको छ । संसारभरि आँधी जसरी आएको दक्षिणपन्थी राजनीतिको उभारमा केही निश्चित वर्ग मात्र लाभान्वित हुने यस्तै भौतिक विकासको ठूलो भूमिका रहेको पुष्टि हुँदै छ ।

तर 'समुन्नत नेपाल, सम्मानित नेपाली'को अवधारणा र समृद्धिको चित्रमा आधारभूत भिन्नता छ । 'समुन्नत नेपाल' एउटा निश्चित गन्तव्य नभएर राष्ट्र निर्माणको एउटा निरन्तर प्रयत्न हो । आजभन्दा भोलि र भोलिभन्दा पर्सि झन् उन्नत बनाउँदै लैजाने लगातारको कोसिस हो । 'समुन्नत नेपाल'को केन्द्रमा एउटा स्वतन्त्र नागरिक छ, उसका व्यक्तिगत आकाङ्क्षा र सपना छन्; उसको व्यक्तित्वको आफ्नै विशिष्ट पहिचान छ । भौतिक संरचना छन् । तर ती उसका तिनै सपनाहरूको पूर्तिका साधन मात्र हुन्; तिनको निर्माणमा उसको सहभागिता र सिर्जनशीलता जोडिएको हुँदा तिनले विभेदको सिर्जना गर्दैनन् । २०६० पछिको परिवर्तनले नेपाली राजनीतिलाई एउटा ठोस एजेन्डा त दियो । तर विकास वा समृद्धिका लागि आवश्यक मापक भने निर्क्योल गर्न सकेन । समुन्नतिलाई कसरी निर्धारण र परिभाषित गर्ने ?

'समुन्नत नेपाल'को राजनीतिक मिसनका केही निश्चित मापक हुनुपर्नेछ । नेपाल समुन्नतितर्फ बढ्दै जाँदा वंश वा जाति वा लिङ्गका आधारमा प्राप्त हुने विशेषाधिकारको अवस्था घट्दै जानेछ । जन्म भएको परिवार र स्थानका आधारमा नागरिकको भाग्य निर्धारण हुने अवस्थाको अन्त्य हुनेछ । सबै नेपाली नागरिकको स्वतन्त्रताको विस्तारका लागि शिक्षा, स्वास्थ्य, सामाजिक सुरक्षा जस्ता जीविकोपार्जनका न्यूनतम आधारको प्रत्याभूति हुँदै जानेछ । विभेदपूर्ण अवस्थाको अन्त्यसँगै लोकतन्त्रिक व्यवस्थामा एक सबल, सक्षम, स्वतन्त्र र सम्मानित नेपाली नागरिकको सिर्जनात्मक भूमिका बढ्नेछ । सक्षम हुने उसको प्रयत्नलाई राज्यले प्रोत्साहित गर्ने हुँदा ऊ अझ स्वावलम्बी, सम्पन्न र राष्ट्र निर्माणमा योगदान गर्न हरदम प्रेरित रहन्छ । सबल, सक्षम, स्वतन्त्र र सम्मानित नेपाली नागरिकको सामूहिक प्रयत्नबाट मुलुकको सम्पन्नता वृद्धि हुँदै जानेछ । त्यस्ता नागरिकको सामूहिक प्रयत्नबाट निर्माण हुँदै गरेको सम्पन्न नेपालमा जातीय, भाषिक, क्षेत्रीयलगायत विविधताको संयोगबाट राष्ट्रियताको नयाँ भाव सिर्जना भई राष्ट्रियता सुदृढ हुनेछ ।

यसरी सबल, सक्षम, स्वतन्त्र र सम्मानित नेपाली नागरिकको सामूहिक प्रयत्नका आधारमा निरन्तरको प्रयत्नले निर्माण हुने समुन्नत

नेपालले आधुनिक नेपाली परिचयको विकास गर्नेछ । र त्यसले सबै नेपालीलाई नेपाली हुनुमा वा नेपालीपनमा गर्व गर्न सक्ने अवस्थाको सिर्जना हुनेछ । मुलुकप्रतिको गौरवमा वृद्धि हुनेछ । यी महत्त्वाकाङ्क्षी राजनीतिक मिसन प्राप्त गर्ने सैद्धान्तिक आधार भने समाजिक लोकतन्त्रले प्रदान गर्न सक्छ भन्ने मेरो निष्कर्ष छ । त्यस्तो सामाजिक लोकतन्त्रका केही मूलभूत सैद्धान्तिक बुँदाहरूबारे छोटकरीमा चर्चा गरौं ।

राजनीतिक प्रणाली

उदार लोकतन्त्र र पुँजीवादी अर्थव्यवस्थाको विवेकपूर्ण सम्मिश्रणबाट बनेको सैद्धान्तिक अवधारणा हो, सामाजिक लोकतन्त्र । यसले विधिको शासन, शक्ति सन्तुलन र नागरिकको वैयक्तिक अधिकारको सुरक्षालाई सबैभन्दा महत्त्व दिन्छ । हामीले बुझेको र विश्वास गरेको उदार लोकतन्त्रका लागि स्वतन्त्र तथा निष्पक्ष आवधिक निर्वाचन आवश्यक सर्त पक्कै हो । तर यो पर्याप्त भने छैन । लोकतान्त्रिक निर्वाचनबाटै धमाधम चुनिएर आएका विश्वभरिका जन उत्तेजक अनुदार सरकारहरूको आचरण र व्यवहारले के पुष्टि गर्छ भने, स्वतन्त्र र निष्पक्ष आवधिक निर्वाचन मात्रले लोकतन्त्रलाई उदार बनाउँदैन । निर्वाचित सरकारले विधिको शासन र शक्ति सन्तुलनलाई सम्मान गर्दै, संविधानले हरेक तहको सरकारलाई दिएको अधिकारभित्र सीमाबद्ध रही नागरिकको वैयक्तिक स्वतन्त्रता सुनिश्चित र विस्तारित गर्छ भने मात्र उदार लोकतन्त्रले पूर्णता पाउँछ । उदार लोकतन्त्रको चरित्र र व्यवहार भएको सत्ताले मात्र आफूमा रहेको स्वायत्तता, वैधता र वैधानिकताको न्यायोचित प्रयोग गर्दै समाजभित्र स्वाभाविक रूपमा रहने द्वन्द्वलाई शान्तिपूर्ण ढङ्गले निरूपण गर्ने सामर्थ्य राख्छ ।

आर्थिक प्रणाली

सामाजिक लोकतन्त्रले पुँजीवादी अर्थ व्यवस्थाले प्रदान गर्ने लाभहरूलाई अँगाल्दै यसका अवाञ्छनीय पक्षहरूलाई उचित नियमनका माध्यमबाट सम्बोधन गर्ने र पुँजीवादी व्यवस्थाको अनपेक्षित असरबाट

नागरिकहरूलाई सुरक्षित गर्न उपयुक्त सामाजिक नीतिहरूको उपयोग गर्ने व्यवस्था गर्छ । वैयक्तिक स्वतन्त्रता र पुँजीवादी अर्थ व्यवस्था एकअर्कासँग गाँसिएका छन् । कुनै पनि राजनीतिक व्यवस्था समस्यारहित नभए जस्तै पुँजीवादी अर्थ व्यवस्थामा समस्या छैन भन्ने होइन, निःसन्देह थुप्रै समस्या छन् । तर तिनको समाधान पनि छ । उपयुक्त नीतिगत हस्तक्षेपमार्फत आर्थिक तथा सामाजिक क्षेत्रमा न्याय, राज्यका स्रोत तथा सेवाहरूमा सबै नागरिकहरूको समान पहुँच र अधिकारको सुनिश्चतता गर्ने नीतिगत व्यवस्था उदार लोकतन्त्र र पुँजीवादी अर्थ व्यवस्थाको सम्मिश्रण रहेको सामाजिक लोकतन्त्रको फ्रेमवर्कमा सम्भव छ । यो फ्रेमवर्कमा सबै नागरिकलाई पुँजीवादी अर्थ व्यवस्थामा सक्षम हुन आवश्यक हुने पूर्वसर्तहरूको सहज र समान आपूर्ति राज्यको सर्वाधिक महत्त्वपूर्ण जिम्मेवारी हो । विश्वका धेरै देशले यस्तो प्रबन्धलाई सफलतापूर्वक कार्यान्वयनमा ल्याएर उदाहरणीय विकास र सामाजिक न्यायको सुनिश्चितता गरिरहेको हामीले देखेका छौं । तीभन्दा पछाडि रहेका हामीलाई तिनले गरिरहेको अभ्यासको सफलता र असफलता दुवैबाट सिकेर द्रुत गतिमा अगाडि बढ्ने मौका छ ।

वैयक्तिक स्वतन्त्रता

समुन्नति हासिल गर्न नागरिक सक्षम, सबल र स्वाधीन हुन आवश्यक छ । त्यसका लागि राज्यको भूमिका भनेको संवैधानिक रूपमा प्रत्याभूत गरिएको वैयक्तिक स्वतन्त्रताको उच्चतम विस्तार र सिर्जनात्मक प्रयोग नै हो । यसमा तत्कालको प्राथमिकता भनेको संवैधानिक रूपमै प्रत्याभूत भएका वैयक्तिक स्वतन्त्रताहरूका बाधकको न्यूनीकरण र निर्मूलन हो । वैयक्तिक स्वतन्त्रतालाई विस्तार नगरी जीवन्त विकास सम्भव छैन । सरकारको स्वेच्छाचारी व्यवहारबाहेक हाम्रोमा वैयक्तिक स्वतन्त्रताका बाधक विभिन्न आवरणमा व्याप्त छन् । जातीय, लैङ्गिक र भौगोलिक आधारमा हुने असमानता, असमान व्यवहार, परम्परा र त्यसका कारणबाट हुने हिंसाले व्यक्तिको स्वतन्त्र उन्नयनलाई कुण्ठित पारेका छन् । व्यक्तिको विकासमा आधारभूत महत्त्व राख्ने शिक्षा,

स्वास्थ्य, सामाजिक सुरक्षा जस्ता कुराहरूको असमान पहुँचले पनि वैयक्तिक स्वतन्त्रतामा सीमा निर्धारण गरेको छ ।

यस्ता आवरणमा लुकेका वैयक्तिक स्वतन्त्रतामा बाधा पार्ने गरी हुने विभेद र बन्देजले संविधानले प्रत्याभूत गरेको स्वतन्त्रताको उपभोगका सन्दर्भमा बहुआयामिक प्रभाव पारिरहेका हुन्छन् । जस्तो शिक्षाको सहज र सरल पहुँच नहुँदा प्रथम दृष्टिमा व्यक्तिको शिक्षासम्बन्धी अधिकार हनन भए तापनि यसले अन्य राजनीतिक तथा सामाजिक अधिकारहरूको उपयोगलाई समेत अप्रत्यक्ष रूपमा बन्देज लगाउने अवस्था सिर्जना गरी नागरिकको समग्र व्यक्तित्व विकासमा दूरगामी नकारात्मक प्रभाव पारिरहेको हुन्छ । शिक्षाको हकको उपयोग गर्नबाट वञ्चित व्यक्ति संविधानले अपेक्षा गरे जस्तो अभिव्यक्ति स्वतन्त्रता वा रोजगारको अधिकार वा अन्य कुनै अधिकारको पूर्ण उपयोग गर्न सक्षम हुनै सक्दैन । सबै राजनीतिक, सामाजिक, आर्थिक र सांस्कृतिक अधिकारको उच्चतम प्रयोग गर्ने नागरिकको बाहुल्य नभई लोकतन्त्रले अपेक्षित फल दिन सम्भव छैन । समस्याको पहिचान भएपछि समाधानको बाटो फेला पर्छ । समुन्नत नेपालको बाटोमा सबैभन्दा ठूलो अवरोध नेपाली समाजमा व्याप्त विभेद र बन्देजको चक्र नै हो ।

समावेशिता

सामाजिक लोकतन्त्रले व्यवस्थाको प्रतिफललाई साँच्चै नै जनतासम्म पुऱ्याउन र वास्तविक जनमुखी बनाउन त्यसलाई अझै समावेशी बनाई जीवन पद्धतिकै रूपमा समाजमा स्थापित गर्छ । महिला, आदिवासी, जनजाति, मधेसी, दलित, मुस्लिम, अल्पसङ्ख्यक, अपाङ्गता भएका व्यक्तिलगायत मुलुकका विविध समुदाय र वर्गले लोकतन्त्रमा आफ्नो उत्तिकै प्रतिनिधित्व र सहभागिता रहेको ठान्नु जरूरी छ । सिंहदरबारको सरकार वा संसद्भित्र मात्र होइन, समाजका हरेक क्षेत्रमा त्यो विविधता झल्किनुपर्छ । खासगरी मजदूर, किसानलगायत शोषित र उत्पीडित वर्गले लोकतन्त्रमा आफ्नो स्वमित्व भेट्नुपर्छ । हाम्रो समावेशी

लोकतन्त्रले यी सबैलाई अट्ने छहारी दिनेछ । यिनको पहिचान र उत्थानका निमित्त काम पनि गर्नेछ ।

सबल र सक्षम नागरिक

व्यक्ति प्रधान कि समाज प्रधान भन्ने अर्थ-राजनीतिक समाजशास्त्रीय विवादमा सामाजिक लोकतन्त्रअनुरूपको अर्थ व्यवस्थाको स्पष्ट दृष्टिकोण छ– सामाजिक लोकतन्त्रमा व्यक्ति सधैं प्रधान हुन जान्छ । सामाजिक लोकतन्त्रले व्यक्तिसँग असिमित क्षमता छ भन्ने मान्छ । त्यसलाई पहिचान गर्छ र व्यक्तिले आफूमा अन्तर्निहित त्यो अपरिमित क्षमतालाई आफ्नो अनि समाजको प्रगतिमा उत्कृष्ट ढङ्गले प्रयोग गर्न सक्षम बनाउने अभिभारा सरकारको हो भन्ने मान्छ । यस दृष्टिकोणबाट सञ्चालित शासनमा मात्र नागरिक र नागरिकता प्रभावकारी हुन्छ । सबै राजनीतिक, सामाजिक, आर्थिक तथा सांस्कृतिक अधिकारको उच्चतम प्रयोग गर्न सक्ने सबल र सक्षम नागरिकबाट मात्र परिवार, समाज र समग्र राष्ट्रको विकास र निर्माण सम्भव हुन्छ । त्यसैले सामाजिक लोकतन्त्रको मुख्य दर्शन नै सबल र सक्षम नागरिकको निर्माण हो ।

सामाजिक लोकतन्त्रले शिक्षा, स्वास्थ्य, समाजिक सुरक्षाको प्रत्याभूति तथा विभिन्न प्रकारका विभेद र हिंसाबाट मुक्तिलाई 'लोक कल्याणकारी' जिम्मेवारीभन्दा पनि नागरिकमाथि उसको व्यक्तिगत सिर्जनशीलताको उच्चतम उपयोग गर्ने क्षमता वृद्धिका लागि गरिने 'लगानी'का रूपमा हेर्छ । नागरिकको क्षमता वृद्धिले राष्ट्र निर्माणमा उत्प्रेरकको काम गर्छ । सर्वतोमुखी उन्नतिको मार्ग प्रशस्त गर्छ । उदाहरणका लागि शिक्षालाई हेरौं । शिक्षा मौलिक हक हो । तर सामाजिक लोकतन्त्रले शिक्षालाई मौलिक हकका दृष्टिबाट मात्रै हेर्दैन । अशिक्षाको आर्थिक, सामाजिक मूल्य पनि हेर्छ । शिक्षाले नागरिकलाई प्रभावकारी बनाउन मद्दत पुर्‍याउँछ । र लोकतन्त्रिक व्यवस्थाले परिकल्पना गरे जस्तो नागरिक निर्माण गर्छ । त्यस्तै जातीय वा लैङ्गिक विभेदका विषयमा पनि राज्यले त्यस्तो विभेदले सबल र सक्षम

नागरिक निर्माणमा पुऱ्याउने अवरोध र त्यसका कारण समाज अनि राष्ट्रले बेहोर्ने सामाजिक, आर्थिक तथा राजनीतिक हानि-नोक्सानीलाई आकलन गर्छ । मौलिक हकको कार्यान्वयन संवैधानिक जिम्मेवारी अवश्य हो । तर सामाजिक लोकतन्त्रको खाकामा त्यस्तो मौलिक हकको कार्यान्वयनको जिम्मेवारी सबल र सक्षम नागरिकको निर्माणमा केन्द्रित हुन्छ ।

नागरिकको क्षमता अभिवृद्धि र त्यसका लागि राज्यले शिक्षा, स्वास्थ्य आदिमा गर्ने लगानी नै यस्तो अर्थ व्यवस्था सफल बनाउने आधारस्तम्भ हो । शिक्षा, स्वास्थ्य, पोषण आदि आधारभूत क्षेत्रहरूमा प्रदान गरिने सेवामा सबै नागरिकको समान, सहज र सुलभ पहुँच हुने हुनाले सामाजिक अर्थ व्यवस्थामा हरेक नागरिकले भविष्यको जीविकोपार्जन र उन्नतिका लागि अरू जस्तै समान न्यूनतम आधार प्राप्त गर्छ । तसर्थ सामाजिक अर्थ व्यवस्थाले अन्य व्यवस्थाको तुलनामा नागरिकको क्षमताको विकास गरी सम्मानजनक र सहज रूपमा जीविकोपार्जनको अवसर प्रदान गर्छ । त्यही नै राज्यको सर्वाधिक महत्त्वपूर्ण जिम्मेवारी हो भन्ने ठान्छ ।

'समुन्नत नेपाल'को खाकाको केन्द्रमा नेपाली नागरिक हुन्छ । मानवीय मूल्य र मान्यता हुन्छ । निश्चय नै भौतिक विकास आवश्यक छ । तर भौतिक विकासले मात्र समुन्नत नेपालको निर्माण हुँदैन । यसका लागि सबैभन्दा महत्त्वपूर्ण पक्ष भनेको सबल, स्वतन्त्र, सक्षम र सम्मानित नेपाली नागरिक हो । राष्ट्रको निर्माण हरेक व्यक्तिको स्वतन्त्र र सिर्जनात्मक विकासबाट हुनुपर्छ र हुन्छ । राजनीतिक दलहरूले विकासलाई ठूला र चिल्ला सडक, भीमकाय रेलमार्ग र विमानस्थल वा गगनचुम्बी भवन आदिका आधारमा बुझे र बुझाए । सडक आवश्यक छ । तर सडक किन, कसका लागि र कुन प्रयोजनका लागि हो भन्ने विषय समुन्नत नेपालको अवधारणामा समेटिनुपर्छ । जस्तो, सडकको निर्माण सवारी गुड्न त हो नै, त्यसभन्दा माथि सडकको प्रयोजन व्यक्तिको आवागमनलाई सहज र सुलभ बनाउन हो । यसको तात्पर्य, राष्ट्र केवल कङ्क्रिटको जङ्गल मात्र होइन; भौतिक विकासको

केन्द्रमा नागरिक हुन आवश्यक छ । भौतिक विकासको केन्द्रमा नागरिकको संलग्नता र सरोकार हुनुको अर्थ त्यसको सिर्जनामा प्रकृतिको असीमित दोहन हुन पाउँदैन । पर्यावरणको संरक्षणले मात्र मानिसको आर्थिक सुनिश्चितता, खुसी र सुखको अभिवृद्धि हुने विश्वभरि भौतिक विकासको अनुभवले प्रमाणित गरिसकेको सत्यले समुन्नत नेपालको खाकामा महत्त्वपूर्ण स्थान ओगट्छ ।

'समुन्नत नेपाल'को खाकाको केन्द्रमा नेपाली नागरिक, मानवीय मूल्य र मान्यता हुन्छ भन्नुको राजनीतिक अर्थ वैयक्तिक सिर्जनशीलता तथा स्वतन्त्रताको विस्तार र उपयोगबाट नेपाललाई समुन्नत बनाउने भन्ने हो । भौतिक संरचनाबाहेक पनि राष्ट्र कला, सहित्य, सङ्गीत, संस्कृति, इतिहास आदिको समष्टि हो । अतः राष्ट्र निर्माणको अर्थमा नागरिक विकासको उपभोक्ता होइन, विकासको निर्माता हो, विकासको संवाहक हो । हाम्रो अहिलेसम्मको राजनीतिले सरकारलाई विकासको गतिशील सर्जक र नागरिकलाई विकासको निष्क्रिय उपभोक्ताका रूपमा व्यवहार गरेको छ । समुन्नत नेपालको खाकाले यस विरोधाभासपूर्ण व्यवहारलाई परिवर्तन गर्छ ।

सामाजिक लोकतन्त्रिक संरचनाले आजीवन क्षमता अभिवृद्धिको संवैधानिक सुनिश्चिता गर्छ । यसका लागि राज्यसँग सोहीअनुसारको वित्तीय क्षमता हुन्छ । राज्यले यस्तो वातावरण निर्माण गर्न सक्नुपर्छ, जसअनुसार प्रत्येक व्यक्तिले आफू सम्पन्न हुने प्रयत्न गरोस्, त्यस्तो प्रयत्नलाई राज्यले उत्प्रेरित गरोस् र अन्ततः ऊ आफ्नो समाज र राज्यको उन्नतिमा योगदान गर्न सक्षम होस् । यसरी उसको योगदानबाट प्राप्त स्रोत राज्यले पुनः आफ्ना नागरिकको शिक्षा, स्वास्थ्य, सामाजिक सुरक्षा सुदृढ गर्न लगानी गर्छ । त्यसैले राज्यले सामाजिक तथा कल्याणकारी नीतिहरूमार्फत परिचालन गर्ने स्रोत उदार लोकतन्त्रिक अर्थ व्यवस्थाका लागि विवेकपूर्ण लगानी हो ।

सामाजिक लोकतन्त्रले नागरिकले राजनीतिक अधिकार उपयोग गर्ने कुराको सुनिश्चिता खोज्छ । वैयक्तिक स्वतन्त्रतालाई केन्द्रमा राखेर उदार लोकतन्त्र र पुँजीवादी अर्थ व्यवस्थालाई नियाल्ने हो

भने यीबीचको सम्बन्ध फेरि पनि अन्योन्याश्रित नै देखिन्छ । पुँजीवादी अर्थव्यवस्थाले व्यक्तिगत सम्पत्ति, व्यवसायको अधिकार जस्ता आर्थिक अधिकारहरूलाई आफ्नो आधारशिलाका रूपमा प्रयोग गर्छ । अर्कोतिर उदार लोकतन्त्रले लोकतान्त्रिक व्यवस्थाको आधारशिलाका रूपमा एक सक्षम र सबल नागरिकलाई पूर्वसर्तका रूपमा लिएको हुन्छ । यसलाई बुझ्न कुनै पनि राजनीतिक अधिकारलाई हेरौं– जस्तो अभिव्यक्तिको स्वतन्त्रता । उदार लोकतन्त्रमा नागरिकको अभिव्यक्ति स्वतन्त्रताको पूर्ण प्रत्याभूति गरिएको हुन्छ । भन्नुको अर्थ लोकतन्त्रमा नागरिकहरू सत्ता र शक्तिको विरूद्धमा बोल्छन् । त्यसरी विरोधमा बोल्न र प्रश्न गर्न आवश्यक रहेकाले नै त्यस्तो अधिकारलाई संवैधानिक रूपमा सुरक्षित गरिएको हो । उचित शिक्षा, स्वास्थ्य, सामाजिक सुरक्षा, पोषण आदि प्राप्त गरेको नागरिकले मात्र संवैधानिक रूपमा यसरी सुरक्षित अधिकार प्रयोग गर्न सक्छ । प्रश्न आउला, के सत्तालाई प्रश्न वा आलोचना गर्न सक्ने नागरिक लोकतन्त्रमा त्यस्तो महत्त्वपूर्ण छ ? अवश्य छ । किनकि त्यस्तो नगारिक नहुने हो भने सत्ताको निरङ्कुश बन्ने प्रवृत्तिले लोकतन्त्रको भविष्यलाई नै जोखिममा पारिदिन सक्छ । उदार लोकतन्त्रमा संवैधानिक रूपमा सुरक्षित गरिएका, विशेषगरी राजनीतिक अधिकारहरूले अन्ततोगत्वा लोकतन्त्रकै सुरक्षा गर्ने हो । त्यसैले त्यस्ता अधिकारको निःसङ्कोच र निर्भीक उपयोग गर्ने नागरिक निर्माण गर्ने दायित्व पनि लोकतान्त्रिक राज्य व्यवस्थाको हो ।

सामाजिक लोकतन्त्रले शान्तिपूर्ण राजनीतिक, आर्थिक र सांस्कृतिक अवस्थाको सुनिश्चितता गर्छ, जुन मानव समाज र जीवनको उद्देश्य पनि हो । साथै आर्थिक विकास, रोजगारी र आय वृद्धिको माध्यम पनि हो । यसले हिंसा कम गर्न र नागरिकलाई आत्मसम्मान प्रदान गर्न सहयोग गर्छ । यसबाट सापेक्षिक रूपमा स्थायित्वसहितको भविष्यको सुनिश्चितता हुन्छ, जहाँ व्यक्ति तथा समूहले तागतवार शक्तिहरूको दबाब र प्रभावबिना उज्यालो भविष्यको योजना बनाउन सक्छन् । त्यही भएर नै यस्तो व्यवस्थाले आत्मनियन्त्रण र स्वप्रयत्नलाई प्रोत्साहन गर्छ ।

सामाजिक लोकतन्त्रको केन्द्रमा नागरिकको स्वतन्त्रता हुनुपर्छ । लोकतन्त्रको मुख्य उद्देश्य नै नागरिकको स्वतन्त्रताको विस्तार गर्दै मर्यादित जीवन बाँच्ने अवस्था र अवसर दिने हुनुपर्छ । हाम्रो लोकतन्त्रले नागरिकलाई पाँच वर्षमा एक पटक भोट हाल्ने मेसिन होइन, राष्ट्र निर्माणका लागि अपरिमित क्षमताको स्रोत ठान्ने हुँदा राष्ट्रिय जीवनको हरेक पक्षमा उसको सक्रियता र सहभागिताको अपेक्षा गर्छ । अहिले त्यो व्यक्ति पाँच वर्षमा एक चोटि भोट हालेपछि नितान्त भूमिकाविहीन हुन्छ । आफ्नो सम्पूर्ण अधिकार कुनै एक प्रतिनिधिलाई सुम्पने फगत मतदातामा सीमित गरिएको त्यो व्यक्ति एक्लो, निष्क्रिय र कमजोर छ । तर हामी त्यस्तो लोकतन्त्रको निर्माण गर्न चाहन्छौं, जहाँ एउटा व्यक्ति सचेत नागरिकका रूपमा कानुन बनाउनेदेखि त्यसको पालना गराउने प्रक्रियासम्म सक्रिय छ । उसलाई सबै लोकतान्त्रिक प्रक्रियामा प्रत्यक्ष सहभागिता जनाउने र हस्तक्षेप गर्ने अधिकार र स्थान हुन्छ ।

शासनमा जनताको प्रत्यक्ष सहभागितालाई नबढाई लोकतन्त्रप्रति जनताको आकर्षण र स्नेहमा वृद्धि हुँदैन । र जनस्नेहको अभावमा लोकतन्त्र दुर्बल र असुरक्षित हुन्छ । यो हामीले पटकपटक ठूलो मूल्य चुकाएर प्राप्त गरेको दुःखद अनुभव हो । तसर्थ शासनलाई यथासम्भव जनताको नजिक पुऱ्याउनुपर्छ, जुन हाम्रो सन्दर्भमा नगर, गाउँ, समुदाय हुन सक्छन् । ताकि सर्वसाधारणले दैनिक प्रशासनमा सोझो र प्रत्यक्ष सहभागिता जनाउन सकून् । यसलाई 'गाउँले सत्ता' पनि भन्न सकिन्छ ।

नयाँ संविधानले व्यक्तिको स्वतन्त्रतालाई जस्तै समानतालाई पनि अर्को महत्त्वपूर्ण स्तम्भ मानेको छ । तर संविधानले परिकल्पना गरेको समानता औपचारिक होइन, सारवान् समानता हो । कानुनको समान संरक्षणको सैद्धान्तिक जगमा मात्रै सारवान् समानता सम्भव भएकाले यसका लागि संविधानले केही वैधानिक व्यवस्था गरेको छ । सामाजिक लोकतन्त्रको चेष्टा यो वैधानिकतालाई वैधता दिलाउनेतर्फ केन्द्रित हुनेछ ।

वैधानिकतामा बाध्यताको भाव रहन्छ भने वैधतामा स्वाभाविक समर्थनको । हाम्रो लोकतन्त्रमा संविधानले व्यवस्था गरेअनुसारको वैधानिकताको पालना त गरिन्छ नै । तर सँगसँगै यस्तो वातावरण बनाउँदै जानुपर्छ, प्रत्येक नागरिक वा समुदायले संविधानले तोकेको दायित्वलाई नैतिक जिम्मेवारी ठानेर पालना गर्दै वैधता दिन्छन् । आफ्नो अधिकारको उपभोग गर्दा अर्काको अधिकार हनन वा कुण्ठित हुन नदिन सचेत हुन्छन् । वैधानिक र वैध दुवै हस्तक्षेपले समाजलाई निरन्तर न्यायपूर्ण र समतामूलक बनाउन, पछाडि परेकालाई अगाडि ल्याउन काम गरिरहनेछ ।

सामाजिक लोकतन्त्रले एकातिर सबल, सक्षम र प्रभावकारी नागरिक र अर्कातर्फ विभेदको अन्त्यसँगै सबै वैयक्तिक अधिकारहरूको सरल र सहज पहुँच सहितको राज्य व्यवस्थाको परिकल्पना गर्छ । यस्तो सामाजिक व्यवस्थाले हाम्रा आआफ्ना विविध मौलिक संस्कृति, सिर्जना, सनातन परम्परा आदिको सुधार, संरक्षण, संवर्द्धन र सम्मान गरी समाजले स्वतः विविधतालाई देशको नैसर्गिक अवस्थाका रूपमा स्वीकार मात्र होइन, त्यसमाथि गर्व गर्ने वातावरण सिर्जना गर्छ, जसले देशप्रेम र राष्ट्रियतालाई जगेर्ना गर्न र बलियो बनाउन मद्दत गर्छ ।

लोकतन्त्रलाई आम नागरिकको उत्थानको माध्यम बनाउन त्यो नेतृत्वले अहिलेको व्यवस्था र यसको राजनीतिक संस्कारलाई न्याय गर्न त सक्नुपर्छ नै; राजनीतिक नेतृत्व भनेको विचार र व्यक्ति दुवै भएकाले समुन्नत नेपालको राजनीतिसँग पनि उसको एकाकार हुन जरूरी छ । उसले 'समुन्नत नेपाल'का लक्ष्यलाई स्पष्ट रूपमा व्याख्या गर्दै त्यसको प्राप्तिका लागि उत्तिकै स्पष्ट कार्यनीतिहरू निर्माण र सम्प्रेषण गर्ने क्षमता राख्नुपर्छ । उसले पार्टीमा आबद्ध हरेक सदस्यलाई मात्र होइन, लाखौं शुभेच्छुक नागरिकलाई पनि उत्साहित, उत्प्रेरित र क्रियाशील बनाई अब यो देश हाम्रै जीवनकालमा समुन्नत हुनेछ र उज्ज्वल भविष्यको खोजीमा हाम्रा सन्ततिले विदेशतिर भट्किनुपर्नेछैन भन्ने गहिरो विश्वास दिलाउन सक्नुपर्छ । अनि मात्र

नेपाललाई चाहिएको सामाजिक, राजनीतिक र आर्थिक उछाल प्राप्त गर्न सम्भव हुन्छ ।

सामाजिक लोकतन्त्रको सैद्धान्तिक खाकाभित्र रहेर कोरिने समुन्नत नेपालको उद्देश्यलाई कहिल्यै साकार नहुने सपना होइन, त्यसको कार्यान्वयनका लागि हामीले यथार्थपरक तर उत्प्रेरणायुक्त कार्यक्रम निर्धारण गर्नुपर्छ । त्यस्तो कार्यक्रममा आम नेपालीको व्यापक सहभागिता हुने र अपनत्व लिने परिस्थिति निर्माण गर्नुपर्छ । आम नागरिकसँग प्रत्यक्ष रूपमा जोडिँदा मात्र सामाजिक मुद्दाहरूको सही पहिचान र शीघ्र समाधान हुन सक्छ । सारमा, 'समुन्नत नेपाल' अपरिवर्तनीय चित्र होइन, यो एउटा जीवन्त अवधारणा हो; यो निरन्तर हिँडिरहने समाज रूपान्तरणको मार्ग हो, जसको केन्द्रमा नागरिक रहनेछ ।

(नेपाली काङ्ग्रेसको चौधौं राष्ट्रिय महाधिवेशनमा लेखकद्वारा प्रस्तुत 'हाम्रो ध्येय : समुन्नत नेपाल, सम्मानित नेपाली' नामक अर्थ-राजनीतिक प्रस्तावको सम्पादित अंश)

के नेपाल धनी नहुँदै बूढो हुनेवाला छ ?

अबको १० वर्ष देश दौडाउने अनुकूल समय छ, के गर्न सकिन्छ ?

अहिले राजनीतिक दलहरूको महाधिवेशनको मौसम छ । सबै दलले जनताको जीवनस्तर उकास्ने प्रतिज्ञा गरे पनि जनतामा उनीहरूप्रति वितृष्णा र अविश्वास छ । भविष्यप्रति कसले र कसरी आशा जगाउने होला भन्ने चासोबीच जब अनलाइन पोर्टल *सेतोपाटीले* मलाई आमजनताले बुझ्ने भाषामा आगामी एक दशकसम्म नेपालको आर्थिक अवस्था कस्तो होला भनेर सोध्यो, मेरो दिमागमा झट्ट एउटा प्रश्न आयो– के हामी धनी नहुँदै बूढो हुनेवाला त छैनौं ?

यसका लागि जनसाङ्ख्यिक बनोटमा आइरहेको परिवर्तन हेरौं, जसले नेपालको आर्थिक तथा सामाजिक अवस्था झल्काउने कथा भन्छ ।

अहिले हाम्रो जनसङ्ख्याको 'मिडियन' उमेर २४ वर्ष हो । यो भनेको नेपालको आधा जनसङ्ख्या २४ वर्षभन्दा कम उमेरका छन् । यसलाई सरल रूपमा बुझ्न भर्खर जन्मिएको नेपालीलाई पूर्व-पश्चिम राजमार्गको झापामा उभ्याऔं, उमेर छिप्पिइसकेको व्यक्तिलाई कञ्चनपुरमा । यसो गर्दा राजमार्गको मध्यबिन्दु अर्थात् नवलपरासीमा उभिन आइपुग्ने नेपालीको उमेर २४ वर्ष हुन्छ ।

बढ्दो बसाइँसराइ, विदेश पलायन, परिवर्तित प्रजनन दर, मृत्युदर र औसत आयु हेर्दा हाम्रो देशको तरूण अवस्था अब धेरै समय टिक्ने देखिँदैन । अब लगभग सन् २०२८ मा हामी 'बुढ्यौलो

समाज' बन्दै छौं । त्यसपछि कुल जनसङ्ख्याको सात प्रतिशत ६५ वर्षभन्दा बढी उमेरका हुनेछन् ।

झट्ट हेर्दा यो थोरै देखिन्छ । जाबो सात प्रतिशत बुढ्यौलो त के बुढ्यौलो भन्ने लाग्न सक्छ !

तर यसलाई वर्गीकरण गर्ने हो भने, १८ वर्षभन्दा मुनिकाले कामै गर्दैनन् । यसको मतलब १८ देखि ६५ वर्षबीचको जनसङ्ख्या मात्र अर्थतन्त्रमा सक्रिय हुने हो, जुन निरन्तर घट्दै जानेछ । सन् २०५० पछि हामी 'बूढो' समाजमा रूपान्तरण हुनेछौं । अर्थात् कुल जनसङ्ख्याको १४ प्रतिशत ६५ वर्षभन्दा बढी उमेरका हुनेछन् । यसबीच महिलाहरूले कम उमेरमै बच्चा नपाउने गरी ढिला विवाह गर्ने गरे थोरबहुत यो जनसाङ्ख्यिक झ्याल तन्किन सक्छ ।

समाज 'बुढ्यौली' हुँदै 'बूढो' (अर्थात् 'एजिङ'बाट 'एजेड')मा रूपान्तरण हुनुको अर्थ के त ?

अर्थ के भने, हामीसँग अब अर्थतन्त्रको गाडी बेस्सरी दौडाउन जम्मा आठदश वर्ष छ । यो १० वर्षमा हामीले आफूसँग भएको तरूण जोसलाई भरपुर उपयोग गर्नुपर्छ । विकसित पश्चिमा मुलुकहरूले 'बुढ्यौली'बाट 'बूढो' बन्न लामो समय पाएका थिए– फ्रान्सले ११५ वर्ष, स्विडेनले ८५, जर्मनीले ४० । नेपाल र इन्डोनेसिया दुवैले २६ वर्ष पाएका छन् । तर अहिले नै इन्डोनेसिया प्रतिव्यक्ति आयमा नेपालभन्दा तीन गुणा धनी छ ।

कल्पना गर्नुहोस् त, आठदश जनाको संयुक्त परिवारमा दुई जना श्रीमान्श्रीमती मात्र कमाउँछन्, बाँकी केटाकेटी र बूढाबूढी छन्, जो घरमै बस्छन् या स्कुल-कलेज जान्छन् । उनीहरूको आम्दानीभन्दा खर्च बढी छ । काठमाडौंको महँगीमा यस्तो परिवारको के दशा होला ?

अनन्त ऋण उठाइरहन सक्ने क्षमताबाहेक देशको बजेट र पारिवारिक बजेटको नियम उस्तैउस्तै हो । कमाउनेभन्दा पाल्नुपर्नेको अनुपात बढ्दै गए प्रगतिको गति धीमा हुनेछ ।

सन् २०१५ मा ११ जना काम गर्ने उमेरका नेपालीले एक जना वृद्धको हेरचाह गर्थे । सन् २०६० सम्ममा यो अनुपात चार जना बराबर

एक वृद्ध हुनेछ । हाम्रो जनसाङ्ख्यिक बनोटले पिरामिडबाट चङ्गाको आकार लिने देखिन्छ । अहिले जनसङ्ख्याको सबभन्दा ठूलो हिस्सा १० देखि १४ वर्ष उमेरको छ भने अबको तीन दशकमा ५० देखि ५४ वर्ष उमेर समूहको हिस्सा सबभन्दा ठूलो हुनेछ *(हेर्नुहोस् तलको चित्र)* ।

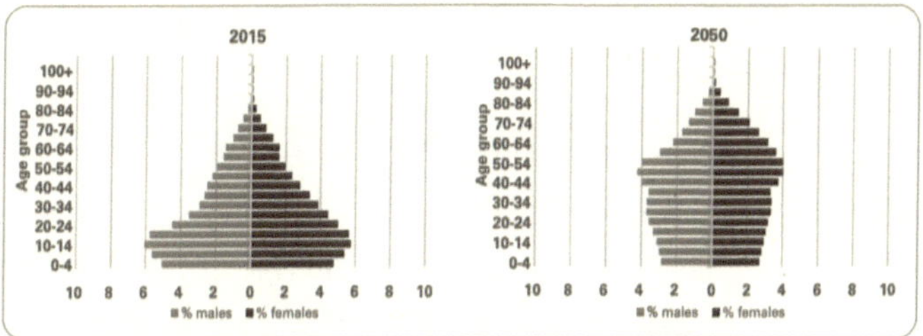

स्रोत : युनिसेफ र राष्ट्रिय योजना आयोग (२०१७)

निष्कर्ष के हो भने, देश दौडाउने हो भने हामीसँग आगामी १० वर्ष अनुकूल समय छ । त्यसपछि हाम्रा सम्भावना र अवसर साँघुरिन थाल्ने डर छ । नयाँ प्रविधिमार्फत केही हस्तक्षेप नहोला भन्ने होइन । तर यथास्थितिकै शैलीमा अघि बढ्यौं भने हामी धनी नहुँदै बूढो हुनेवाला छौं ।

मेरो यो लेख यही प्रश्नमा केन्द्रित छ । यसलाई मैले चार खण्डमा बाँडेको छु–

पहिलो, सन् २०३० सम्म हाम्रो विकासका गन्तव्य केके हुन् ?

दोस्रो, नेपाली अर्थतन्त्र र समाजमा भइरहेका ठूला परिवर्तन केके हुन् ?

तेस्रो, हाम्रो विकास यात्राका उत्प्रेरक र टेक्नुपर्ने खुट्किला केके हुन् ?

चौथो, यो यात्राका जोखिम केके हुन् ?

पहिलो खण्डमा विकासका गन्तव्यबारे कुरा गरौं ।

अतिकम विकसितबाट विकासशील मुलुकको दर्जामा उक्लिनु हाम्रो एउटा लक्ष्य हो । प्राविधिक हिसाबले भन्दा, सन् २०१८ मै

यो लक्ष्य पूरा गरिसकेका छौं । चाहेको भए त्यति बेलै घोषणा गर्न सक्थ्यौं । हामीलाई लाग्यो, विकासशील मुलुकको दर्जामा उक्लिन हाम्रो आयको पाटो कमजोर छ । राष्ट्रसङ्घले तोकेको न्यूनतम प्रतिव्यक्ति आयको सीमा एक हजार दुई सय ३० अमेरिकी डलर थियो । त्यति बेला नेपालको आय जम्मा सात सय ४५ डलर थियो *(एटलस विधि)* ।

सन् २०२१ मा हामी तेस्रो पटक योग्य ठहरिएर अब २०२६ पछि अतिकम विकसित मुलुकको दर्जाबाट स्तरोन्नति हुनेछौं । अफगानिस्तानबाहेक एसिया-प्रशान्त क्षेत्रका बाँकी १० अतिकम विकसित राष्ट्र सबैको यो दशक स्तरोन्नति हुनेछ । हाम्रो 'ब्याच'का बङ्गलादेश र लाओस भने आयका दृष्टिले हामीभन्दा दुईदेखि साढे दुई गुणा धनी भइसकेका छन् ।

हामी विकासशील मुलुकको दर्जामा उक्लिँदा कतिपयमा अतिकम विकसितका नाममा पाइआएका आर्थिक सहायता गुम्ला भन्ने चिन्ता देखिन्छ । तर यसमा अलि फराकिलो राष्ट्रिय दृष्टि राख्नुपर्ने म देख्छु ।

विश्व बैङ्क, एसियाली विकास बैङ्क वा मुद्रा कोष जस्ता निकाय र बेलायत, जापान, अमेरिका, चीन र भारत जस्ता देशले हामीलाई दिने आर्थिक सहयोगसँग यो वर्गीकरणको कुनै सरोकार छैन । अतिकम विकसित भएकाले युरोपेली सङ्घमा पाइआएको 'हातहतियारबाहेक सबै' वर्गका निर्यातमा पाइने व्यापार सहुलियतलाई भने 'जिएसपी प्लस' भन्ने छुट्टै सहुलियत स्किममा सार्नुपर्ने हुन्छ ।

विश्व व्यापार सङ्गठनअन्तर्गत बौद्धिक सम्पत्तिलगायत केही सम्झौतामा अतिकम विकसित हुँदा पाइने सहुलियत हामीले विकासशीलमा स्तरोन्नति भएपछि पनि पाउनुपर्ने 'नेगोसिएसन' अहिले जारी छ ।

विकासशील श्रेणीमा उक्लिँदा ५० वर्षदेखि आफूलाई तन्नम मान्दै आएको हाम्रो राष्ट्रिय मनोविज्ञानमा जुन सकारात्मक प्रभाव पर्छ, त्यो उल्लेख्य त छँदै छ, अन्तर्राष्ट्रिय लगानीकर्ता र पुँजीबजारको नजरमा

हाम्रो 'क्रेडिट योग्यता' अलिकति भए पनि बढ्नेछ । झोले-मगन्ते प्रवृत्तिबाट हाम्रो विकासमार्गले कोल्टे फेर्ने अवसरका रूपमा हामीले यसलाई लिनुपर्छ ।

हाम्रो दोस्रो गन्तव्य हो, दिगो विकास लक्ष्य हासिल गर्नु ।

हामीलाई सहस्राब्दी विकास लक्ष्यबारे थाहै छ । ती यति आधारभूत थिए, हामीले नियमित सरकारी बजेटबाट लगानी गर्दा पनि सजिलै लक्ष्य पूरा गऱ्यौं । चीन एक्लैले ७० करोड मान्छेलाई गरिबीबाट बाहिर निकाल्यो ।

दिगो विकास लक्ष्यले भने असमानता, रोजगारी, मौलिक हकलगायत धेरै क्षेत्र समेटेको छ । सन् २०३० सम्म हामीले यस्ता एक सय ६९ लक्ष्य पूरा गर्नु छ । त्यसमा १७ ओटा मुख्य उद्देश्य र तीन सयभन्दा बढी परिसूचक छन् । म राष्ट्रिय योजना आयोगको उपाध्यक्ष हुँदा नै हामीले ती लक्ष्य हासिल गर्न वार्षिक १८ देखि २० अर्ब अमेरिकी डलरको लागत अनुमान निकालेका थियौं, सालाखाला जिडिपीको ४८ प्रतिशत ।

हाम्रो लागत अनुमानअनुसार ५७ प्रतिशत सरकारले हाल्छ । विदेशी ऋणको ब्याज र अन्य सरकारी खर्चबाहेक शिक्षा, स्वास्थ्यलगायत विकास गतिविधिका चालु खर्च यसैमा पर्छन् । यो सरकारको जिम्मेवारी मात्र होइन, बृहत् राष्ट्रिय दायित्व पनि हो । त्यसैले ३५ प्रतिशत निजी क्षेत्रको लगानी हुनेछ भने सहकारी तथा गैरसरकारी संस्थाहरूले पाँचदश प्रतिशत हाल्नेछन् । शिक्षा, स्वास्थ्य र पोषण जस्ता क्षेत्रमा प्रत्येक घरपरिवारले आफ्ना तर्फबाट लगानी गरिरहेकै छन् । त्यसपछि पनि नपुग रकम विदेशी अनुदान, ऋण र लगानीबाट पूरा गर्नुपर्नेछ ।

विकासको तेस्रो गन्तव्य मध्यम आय भएको मुलुकको श्रेणीमा पर्ने भन्ने छ ।

मध्यम आयको परिभाषा 'इलास्टिक' छ । विश्व बैङ्कले प्रतिव्यक्ति वार्षिक आय लगभग ११ सयदेखि १२ हजार सात सय डलरसम्मलाई मध्यम आय मान्छ । १२ हजारभन्दा बढी उच्च आयको श्रेणीमा पर्छ ।

हामीले ११ सयदेखि १२ हजार डलरको बीचमा कुन बिन्दुको मध्यम आयवाला मुलुक हुन खोजेका हौं भन्ने प्रस्ट हुनु जरूरी छ । चार हजार डलर हाराहारीलाई न्यून-मध्यम र उच्च-मध्यम आयको बीचको बिन्दु पनि मानिन्छ ।

यसलाई अब हामी आजको तथ्याङ्कका आधारमा हेरौं ।

हाम्रो अर्थतन्त्रको आकार ३५ अर्ब डलर र जनसङ्ख्या सालाखाला तीन करोड हो । यसको मतलब हाम्रो प्रतिव्यक्ति आय ११ सय डलर मानौं । यसमा वार्षिक सात प्रतिशतकै वास्तविक (रियल) वृद्धिदर कल्पना गर्ने हो भने १० वर्षमा हाम्रो हैसियत आजभन्दा दोब्बर हुनेछ । यो भनेको आजको बङ्गलादेश र भारतभन्दा अलिकति माथि तर आजकै श्रीलङ्काभन्दा तल हुन जान्छ । ख्यालख्याल गर्दागर्दै भुटानकै प्रतिव्यक्ति आय हाम्रोभन्दा तीन गुना भइसक्यो ।

हरेक वर्ष सातदेखि १० प्रतिशतको उच्च आर्थिक वृद्धि हासिल गर्न लगानी र उद्यमशीलताका लागि जुन खालको अनुकूल वातावरण चाहिन्छ, अहिलेको नेता पुस्ताबाट त्यो हासिल हुने म देख्दिनँ । उनीहरूको मन्त्र नै सुधार होइन, दोहनतिर सोझिएको छ । त्यसमा लगाम लगाउन बनाइएका संस्थाहरूमा कब्जा भएको छ । त्यसैले पनि दुनियाँ देखेका-बुझेका र अब यसरी चल्दैन भन्दै पेटमा आगो दन्केका नयाँ युवा सुधारकहरूले राजनीतिमा हस्तक्षेप गर्नैपर्ने स्थिति आएको हो ।

मैले नकारात्मक अवस्था चित्रण गर्न खोजेको होइन । हामीले जति टाउको ठोके पनि हाम्रो नियति यही हो भन्न खोजेको पनि होइन । मेरो आशय यत्ति हो, हामीले अब ढिला गर्नुहुँदैन ।

तीस वर्षअघिको नेपाल र अहिलेको नेपालमा धेरै उन्नति भएको छ । यो निरपेक्ष उपलब्धि हो । सापेक्षिक रूपमा भने हामी पछि परिसक्यौं । सन् १९९० मा उस्तैउस्तै आर्थिक अवस्था रहेका नेपाल, भारत, बङ्गलादेश, कम्बोडिया र भियतनाम अहिले हामीलाई उछिनेर गइसके *(हेर्नुहोस् तलको चित्र)* ।

प्रतिव्यक्ति आय

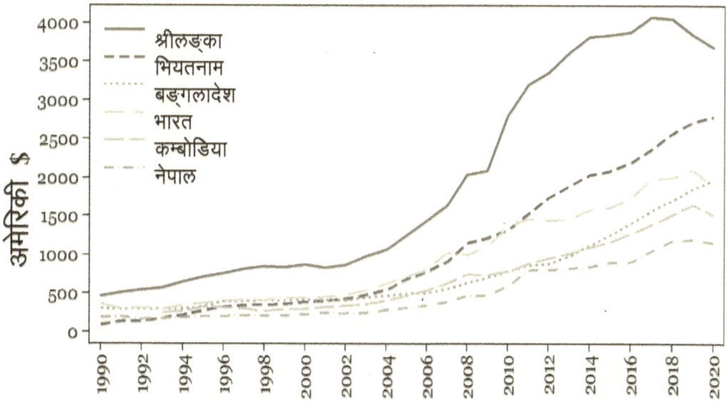

स्रोत : विश्व विकास सूचकाङ्क

मैले दुई ओटा त्यान्द्रामा झिनो आशा देखेको छु । आन्तरिक रूपमा हाम्रो जनसङ्ख्याको बनोट र यसले दिन सक्ने राजनीतिक धक्का । बाह्य रूपमा चाहिँ कोभिडपछिको नयाँ विकासे रोडम्याप ।

सन् २०१५ को ऐतिहासिक पेरिस जलवायु सम्झौताकी रचयिता क्रिस्टिएना फिगेरेसले सन् २०२० को दशकलाई सर्वाधिक 'कन्सेक्वेन्सियल' भनेको मलाई सम्झना छ । मानव इतिहासमै यो स्तरको उन्नत पुँजी, प्रविधि, नीतिगत र वैज्ञानिक ज्ञान पहिले कहिल्यै उपलब्ध थिएन ।

यी त भए हाम्रो विकासका तीन बृहत् गन्तव्य ।

लेखको दोस्रो खण्डमा यी गन्तव्य हासिल गर्न हाम्रो अर्थतन्त्र र समाजमा भइरहेका परिवर्तनबारे चर्चा गरौं ।

पहिलो परिवर्तन त जनसाङ्ख्यिक बनोटले प्रेरित गरेको बसाइसराइँको अवस्था नै हो । जनसङ्ख्या विशेषज्ञ समीर केसीले सन् २०११ को जनगणना केलाएर २१ जिल्ला व्यापक निर्जनीकरण भएको देखाएका थिए । यो वर्ष (२०२१) को जनगणनाले यो स्थिति अझ गहिरिएको देखाउला ।

मेरो अनुमानमा नेपालका ८० प्रतिशत जनसङ्ख्याको बसोबास अब २० प्रतिशत भूभागमा सीमित हुनेछ । खासगरी पूर्व-पश्चिम

राजमार्ग र तिनका छोटा करिडोरहरू अनि काठमाडौं, दाङ, पोखरा र चितवन उपत्यकाहरूमै घनत्व बढ्नेछ ।

राम्ररी व्यवस्थापन गर्न सक्यौं भने सहरी घनत्वको फाइदा छ । अर्थशास्त्री एड ग्लेजरका अनुसार सहर आफैंमा आर्थिक विकासको स्रोत बन्न सक्छ । *ट्रायम्फ अफ द सिटी*मा उनी भन्छन्, "सहरको फाइदा भनेको सन्निकटता हो । यसबाट सहकार्य हुन्छ, विचार जन्मन्छन्, जसले आर्थिक वृद्धिलाई बढावा दिन्छ ।"

सहरी अर्थशास्त्रमा कहिलेकाहीँ 'जिप्फ ल'को चर्चा हुन्छ । पहिलो ठूलो सहरको तुलनामा दोस्रो ठूलो सहरको जनसङ्ख्या आधा हुने, तेस्रो ठूलो एकतिहाइ हुने आदि । यस्तै हुनुपर्छ भन्ने कुनै वैज्ञानिक आधार नभए पनि नेपालमै यो 'प्याटर्न' मिल्न गएको देखिन्छ । काठमाडौं उपत्यकाको जनसङ्ख्या दशौं लाख छ । त्यसपछि आउने पोखरा पाँच लाखभन्दा कम । अन्य चार महानगरपालिकाहरूको जनसङ्ख्या दुई-अढाई लाख अनि त्यसपछिका उपमहानगरपालिकाहरू एकडेढ लाख *(हेर्नुहोस् तलको चित्र)* । मूल कुरो चाहिँ के भने, नियोजित बस्ती विकास गर्न सके सहरी घनत्व बढ्दै 'एग्लोमरेसन' हुनु विकासका लागि राम्रो हो ।

नेपालका सहर र 'जिप्फ ल'

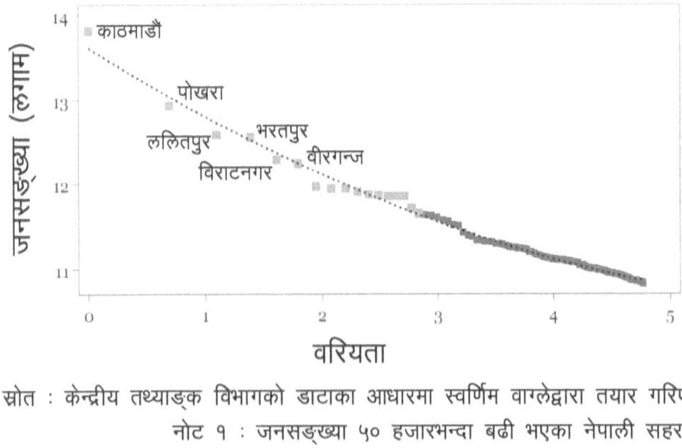

स्रोत : केन्द्रीय तथ्याङ्क विभागको डाटाका आधारमा स्वर्णिम वाग्लेद्वारा तयार गरिएको

नोट १ : जनसङ्ख्या ५० हजारभन्दा बढी भएका नेपाली सहरहरू

यसरी एकातिर हामीले नेपालको जनसाङ्ख्यिक बनोट तरूण अवस्थामा छ भनेर भन्यौं, अर्कातिर तीव्र बसाइँसराइको कुरा पनि गर्‍यौं। यी दुवै स्थितिलाई एकै ठाउँ राखेर हामी भन्न सक्छौं– नेपाल युवाहरूको चलायमान देश हो, जसले आर्थिक-सामाजिक कम्पन ल्याइरहेको छ।

हामीले भोगिरहेको दोस्रो कम्पन हो, अस्वाभाविक संरचनात्मक रूपान्तरण।

विगत दुई सय वर्षको आधुनिक विकासक्रम हेर्दा प्रायः मान्छे कृषि पेसाबाट बाहिर निस्कन्छ र उत्पादनमूलक क्षेत्र हुँदै सेवामा प्रवेश गर्छ भन्ने देखिन्छ। उत्पादनमूलक क्षेत्रको फाइदा के भने, सानो मुलुकले पनि विश्वकै लागि उत्पादन गर्न सक्छ। हामीले पनि गलैंचा, तयारी पोसाक जस्ता उत्पादन बानेश्वरका गल्लीबाट बर्लिन र न्युयोर्क निर्यात गरेकै थियौं। आज नेपाली चिया वा अलैंची संसारका जुनसुकै कुना पुग्न सक्छन्।

सेवा क्षेत्रमा भने यो सम्भव हुन्न। सेफ सन्तोष साहले आफ्नो विश्वस्तरीय पाकसेवा लन्डन बसेरै दिनुपर्‍यो। काठमाडौंबाट अहिले उनी त्यो सेवा दिन सक्दैनन्।

यति मात्र होइन, व्यापक रोजगार सिर्जना गर्न सक्ने क्षेत्र पनि उत्पादनमूलक उद्योग नै हो। त्यसैले जब कृषि क्षेत्रबाट मान्छे बाहिर आउँछ, एकदुई पुस्ता उत्पादनमूलक क्षेत्रले पचाउँछ। त्यसपछि मध्यमवर्गको आकार बढ्छ। त्यति बेलासम्म हामीले आजको मूल्यमा चारपाँच हजार डलर प्रतिव्यक्ति आय पुर्‍याउन सक्यौं भने बिस्तारै सेवा क्षेत्र परिपक्व हुँदै जान्छ। जिडिपीमा परम्परागत कृषिको अंश घटेर पाँचदश प्रतिशतमै सीमित हुँदा देश अगाडि नै गएको मानिन्छ।

विकास भनेको उत्पादकत्व र औपचारिकीकरणको सम्मिश्रण हो। उच्च उत्पादकत्व र औपचारिकीकरण भएको कृषि क्षेत्रको राष्ट्रिय हिस्सा न्युजिल्यान्डमा पनि जम्मा छ प्रतिशत छ। अस्ट्रेलियामा दुई र

अमेरिकामा एक प्रतिशत छ । उच्च मूल्यशृङ्खला र प्रशोधित कृषिमा छलाङ मारेको चिलीमा पनि कृषिको योगदान जम्मा ३.५ प्रतिशत छ ।

बीसौं शताब्दीमा हामीले संसारभर देखेको आर्थिक रूपान्तरणको क्रम यही हो । तर नेपाल यो बाटोमा हिँडेको छैन ।

हामीकहाँ कृषि क्षेत्रबाट मान्छे बाहिर आएका छन् । पछिल्लो आर्थिक सर्वेक्षणअनुसार, कुल गार्हस्थ्य उत्पादनमा कृषि क्षेत्रको हिस्सा २६ प्रतिशत छ । पाँच दशकअघि यो ७० प्रतिशत थियो ।

यति हुँदाहुँदै हामीकहाँ कृषिबाट निस्केको जनशक्तिलाई उत्पादनशील क्षेत्रले खपत गर्न सकेको छैन । उल्टो अर्थतन्त्रमा उत्पादनशील क्षेत्रको योगदान १० बाट साढे पाँच प्रतिशतमा झरेको छ ।

उत्पादनशील क्षेत्रको पुरानो संरचना पनि अहिले छैन । अत्याधुनिक मेसिन र स्वचालित प्रविधि भित्रिएका छन् । नेपालकै कतिपय उद्योगी स्वचालित प्रविधिमा जान थालिसके । उत्पादनशील क्षेत्रले धेरै रोजगारी सिर्जना गर्छ भन्ने कथन परिवर्तन हुँदै गएको छ ।

बरू सेवा क्षेत्रमा थोरै मान्छेले धेरै उत्पादकत्व दिन सक्छन् भन्ने जुन भनाइ थियो, त्यो बदलिएर धेरै रोजगारी सिर्जना हुँदै गएका छन् । जस्तो, अन्तर्राष्ट्रिय स्तरमा वालमार्ट र नेपालकै उदाहरण दिंदा भाटभटेनी जस्ता रिटेल सेवामा थुप्रै युवा जनशक्तिले काम पाइरहेको हामी देख्छौं ।

यस्तो अनियमित संरचनात्मक रूपान्तरणले हामीकहाँ कृषि क्षेत्रबाट त मान्छे बाहिर आए । तर अर्थतन्त्र परिपक्व नहुँदै उनीहरूले सेवा क्षेत्रमा फड्को मारे । औद्योगिकीकरण हुर्कन पाएन । कृषिबाट निस्केकाहरू थोक, खुद्रा बिक्री, सानातिना ठेक्कापट्टा, होटल, रेस्टुराँ जस्ता सामान्य सेवा क्षेत्रमा अल्झिए । यसमा वैदेशिक रोजगारबाट भित्रिने रेमिट्यान्स आयले मलजल गरेको छ ।

जिडिपीको अनुपातमा रेमिट्यान्सको आकार नेपालको भन्दा बढी लेसोथो, किर्गिस्तान, ताजिकिस्तान र एल साल्भाडोर जस्ता मुलुकको छ । तर ती सबै साना मुलुक हुन् । नेपाल जस्तो तीन करोड

जनसङ्ख्या भएको ठूलो राष्ट्रमा जिडिपीको तुलनामा रेमिट्यान्सको आकार २५ प्रतिशत हुनु उल्लेख्य विषय हो । अर्को १० वर्षमा यसलाई १५ प्रतिशत बिन्दुले घटायौं भने पनि हामी बल्ल फिलिपिन्सको तहमा झर्छौं । जब कि फिलिपिन्स भनेको रेमिट्यान्समा अत्यधिक आश्रित ठूलो मुलुक भनेर चिनिएको दशकौं भयो । यद्यपि त्यहाँ पनि जिडिपीको अनुपातमा कहिल्यै १३ प्रतिशत नाघेन । हाम्रो हिस्सा त्यसको दोब्बर छ आज । यसलाई घटाउन जुन महत्त्वाकाङ्क्षाका साथ विमर्श हुनुपर्ने हो, त्यो भएको छैन ।

तेस्रो परिवर्तन हो, कनेक्टिभिटी ।

२०४६ पछिको हाम्रो ठूलो उपलब्धि सडक सञ्जाल विस्तार नै हो । आँकडा हेर्ने हो भने, अहिलेसम्म एक लाख किलोमिटर बाटो बनेका छन् । यसमा डाँडाकाँडा खोस्रेर बनेको 'डोजरे विकास' घटाउने हो भने पनि कालोपत्रे र ग्राभेल सडकको कुल लम्बाइ ४२ हजार किलोमिटर नाघेको छ । पञ्चायतको ३० वर्षमा जम्मा चार हजार किलोमिटर कालोपत्रे र ग्राभेल सडक बनेका थिए ।

योभन्दा महत्त्वपूर्ण 'डिजिटल कनेक्टिभिटी' हो । सन् १९९१ मा देशभर ७१ हजार पाँच सय ६० ल्यान्डलाइन फोन थिए । आज मोबाइल फोनका उपभोक्ता नै तीन करोड जनसङ्ख्याभन्दा बढी छन् । वैदेशिक रोजगारमा गएकाहरूलाई त्यही मोबाइल फोनले आफ्नो परिवारसँग जोडेको छ ।

नेपाल भूपरिवेष्ठित देश भएकाले हाम्रा लागि डिजिटल प्रविधिले ल्याएको अवसर ठूलो छ । ६० वर्षमा हामीले बनाएको कालोपत्रे सडकको सञ्जाल २० हजार किलोमिटर र त्यसमा गुड्ने सवारी ४० लाख छन् । डिजिटल प्रविधिले भने पलभरमै विश्वबजारसँग गाँसिदिएको मात्र होइन, यसको सम्भावना असीमित बनाइदिएको छ ।

नेपाल किन बनेन भन्दा धेरैले नेताहरू भ्रष्ट भए, कर्मचारीतन्त्र नै निकम्मा बन्यो भनिन्छ । सुशासनको एजेन्डा सदाबहार माग हो र हुनुपर्छ । तर सदाचारी नेता र कर्मचारी हुँदा पनि हाम्रो भूपरिवेष्ठित

संरचनात्मक अवस्थाका आफ्नै कठिनाइ छन् । लामो दूरी र बढी तौल हाम्रा उत्पादनका अभिशाप हुन् । लागत बढ्दा प्रतिस्पर्धी क्षमतामा ह्रास आउँछ । दूरी र तौल घटाउने प्रविधिले हो । आज विश्वका १० बहुमूल्य कम्पनीमध्ये आठ ओटा सूचना प्रविधिसँग जोडिएका छन् । ठ्याक्कै २० वर्षअघि यो सूचीमा माइक्रोसफ्ट मात्र थियो ।

शासनको विकेन्द्रीकरणलाई म चौथो ठूलो परिवर्तनका रूपमा लिन्छु ।

नेपालमा आज सात सय ६१ ओटा सरकार छन् । विश्व बैङ्कले हालै गरेको सार्वजनिक वित्तको समीक्षाले सङ्घीयताको कार्यान्वयनपछि नेपालको कुल बजेट घाटा र ऋणमा उल्लेख्य वृद्धि भएको देखायो । यसको मुख्य दोष भने केन्द्रकै छ ।

प्रदेश र पालिकाहरूलाई ठूलो रकम हस्तान्तरण गरे पनि केन्द्रले आफ्नो आकार घटाएको छैन । सङ्घीयताअघि सन् २०१६ मा र पछि सन् २०२० मा केन्द्रको खर्च सालाखाला जिडिपीको अनुपातमा १८/१९ प्रतिशत नै छ । तर अन्तरसरकारी वित्त हस्तान्तरण जिडिपीको अनुपातमा नौ प्रतिशत पुगेको छ । केन्द्रले खर्च नघटाउँदा झन्डै २० वर्षसम्म औसत एक प्रतिशतको बजेट घाटा अहिले झन्डै छ प्रतिशत पुगेको छ । जिडिपीको अनुपातमा ऋण लामो समय २५ प्रतिशत हाराहारी रहेकामा अर्को दुई वर्ष जतिमै त्यो ५० प्रतिशत नाघ्ने विश्व बैङ्कको प्रक्षेपण छ ।

बलियो केन्द्र र पालिका भए बीचको प्रादेशिक तह नचाहिने हो कि भन्ने बहस पनि चलेको छ । विकेन्द्रीकरणका अन्य विकल्पमा पनि जान सकिन्थ्यो होला । तर सङ्घीयता मुख्यतः मधेसको माग थियो । यसप्रति हामी संवेदनशील हुनुपर्छ । सङ्घीयतालाई प्रदेशका मन्त्री र सांसद अनि विभिन्न आयोगका सदस्यहरूको भर्ती केन्द्र मात्र बनाइयो भन्ने गुनासो छ । हजार ओटा जति यस्ता पदको तलब सुविधामा एक अर्ब रूपैयाँ जति खर्च होला, जुन एक हजार छ सय अर्बको सङ्घीय बजेटको परिप्रेक्ष्यमा सानै हो । तर हिन्दी चलचित्र *दबङ्ग*मा

'मुन्नी बदनाम' भए झैं यो भर्ती केन्द्रको आभासले सङ्घीयता बदनाम भने भएको छ । सङ्घीय र प्रादेशिक सरकारहरूलाई थप मितव्ययी बनाउनैपर्नेछ ।

यी चार परिवर्तन– जनसाङ्ख्यिक बनोट र बसाइँसराइ, अनियमित संरचनात्मक रूपान्तरण, कनेक्टिभिटी र सङ्घीयताका सामूहिक प्रभाव के हुन् त ?

यसमा म तीन ओटा आयाम देख्छु ।

पहिलो, हामी धनी नहुँदै बूढो हुने अवस्थाको डिलमा उभिएका छौं, जसका बारेमा मैले माथि चर्चा गरिसकें । यो हाम्रो नियति नै चाहिँ होइन ।

दोस्रो, आधुनिक औद्योगिक अर्थतन्त्रको चरित्र ग्रहण नगर्दै हामी सहरिया समाजमा रूपान्तरण हुँदै छौं ।

तेस्रो, हामी विश्वसँग त जोडियौं । तर उत्पादनका दृष्टिले पिँधमै बस्न अभिशप्त छौं ।

लेखको तेस्रो खण्डमा अब हामी विकास यात्राका उत्प्रेरकबारे कुरा गरौं ।

पहिलो त पानी नै हो । यसलाई हामीले एकीकृत रूपमा बुझ्नुपर्छ । पानीको सम्भावनालाई जलविद्युत्मा सीमित गर्नुहुँदैन ।

जलविद्युत्बाट प्राप्त हुने ऊर्जा सकेसम्म आन्तरिक बजारमा खपत गरौं । हाम्रो यातायात र भान्साका तमाम आवश्यकता सय प्रतिशत स्वच्छ ऊर्जाबाट गर्ने र यो तथ्य पर्यटन मार्केटिङसँग जोड्ने । तर मौसमी उतारचढाव यति धेरै छ, वर्षामा निर्यात र हिउँदमा आयात गर्ने व्यापार मोडालिटीमा नगई सुखै छैन । जलवायु परिवर्तनको दबाबमा रहेको भारतको जैविक इन्धन उपभोगको आंशिक प्रतिस्थापन गर्ने हैसियत हाम्रो छ ।

यति हुँदाहुँदै पानी अड्याएर बाढी नियन्त्रण र सिँचाइ जस्ता विषयमा थप गृहकार्य आवश्यक छ । 'अपस्ट्रिम' र 'डाउनस्ट्रिम' नदीजन्य फाइदाको बाँडफाँट विश्वभर भएका छन् । उदाहरणका

लागि, कोलम्बिया नदी क्यानडाबाट अमेरिका बग्छ । त्यो नदीमा चार ओटा बाँध बनेका छन् । बाढी नियन्त्रण गरिदिएबापत अमेरिकाले क्यानडालाई छ करोड ४० लाख डलर तिरेको छ भने वार्षिक १२५० मेगावाट बराबरको बिजुली दिनुपर्छ । विश्व बैङ्कको सहजीकरणमा दुई शत्रुराष्ट्र भारत र पाकिस्तानले सिन्धु नदीको पानी बाँडफाँट गर्दै आएको ६० वर्ष भइसक्यो ।

दोस्रो हो, भूआकर्षण ।

हाम्रो देश सुन्दर भए पनि पर्यटकको गुण निम्नस्तरको छ । कोभिडअघि वार्षिक १२ लाख पर्यटक औसत १३ दिन बस्ने र दैनिक जम्मा ४८ डलर खर्च गर्थे । नजिकैको थाइल्यान्डमा वार्षिक चार करोड पर्यटक आउँछन्, कम्बोडियामा ७० लाख । उच्च मूल्यमा आधारित बहुआयामिक पर्यटनमा राष्ट्रले जोड दिनुपर्छ भन्ने गरिए पनि जोखिम उठाएर लगानी गर्ने स्वदेशी वा विदेशी उद्यमीहरूलाई हामीले दह्रो प्रोत्साहन गर्न सकेका छैनौं ।

राष्ट्रिय आयमा पर्यटनको प्रत्यक्ष योगदान २.५ प्रतिशत छ । जब कि हामी जस्तै द्वन्द्वबाट उठेको अतिकम विकसित र डब्लुटिओमा सँगसँगै सदस्य बनेको राष्ट्र कम्बोडियामा पर्यटन क्षेत्रको योगदान २० प्रतिशत देखिन्छ । हामीभन्दा सात गुना धनी थाइल्यान्डमै राष्ट्रिय आयमा पर्यटनको अंश १३ प्रतिशत छ ।

यी तीनै आयाममा विविधीकरण गर्नु छ । 'साहसिक' पर्यटनबाट अब विलासी एवम् धार्मिक पर्यटनमा फड्को मार्ने लक्ष्य पुरानै हो । म यहाँ एउटा अर्को आयाम उल्लेख गर्न चाहन्छु ।

अहिले संसारमा धेरै देश बुढ्यौलीको चरणमा प्रवेश गरेका छन् । त्यहाँका वृद्धवृद्धालाई हेरविचार गर्ने ठूलो बजार निर्माण हुँदै छ । उदाहरणका लागि, हल्यान्ड वा जापानका वृद्धवृद्धाले तीन महिना पोखरा आएर बस्छौं, हामीलाई त्यहीअनुसार नर्स र मेडिकल सुविधा देऊ भन्यो भने हामी यो प्रस्ताव स्वीकार गर्न सक्छौं कि सक्दैनौं ?

कोस्टारिका, पनामा, मेक्सिको, पोर्चुगल, ग्रिस, थाइल्यान्ड, इन्डोनेसिया र भियतनाम लामो बसाइको पर्यटनका लागि स्थापित हुँदै गएका छन् ।

यस्तो खालको पर्यटन प्याकेज विकास गर्न हामीले उनीहरूलाई गुणस्तरीय मेडिकल सेवा दिन सक्नुपर्छ । स्वास्थ्य बिमा 'पोर्टेबल' बनाउन कहाँ, केकस्तो नीतिगत, कानुनी र संस्थागत सुधार चाहिन्छ, सोचेका छौं ?

तेस्रो हो, डिजिटलाइजेसन ।

सूचना प्रविधिको कुरा गर्दा हामी सधैं नेपालको भूपरिवेष्ठित अवस्थाबारे चर्चा गर्छौं । यहाँ प्रश्न उठ्छ, नेपाल जस्तै भूपरिवेष्ठित मुलुक स्विट्जरल्यान्ड बन्ने, हामी चाहिँ किन नबन्ने ? यसमा हामीले यी दुई देशको फरकबारे प्रस्ट हुनु जरूरी छ ।

स्विट्जरल्यान्डका करिब ५० प्रतिशत जनसङ्ख्या तल्लो भेगमा बस्छन्, जहाँ राइन नदी बग्छ । बाजल भन्ने सहरको उदाहरण लिने हो भने, त्यहाँ राइन नदी हुँदै आउने जहाजमा लोड गरेको सामान एकै चोटि न्युयोर्क वा साङ्घाईमा खोले हुन्छ । भन्नुको मतलब, कुनै पनि देश समुद्रसँगै जोडिनुपर्छ भन्ने छैन । जहाज चल्न सक्ने नदी भए पनि हुन्छ । युरोपका अन्य भूपरिवेष्ठित मुलुक पनि छोटो दूरीमै विश्वबजारसम्म पुग्न सक्छन् ।

भूपरिवेष्ठित देश हुनुको जुन संरचनात्मक घाटा हामीले बेहोरिरहेका छौं, त्यो वास्तविक हो । तर अब यसैलाई नियति मानेर बस्ने कुरा आउँदैन । त्यसो भए यो संरचनात्मक घाटा कसरी निस्तेज पार्ने त ? यसलाई कसरी असान्दर्भिक बनाउने ? यही चुनौती हामीसामु छ । र यहीँनिर आएर जोडिन्छ प्रविधिको महत्त्व ।

आजको दुनियाँमा हामी संसारको जुनसुकै कुनाबाट कोडिङ गरेर जुनसुकै कुनामा निर्यात गर्न सक्छौं । नेपालमा स्थापना हुने सानो कम्पनी पनि एक अर्ब डलरको हैसियतमा पुग्न सक्छ । बीसौं शताब्दीमा यो सम्भव थिएन ।

त्यस बेलाको चलन भनेको ठूलो स्तरमा सामान उत्पादन गर्ने, प्याकेजिङ गर्ने, ठुल्ठूला ट्रकमा लोड गरेर नजिकको समुद्री बन्दरगाह पुऱ्याउने र त्यहाँबाट पानीजहाजमा ३० दिन, ६० दिन लगाएर विश्वबजारका राजधानीहरू अमेरिका, युरोपेली देश पुऱ्याउने थियो । यो मोडल अहिले परिवर्तन भएको छ ।

यसको विकल्पमा ई-कमर्स, ई-गभर्नेन्सको युग आएको छ । कोभिड महामारीको लकडाउनका बेला मैले नेपालका कम्पनीहरूबारे जानकारी लिएको थिएँ । तल उल्लिखित केही विवरण वैशाख २०, २०७७ को *कान्तिपुर*मा पनि प्रकाशन गरेको थिएँ ।

'बिजनेस प्रोसेस आउटसोर्सिङ'मा दक्ष तर किफायती इन्जिनियरहरूले सफ्टवेयर बनाउने र विश्वबजारमा बिक्री गर्ने काम भइरहेको छ । 'लिपफ्रग' वा 'क्लाउड फ्याक्ट्री' जस्ता कम्पनी यसमा लागेका छन् । 'इन्सेसेन्ट रेन' भन्ने डिजिटल कम्पनीले यहीँ छाउनीको कार्यालयबाट हलिउडका दर्जनौं फिल्ममा एनिमेसनको काम गर्दो रहेछ । ई-कमर्समा दराज, सस्तो डिल, मेरो किराना जस्ता किनबेचका प्ल्याटफर्म छन् । अफलाइन रेमिट्यान्स ल्याउने आइएमई र प्रभुसँगै ठमेल रेमिट जस्ता पूर्ण डिजिटल कम्पनी चलेको वर्षौं भयो । ई-शिक्षा र ई-स्वास्थ्यमा नयाँ पहल हुन थालेका छन् ।

डिजिटल बैङ्किङमा मान्छेको रूचि बढ्दै छ । ससानो ऋण पनि अब डिजिटल-लेन्डिङबाटै परिचालन गर्न सकिन्छ । लोकल डिजिटल कन्टेन्टमा यहाँका मनोरञ्जनका कार्यक्रमहरू नेटफ्लिक्स वा अमेजन जस्ता विश्व प्लेटफर्ममा पुऱ्याउन सकिने रहेछ । निर्मल पुर्जाले १४ ओटा उच्च हिमाल चढेको वृत्तचित्र नेटफ्लिक्सले गत नोभेम्बर २९ मा विश्वव्यापी रिलिज गर्दा हङ्गामा भयो । कृषिलाई प्रविधिमैत्री बनाउनेतिर पनि केही उद्यमी लागेका छन् । यातायातमा डिजिटल प्रविधिको चर्चित प्रयोग त टुटल र पठाओले गरेकै छन् ।

यति हुँदाहुँदै किन फड्को मारिएको छैन त ? गुनासा पेमेन्ट गेटवेदेखि लिएर यहाँ गरेको लगानीको लाभांश लैजाने प्रक्रियासँग

सम्बन्धित छन् । गोपनीयताका कानुनदेखि साइबर-असुरक्षासम्मका समस्या छन् । डिजिटल हस्ताक्षर, डिजिटल ग्राहक पहिचान (केवाइसी)को विस्तारित प्रयोग हुन बाँकी छ । यी धेरै काम गर्न स्थानीय स्तरको डिजिटल नक्सा (म्याप) पनि चाहिन्छ । गुगल म्याप प्रयोग गर्दा धेरैको ढाड सेकिइरहेको छ । नमराज बुढाथोकी अहिले गुगल म्यापको विकल्प बनाउने सङ्घारमा छन् ।

हजारौं युवा उद्यमीहरूले उडान भर्न सक्ने नीतिगत उत्प्रेरणाको खाकामा हामीले काम गर्नु छ अब । उनीहरूका गुनासा, नियमनका अड्चन समाधान गरी औपचारिक मैदानमा ल्याउनुपर्छ । किनभने आर्थिक वृद्धिको नयाँ झिल्को त्यहाँ छ । प्रविधि बुझ्ने र निजी क्षेत्रसँग समन्वय गर्न सक्ने कर्मचारीहरूलाई अघि सार्नुपर्नेछ । सामान्य अवस्थामा तीन वर्ष लाग्ने सुधारका कार्यक्रम हामीले एक वर्षमै गर्न सक्ने ढोका यो सङ्कटले खोलिदिएको छ । उल्लिखित अवसरहरूलाई कोभिडले निम्त्याएको कालो बादलभित्रको चाँदीको घेराका रूपमा लिन सकिन्छ ।

ली क्वान यूको जीवनी पढ्दा थाहा हुन्छ, सन् १९६५ मा उनलाई एक जना डच सल्लाहकारले भनेछन्, "अन्तर्राष्ट्रिय वित्तीय बजार ज्युरिकबाट सुरू हुन्छ । त्यसपछि फ्याङ्कफर्ट हुँदै लन्डन, न्युयोर्क र सान फ्रान्सिस्को पुगेर टुङ्गिन्छ । सान फ्रान्सिस्कोको कारोबार सकेर मान्छे सुत्न जान्छन् । भोलिपल्ट फेरि ज्युरिकबाट कारोबार सुरू हुन्छ । यसबीच १२ घण्टाको समयमा संसारभरि वित्तीय कारोबार हुँदैन ।"

ती सल्लाहकारले विश्व मानचित्रमा सिङ्गापुरतर्फ इङ्गित गर्दै ली क्वान यूलाई भने, "जति बेला सान फ्रान्सिस्को सुत्छ, सिङ्गापुर जाग्छ । सिङ्गापुर सुत्ने बेला ज्युरिक जागिसकेको हुन्छ । हामीले त्यो १२ घण्टाको वित्तीय कारोबार सिङ्गापुर ल्याउन सक्यौं भने संसारको वित्तीय बजार कहिल्यै सुत्नेछैन ।"

यति सुनेपछि ली क्वान यूले वित्तीय केन्द्र स्थापना गर्न चाहिने सम्पूर्ण कानुनी पहल नयाँ शिराबाट सुरू गरे । यही नीतिगत 'डिपार्चर'ले पानीको स्रोतधरी नभएको सिङ्गापुरलाई संसारकै समृद्ध आर्थिक केन्द्रका रूपमा स्थापित गऱ्यो ।

नेपालको सन्दर्भमा हामीलाई अब त्यस्तै नीतिगत फड्को र भ्यागुते छलाङको खाँचो छ ।

चौथो उत्प्रेरक तत्त्व भनेको हाम्रो भूउपस्थिति हो ।

प्राध्यापक ड्यानी क्वाले विश्वको आर्थिक गुरूत्वाकर्षणको केन्द्र कहाँ हो भनेर हिसाब गरेका छन् । सन् १९९८ मा त्यो केन्द्र मध्य एटलान्टिकमा थियो । सन् २०१० तिर पूर्वी युरोप आयो । अब २०५० मा विश्वको आर्थिक केन्द्रबिन्दु ठ्याक्कै हिमालय क्षेत्रमा आएर बस्छ भन्ने ड्यानी क्वाको आकलन छ । नेपाल धनी भएर त्यो हुने होइन, हाम्रा छिमेकी चीन, भारत र दक्षिणपूर्वी एसिया धनी भएको फाइदा हामी लिन सक्छौं त ?

मेरो विचारमा यसलाई तीन 'डी'बाट हेर्नुपर्छ– डिस्ट्यान्स (दूरी), डेन्सिटी (घनत्व) र डिभिजन (विविधता) । सन् २००९ को विश्व विकास प्रतिवेदनमा उल्लेख भएको यो फ्रेमवर्क मलाई उपयोगी लाग्छ ।

हामी चीनको आर्थिक वृद्धिबाट उत्साहित छौं । तर उत्तरतिरको दूरी हेर्ने हो भने सबभन्दा नजिकको ठूलो सहर (चङ्चिङ) पुग्न हामीलाई चार घण्टा लाग्छ । चार घण्टा दक्षिणतिर हेर्ने हो भने त हामी सम्पूर्ण दक्षिण एसिया समेट्न सक्छौं ।

यति भन्दाभन्दै काठमाडौंबाट उडेको बढीमा पाँच-छ घण्टाभित्र अब आधा विश्वबजार ढाक्न सक्ने अवसर भने आएको छ । यो अवसरलाई हामी पर्यटनका हिसाबले, प्रत्यक्ष वैदेशिक लगानी र निर्यातका हिसाबले आफ्नो हितमा उपयोग गर्न सक्छौं । विकासका लागि सहुलियतपूर्ण ऋण पनि अब विश्व बैङ्क र एसियाली विकास बैङ्क मात्र होइन, चीन, भारत एवम् अन्य उदीयमान राष्ट्रबाट पनि

ल्याउन सक्छौं । अर्थशास्त्रमा 'बोर्डर प्रभाव' वा सन्निकटताले वित्तीय प्रवाहलाई उत्प्रेरित गर्छ भन्ने सिद्धान्त छ ।

अब हामीले टेक्नुपर्ने विकासका विषयगत खुट्किलाबारे चर्चा गरौं ।

एक जमानामा भौतिक पूर्वाधार, यातायात, सहरी विकास र खानेपानी एकै थिए । आज त्यही भौतिक र सहरीबीच समन्वयको समस्या छ । अब क्षेत्रगत विकासबाट विषयगत विकासको अवधारणामा जानुपर्ने हो कि ?

विकासलाई मुख्यतः चार ओटा प्राथमिकताका कोणबाट हेर्न सकिन्छ । उत्पादकत्व र औपचारिकीकरणबारे मैले माथि उल्लेख गरिसकें । अब थपौं, सामाजिक मोबिलिटी र सुशासन ।

पहिलो मुद्दा हो, उत्पादकत्व ।

कृषि, सेवा, उद्योगलगायत जुनसुकै क्षेत्रमा बसे पनि उत्पादकत्व बढ्ने हिसाबले काम गर्नुपर्‍यो । यो भनेको कम समयमा कम खर्च गरेर थप गुणस्तरीय उत्पादन गर्ने हो । जस्तो, चिलीले पहिले अङ्गुर टिपेर निर्यात गर्थ्यो, अब वाइन बनाउन थाल्यो । पहिले माछा मारेर अरूलाई प्रशोधन गर्न दिन्थ्यो, अब आफैं सालमोन बनाएर चिटिक्क प्याकेजिङ गरी निर्यात गर्छ । यहाँ अङ्गुरको तुलनामा वाइनको मूल्य र जिउँदो माछाको दाँजोमा स्मोक्ड सालमोनको मूल्य स्वाभाविक रूपले बढी हुन्छ । कृषिमै बसेर पनि उत्पादकत्व कसरी बढाउन सकिन्छ भन्ने उदाहरण हुन् यी । यही सूत्र उद्योगमा पनि लागु हुन्छ, सेवा क्षेत्रमा पनि ।

व्यवस्थापन सङ्कायका सर्वाधिक चर्चित प्राध्यापक माइकल पोर्टरले भनेका छन्, "दिगो समृद्धिको जग भनेकै उत्पादकत्व हो ।"

नोबेल पुरस्कार विजेता पल क्रुगमन पनि भन्छन्, "उत्पादकत्व सबथोक होइन । तर कालान्तरमा यो लगभग सबैथोक हो ।"

यसको मर्म गहिरो छ ।

हामीले जहाजको भुँडी भर्नतिर ध्यान दिऔं है भनेर म सधैं भन्ने गर्छु । नेपाल आउने अन्तर्राष्ट्रिय उडानमा हामी यात्रु त पठाउँछौं ।

तर कार्गो राख्ने भुँडी खाली हुन्छ । त्यसलाई भरेर कसरी पठाउने ? यसतर्फ हामीले ध्यान दिनुपर्‍यो ।

यहाँ म डाक्टर सन्दुक रूइतको उदाहरण दिन चाहन्छु । उनको तिलगङ्गा आँखा अस्पतालले सानो 'अल्ट्राअकुलर लेन्स' उत्पादन गरिरहेको छ, जसले चीनसँग सीधै प्रतिस्पर्धा गर्छ । मूल्यमा चीनलाई जित्न नसके पनि डा. रूइतको व्यक्तिगत नाम र नेपालको साखले महँगोमै भए पनि संसारका ७० देशमा निर्यात भइरहेको छ । उच्च मूल्य र कम तौलका यस्ता वस्तु निकासीमा हाम्रो ध्यान पुगेको छैन ।

विश्वका प्रत्येक १० हजार जना मानिसमा ४० जना नेपाली छौं । तर विश्व निर्यातलाई १० हजार भाग लगाउँदा हाम्रो अंश जम्मा एक भाग छ । वैदेशिक रोजगारलाई विश्वव्यापीकरणको हिस्सा नमान्ने हो भने हामी कहीँकतै भेटिन्नौं । प्रत्येक नेपालीबाट सय-सय रूपैयाँ उठाएर तीन अर्बको आयोजना बनाउने गुड्डी हाँक्छौं । तर वार्षिक दुई हजार अर्बको विकास आवश्यकता भएकाले त्यस्ता योजना हरेक वर्ष छ सय ओटा चाहिन्छन् भन्ने हेक्का राख्दैनौं ।

दोस्रोमा आउँछ, श्रमशक्तिको औपचारिकीकरण ।

सडकछेउ डालोमा बदाम बेच्ने मान्छेले कर तिर्दैन । राज्यबाट केही पाउँदा पनि पाउँदैन । हामी भने औपचारिक क्षेत्रमा काम गर्छौं । हामी कर तिर्छौं र राज्यबाट सुविधा लिन्छौं । एक किसिमले भन्दा सामाजिक सुरक्षाको प्रत्याभूति हामीलाई छ । बिरामी भयो भने बिदा पाउँछौं, बिमा होला । सुत्केरी हुँदा भत्ता पाउँछौं । दसैं-तिहार जस्ता चाडपर्वमा अतिरिक्त आय छ । यो भनेको राज्यसँगको करार हो । यसलाई जतिसक्दो विस्तार गर्न सक्यौं भने हाम्रो करको दायरा फराकिलो हुन्छ र सामाजिक सुरक्षा बढ्दै जान्छ । यस विषयमा लामो व्याख्या आवश्यक नपर्ला ।

तेस्रो, अवसरहरूको समानताबाट सामाजिक मोबिलिटी बढाउने ।

मोबिलिटी, अर्थात् गरिब परिवारमा जन्मिएर पनि धनी हुने सम्भावना कति छ ? बाबुआमाले पाएको औपचारिक शिक्षाभन्दा

छोराछोरीले बढी पढेको हिस्सा कति छ ? बाबुआमाले अपनाएको पेसाभन्दा छोराछोरीले अपनाएको पेसा फरक भएको कति छ ? यी समाज गतिशील र चलायमान छ कि छैन भनेर मापन गर्ने आधारभूत तथ्याङ्क हुन् ।

नेपालमा बाबुआमाभन्दा बढी पढेका ६२ प्रतिशत र बाबुआमाभन्दा पृथक् पेसा अपनाएका ४३ प्रतिशत छन् । तर बाहुन, क्षत्री र नेवारहरू बढी चलायमान अनि मुस्लिम र दलितमा मोबिलिटी कम छ । केही समयअघि मैले *नयाँ पत्रिका*सँगको अन्तर्वार्तामा उल्लेख गरेको तर्क तल दोहोऱ्याउन चाहन्छु ।

आजको असमानताको बीउ शिक्षा, स्वास्थ्य र पोषण जस्ता कुरामा छ, एक सय ७० वर्षअघि मार्क्सले युरोपमा देखाएको 'शोषण'को चित्रणमा होइन । *फोर्ब्स* पत्रिकाले निकाल्ने चार सय सर्वाधिक धनी व्यक्तिको सूची हेर्नुहोस् । तीमध्ये दुईतिहाइ आफ्नै प्रतिभा र प्रयत्नबाट सफल भएका हुन् । वंशकै आधारमा विरासतबाट धन कुम्ल्याउनेको हिस्सा झिनो बन्दै छ ।

ब्रान्को मिलानोभिचका अनुसार असमानता घटाउने पुरानो समाजवादी समाधान अब भुत्ते हुँदै छ । कसरी ?

पहिलो, ट्रेड युनियन कमजोर भए, पुँजीवादीले सखाप पारे र फेरि श्रमिकको 'बार्गेनिङ' शक्ति बढाउनुपर्छ भनिन्थ्यो । तर कामको प्रकृति नै परिवर्तन भइरहेकाले अहिले त्यसको सान्दर्भिकता कम छ ।

दोस्रो, मास एजुकेसन हो । तर १४-१५ वर्षको शिक्षा सबैले लिएपछिको अवस्थामा थप लगानीले ठूलो प्रतिफल दिन्न । पिकमा पुगेपछि 'कग्निटिभ क्यापिटल'को सीमा छोइन्छ । त्यसपछि गुणस्तरमा ध्यान दिनुपर्छ ।

तेस्रो, कर र वितरणबाट समता बढाउने । यो राजनीतिक रूपले अप्रिय छ । किनकि कर तिर्न नागरिक रूचाउँदैनन् । धनीलाई कस्नुपर्छ भन्नेहरू आफैं धनी बनेपछि कर छल्न थाल्छन् । कथित नवउदारवादकी खलपात्र मार्गरेट थ्याचरले भनेकी थिइन्,

"समाजवादको समस्या भनेको अरूले कमाएको पैसामा गरिने रजाइँ हो, जुन एक दिन सकिन्छ ।"

नतिजा होइन, अवसरको असमानता चिर्न कम्युनिस्टले भने जस्तै सबैलाई गरिब बनाएर समान बनाउनेतिर होइन कि सबैलाई समान अवसर दिँदै धनी बनाउने प्रणालीतिर जानुपर्छ । सफल हुनेलाई उचित कर लगाएर पुनर्वितरण गरौंला । तर दिगो र फराकिलो आर्थिक वृद्धि अपरिहार्य छ । कृषिको उत्पादकत्व, रोजगारमूलक म्यानुफ्याक्चरिङ र आधुनिक सेवाका आयाम विस्तारित गर्नुपऱ्यो । बालशिक्षा, स्वास्थ्य र पोषणको गुणस्तर बढाउनुपऱ्यो । एउटा बिन्दुसम्म आरक्षण गर्नैपर्छ । सामाजिक सुरक्षामा पनि कोभिडपछिको विश्व 'नयाँ सोसल करार'को अभ्यासमा जानेछ ।

गोरखा वा महोत्तरीका दलितले र काठमाडौं वा बाँकेका राणाले समान अवसर पाउन त बाल्यकालमै लगानी गर्नुपऱ्यो । नत्र धनीले प्रिमियर स्कुलमा पढाउँछ, दलित सामुदायिक स्कुलमा जान्छ अनि असमानताको बीउ त्यहीँ नै रोपियो नि । सुरूको ६० महिनाको लगानी अहम् छ, वयस्क उमेरको तालिमले क्षतिपूर्ति हुँदैन ।

सामाजिक सुरक्षामा लगानी कसरी बढाउने त ? फजुल खर्च घटाउने, भ्रष्टाचार नियन्त्रण गर्ने कुरा सधैं सान्दर्भिक छ । तर आर्थिक वृद्धि नभई राज्यको सामर्थ्य बढ्दैन । अमेरिकी अर्थतन्त्रको आकार २० हजार अर्ब डलरको छ । र त उसलाई सङ्घीय बजेटको दुईतिहाइ अंश छेलोखेलो बाँडेर सक्ने सुविधा छ ।

शिक्षा र स्वास्थ्यमा गुणस्तरको चुनौती थापिएको छ । केटाकेटी स्कुल जान्छन् । तर केही सिक्दैनन् । 'लर्निङ क्राइसिस' छ । स्वास्थ्य चौकी छ, उपचार छैन । अब डेलिभरीका नयाँ पद्धतितिर जानुपर्छ । असमानताको अभिशाप घटाउन राज्यको भूमिका बढाउनुपर्छ । तर सबै कुरा सरकारले गर्न सक्दैन । ससाना पब्लिक प्राइभेट साझेदारीका मोडल छन् । चिल्लो सडक, शुद्ध पानी र भरपर्दो बिजुली दिन

नसक्ने राज्यबाट धेरै अपेक्षा गर्न भने भएन । सन्तुलित विधि र उपाय खोजौं, प्रयोग गर्दै, सिक्दै, फाल्दै, माझ्दै अगाडि बढौं ।

चौथो खुट्किलो सुशासन हो, जसले विकासलाई अगाडि मात्र बढाउँदैन, स्वच्छ छविको नेता, दक्ष प्रशासक, झन्झटरहित सेवा प्रवाह र उत्तरदायी शासन प्रणालीमा पनि जोड दिन्छ । यी सबै लोकतन्त्रका लागि अपरिहार्य छन् ।

हामीले जुन खालको समावेशी विकासको परिकल्पना गरेका छौं, त्यसका निम्ति सुशासन जरूरी छ । सुशासनले मात्र विकास सुनिश्चित गर्छ र यसका प्रतिफल समाजको तल्लो तहसम्म पुऱ्याउन मद्दत गर्छ ।

नेपालको हकमा सुशासनको सर्त उदार लोकतन्त्रसँग जोडिएको छ । हामीले के बुझ्नुपर्छ भने लोकतन्त्र भनेको आवधिक निर्वाचन मात्र होइन, आधारभूत स्वतन्त्रताहरू, विधिको शासन र शक्ति पृथकीकरणसहितको संवैधानिक उदारवाद हो । आवधिक निर्वाचनबाट आउने जनप्रतिनिधिहरूले शक्तिको सङ्ग्रह र उपयोग गर्छन् । संवैधानिक उदारवाद भनेको चाहिँ सत्तामा पुगेको दल वा शासकले आफूलाई संवैधानिक दायरामा बाँध्ने र आफ्नो शक्तिको सीमा आफैं तोक्ने सिद्धान्त हो ।

यी दुई धार छुट्टाछुट्टै विकसित भएका हुन् । एक सय ५० वर्षअघि संसदीय लोकतन्त्रको उद्गमस्थल बेलायतमा जम्मा सात प्रतिशत जनताले मतदान गर्न पाउँदा पनि स्वतन्त्र न्यायालय, प्रेस स्वतन्त्रता, विधिको शासन, निजी सम्पत्तिको संवर्द्धन जस्ता मान्यता स्थापित भइसकेका थिए ।

जब लोकतन्त्रका यी दुई आयामबीच सम्बन्ध टुट्छ, तब अनुदार लोकतन्त्रको सुरूवात हुन्छ । अहिले नेपाल यही बाटोमा छ । यस्तो माहोलमा सुशासन सम्भव हुन्न । सर्वोच्च अदालतलगायत न्यायालयभित्रको विकृति, संसद्को अकर्मण्यता, सबै संवैधानिक अङ्गहरूमा आसेपासेको नियुक्ति, सार्वजनिक पदहरूको बिक्री जस्ता कुरा अनुदार लोकतन्त्रका उदाहरण हुन् ।

अन्त्यमा हामी कुरा गरौं, विकास यात्राका जोखिमको ।

मेरो विचारमा पहिलो जोखिम भनेको प्रकोप नै हो । विश्वव्यापी रूपमा हेर्ने हो भने कुनै पनि प्रकोप घटेपछि ह्वारह्वार्ती लगानी र सहायता आउने गरेको देखिन्छ । जब कि, प्रकोपभन्दा अगाडि लगानी स्थिति एकदमै कम हुन्छ । विश्वव्यापी आँकडा हेर्दा सय रूपैयाँमा ९४ रूपैयाँ प्रकोपपछि र छ रूपैयाँ मात्र प्रकोपभन्दा अगाडि लगानी भएको पाइन्छ ।

हाम्रै उदाहरण लिऔं । आज कसैले कोसी नदीमा गएर लुङ्गी र गन्जी लगाएर तटबन्द निर्माण गर्ने हो भने त्यो समाचार बन्दैन । मिडिया र समाजको नजरमा 'ग्ल्यामरस' हुँदैन । जब कि, नेपाल जस्तो देशमा प्रकोपभन्दा अगाडि नै ठूलो तयारी र लगानी गर्नुपर्ने हो ।

यसलाई म २०७२ वैशाख १२ को भुइँचालोसँग जोड्न चाहन्छु ।

सार्वजनिक बिदाको दिन भुइँचालो आएकाले स्कुलका धेरै बालबालिकाको ज्यान जोगियो भन्छौं । त्यही भुइँचालो शुक्रबार आएको भए पक्कै ठूलो क्षति हुन्थ्यो होला । तर हामीसँग भुइँचालोमा क्षति पुगेका र क्षति नपुगेका स्कुल भवनहरूको आँकडा छ । त्यसलाई हेर्दा के पाउँछौं भने, जुन स्कुलहरू भत्किएनन्, तीमध्ये १६० ओटा विद्यालयलाई एसियाली विकास बैङ्क (एडिबी)ले भुइँचालोअघि नै व्यापक रूपले प्रबलीकरण गरेको रहेछ । प्रबलीकरण गरिएका स्कुलमा क्षति भएन । ती स्कुल नभत्किँदा भुइँचालोपछि कति विद्यार्थीको पठनपाठन रोकिएन भन्ने समाचार बनेन ।

भुइँचालो, बाढीपहिरो, आगलागी, चट्याङलगायतका द्रुत प्राकृतिक प्रकोपसँगसँगै अर्को मन्द प्रकोप भनेको जलवायु परिवर्तन हो । हामी जस्तो जलविद्युत्को सपना देख्दै आर्थिक समृद्धिको तानाबाना बुन्ने देशका लागि त जलवायु परिवर्तन झनै महत्त्वपूर्ण मुद्दा हो ।

जलवायु परिवर्तन गराउन अमेरिका, युरोप र चीन जस्ता ठूला अर्थतन्त्रको भूमिका छ । तर असर भने धनी र गरिब सबैले भोग्न थालिसकेका छौं । अरू भौगोलिक क्षेत्रमा दुई डिग्री सेल्सियसले

तापक्रम बढ्यो भने पनि हिमालय क्षेत्रमा थप ०.६ डिग्रीले ताप बढ्ने वैज्ञानिक तथ्य इसिमोडको एक प्रतिवेदनमा उल्लेख छ । यसलाई 'एलिभेसन डिपेनडेन्ट वार्मिङ' भनिन्छ ।

हिन्दुकुश-हिमालय शृङ्खलाबाट विश्वका १० महान् नदी बग्छन् । पृथ्वीको झन्डै आधा जनसङ्ख्या ती नदीमा बग्ने पानीमा आश्रित छन् । हिमाल पग्लेर त्यो पानी सुक्दै गयो भने के होला ? कृषि र सिँचाइ, जलविद्युत् र खानेपानीमा पर्ने असरले हाम्रा सभ्यता नै सङ्कटकालमा जान्छ ।

पृथ्वीको उत्पत्ति साढे चार अर्ब वर्षअघि भएको हो । अहिलेका मान्छे (होमोसेपियन्स) यो पृथ्वीमा चर्चेको तीन लाख वर्ष जति मात्र भयो । *रामायण* र *महाभारत*कालीन सभ्यता पाँचसात हजार वर्षभन्दा पुराना छैनन् । यस्तो अर्बौं वर्ष लामो इतिहास भएको पृथ्वी सन् २०२० मा एउटा नयाँ चरणमा प्रवेश गरेको छ ।

विश्वप्रतिष्ठित विज्ञान जर्नल *नेचर*ले डिसेम्बर ९, २०२० मा एउटा गजबको शोध प्रकाशित गऱ्यो । अहिलेसम्म मान्छेले बनाएका भौतिक सामग्रीको कुल तौलले पृथ्वीमा भएका सबै जीव-जनावर र वनस्पतिको संयुक्त तौललाई हालै मात्र उछिनेको छ । औद्योगिकीकरणको युगदेखि मानवनिर्मित वस्तु (अलकत्रादेखि कङ्क्रिटसम्म, प्लास्टिकदेखि फलामसम्म)को कुल तौल सन् २०२० मा एक ट्रिलियन टनभन्दा बढी भएको पत्ता लागेको छ । हामी एउटा अभिनव युगबाट अर्को युग (एन्थ्रोपेसिन) प्रस्तावित भौगर्भिक युगमा प्रवेश गर्दै छौं ।

सन् २०१५ मा संयुक्त राष्ट्रसङ्घको समन्वयमा विश्वले पेरिस जलवायु सम्झौता गऱ्यो । त्यसको समीक्षा बेलायतको ग्लास्गोमा भयो । जलवायु परिवर्तनको जोखिम घटाउन विश्वव्यापी औसत तापक्रम वृद्धिलाई पूर्वऔद्योगिक तहको दाँजोमा साढे एक डिग्री सेल्सियसभन्दा कम कायम राख्ने त्यो सम्झौताको मुख्य बुँदा हो । यसका लागि प्रदूषण घटाउने, आम जीवनशैली पर्यावरणमैत्री बनाउने भनिएको छ, जसले हामीले देखेको २०औं शताब्दीको सम्पूर्ण उत्पादन

र उपभोगको मोडललाई उल्ट्याउने लक्ष्य लिएको छ । यो चानेचुने कुरा होइन ।

दक्षिण एसियामा मुख्यगरी भारतले गर्ने कालो कार्बनको उत्सर्जनले हाम्रो हिमाल र वायुमण्डलमा असर पारिरहेको छ । इँटाभट्टादेखि डिजेल प्रयोगमा नेपाल, भारत, बङ्गलादेश र पाकिस्तानले सहकार्य गर्ने हो भने जलवायु परिवर्तनको आंशिक क्षेत्रीय समाधान निस्कनेछ । तर समग्रमा कार्बन-आधारित औद्योगिक गतिविधि लक्षित आर्थिक विकासको मोडललाई नै पुनर्विचार गरेर जानुपर्छ ।

चीनले अर्को ४० वर्षभित्र सन् २०६० मा 'कार्बन न्युट्रल' हुने भनिसकेको छ । जापान र कोरियाले पनि अर्को ३० वर्षमै 'कार्बन न्युट्रल' हुने भनेका छन् । अमेरिकाले २०५० को लक्ष्य घोषणा गरेको छ । नेपालले सन् २०४५ भनेको छ ।

दोस्रो जोखिम हो, मानव संशाधनको क्षयीकरण र नयाँ प्रविधिको धक्का ।

हामीले कम समयमा ठूलो आर्थिक छलाङ मार्न आगामी ३० वर्षमा लगातार सात देखि १० प्रतिशत वृद्धिदरको महत्त्वाकाङ्क्षी लक्ष्य राख्नुपर्छ । तर के हामीसँग यो आर्थिक वृद्धिलाई चाहिने जनशक्ति छ त ?

सरसर्ती हेर्ने हो भने हामीकहाँ अहिले अन्तर्राष्ट्रिय स्तरको प्लम्बिङ गर्ने मान्छेधरी छैनन् । नमोबुद्धमा मेरा एक जना साथीले अन्तर्राष्ट्रिय ब्रान्डको ठूलो रिसोर्ट बनाउँदै छन् । उनले आफ्नो रिसोर्टका लागि जुन खालको गुणस्तर खोजेका छन्, त्यसनिम्ति भारतको राजस्थानबाट कामदार ल्याएका छन् ।

मैले उनलाई "यही स्तरको काम गर्ने मान्छे नेपालमा पाइँदैन ?" भनेर सोधेको थिएँ । उनले सीधै भने, "पाइँदैन ।"

यो एउटा सानो उदाहरण मात्र हो । हामीकहाँ अन्तर्राष्ट्रिय स्तरको जनशक्तिको अभाव छ । अझ भनौं, पर्यटनदेखि निर्माणसम्म कुशल व्यवस्थापकहरूको कमी छ । मानव संसाधन क्षयीकरणको समस्याले आउँदा दिनमा हामीलाई थप पिरोल्ने स्थिति देखिँदै छ ।

अर्को समस्या के भने, नेपालमा नयाँ रोजगार सिर्जना पनि भइरहेको छैन । एकातिर श्रम बजारमा बर्सेनि पाँचछ लाख नयाँ जनशक्ति भित्रिरहेको छ, अर्कातिर रोजगार सिर्जना एकदमै सकारात्मक भएर सोच्दा पनि एक लाखभन्दा कम छ । यो ट्रेन्ड तत्काल परिवर्तन हुने सम्भावना छैन ।

हामी आठ वर्ष लगाएर जलाशययुक्त जलविद्युत् परियोजना बनाउने र त्यसबाट बिजुली उत्पादन गरेर बेच्ने सपना देखिरहेका छौं । अर्कातिर, सौर्य ऊर्जा अर्थात् सोलारमा नौ महिनामा नौ सय मेगावाट क्षमताको प्लान्ट तयार हुने प्रविधि आएको छ । लागत पनि जलविद्युत्‌भन्दा आधा मात्र पर्छ ।

यसमा अहिलेसम्म एउटै मात्र समस्या देखिएको छ, त्यो हो ऊर्जाको स्टोरेज । घाम दिउँसो मात्र लाग्छ र दिउँसो निस्कने ऊर्जा स्टोर गरेर राख्न सकिँदैन । यसलाई ब्याट्रीमा स्टोर गर्ने प्रविधि आउनेबित्तिकै छलाङ मारिहाल्छ । एलन मस्कदेखि संसारका थुप्रै व्यक्तिले ब्याट्री प्रविधिमा अनुसन्धान गरिरहेका छन् । त्यसले फ्याट्ट नतिजा देखाउनासाथ हाम्रो जलविद्युत् सपना के हुन्छ ?

आफ्नो भएभरको रणनीति र लगानी एउटैमा खन्याउने होइन, बरू सबैतिर सन्तुलित वितरण गर्नुपर्छ । ताकि, एउटा क्षेत्रमा अवरोध आइहाल्यो भने अर्को क्षेत्रले थेग्न सकोस् । यस्तो अवस्थामा ऊर्जा सन्तुलनकै लागि भए पनि नेपालको कुल ऊर्जा उत्पादनको कम्तीमा ५० प्रतिशत जलविद्युत्‌बाटै उत्पादन गर्छौं भन्ने हामीमा नीतिगत स्पष्टता हुनुपर्‍यो । र नवीकरणीय ऊर्जामा भइरहेको फड्कोलाई पनि तुरून्तै आत्मसात् गर्ने क्षमता विकास गर्नुपर्‍यो ।

रोबोटिक्स, अटोमेसन जस्ता प्राविधिक विकासले रोजगारी अवसर सीमित हुँदै गएको छ । उत्पादनमूलक क्षेत्रबाट जसरी व्यापक रूपले रोजगारी सिर्जना हुन्छ भन्ने कुरा हामीले गरेका थियौं, त्यो अवसर प्राविधिक विकासले खाइदिएपछि अब थप रोजगारी कहाँबाट आउँछ ?

के घुमीफिरी हामीले त्यही निर्माण, पर्यटन र खुद्रा व्यवसायकै भर पर्नुपर्ने हो ? त्यसो हो भने निर्माण क्षेत्रमा पनि नयाँनयाँ प्रविधि भित्रिएला, ठुल्ठूला निर्माणमा रोबोटहरू प्रयोग गर्न थालिएला । त्यो बेला गुणस्तरीय रोजगारीको ठाउँ र स्रोत के हुने ? गाउँमा कि सहरमा ? स्वदेशमा कि विदेशमा ? एक प्रतिशत आर्थिक वृद्धि भयो भने कति प्रतिशत रोजगारी वृद्धि होला ?

तेस्रो जोखिम 'छिमेक प्रभाव' हो ।

हामी भारतवेष्ठित देश हौं । बेलाबेला हुने आर्थिक नाकाबन्दीले हाम्रो अर्थतन्त्रमा पार्ने प्रभाव त भइहाल्यो, यसबाहेक अन्य धेरै कुरा 'नेबरहुड इफेक्ट'का रूपमा प्रकट हुने गर्छन्, प्रदूषण र पूर्वाधारदेखि सशस्त्र द्वन्द्व र मौद्रिक नीतिसम्म ।

जस्तो– हामीले वर्षौंको झगडा, लगानीको अन्योल र आन्तरिक विवाद झेलेर बल्लबल्ल काठमाडौं-निजगढ द्रुतमार्ग बनाउन लागेका छौं । काठमाडौंबाट भारतीय सिमानासम्मको दूरी १२ घण्टाबाट एक-डेढ घण्टामा छोटिँदै छ । यो ठूलो छलाङ हो । तर भारतले रक्सौलदेखि कोलकातासम्म यस्तै द्रुतमार्ग बनाइदिएन भने हाम्रो फाइदा सीमित हुन्छ ?

कोलकातादेखि काठमाडौंसम्मको १४ सय किलोमिटर दूरीमा ८० किलोमिटर मात्र द्रुतमार्ग बनाउँदा त्यसले हाम्रो प्रतिस्पर्धात्मक क्षमता बढाउन के भूमिका खेल्ला ?

भन्नुको मतलब, भूपरिवेष्ठित राष्ट्रको बाध्यता के हो भने, उसले समुद्र छोएका छिमेक रिझाउनुपर्छ । यसका लागि पूर्वाधारजन्य सहकार्यको खाँचो हुन्छ ।

अर्को उदाहरण लिऔं, प्रदूषणको ।

अहिले काठमाडौंको रत्नपार्कभन्दा लुम्बिनीमा धेरै प्रदूषण छ भनेर तथ्याङ्कहरूले देखाएका छन् । यसको कारण भारतबाट आयातित धूलोधूवाँ हो ।

उताबाट आउने प्रदूषणले हाम्रो हिमाल त पग्लिन्छ नै, कुनै न कुनै रूपमा त्यसको असर उनीहरूकहाँ पनि पुग्छ । भारत जसरी

चरम खानेपानी अभावबाट गुज्रँदै छ, त्यसलाई हेर्दा प्रदूषणको दूरगामी प्रभावको भुक्तमान हुनुपर्ने तिमीहरू पनि हौ भनेर भन्न सक्छौं ।

मौद्रिक नीति अर्को उदाहरण हो । सय रूपैयाँ भारू बराबर एक सय ६० नेपाली रूपैयाँ कायम गरेको दशकौं भइसक्यो । त्यसले एक किसिमको स्थायित्व त दिएको छ । तर हामीले आंशिक भए पनि यसको मूल्य चुकाइरहेका छौं । हामीले सार्वभौम ढङ्गमा आफ्नो मौद्रिक नीति चलाउन सकेका छैनौं ।

सीमापार हुने हिंसा, अपराध, द्वन्द्व जस्ता छिमेकी प्रभावको मूल्य पनि हामीमाथि छ ।

चौथो जोखिम हो, खराब डेलिभरी ।

हाम्रो चुनावी प्रक्रिया महँगो भएको छ । सांसद भएपछि मन्त्री हुनैपर्ने, मन्त्री हुँदा पनि मालदार मन्त्रालय चाहिने अवस्था छ । यो भ्रष्ट पद्धति तोड्नैपर्छ ।

प्रशासनको कुरा गर्ने हो भने कर्मचारीहरूलाई जोखिम मोल्ने उत्प्रेरणा छैन । कसैले 'बोल्ड' निर्णय लियो भने हार्ने पक्ष गएर मुद्दा हालिदिन्छ । अनाहक विवादमा परिन्छ । कुनै निर्णय नगर्ने हो भने यस्ता विवादमा फसिने डर हुँदैन । तलबभत्ता आइरहन्छ, बढुवा पनि भइरहन्छ ।

राजनीतिक कुशासन र आर्थिक कुशासन जेलिएको छ । म बारम्बार मेरा गुरू डानी रड्रिकलाई उद्धृत गर्दै भन्छु, "बजार अर्थतन्त्र 'स्वनिर्मित' हुन्न, करार व्यवस्थापन, निजी सम्पत्तिलगायतका प्रत्याभूति सरकारले नै गर्नुपर्छ । बजार अर्थतन्त्र 'स्व-नियमित' हुन्न, उपभोक्ता हितलगायत पर्यावरण र एकाधिकारविरोधी निकायहरू सरकारले नै चलाउने हो । बजार अर्थतन्त्र 'स्ववैध' हुन्न, सामाजिक सुरक्षा र धान्न सकिने वितरणमुखी कार्यक्रमले नै बजारका नतिजाहरूलाई ग्राह्य बनाउँछन् । र बजार अर्थतन्त्र 'स्वस्थिर' पनि हुन्न, त्यसको निगरानी केन्द्रीय बैङ्क, अर्थ मन्त्रालय र अब्बल नियामक निकायहरूले गरिराख्नुपर्छ ।"

सारांशमा खुला अर्थतन्त्र भनेको छाडा अर्थतन्त्र होइन । प्रभावकारी बजार व्यवस्था सरकारी नीति-नियमको सञ्जालमा गढेको हुनुपर्छ । कार्टेलिङ, कालोबजारी, चर्को मूल्यमा कमसल सेवा बजार व्यवस्थाका विकृति हुन्, परिचायक होइनन् ।

नवप्रवेशीहरूलाई निषेध गर्ने र भएको अवसर आफैं बाँडीचुँडी खाऔं भन्ने प्रवृत्ति छ । कुनै क्षेत्रविशेषलाई उदार बनाउन नीतिगत सुधार गरूँ भनेर लाग्यो भने 'व्यवसायीहरूको कार्टेल' एकीकृत रूपमा विरोध गर्न आइपुग्छ । यसले नवीन सोच र नयाँ लगानी निरूत्साहित गर्छ ।

यी जोखिमलाई समग्रमा हेर्ने हो भने, हामीले आगामी दिनमा झेल्नुपर्ने चुनौतीको समग्र तस्बिर कोर्न सक्छौं । र ती चुनौती पन्छाएर अघि बढ्न सक्यौं भने मात्र आर्थिक विकासमा भ्यागुते छलाङ मार्न सक्छौं । नभए अबको १० वर्षमा हामी 'तरूण'बाट 'बुढ्यौली' र त्यसको २० वर्षपछि त झन् 'बूढो' समाजमा रूपान्तरण भइसक्छौं, हाम्रो धनी हुने आकाङ्क्षा जहाँको तहीँ रहन्छ ।

अन्त्यमा,

हरेक दशकजसो मूलधारको विकास मोडलमा पुनर्विचार भइरहने गरेको छ । विकास अर्थशास्त्रमा राजनीति, धर्म वा दर्शनशास्त्रमा जस्तो जडसूत्र हुँदैन । तथ्य, प्रमाण र वस्तुगत अनुभवका आधारमा डेभलपमेन्ट 'रि-थिङ्किङ' निरन्तर भइरहन्छ । त्यसैले पाँच कोणबाट पुनर्विचारको प्रक्रिया थाल्न सकिन्छ ।

पहिलो, कन्टेन्ट अफ डेभलपमेन्ट (विकासको सार) के हो ? समुन्नत र समावेशी आर्थिक वृद्धिमा कसरी मानव विकास, रोजगारी र पर्यावरणलाई सन्तुलनमा राख्ने ?

दोस्रो, फाइनान्सिङ फर डेभलपमेन्ट (वित्तीय स्रोत) कहाँबाट ल्याउने ? बहुपक्षीय विदेशी अनुदानको निर्भरताबाट क्रमशः हामी अब ऋणमा आधारित निजी स्रोतहरूमा आश्रित हुँदै जानुपर्ने

बाध्यता छ । चीन, भारत जस्ता उदीयमान देश, डायस्पोरा लगानीका नयाँ कुरा छन् ।

तेस्रो, एजेन्सी अफ डेभलपमेन्ट (विकासको मियो कर्ता) को हुने ? केन्द्र, प्रदेश र स्थानीय सरकारबीच जिम्मेवारीको बाँडफाँट पुराना दाता र नयाँ स्रोतको सन्तुलन निजी क्षेत्र, समुदाय र नागरिकका भूमिका विकासमा बहुआयाम छ, फरक-फरक कर्ताहरूबीच समन्वय कसले र कसरी गर्ने ?

चौथो, लोकेसन अफ डेभलपमेन्ट । "नेपाल गाउँ नै गाउँ भएको देश हो" र "नेपालको विकास भनेको गाउँको विकास हो" भन्ने हाम्रो पुरानो भाष्य असान्दर्भिक हुँदै छ । पहाड र मधेस, सहर र गाउँको सन्तुलन नीतिगत उत्प्रेरणा र पूर्वाधारमा लगानी गरेर मिलाउने हो, कम्युनिस्ट मुलुकमा जस्तो उर्दी जारी गरेर बसाइँसराइ रोक्न लोकतान्त्रिक नेपालले सक्दैन ।

चीनमै पनि त्यहाँको 'हु-को' प्रणालीमा सुधार गर्नुपर्ने चर्को दबाब छ । नेपालको जिडिपीमा वाग्मती प्रदेशको हिस्सा ३८ प्रतिशत छ भने कर्णालीको जम्मा चार प्रतिशत । काठमाडौं महानगरपालिकाको एउटा वडा (१६) को जनसङ्ख्या एक्लै ८४ हजार छ । त्रिपुरासुन्दरी नगरपालिकाको जनसङ्ख्या १० हजार छ भने बाँकेको राप्तीसोनारी गाउँपालिकाको जनसङ्ख्या ६० हजार छ । संसद्मा नेपालका झन्डै आधा जिल्लाहरूको एक सिट मात्र छ भने काठमाडौं उपत्यका, झापा, मोरङ र सुनसरीको मात्रै ३० सिट पुग्छ । यस्तो भौगोलिक र जनसाङ्ख्यिक विविधताले नयाँ विश्लेषण माग्छ ।

पाँचौं, लेजिटिमेसी अफ डेभलपमेन्ट (विकासको वैधता) । भौतिक नतिजा त तानाशाहले पनि दिन्छ । तर मान्छेको मौलिक स्वतन्त्रता, सामूहिक निर्णय प्रक्रियाले ल्याउने सद्भावसहितको समतामूलक समाज निर्माण हुने विकासे प्रक्रिया अपनाउनुपर्नेछ ।

नयाँ व्यवस्था ल्याएपछि स्वचालित किसिमले विकास भइहाल्छ भन्ने भ्रमबाट हामी गुज्रियौं । आधुनिक राज्य प्रणालीको कुरा गर्ने हो

भने, नेपाल र अमेरिकामा एकै पटक सुरू भए, दुई सय ४५ वर्षअघि। हामीले स्थायित्व भएन भन्यौं। तर इतिहास हेर्दा ३० वर्ष भीमसेन थापाले शासन गरेका थिए। जङ्गबहादुरले अर्को ३० वर्ष शासन गरे। चन्द्रशमशेरले सन् १९०१ देखि १९२९ सम्म २८ वर्ष शासन गरेका छन्। जुद्धशमशेरले १४ वर्ष शासन गरेका छन्। पञ्चायती व्यवस्थाले ३० वर्ष शासन गरेको छ। नीतिगत स्थिरतासँगसँगै अरू पार्टपुर्जा पनि सँगै आउनुपर्ने रहेछ। कर्मचारीतन्त्रको क्षमता, निजी लगानी, नागरिकमा उत्साह यी कुराहरूमा पनि प्रगति चाहिन्छ।

लामो समय नेपालको चिन्ता आफ्नो सार्वभौमिकता जोगाउने विषयमै अड्कियो। सन् १९५५ मा संयुक्त राष्ट्रसङ्घको सदस्य भएपछि केही राहत भयो। यद्यपि सन् १९२३ मै नेपालको स्वतन्त्रता बेलायतले स्विकारेको हो, जुन सन्धि १९२५ मा 'लिग अफ नेसन्स'मा दर्ज भयो। त्यसपछि झन्डै ७० वर्ष हामी व्यवस्थाको लडाइँमा भुल्यौं– राणा, राजा, प्रजातन्त्र र सङ्घीय लोकतन्त्र। अब बल्ल विकासमै केन्द्रित हुनुपर्छ भन्ने भोक जागेको छ। लगानी कसरी भित्र्याउने, उद्यममैत्री वातावरण कसरी बनाउने भन्नेबारे छलफल हुन थालेका छन्।

स्वस्थ राजनीतिले भरपर्दो टेको दियो भने हामी अर्को १० वर्षमा सिङ्गापुर र स्विट्जरल्यान्ड त होइन। तर आजको श्रीलङ्का जत्तिको मध्यमआय भएको विकासशील राष्ट्र बन्न भने सक्छौं।

सेतोपाटी, मङ्सिर २४, २०७८

क्रोनी क्यापिटलिज्म र सुध्रिनुपर्ने अर्थराजनीति

दक्षिण एसियामा हामी सबैभन्दा पुरानो र प्रत्यक्ष उपनिवेशबाट जोगिएको राष्ट्र हौं । ब्रिटिस-इन्डियाकालीन समयमा हामीले बेलायतसँग युद्ध लड्यौं र त्यसपछि नै बेलायतलाई अत्यन्त सस्तोमा सैन्य योद्धाहरू पठाउन थाल्यौं । अनि एकखालको मित्रवत् सम्बन्ध कायम गर्‍यौं ।

नेपालको भूपरिवेष्ठित अवस्थितिले पनि हाम्रो स्वतन्त्रतालाई रक्षा गरेको थियो । अर्कोतर्फ हाम्रो भूबनोटले व्यापारमा हाम्रो ढुवानी लागत उच्च थियो अनि बाँकी विश्वसँगको अन्तर्सम्बन्ध तथा मानिस, ज्ञान तथा पुँजी निर्माण गर्ने वस्तुहरूको प्रवाह कम हुन्थ्यो । यसले गर्दा नेपालको आर्थिक वृद्धिदर पूर्ण रूपमा गतिहीन भएर रहिरह्यो । आर्थिक वृद्धिदर कमजोर रहिरहनुको मुख्य कारण हामीसँग अवसर नै कम थिए । आज पनि हामी दक्षिण एसियामा दोस्रो गरिब देश हौं । अफगानिस्तानपछिको दोस्रो गरिब ।

सन् १७६९ देखि १९९० सम्म नेपाल पूर्णतः राजतन्त्र र बीचमा राणाहरूको शासनमा रह्यो । यद्यपि सन् १९५१ देखि १९६० सम्म नेपालले प्रजातन्त्रको अभ्यास गर्न पाएको थियो । बीसौं शताब्दीमा नेपालमा तीन पटक व्यवस्था परिवर्तनका ठूला आन्दोलन भए । यसले नेपाललाई खुला, गतिशील र प्रजातान्त्रिक देशमा रूपान्तरण गरेको छ ।

अवसर सिर्जना हुँदा अरू देशहरू जुन रफ्तारमा अघि बढे, नेपालले ती अवसरलाई छोप्न सकेन । यद्यपि अब अर्थतन्त्रको

संरचनामा परिवर्तन आएको छ । र हाम्रो अर्थतन्त्रलाई आगामी केही दशकभित्र आधुनिकीकरण गर्न सकिने आधार तयार भएका छन् ।

सन् १९९० को दशकसम्म हामी मूलतः कृषिमा आधारित अर्थतन्त्र थियौं, हामीसँग अरू अवसर अत्यन्त सीमित थिए । कुल गार्हस्थ्य उत्पादनको आधाजसो हिस्सामा कृषि क्षेत्रले योगदान गर्थ्यो । यसबीचमा कृषिको योगदान घटेर २४ प्रतिशतमा झरेको छ ।

हिजो न्यून उत्पादकत्व भएको निर्वाहमुखी कृषि पेसामा आबद्ध जो श्रमिक थिए, उनीहरू आर्थिक कठिनाइको सामना गरिरहेका थिए । तिनीहरूले आज सेवा क्षेत्रमा काम गर्न थालेका छन् । यद्यपि नेपालमा सेवा क्षेत्र त्यति श्रम-सघन क्षेत्र मानिँदैन । सेवा क्षेत्रका अतिरिक्त उनीहरू प्रविधि र म्यानुफ्याक्चरिङ उद्योगमा काम गरिरहेका छन्, जसले नेपाली अर्थतन्त्रलाई दीर्घकालीन लाभ दिने अपेक्षा गर्न सकिन्छ ।

मुलुकमा रोजगारीको उपलब्धतामा न्यूनताका कारण धेरै नेपालीहरू खाडी राष्ट्र र मलेसियालगायत श्रम गन्तव्यमा कामको खोजीमा बिदेसिएका छन् । नेपालले सन् १९९० को दशकमा गरेका सुधारमध्येको एक 'पासपोर्ट रिफर्म' थियो, जुन मूलतः एउटा निर्णयका आधारमा हुने सुधार (स्ट्रोक अफ पेन रिफर्म) थियो । पहिले राहदानी सहजै पाइँदैनथ्यो, विदेशमा छात्रवृत्ति पाएर पनि राहदानीका लागि तत्कालीन प्रशासनबाट सिफारिस नपाएको अनुभव हामीले पूर्वअर्थमन्त्री डा. रामशरण महतलगायतबाट सुन्दै आएका हौं । तर २०५४ साल फागुन १ बाट स्थानीय प्रशासनले समेत राहदानी जारी गर्न सक्ने महत्त्वपूर्ण व्यवस्था भयो । फलस्वरूप वैदेशिक रोजगारीको लाभ नेपाली अर्थतन्त्रले लिइरहेको छ ।

नेपालमा अझै पनि भ्रष्टाचार र अयोग्यता/अदक्षताले सरकारलाई गाँजिरहेको छ, जसका कारण पूर्ण सम्भावनाको उपयोग हुन पाएको छैन । नेपालमा क्रान्तिबाट स्थापित भएका अर्थात् जनताको बलबाट सत्तामा आएका नेताहरू शक्ति केन्द्रीकरण गर्दै भ्रष्टाचारमा लिप्त

भएका छन् । सरकारभित्र निश्चित कार्यकालसम्बन्धी सीमालगायत नियन्त्रण र सन्तुलन संयन्त्रको अभावका कारण यस्ता राजनीतिज्ञहरू आफ्नो शक्ति सुदृढीकरण गर्दै सरकारमा बारम्बार दोहोरिरहन चाहेको देखिन्छ । इमानदार र निष्ठावान् भएर आकाङ्क्षी नेताहरूले कार्यालय धान्न स्रोत जुटाउन गाह्रो छ । यसखालको भ्रष्टाचारले गर्दा निजी क्षेत्र र सरकारबीच मिलीभगत सिर्जना भएको छ । पुँजीवादी व्यवस्थाको विकृत अवस्था 'क्रोनी-क्यापिटालिजम' (आसेपासे पुँजीवाद)को अभ्यास नेपालमा खुलेआम भइरहेको छ । नेता-व्यापारी सम्बन्धले सिर्जना गरेका स्वार्थले राजनीतिक दलहरूभित्रै पनि तीव्र ध्रुवीकरण देखिन्छ । यी सबै कारणले प्रतिस्पर्धाको वातावरण समाप्त हुनेतर्फ उन्मुख छ । यो विकृतिले हाम्रो लोकतन्त्रलाई मक्काइसकेको छ ।

नेपाली राजनीतिमा जरा गाडेर बसेको यस किसिमको विकृत समस्या समाधानका लागि प्रबुद्ध मतदाता आफैं सजग हुनुपर्छ । कुशासन र मन्द आर्थिक विकासको चक्रव्यूहलाई तोडेर मुलुकमा सुशासन र आर्थिक सम्भावनाहरूलाई सम्पूर्ण रूपमा उजागर गर्न मतदाताको विवेक र सजगता नै प्रजातान्त्रिक व्यवस्थामा महत्त्वपूर्ण औजार हुन्छ । खराब नेताहरूले कम शिक्षित, कम चेतना भएको समूहका मतदातालाई सुदृढ गर्छन् (चुनाव जित्ने हतियार बनाउँछन्) भने असल र विवेकी नेताहरूले प्रबुद्ध, जागरूक एवम् सही विचार, दृष्टिकोण तथा चिन्तन गर्ने मतदाताको आधारलाई सुदृढ गराउँछन् । हामीलाई असल र विकेकी नेता अनि प्रबुद्ध नागरिक समाज चाहिएको छ ।

मतदाताको सहभागिता नै प्रबुद्ध हुँदैन, जनस्तरबाट सुधारको माग नै हुँदैन, जवाफदेहिता खोजिँदैन भने हामी खराब शासन प्रणालीमा बाँच्न अभिशप्त छौं भन्ने ठान्नुपर्छ ।

सुशासन, जवाफदेहिता, कानुनी शासन हुनेबित्तिकै सुधारहरूले स्वतः गति लिन थाल्छन् । ती सुधारहरूले आर्थिक विस्तारलाई बढावा दिन्छन् । जब मतदाताहरूबाट नै कस्तो नीति अवलम्बन गरेर कुन-कुन उपलब्धि हासिल गर्न सकिन्छ भन्ने मानक तयार हुन्छ,

यसले शासन-प्रशासन सञ्चालन गर्नेलाई उनीहरूप्रति जवाफदेही, प्रतिबद्ध र परिणाममुखी बनाउन मद्दत गर्छ ।

नेपाल यति बेला दुई परस्पर विरोधी अभ्यासहरूलाई सन्तुलन गर्न नसकिने गरी उत्कर्षमा आइपुगेको छ– एकातिर मुलुक भ्रष्टाचारको विकराल अवस्थामा छ, अर्कोतर्फ नेपाली लोकतन्त्रले सुदृढीकरण खोजिरहेको छ । भ्रष्टाचारको चपेटामा परेको मुलुकमा हरदम लोकतन्त्रमाथि खतरा सिर्जना भइरहन्छ । लोकतन्त्र सुदृढ हुनु भनेको जनउत्तरदायी, जवाफदेही, पारदर्शी र प्रतिस्पर्धामा आधारित व्यवस्थाको बलियो आधार तयार हुनु हो ।

विद्यमान अवस्थाबाट मुलुकको भविष्य नियाल्दा एकातर्फ त्रास सिर्जना हुन्छ भने अर्कोतर्फ आशाका किरण पनि देखिन्छन् । मुलुकको विकासका लागि नयाँनयाँ चुनौती थपिएका छन् । २०७२ सालको महाविनाशकारी भूकम्पले जस्तै प्राकृतिक विपद्हरूले हाम्रो दशकौंदेखिका विकासका उपलब्धिलाई निमेषभरमा खत्तम पारिदिने जोखिम पनि उत्तिकै छ ।

जलवायु परिवर्तनले नेपालमा प्राकृतिक विपद्को जोखिम थपेको छ । विश्वव्यापी तापमान वृद्धिसँगै विश्वभर अग्ला स्थानतर्फ बढिरहेको तापक्रमले हाम्रा हिमालहरूलाई जोखिममा पारेको छ । जलवायु परिवर्तनले सिर्जना गर्ने अनेक चुनौतीसँगसँगै नेपालको विकासका लागि क्रमशः जनसाङ्ख्यिक चुनौती पनि थपिँदै छ । आगामी दशकदेखि हाम्रो समुच्च (एजिङ) जनसङ्ख्या बाँकी जनसङ्ख्याको तुलनामा धेरै हुन्छ भने सन् २०५४ पछि नेपाल प्रौढ समाजमा रूपान्तरण हुनेछ । यसले हाम्रो सामाजिक सुरक्षा, स्वास्थ्यलगायतको क्षेत्रमा लागत बढाउँछ भने काम गर्न सक्ने अर्थात् उत्पादक जनसङ्ख्याको आकार सानो हुनेछ ।

पाँच दशकपछि नेपाल अल्पविकसित मुलुकबाट विकासशील नेपालको खुट्किलो चढ्दै छ । विकासशील राष्ट्रमा रूपान्तरणका लागि मुख्य तीन सूचक– प्रतिव्यक्ति कुल राष्ट्रिय आय, मानव पुँजी

सूचकाङ्क र आर्थिक जोखिम सूचकाङ्कामध्ये प्रतिव्यक्ति आयसम्बन्धी मापदण्ड नपुगे पनि अन्य दुई सूचकका उपलब्धिबाट स्तरोन्नति हुने भएको छ । सम्भावनाका बाबजुद विकासको सुस्त रफ्तारले नेपाल विकसित नहुँदै प्रौढ समाजमा रूपान्तरण हुने जोखिम उत्तिकै छ ।

नेपालको विकास र समृद्धिका लागि अवसरहरू अहिले पनि उपलब्ध छन् । तर हामीले ती अवसरको सदुपयोग गर्न सक्नुपर्छ । यसका लागि सरकारमा स्पष्ट दृष्टिकोण, सुशासन, पारदर्शिता, मजबुत बाह्य सम्बन्ध र सहकार्य आवश्यक हुन्छ । सरकारले उच्च आर्थिक विस्तार हासिल गर्न उपलब्ध अवसरसँगै आफ्ना कदम चाल्न नसक्दा हामीले अत्यन्त महत्त्वपूर्ण अवसर गुमाउँछौं कि भन्ने चिन्ता आम नेपालीमाझ व्याप्त छ ।

मुलुकको नेतृत्व गर्दै आएका दलहरूको नेतृत्वमा प्रबुद्ध युवा नेतृत्वको उदय, नेपालको डिजिटलाइजेसनतर्फको यात्रा साथै नेपालको स्वच्छ र नवीकरणीय ऊर्जा-जलविद्युत्को प्रचुर सम्भावनाले भने व्याप्त निराशाबीच केही हदसम्म आशाको सञ्चार गराएको छ ।

सेजन स्मारिका *अर्थनीति*, मङ्सिर १५, २०७८

विकास मार्गले कोल्टे फेर्ने अवसर

हामी अहिले विश्वका दरिद्रतम मुलुकहरूको क्लब 'अतिकम विकसित मुलुक' (एलडिसी)को सूचीमा छौं । हामी स्तरोन्नतिका लागि योग्य भएको सन् २०१८ मै हो । तर सारेर सन् २०२६ पनि स्तरोन्नति हुने भएका छौं । स्तरोन्नति नेपाललाई विकासको फरक बाटोमा लैजाने अवसर हो ।

यसले मगन्ते प्रवृत्तिबाट बाहिर निस्कँदै स्वाभिमानको मनोविज्ञानसँगै आर्थिक सुधार गर्नतर्फ उत्प्रेरित गर्छ । स्तरोन्नति अन्तर्राष्ट्रिय निकायहरूको लक्ष्य नै हो । स्तरोन्नति गरेर अतिकम विकसित राष्ट्रहरूको स्तर नै खारेज गर्ने लक्ष्य पनि हो । नेपाल मात्रै अतिकम विकसित राष्ट्रमा रहिरहन सक्दैनथ्यो ।

अतिकम विकसित मुलुकमा रहिरहँदा नेपालले मुख्यतः चार विषयमा सुविधा र सहुलियत पाउँदै आएको हो । पहिलो, अन्तर्राष्ट्रिय व्यापारको क्षेत्रमा सुविधा पाउँदै आएको छ । मुख्यतः युरोपेली सङ्घले सबै अतिकम विकसित मुलुकहरूलाई हातहतियारबाहेक सबै वस्तुको निर्यातमा भन्साररहित, कोटारहित व्यापार सुविधा दिई आएको छ । यो सुविधा अमेरिकालगायत केही मुलुकले दिँदैनन् । उनीहरूले स्तरोन्नतिको वर्गीकरण नै स्वीकार गर्दैनन् ।

युरोपियन युनियन, भारत, चीन र विश्व व्यापार सङ्गठन (डब्लुटिओ)का सदस्य राष्ट्रहरूमा मात्रै यो सुविधा पाइन्थ्यो । अतिकम

विकसित मुलुकहरूले आफ्नो उत्पादन र आपूर्ति क्षमता परिचालन गर्न सकेको भए यो ठूलो सुविधा हो । चीन, भारत, पाकिस्तानले युरोपेली बजारमा आफ्नो वस्तु निर्यात गर्दा २५-३० प्रतिशत भन्सार महसुल तिर्नुपर्नेमा अतिकम विकसित मुलुकलाई छुट छ । नेपालले आन्तरिक समस्याका कारण यो सुविधाको फाइदा लिन सकेको छैन । बङ्गलादेशले यो सुविधाबाट गार्मेन्ट क्षेत्रमा ठूलै फाइदा लिइरहेको थियो । तर ऊ पनि स्तरोन्नतिमा जाँदै छ । सन् २०२६ मा पनि सङ्क्रमणकालको केही सुविधा पाउन सकिन्छ । तर त्यो हाम्रो 'नेगोसिएसन'मा भर पर्छ । त्यसपछि युरोपियन युनियनसँग नयाँ खालको व्यापारमा जानुपर्ने हुन्छ ।

अतिकम विकसित राष्ट्र हुँदा हामीले सुविधा पाइरहेको दोस्रो विषय वैदेशिक सहायता हो । राष्ट्रसङ्घ र युरोपेली सङ्घबाट आउने ससाना अनुदान अलि बढी पाउने गरिएको छ । तर नेपाललाई सबैभन्दा बढी वैदेशिक सहायता दिने देश तथा निकायलाई यो स्तरोन्नतिको कुनै मतलब छैन । नेपाललाई सबैभन्दा बढी अनुदान दिनेमा विश्व बैङ्क, एसियाली विकास बैङ्क, अमेरिका र जापान हुन् । उनीहरूको प्रणालीमा अतिकम विकसित राष्ट्र भन्ने जानकारी नै छैन । उनीहरूले दिने अनुदान र ऋणका आआफ्नै मापदण्ड छन् । राष्ट्रसङ्घ र युरोपेली सङ्घबाट आउने अनुदानमा भने केही असर पर्न सक्छ ।

तेस्रो, डब्लुटिओसँग सम्बन्धित सुविधा हो । डब्लुटिओका कृषि, निर्यात अनुदान, बौद्धिक सम्पत्तिसँग सम्बन्धित दर्जनौं सम्झौतामा अति कम विकसित राष्ट्रलाई अतिरिक्त सुविधा दिने व्यवस्था छ । व्यापारसँग सम्बन्धित बौद्धिक सम्पत्तिबारेको सम्झौतामा विशेष प्रावधान छन् । सन् २०३३ सम्म औषधिमा पेटेन्ट नलगाए पनि हुने सुविधा छ । चौथो सुविधा, राष्ट्रसङ्घीय सम्मेलनमा सरकारी अधिकारी सहभागी हुँदा पाउने यात्रा खर्च र भत्ता अलि बढी छ । यो धेरै ठूलो होइन । तर पनि सुविधा हो ।

यी चारै सुविधा नेपालका हकमा एकदमै कम हो । सुविधा गुम्दा धेरै ठूलो असर पर्ने मैले देखेको छैन । त्यसकारण एकदमै कम असर पर्छ, भयो भने नाफा नै हुनेछ । विकासमार्गले कोल्टे फेर्ने अवसर यसले दिन्छ ।

हामी स्तरोन्नति हुने र महँगो भन्सार तिर्न थाल्ने तर हाम्रा प्रतिस्पर्धीहरू चाहिँ अतिकम विकसित राष्ट्रकै सूचीमा रही सुविधा पाएर धमाधम निर्यात बढाउने स्थिति रहेको भए घाटा हुन्थ्यो । त्यो अवस्था पनि छैन । अफगानिस्तान र अफ्रिकी मुलुकहरू मात्रै अब अतिकम विकसित राष्ट्रमा रहिरहनेछन् । त्यसकारण हाम्रो गुम्ने, अरूले सुविधा पाइरहने भन्ने हुँदैन ।

हाम्रा लागि स्तरोन्नतिका लागि पाँच वर्षको समय छ । साधारणतया स्तरोन्नतिअघि तीन वर्षको समय दिइन्थ्यो, यस पटक कोभिडका कारण पाँच वर्ष समय दिइएको छ । त्यसपछि पनि सङ्क्रमणकालीन समय पाउँछौं । स्तरोन्नतिको प्रभावकारी कार्यान्वयन लगभग सन् २०३० वरिपरिबाट हुनेछ । त्यति बेलासम्म जेनेभास्थित नियोगले हाम्रा लागि अतिकम विकसित राष्ट्रकै तर्फबाट सशक्त आवाज उठाइरहनुपर्छ । अतिकम विकसित राष्ट्रले पाइरहेका सुविधा स्तरोन्नतिपछि पनि पाउनुपर्छ भन्ने एजेन्डा उठ्न थालिसकेको छ । डब्लुटिओको १२औं मन्त्रीस्तरीय बैठकको एजेन्डामा यो पनि छ । अहिले पाइरहेका सुविधा स्तरोन्नतिपछि पनि पाउनुपर्छ भनेर निरन्तर उठाउनुपर्छ ।

वैकल्पिक रणनीतिक व्यापार साझेदार हेर्नुपर्ने हुन्छ । मध्यम आय भएको विकासशील मुलुकको हैसियतमा नयाँ सम्झौता गर्नुपर्छ । त्यसका लागि तुलनात्मक लाभका वस्तुहरूको पहिचान, उत्पादन वृद्धि र बजार भएका मुलुकसँग रणनीतिक साझेदारी गर्नुपर्‍यो । चीन, भारत, दक्षिणपूर्वी मुलुकहरूको सङ्गठनमा त्यो अवसर छ । अनुदान लिने सन्दर्भमा केही तयारी गर्नुपर्छ । अहिले दिएको अनुदान लिन सकेका छैनौं । लिएको पनि सदुपयोग भइरहेको छैन । अनुदानको

अंश घट्दै जाने भएकाले सहुलियतपूर्ण ऋण लिने हो । त्यसबाहेक निजी लगानी भित्र्याउन नै सुधारहरू गर्नुपर्छ । ब्राजिल, भारत, युरोपेली मुलुकले ठुल्ठूलो लगानी उठाइरहेका हुन्छन् ।

अहिले नेपाललाई अन्तर्राष्ट्रिय पुँजीबजारबाट लगानी ल्याउन कसैले पनि पत्याउँदैन । किनभने विश्वसनीय मुलुक नेपाल होइन । त्यसैले अब हामीले मुलुककै क्रेडिट रेटिङ गर्नुपर्छ । रेटिङमा हामी राम्रो भएनौं भने अन्तर्राष्ट्रिय बजारबाट लिने ऋणको ब्याज बढी तिर्नुपर्छ, राम्रो भयौं भने ब्याज कम तिर्नुपर्छ । निजी लगानी पनि सजिलै आउँछ । निजी लगानी ल्याउनकै लागि बढी प्राथमिकता दिनुपर्छ । अनुदान मागेर मात्रै होइन, वैदेशिक लगानी, निजी लगानीमार्फत आर्थिक विकास गर्नुपर्छ भन्ने मनोविज्ञानतर्फ जानुपर्छ ।

कान्तिपुर, मङ्सिर १०, २०७८

कोभिडको पटाक्षेप र आसन्न जलवायु सङ्कटकाल

१. नौ महिनापछि कोभिड नियाल्दा

२०७७ वैशाख २० गते कान्तिपुर दैनिकमा 'कोभिडको पटाक्षेप र चाँदीको घेरा' शीर्षकमा मेरो लेख प्रकाशन भएको थियो । पाँच खण्डमा विभाजित त्यो लेखमा मैले यो महामारीको चरित्र, आर्थिक वृद्धि र शैथिल्य, सङ्कटसँग जुध्न साधनस्रोतको जोहो अनि लगानीका प्राथमिकताबारे चर्चा गर्दै अन्त्यमा कोभिडको कालो बादलमा चाँदीको घेरा खोज्न सकिने आधार प्रस्तुत गरेको थिएँ ।

"आगामी नौदेखि १८ महिनाको अवधि चिकित्सा र आर्थिक दुवै दृष्टिले कोभिडबाट अन्योलग्रस्त रहने" र "चमत्कार नै भए पनि अर्को १२ महिनाअघि पर्याप्त डोजको उत्पादन विश्वभर पैठारी नहोला" भन्ने त्यस बेलाको अनुमान आजको यथार्थ भएको छ । फाइजर, बिअनटेक, मोडर्ना, एस्ट्रजेनेका, जोन्सन एन्ड जोन्सन, रूसको स्पुतनिक-५ र नोभाभ्याक्स जस्ता कम्पनीले भ्याक्सिनको द्रुत आविष्कार र उत्पादनमा चमत्कार नै गरेका छन् । वितरणमा भने व्यवस्थापकीय चुनौती देखिन थालेको छ, विश्वभर नै । नेपालकै प्रसङ्गमा, अघिल्लो लेखमा मैले कोभिड सङ्कटले जन्माएका अवसरको सदुपयोग हुन राजनीतिक असंवेदनशीलताको रोगबाट मुक्त नभई सम्भव नहोला भनेको थिएँ ।

नभन्दै त्यसको नौ महिनापछि हामी त्यस्तै असंवेदनशील राजनीतिक अनिश्चितताको भुमरीमा फसेको भान हुन्छ ।

तर यस पटक म कोभिडको पटाक्षेपपछि विश्वले गम्भीर ध्यान मोड्नुपर्ने एउटा ठूलो मुद्दामा केन्द्रित हुनेछु । त्यो हो– जलवायु परिवर्तनलगायत तमाम पर्यावरणीय चुनौती । यसबारे अघिल्लो लेखमै मैले भनेको थिएँ, "वसुधैव कुटुम्बकम् र सामूहिकताको पूर्वाभ्यास अपरिहार्य हुँदा जलवायु परिवर्तनको आउँदो विश्वव्यापी सङ्कटविरूद्ध कसरी जुध्ने, त्यसको सङ्केत पनि यहाँ मिलेको छ ।" योभन्दा पहिले कोभिडले विश्वलाई सिकाएका पाठ, अबउप्रान्त झन् गति समात्न सक्ने क्षेत्र र अन्तर्राष्ट्रिय शासकीय प्रबन्धमा खोजिने सुधारहरूबारे चर्चा गरौं । कोभिडको आतङ्कले केही विशेष मुद्दामा धेरैको चासो तानेको छ ।

पहिलो हो– सामाजिक-आर्थिक असमानता । सिङ्गो विश्व नै लकडाउनमा जाँदा औपचारिक र अनौपचारिक रोजगारी, सामाजिक सुरक्षामा आबद्ध र असुरक्षित व्यक्ति एवम् संस्थाहरूबीचको विभेद उजागर भयो । यसले गर्दा 'कोखदेखि शोकसम्म' सबै नागरिकलाई बाँध्ने सर्वव्यापी सामाजिक सुरक्षा खाकाको अपरिहार्यताबारे धेरैले महसुस गरेका छन् । सबै नागरिकलाई न्यूनतम नगद अनुदानलगायतका एक हजार चार सय ओटा सामाजिक सुरक्षाका कार्यक्रम दुई सय मुलुकमा लागू भएको विश्व बैङ्कको एक अध्ययनले देखाएको छ । तर यस्ता कार्यक्रमको औसत अवधि जम्मा ३.३ महिना र गरिब देशमा प्रतिव्यक्ति रकम छ डलर मात्र खर्च गर्न सकिएको पाइयो ।

दोस्रो– वित्तीय विनियोजनमा विकृति । लोकरिझ्याइँभन्दा माथि उठेर बलियो सामाजिक सुरक्षा पद्धति बसाल्न माथिको उदाहरणबाट पनि आर्थिक सामर्थ्य बढाउनैपर्ने देखियो । तैपनि सामाजिक सुरक्षाका कार्यक्रमका लागि पैसा कहाँबाट ल्याउने भनेर चिन्तित हुनुअघि अल्पकालमा पैसा कहाँ गइरहेको छ, हेर्नुपर्छ । विश्वभर सार्वजनिक वित्तमा ठूलो चुहावट, लुट, अनुत्पादक खर्च गरिएको पाइन्छ । भ्रष्टाचार मात्र होइन, गलत प्राथमिकताका कारण पनि पैसा खेर फालिएको हुन

सक्ला । उदाहरणका लागि, कार्बन उत्सर्जन गर्ने इन्धनका स्रोतमा मात्रै विश्वभर ५० खर्ब डलर बराबर (अ)प्रत्यक्ष अनुदान दिइन्छ । यो भनेको कुल विश्व अर्थतन्त्रकै ६.५ प्रतिशत हुन आउँछ । प्रदूषण बढाउने यस्तो अनुदान क्रमशः घट्दै जाने हो भने खराब उपभोगमा गिरावट र नवीकरणीय ऊर्जामा लगानी बढाउन सकिन्थ्यो कि ?

तेस्रो– वैज्ञानिक सहकार्यको मीठो फल । कोभिड-१९ विरूद्ध प्रथम भ्याक्सिन जर्मन कम्पनी बिअनटेक र अमेरिकी कम्पनी फाइजर मिलेर ल्याए । बिअनटेक टर्कीबाट आएका आप्रवासी वैज्ञानिकले स्थापना गरेका हुन् भने फाइजरका प्रमुख कार्यकारी ग्रिक हुन् । उनीहरूका मूल देश टर्की र ग्रिसबीच जन्मजात शत्रुता छ । तर प्रवासमा तिनले गरेको सहकार्यले युरोप र अमेरिकामा आप्रवासीप्रति अनुदार रहेकाहरूको मुखमा समेत बुझो लगाइदियो । त्यहाँका सरकारहरूले रकमको प्रत्याभूति गरे । निजी विवेक र ऊर्जा परिचालित भयो । गेट्स फाउन्डेसन जस्ता कल्याणकारी संस्थाले अक्सफोर्डदेखि भारतको सेरम इन्स्टिच्युटसँग सहजीकरण गरे । एक वर्षमै अपूर्व चमत्कार देखियो । यस्तो बहुपक्षीय सहकार्यको मोडललाई अन्य क्षेत्रमा पनि संस्थागत रूपमा विस्तार गर्नुपर्ने शिक्षा मिलेको छ ।

नयाँनयाँ प्रविधिका कारण रोजगारीको चरित्रमा आइरहेको ठूलो परिवर्तनले कोभिडपछि थप गति लिनेछ । डिजिटलाइजेसन र नवीकरणीय ऊर्जामा लगानी बढ्नेछ । सूचना प्रविधिले दूरी छोट्याएको छ, जहाँबाट पनि काम गर्न सकिने सम्भावनामा व्यापक विस्तार भएर अब 'भर्चुअल आप्रवास'को उदय हुनेछ । तर अनौपचारिक र असुरक्षित रोजगारीको समस्या थप पेचिलो नबनोस् भन्ने चेतना जागेको छ । सङ्कटबाट बाहिर आउने क्रममा अपनाइने 'हरित' आर्थिक नीतिहरूले अबको बाटो तय गर्नेछन् । जलवायु परिवर्तन, विश्वव्यापी वित्त र व्यापारको पद्धति, साइबर अपराध, आप्रवास र महामारी जस्ता विषयमा कुनै एक राष्ट्रको मात्र भूमिका पर्याप्त हुँदैन । विश्वव्यापी सुशासनको नयाँ आकारका लागि चाहिने ताजा उत्प्रेरकहरूको प्रयोगका चरणमा हामी प्रवेश गरेका छौं ।

२. क्षमता र सक्षमताबीच सूक्ष्म भेद

राज्यको परिवर्तित भूमिकाबारे विभिन्न कोणबाट नयाँ बहस हुन थालेको छ । जनस्वास्थ्यमा विश्वकै उत्कृष्ट मानिने जोन हप्किन्स विश्वविद्यालयले कोभिड-१९ आउनु केही महिनाअघि स्वास्थ्य सुरक्षासम्बन्धी ८५ ओटा उपसूचकाङ्क केलाएर विश्वव्यापी वरीयता प्रकाशन गरेको थियो । महामारीसँग जुध्न सक्ने क्षमताका दृष्टिले पहिलो अमेरिका र दोस्रो बेलायत देखिए । हुन पनि स्वास्थ्य उपकरणको गुणस्तर, उच्च प्रविधि, अनुसन्धान र बजेटकै विनियोजन हेर्दा आज पनि अमेरिकालाई कसैले जित्दैन । तर विश्वको ४ प्रतिशत जनसङ्ख्या भएको अमेरिकामा कसरी २० प्रतिशत कोभिड मृत्युदर हुन पुग्यो ?

"क्यापासिटी (क्षमता) र क्यापेबिलिटी (सक्षमता)बीच ठूलो भिन्नता रहेछ," विकसित र विकासशील राष्ट्रको उदाहरण दिएर *दी एटलान्टिक*मा एड योङले निष्कर्ष दिएका छन् । कोभिडबाट भियतनाममा अहिलेसम्म जम्मा ३५ जनाको मृत्यु भएको छ; दुई हजार जनाभन्दा कममा सङ्क्रमण देखियो । कुल स्वास्थ्य बजेटमा प्राथमिक स्वास्थ्यको अंश अमेरिकामा पाँच छ भने रूवान्डामा ३७ प्रतिशत । महामारीसँग जुध्न न्युयोर्क सहरका उच्च प्रविधिजडित अत्याधुनिक अस्पतालभन्दा प्रत्येक समुदायमा सुपरिवेक्षण गर्न सक्ने जनशक्ति, विगतमा महामारीसँग जुधेको अनुभव र भावी तयारी जस्ता पक्षको महत्त्व देखियो । क्षमतालाई नतिजामा बदल्न चाहिने सक्षमताका लागि पैसा मात्र होइन, राज्य संरचना, सामाजिक पुँजी र ऐतिहासिक अनुभवको भूमिका छ । अर्थात् भियतनाम, थाइल्यान्ड र रूवान्डाबाट अमेरिका, बेलायत र ब्राजिलले समेत लिन सक्ने शिक्षा के हुन्, यो सम्भव कसरी भयो भन्नेबारे नयाँ विश्लेषण आवश्यक छ ।

३. अबको जोखिम : पर्यावरण

अर्थशास्त्रीका रूपमा १२-१५ वर्षअघिसम्म मलाई पर्यावरण र जलवायु परिवर्तनका मुद्दा उचाल्दा परम्परागत भौतिक विकासको गति सुस्त

हुने हो कि जस्तो लाग्थ्यो । पर्यावरणको दोहन गरेरै आफू धनी बनिसकेपछि पश्चिमा राष्ट्रहरूले विकासशील राष्ट्रको उन्नति छेक्न कतै यस्ता मुद्दा उठाउँदै हिँडेका त छैनन् भन्ने आशङ्का केहीमा थियो । डिजेल र पेट्रोल नभई मेसिनरी कसरी चल्छ, वन विनाश नगरी संरचना कहाँ बनाउने भन्ने आम बुझाइ छ । हालै प्रकाशित पर्यावरणसम्बद्ध एउटा आँकडाले आगामी विकासपथबारे मेरो सोच पूरै बदलिदिएको छ । त्यो आँकडाअनुसार कोभिड-१९ ले मच्चाएको विश्वव्यापी उत्पातभन्दा ठूलो सङ्कटको जोखिम छ ।

पृथ्वीको उत्पत्ति साढे चार अर्ब वर्षअघि भएको हो । अहिलेका मान्छे (होमो सेपियन्स)को अस्तित्व यो पृथ्वीमा देखिएको तीन लाख वर्ष जति मात्र भयो । *रामायण* र *महाभारत*कालीन सभ्यता पाँचसात हजार वर्षभन्दा पुराना छैनन् । अब मेरो यो कुरा राम्रोसँग मनन गर्नुस्– यस्तो, अर्बौं वर्ष लामो इतिहास भएको पृथ्वी सन् २०२० मा नयाँ चरणमा प्रवेश गरेको छ । त्यो पनि पृथ्वीको लामो आयुको सापेक्षतामा भर्खरै टुप्लुक्क देखापरेका मान्छेले केवल विगत दुई सय वर्षमा गरेको भौतिक दोहनका कारण प्रलय निम्तिने जोखिम बढ्न थालेको छ । अबको आउँदो उत्पात अर्थात् कोभिडभन्दा पनि ठूलो सङ्कटकाल मैले यसैलाई भनेको हुँ ।

विश्वप्रतिष्ठित विज्ञान जर्नल *नेचर*ले आठ हप्ताअघि (९ डिसेम्बर, २०२० मा) एउटा गजबको शोध प्रकाशन गऱ्यो । अहिलेसम्म मान्छेले बनाएका भौतिक सामग्रीको कुल तौलले पृथ्वीमा भएका सबै जीव, जनावर र वनस्पतिको संयुक्त तौललाई हालै मात्र उछिनेको छ । औद्योगिकीकरणको युगदेखि मानवनिर्मित वस्तु (अलकत्रादेखि कङ्क्रिटसम्म, प्लास्टिकदेखि फलामसम्म)को कुल तौल सन् २०२० मा एक ट्रिलियन टनभन्दा बढी भएको पत्ता लागेको छ ।

आधुनिक मान्छे पृथ्वीमा आएको तीन लाख वर्षमा पहिलो पटक हामी यो उल्लेख्य थ्रेसहोल्ड वा बिन्दु नाघ्दै छौं । हामीले पृथ्वीमा कति ठूलो चाप र भार थपेका रहेछौं भन्ने प्रमाण हो, यो । हामी एउटा

अभिनव युगबाट अर्को भौगर्भिक युगमा प्रवेश गर्दै छौं, जसको प्रस्तावित नाम 'एन्थ्रोपेसिन' हो । कालान्तरमा कोभिडको विध्वंसभन्दा यो तथ्यको महत्त्व बढी हुने निश्चित छ ।

वास्तवमा कोभिड-१९ पनि मान्छेले पृथ्वीलाई थोपरेको बोझकै अप्रत्यक्ष नतिजा हो भन्ने मानिस धेरै छन् । मान्छेले प्रकृतिमाथि गरेको दलनबाटै चमेरोबाट कोरोना (कोभिड-१९) मान्छेमा सरेर विश्वव्यापी महामारीको रूप ग्रहण गरेको हो । यो घटना न पहिलो हो, न त अन्तिम नै । सुरूमा धनी हुनुपर्छ, क्षमता बढाउनुपर्छ र सामर्थ्य बढेपछि वातावरणीय व्यवस्थापन गर्न सकिहालिन्छ नि भन्ने धारणा धेरै अर्थशास्त्रीमा थियो । लन्डन, साङ्घाई, सिङ्गापुर, न्युयोर्क जस्ता सहरका पुराना फोटा हेर्नुहोस्, औद्योगिक विकासको प्रक्रियामा नदी र सडकहरू दूषित थिए । सन् १९०० तिर न्युयोर्कका सडकमा घोडाका बग्गी हिँड्थे, बर्सेनि लाखौं टन फोहोर थुप्रिन्थ्यो । सन् १९०८ मा फोर्ड गाडीको 'मोडल टी' आएपछि हामी पेट्रोल र डिजेलमा आधारित आधुनिक सवारीको युगमा प्रवेश गर्‍यौं । नयाँ प्रविधिका कारण पुरानो पर्यावरणको समस्या समाधान त भयो । तर सन् १९७०/८० देखि फेरि कार्बनजन्य विकासे मोडलको विनाशबारे लेखिन थाल्यो । सन् १९९२ मा ब्राजिलको रियो दी जेनेरियोमा भएको पृथ्वी शिखर सम्मेलनपछि सायद पर्यावरणमैत्री सोचले जरा गाड्न थालेको हो । त्यो सम्मेलनपछि विश्वमै पर्यावरण र आर्थिक विकास आपसका प्रतिद्वन्द्वी हुनुहुँदैन भन्ने धारणा बिस्तारै छाउँदै गएको छ ।

४. जुर्मुराएको विश्व

सन् २०१५ मा संयुक्त राष्ट्रसङ्घको समन्वयमा विश्वले पेरिस जलवायु सम्झौता गर्‍यो । अब आर्थिक, सामाजिक, वैज्ञानिक, राजनीतिक र सुशासनका दृष्टिले जलवायु परिवर्तनको मुद्दा सर्वाधिक महत्त्वपूर्ण हुनेछ । जलवायु परिवर्तनको जोखिम घटाउन विश्वव्यापी औसत तापक्रम वृद्धिलाई पूर्वऔद्योगिक तहको दाँजोमा दुई डिग्री सेल्सियसभन्दा

कम कायम गर्नु त्यो सम्झौताको मुख्य बुँदा हो । यसका लागि प्रदूषण घटाउने, आम जीवनशैली पर्यावरणमैत्री बनाउने भनिएको छ, जसले हामीले देखेको बीसौं शताब्दीको सम्पूर्ण उत्पादन र उपभोगको मोडललाई उल्ट्याउने लक्ष्य लिएको छ। यो चानचुने कुरो हुँदै होइन।

नयाँ राष्ट्रपति जो बाइडेनले पद सम्हालेको पहिलो दिन नै अमेरिकालाई पेरिस जलवायु सम्झौतामा फेरि आबद्ध गराए । सन् २०३५ भित्रै कार्बनमुक्त बिजुली उत्पादन गर्ने लक्ष्यको घोषणा गरिएको छ । पूर्वविदेशमन्त्री, सेनेटर एवम् सन् २००४ का राष्ट्रपतीय उम्मेदवार जन केरीलाई बाइडेनले आफ्नो अन्तर्राष्ट्रिय जलवायुदूत बनाएका छन् । प्रस्टै छ, विषयको गाम्भीर्य झल्काउन नै यति वरिष्ठ व्यक्ति रोजिएका हुन्, जो अवकाश तोडेर इतिहास रच्ने मोहले मैदानमा उत्रिएका छन् ।

जलवायु परिवर्तन गराउन अमेरिका, युरोप र चीन जस्ता ठूला अर्थतन्त्रको भूमिका छ। असर भने धनीगरिब सबैले भोग्न थालिसकेका छौं । अरू भौगोलिक क्षेत्रमा दुई डिग्री सेल्सियसले तापक्रम बढ्यो भने पनि हिमालय क्षेत्रमा थप ०.६ डिग्रीले ताप बढ्ने वैज्ञानिक तथ्य इसिमोडको एउटा प्रतिवेदनमा उल्लेख छ । त्यसैले हामी जस्ता हिमालयन मुलुकमा अतिरिक्त जोखिम थपिएको हेक्का राखौं । यसलाई 'एलेभेसन डिपेन्डेन्ट वार्मिङ' भनिन्छ । हिन्दुकुश-हिमालय शृङ्खलाबाट विश्वका १० महान् नदी बग्छन् । पृथ्वीको झन्डै आधा जनसङ्ख्या ती नदीमा बग्ने पानीमा आश्रित छ । हिमाल पग्लेर त्यो पानी सुक्दै गयो भने के होला ? कृषि र सिँचाइ, जलविद्युत् र खानेपानीमा पर्ने असरले हाम्रो सभ्यता नै सङ्कटकालमा जानेछ ।

त्यसकारण पर्यावरणमा क्षेत्रीय मुद्दाहरूसमेत पेचिला बन्दै गएका छन्। दक्षिण एसियामा मुख्यगरी भारतले गर्ने कालो कार्बनको उत्सर्जनले हाम्रो हिमाल र वायुमण्डलमा ठूलो असर पारिरहेको छ । इँटाभट्टादेखि डिजेल प्रयोगसम्ममा नेपाल, भारत, बङ्गलादेश, पाकिस्तानले सहकार्य गर्ने हो भने जलवायु परिवर्तनका समस्याहरूको क्षेत्रीय रूपमा आंशिक समाधान निस्कनेछ । तर समग्रमा कार्बनमा आधारित औद्योगिक

गतिविधिलक्षित आर्थिक विकासको मोडलबारे नै पुनर्विचार गर्नुपर्छ । ठुल्ठूला मुलुकले यस्तो घोषणा गर्न थालिसकेका छन् । चीनले अर्को ४० वर्षभित्र सन् २०६० मा 'कार्बन न्युट्रल' हुने भनिसकेको छ । जापान र कोरियाले पनि अर्को ३० वर्षमै 'कार्बन न्युट्रल' हुने भनेका छन् । अमेरिकाले पनि २०५० को लक्ष्य हालै घोषणा गरेको छ ।

५. विकास सूचकमा पर्यावरणको प्रवेश

विगत ३० वर्षमा मानव प्रगतिको मापन गर्न कुल गार्हस्थ्य उत्पादन (जिडिपी)को विकल्पका रूपमा मानव विकास सूचकाङ्क स्थापित भयो । राष्ट्रसङ्घीय विकास कार्यक्रम (युएनडिपी)ले सार्वजनिक गरेको पछिल्लो मानव विकास प्रतिवेदन (२०२०)ले एउटा नयाँ सूचकाङ्क प्रयोगमा ल्याएको छ । त्यो हो, पृथ्वीय-चाप समायोजित मानव विकास सूचकाङ्क (पिएचडिआई) । पिएचडिआईले मुलुकहरूको अवस्थालाई उथलपुथल गरिदिएको छ ।

फ्रम थर्ड वर्ल्ड टू फस्ट शीर्षक आत्मकथामा ली क्वान यूले सिङ्गापुरलाई कसरी माछा मार्ने एउटा बगरबाट संसारकै सबैभन्दा खुला, प्रतिस्पर्धी र समृद्धमध्येको महानगर बनाइयो भन्नेबारे चर्चा गरेका छन् । दक्ष जनशक्तिदेखि स्तरीय वायुसेवा, विशाल हरिया बगैंचादेखि व्यस्त बन्दरगाह भएको भ्रष्टाचारमुक्त राष्ट्रका रूपमा सिङ्गापुर आज चर्चित छ । युएनडिपीको पछिल्लो मानव विकास सूचकाङ्क प्रतिवेदनमा १८९ राष्ट्रमध्ये सिङ्गापुर ११औं नम्बरमा सूचीकृत छ । तर जब प्रतिव्यक्ति कार्बन उत्सर्जन र वस्तुगत चाप (म्याटेरियल फुटप्रिन्ट)को पनि हिसाब गरेर यो सूचकाङ्क सच्याइयो, तब सिङ्गापुर ११औं स्थानबाट १०३औं स्थानमा झरेको छ । यसको सङ्केत हो– विकासबारेको परम्परागत अवधारणा र बुझाइमा अब हुने उथलपुथल ।

सिङ्गापुर शीर्ष सूचीबाट धेरै तल झर्नुमा उसले केही नियन्त्रण गर्न सक्ने र केही नियन्त्रण गर्न नसक्ने कारण छन् । सिङ्गापुरसँग खासै ठूलो प्राकृतिक स्रोत छैन । आफ्नो जनसङ्ख्याभन्दा तीन गुणा

बसोबास त पर्यटककै हुन्छ त्यहाँ । त्यो उद्योग धान्न सिङ्गापुरले अधिकांश वस्तु आयात गर्छ । जनसङ्ख्याको अनुपातमा उसको उपभोग उच्च छ । पृथ्वीमाथिको उसको दबाबलाई दण्डित गर्दा सिङ्गापुरको विकासे वरीयता खस्किएको हो ।

यसरी मानव विकास सूचकाङ्कलाई कार्बन उत्सर्जन र वस्तुगत उपभोगका कोणबाट हेर्न थालियो भने अन्य राष्ट्र पनि तल झर्छन् । मानव विकास सूचकाङ्कमा ८५औं स्थानमा रहेको चीन कार्बन उत्सर्जनको हिसाब गर्नेबित्तिकै १०१औंमा झर्छ । मलेसिया ६२औंबाट ८०औंमा पुगेको छ । जीवाश्म इन्धन भनिने फोसिल फ्युलमा निर्भर इरान र ब्रुनाई जस्ताको वरीयता पनि खस्कने नै भयो । श्रीलङ्का, फिजी, कोस्टारिका, पनामा जस्ता राष्ट्रको विकासपथ भने पर्यावरणमैत्री पाइयो । मानव विकास सूचकाङ्कमा १०७औं स्थानमा रहेको इन्डोनेसिया ९१औंमा आएको छ । अफगानिस्तानको विशिष्ट अवस्थाले भने अर्को झलक दिन्छ । ऊ सोचविचार गरेर, कम कार्बन उत्सर्जन गरेर राम्रो देखिएको होइन । उसको विकास नै भएको छैन । यो कुरालाई रूसी मूलका हार्भर्ड इतिहासकार अलेक्जेन्डर गर्स्चेनक्रोनले विस्तृत व्याख्या गरेका थिए, ७० वर्षअघि । अगाडि विकास गरिसकेकाहरूले गरेको गल्ती छल्न सक्ने सुविधा पछि परेकाले पाउने भए, अफगानिस्तानले जस्तै । पछाडि पर्नुमा फाइदा यही एउटा छ ।

२०औं शताब्दीको विकासे मोडलमा "जीविकोपार्जनलाई सघाउने कि वन-बुट्यान जोगाउने हो, रोज" भन्ने खालका बहस छेडिए । अबको मोडलमा रूख जोगाएरै भौतिक प्रगति गर्नुपर्छ र गर्न सकिन्छ भन्ने विश्वास प्रबल बन्दै गएको छ । कम कार्बन उत्सर्जनबाटै उच्च समृद्धिको बिन्दु पहिल्याउनुपर्ने चुनौती हाम्रो पुस्तामा आएको छ । यसरी सन् २०२० को मानव विकास प्रतिवेदनले सामाजिक मान्यतामा परिवर्तन, आर्थिक उत्प्रेरणाहरूको संरचनामा सुधार र प्रकृति-आधारित समाधानमै जोड दिएको छ ।

पहिलो– मानव मान्यता, आम व्यवहार तथा जीवनशैलीमै परिवर्तन । जीवनशैलीमै परिवर्तन गराउन धार्मिक नीतिशास्त्रदेखि

सामाजिक अभियन्तासम्मको भूमिका हुन्छ । जस्तै, महामारीको समयमा मास्क लगाउनुपर्ने बाध्यता लगभग सर्वत्र स्वीकार्य हुन गयो । केही दशकयता धूमपानलाई बहिष्कारको दायरामा ल्याइएको छ । धूमपानले व्यक्तिको मात्र होइन, समाजकै स्वास्थ्य बिगार्छ भनेर धेरै सार्वजनिक क्षेत्रमा चुरोट निषेधित छ । अब यसरी नै पर्यावरणविरूद्धका काम र काम गर्ने व्यक्ति, संस्था एवम् कम्पनीहरूलाई पनि कानुनी दायरासँगै नैतिक दबाबको कठघरामा उभ्याउने लहर आउनेछ । बहिष्कारको संस्कृतिलाई आधुनिक सामाजिक सञ्जालले पनि बाक्लै मलजल गर्ने पूर्वाभास भइसकेको छ । यसैगरी वस्तुको अनावश्यक एवम् अत्यधिक उपभोगको बेलगाम प्रतिस्पर्धाको प्रवृत्तिलाई पनि दमित र संयमित गर्नुपर्ने जायज आवाज उठ्न थालेका छन् ।

दोस्रो– मूल्य र वित्तीय उत्प्रेरणा । जीवनशैली बदल्न गरिने नैतिक आग्रहले मात्र मान्छेको ज्याद्रो जातलाई छुँदैन । दैनिक उपभोगमा मूल्यसम्बन्धी उत्प्रेरणाहरूको समायोजन भयो भने मात्र व्यावहारिक परिवर्तनको आधार खडा हुन्छ । कार्बन, वित्तीय कारोबार र अधिक सम्पत्तिमाथिको करबाट वार्षिक रूपमा हरित लगानीका लागि दुई सय बिलियन अमेरिकी डलर जुटाउन सकिने अनुमान मेरा गुरू अर्थशास्त्री जेफ्री स्याक्सले गरेका छन् । संसारका धेरै कोषको निश्चित प्रतिशत रकम हरित क्षेत्रमै लगानी गर्न अनिवार्य गराइयो भने ठूलै स्रोत जुट्न सक्छ । प्रतिटन कार्बनको ८० डलर मूल्य राख्ने हो भने र कार्बन उत्सर्जन हुने सामग्रीमा मूल्य समायोजन गरियो भने मान्छेले व्यवहार, स्वभाव र जीवनशैली परिवर्तन गर्छ । कार्बन उत्सर्जन गर्ने वस्तु महँगो हुँदै गए उपभोग घट्छ । तर मूल्य बढाएर मात्रै हुँदैन, विकल्प पनि दिनुपर्छ । मट्टीतेलभन्दा विद्युत् नै बढी महँगो भयो भने उपभोक्ताले मट्टीतेल नै प्रयोग गरिरहनुपर्ने बाध्यता हुन सक्छ । सार्वजनिक नीतिमार्फत यस्ता मुद्दा सच्याउनुपर्छ ।

तेस्रो– प्रकृतिलाई भौतिक विकासको शत्रु वा प्रतिस्पर्धीका रूपमा लिनुभएन । मानव विकास प्रतिवेदनले वन, सिमसार, घाँसेमैदानसम्बन्धी २० ओटा मुख्य प्रभावकारी कामको पहिचान गरेको छ, जसले हरित

आर्थिक वृद्धिलाई टेवा दिन सक्छन् । विश्व तापमान वृद्धिलाई दुई डिग्रीमा कायम राख्न आवश्यक पर्ने न्यूनीकरणमा यी प्राकृतिक विधिहरूको ३७ प्रतिशत योगदान हुने अनुमान छ । पुनः वृक्षारोपणले मात्रै यो सम्भावनाको एकतिहाइ अंश लिन सक्नेछ । सन् २०२३ भित्र पाकिस्तानमा १० अर्ब नयाँ रूख रोप्ने प्रधानमन्त्री इमरान खानको घोषणालाई महत्त्वाकाङ्क्षी वृक्षारोपण सुनामीका रूपमा विश्वले नै चासो राखेर हेरिरहेको छ । अमेजन जङ्गलको संरक्षण गरिरहेका आदिवासीको योगदान विश्वका शीर्ष एक प्रतिशत हरितगृह ग्यास उत्सर्जनकर्ताहरूको प्रतिव्यक्ति योगदान बराबर छ । यसरी दुनियाँलाई एक वर्ष दुःख दिएको कोभिड समस्याले एउटा राम्रो प्रेरणा भने दिएको छ– अब युगकै सबभन्दा ठूलो पर्यावरणीय सङ्कटसँग जुध्न नयाँ खालको सामूहिकताको पहल गर, नत्र सबैको नाश हुने जोखिम बढ्नेछ ।

६. नेपालले गर्नुपर्ने हरितयात्रा

पहिलो– हरियो वन, नेपालको धन । हाल देशको ४५ प्रतिशत भूभाग वनजङ्गलले ओगटेको छ । यसलाई ५० प्रतिशत पुऱ्याउने र स्थिर राख्ने लक्ष्य तय गर्न सकिन्छ । भुटानले ७० प्रतिशत कटाएर त्यसैलाई आफ्नो 'ब्रान्ड' बनायो, 'क्लिन, ग्रिन भुटान', 'प्रदूषणमुक्त भुटान' भनेर । यसले पर्यटक आगमनमा सहयोग गर्छ । यसैगरी हाम्रो कृषि, पर्यटन, ऊर्जामा पर्यावरणका मुद्दा अन्तर्सम्बन्धित गराउन सकिन्छ । यस दृष्टिले भारत र चीनलाई भन्दा नेपाललाई काम गर्न सजिलो छ । उनीहरूको ठूलो औद्योगिक क्षमता छ, जहाँ सुधार गर्न खोज्दा लागत बढेर जान्छ । तर विकासका हाम्रा मुख्य आधार वातावरणमुखी छन् । अब जलवायु परिवर्तनको मुद्दामा जुनजुन मुलुक आक्रामक भएर अघि आउँछन्, सभ्यताको ताजा परिचय तिनैले दिनेछन् ।

दोस्रो– हरिया सहर सञ्जाल । सन् २००८ मै विश्वको सहरी जनसङ्ख्या कुल जनसङ्ख्याको ५० प्रतिशत कटेको थियो भने यो सन् २०५० सम्ममा ७० प्रतिशत पुग्नेछ । कुल जिडिपीको ८५ प्रतिशत

सहरी क्षेत्रले ओगटेको छ भने ७८ प्रतिशत ऊर्जा खपत र ७० प्रतिशत कार्बन उत्सर्जन सहरी क्षेत्रले नै गर्छ । नेपालमा पनि सहरीकरणको प्रक्रिया तीव्र रूपमा अघि बढेको छ । आधुनिक परिभाषा विवादास्पद भए पनि अहिले नै ६० प्रतिशत नेपाली नगरपालिकाका बासिन्दा भएका छन् । नेपाल गाँवैगाउँको देश हो भन्ने भाष्य भत्किसकेको छ । त्यसैले अब यातायात, भवन निर्माण र खाद्य प्रणालीमा नयाँ पद्धति र प्रणाली स्थापित गर्नुपर्छ । हरेक मानिसले आफूले पकाउने, यात्रा गर्ने र उपभोग खपत गर्ने शैली बदल्दै जानुपर्नेछ ।

पर्यावरणका सबै मुद्दाको हल पेरिस, न्युयोर्क, बेइजिङबाट हुने होइन, स्थानीय नेतृत्वको पनि अब ठूलो भूमिका छ । मैले सौराहाको उदाहरण दिने गरेको छु । रत्ननगर नगरपालिकाका मेयरलाई मैले "अरूले जेसुकै गरून्, तपाईं पर्यावरणमैत्री सवारीसाधन मात्रै चलाउने निर्णय गर्नुस्, बस, टेम्पो र गाडीका निजी क्रेतालाई समेत सीमित अनुदान दिनुस्, प्लास्टिक निषेधित क्षेत्र घोषणा गर्नुस्" भनेर सुझाएको थिएँ ।

ख्याति कमाएको राष्ट्रिय निकुञ्ज भएको सिङ्गो चितवन जिल्ला दक्षिण एसियाकै अनुकरणीय सहरी इलाका बन्न सक्छ । पहिलापहिला चितवन साइकल सहरका रूपमा चिनिन्थ्यो । अहिले मोटरसाइकल, प्राडो, पजेरो चढ्छन् । किनकि सान यसैमा छ । अब जिल्लाभरि लेन बनाएर साइकल प्रयोगलाई युवामैत्री ग्ल्यामरका रूपमा चित्रित गर्दै लैजान सेलिब्रिटीहरूले सहयोग गर्न सक्छन् । विकसित राष्ट्रको परिचय भनेको गरिबले आफ्नै निजी मोटर चढ्ने हैसियत बनाउनु किमार्थ होइन, बरू धनीले पनि सार्वजनिक यातायात रोज्ने समाज साँच्चिकै समृद्ध मानिनेछ । स्विडेनमा राजघराना सार्वजनिक बस वा रेलमा डुलेको सामान्य मानिन्छ । डेनमार्कको चर्चित टिभी सिरिज 'बोर्गेन' हेर्नुहोस्, त्यहाँका मन्त्री-प्रधानमन्त्रीको रहनसहन कति सरल र प्रेरणादायी छ । यस्तै प्रेरणादायी अभियान नेपालले किन सुरू नगर्ने ?

तेस्रो– कार्बन उत्सर्जन शुल्क । नेपालमा राजस्वमुखी भएर डिजेल-पेट्रोलबाट चल्ने सवारीसाधन आयात गर्दा तीन सय प्रतिशतसम्म

भन्सार लगाइएको छ । यो भन्सारलाई हामीले 'कार्बन उत्सर्जन शुल्क वा कर' भनेर विश्वव्यापी रूपमा ब्रान्डिङ गर्न सक्छौं । तर यसबाट उठेको रकम सरकारी दुरूपयोगमा जानुभएन । भन्सारबाट असुलेको चर्को रकम हामी नेता र कर्मचारी पाल्न प्रयोग गरिरहेका छौं । त्यसलाई यातायात, सार्वजनिक पूर्वाधार, नवीकरणीय ऊर्जामा लगानी र सहुलियत दिन प्रयोग गर्नुपर्‍यो । सार्वजनिक वित्तमा 'फन्जिबिलिटी' भन्ने अभ्यास छ । यसरी उठेको रकम अरू क्षेत्रमा लगाउन नपाउने गर्नुपर्छ । बूढीगण्डकी आयोजना बनाउने भनेर प्रतिलिटर पाँच रूपैयाँ तिर्न थालेको पाँचै वर्ष भयो, ५० अर्ब उठ्यो होला अहिलेसम्म । तर उपयोग भएको छैन ।

७. नवयुगको मुन-सट

मेरो आशा सचेत नयाँ पुस्ता र हामीले दैनिक सङ्घर्ष गरेर खार्दै, उन्नत बनाउँदै लग्ने लोकतन्त्रमै बिसाउँछु । जलवायु परिवर्तनबारे जनपक्षीय उभार सिर्जना गर्न अबका युवा जाग्नुपर्छ । अभियान र आन्दोलन भनेको सडकमा चिच्याउने मात्र होइन । केही साताअघि नेपालका सञ्चारमाध्यमहरूमा काठमाडौंमा बढिरहेको प्रदूषणले प्राथमिकता पायो । तर त्यो प्राथमिकताका आधारमा हुनुपर्ने बहस लामो समय टिकेन । सर्वसाधारणको चासो फेरि नेताहरूका भाषणतिरै मोडिन थालेको छ । यसको अर्थ, आफ्नै दैनिकीमा असर गरिरहेको प्रदूषणका विषयमा सामाजिक सञ्जालदेखि आम सार्वजनिक वृत्तसम्ममा त्यति साह्रो बहस हुन पाएकै छैन ।

हाम्रा विद्यालयदेखि विश्वविद्यालयसम्मको शैक्षिक पाठ्यक्रममा अब पर्यावरणको विषय अनिवार्य समावेश गर्नुपर्छ । जतिसक्दो धेरै जनचेतना जगाउन आवश्यक छ । सन् १८०० को मध्यतिर सुरू भएको विश्वसनीय तापमान तथ्याङ्क रेकर्डका अनुसार सन् २०२० इतिहासकै सबैभन्दा तातो वर्ष हुन सक्छ । गत वर्ष एटलान्टिकको हरिकेन सिजनले नयाँ रेकर्ड कायम गर्‍यो । पछिल्ला १२ महिनामा

अस्ट्रेलियादेखि क्यालिफोर्नियासम्म अत्यधिक आगलागी भएको छ। असाध्यै ताता र चिसा दिनको सङ्ख्या बढ्दै छ। आँखाले नदेखिने सूक्ष्म ब्याक्टेरियादेखि सबैभन्दा ठूलो हात्तीसम्म अर्बौं जातिका जीव पृथ्वीमा छन्। तर ७० प्रतिशत त्यस्ता जीव लोप भइसकेका छन्। प्रकृतिमा मान्छेले गरेको दोहन र अतिक्रमणको पृष्ठभूमिमा भविष्यमा पनि डरलाग्दा भाइरस फैलिने निश्चित छ।

अहिले विश्व अन्तर्घुलित भइसकेकाले कुनै पनि मुद्दामा एकलकाँटे हुन सम्भव छैन। सन् २००८ को वित्तीय सङ्कट अमेरिकामा सुरू भयो। तर विश्व वित्तीय संरचनामा जोजो जोडिएका थिए, सबैलाई असर गऱ्यो। पर्यावरणको मुद्दा 'नन-लिनियर' छ। अथवा दुईबाट चार, चारबाट छ, छबाट आठ हुँदै जाँदैन, यो आठबाट छोटै समयमा ६४ पुग्छ। एउटा थ्रेसहोल्ड नाघेपछि सामान्य धक्काले पनि एकदमै ठूलो असर ल्याउने सम्भावना देखिन्छ।

मानव विकास अवधारणाका प्रणेता एवम् अर्थशास्त्रमा नोबेल पुरस्कार विजेता अमर्त्य सेनले 'रिजन्ड एजेन्सी'को महत्त्वबारे लेखेका छन्। यो भनेको विवेकसम्मत सहकार्य हो। कोभिड-१९ का विरूद्ध प्रभावकारी भ्याक्सिनको तीव्र आविष्कारमा अन्तर्राष्ट्रिय सहकार्यले जसरी फल दिलायो, त्यसरी नै हाम्रो युगको सबभन्दा ठूलो चुनौती सामना गर्न पनि त्यस्तै खालको सामूहिकताको खोजी गर्नु छ। अमेरिकाका ३५औं राष्ट्रपति केनेडीले गरेको 'मुन-सट'को प्रस्तावनाले तोकिएकै समयभित्र चन्द्रमामा मान्छेको अवतरण गरायो। हाम्रो 'मुन-सट'को लक्ष्य जलवायु परिवर्तनको प्रलय टार्नु हो। आखिर केनेडीकै समकालीन हाम्रा महाकविले पनि त उहिल्यै भनेका हुन्– *उद्देश्य के लिनु ? उडी छुनु चन्द्र एक*।

कान्तिपुर, माघ २१, २०७७

डुइङ बिजनेसको अतिरञ्जना

विश्व बैङ्कको व्यावसायिक वातावरणको सूचकाङ्क (डुइङ बिजनेस रिपोर्ट)को नयाँ प्रकाशन स्थगन भएको र अघिल्ला पाँच रिपोर्ट पुनः समीक्षा गर्ने निर्देशनले नयाँ बहस सृजना गरेको छ । समीक्षा गर्नेसम्बन्धी विश्व बैङ्कको 'स्टेटमेन्ट' हेऱ्यो भने दुई ओटा रिपोर्टमा धेरै गुनासो आएको कुरा उल्लेख छ । सन् २०१८ र सन् २०२० मा प्रकाशित रिपोर्टमा प्रयोग भएका तथ्याङ्कबारे प्रश्न आएकाले अब स्वतन्त्रतापूर्वक हेर्ने भनिएको हो ।

गुनासो आएपछि धेरै ठाउँमा लुकाउने, दबाउने, थर्काउने, पन्छाउने हुन्छ । पश्चिमा लोकतन्त्रका पारदर्शिता र उत्तरदायित्व जस्ता आधारभूत मान्यताको छायामा हुर्केबढेका विश्व बैङ्क जस्ता संस्थाहरूमा विरोधको स्वाभाविक समीक्षा गरौं भन्ने निर्णय स्वागतयोग्य छ । कमजोरी स्वीकार गर्दा एकछिन कमजोरी देखिए पनि दीर्घकालमा यसले संस्थालाई बलियो बनाउँछ ।

विश्व बैङ्कभित्र 'इन्डिपेन्डेन्ट इभ्यालुएसन अफिस' र 'ग्रुप इन्टर्नल अडिट' जस्ता स्वायत्त इकाई छन्, जसले आफ्नै कार्यक्रमहरूको निर्मम मूल्याङ्कन गरिरहेका हुन्छन् । हस्तक्षेप हुन नदिन सोझै बोर्ड अध्यक्षलाई रिपोर्टिङ गर्छन् । उसले सन् २०१८ र २०२० को प्रतिवेदनका तथ्याङ्क सङ्कलन र प्रशोधनमा अनियमितता भएको हुन सक्ने भनेर स्वतन्त्र छानबिन गर्न लागेको हो । अहिलेसम्म प्रकाशित सबै १७ ओटा रिपोर्ट होइन, दुई ओटामा धेरै गुनासो आएको हो । अहिले विगतका पाँच रिपोर्टको समीक्षा गर्ने भनिएको छ ।

यस्तो निर्णयमा पुग्नका पछाडि केही रोचक कुरा छन् । २०१८ को रिपोर्टमा एउटा काण्ड घट्यो । दक्षिण अमेरिकाको चिली भन्ने देशको व्यावसायिक वातावरण खस्किएको देखियो । चिले २०१४ मा विश्वमा ३४औं स्थानमा थियो । २०१८ मा आउँदा ५५औं मा खस्कियो । चार वर्षको अवधिमा यो २१औं स्थानले तल झरेको देखाइयो । सन् २०१४ मा ३४औं स्थानमा हुँदा समाजवादी पार्टीकी राष्ट्रपति मिसेल बासेले हुनुहुन्थ्यो । उहाँको चार वर्षको कार्यकाल सकिँदा चिले ५५औं स्थानमा झर्दा त्यहाँ व्यवसाय गर्ने वातावरण उल्लेख्य रूपमा खस्किएको देखियो । तर यसमा विश्वास गर्ने आधार छैन भनेर वास्तविक रूपमा व्यावसायिक वातावरण खस्किएको थिएन भन्ने राय त्यति बेलाका विश्व बैङ्कका प्रमुख अर्थशास्त्री पल रोमरको थियो । नोबेल पुरस्कार विजेता उनले 'वाल स्ट्रिट जर्नल'सँगको अन्तर्वार्तामा यस्तो अस्वाभाविक गिरावटका पछाडि केही गडबड भएको र राजनीतिक आग्रह झल्किएको हुन सक्ने अनुमान गरे ।

त्यति बेला डुइङ बिजेनसको प्रमुख बोलिभियाका एक जना अर्थशास्त्री थिए । उनले मिसेल बासेलेको पार्टीलाई हानि हुने गरेर विपक्षी दललाई सहयोग पुग्ने गरी चिलेलाई वरीयतामा धेरै तल झारिदिए भन्ने शङ्का गरियो ।

विश्व बैङ्कको रिपोर्टमा यसरी खस्किएको देखिएपछि विपक्षी दलले यसलाई मुद्दा बनायो । व्यवसाय गर्ने वातावरण र लगानीको माहोल समाजवादी दलले बिगार्‍यो भन्ने तर्क निरन्तर उठाइरह्यो । र २०१८ को चुनाव पनि जित्यो । रिपोर्टमा असङ्गत क्रम देखाएर डुइङ बिजनेस सूचकाङ्कले एउटा पार्टीलाई सत्ताच्युत नै गराएको हो त भन्ने शङ्का गरियो । यसको पुस्ट्याइँ भने हुन सकेको छैन ।

यस्तै दुईचार ओटा काण्ड भएपछि प्रमुख अर्थशास्त्री पल रोमरले पनि १५ महिनापछि विश्व बैङ्क छाडे । त्यसपछि उनले भने, "मैले मेथोडोलोजी बुझाउन नसकेको हुँ ।" कर्मचारी नै पूर्वाग्रही भएको होइन भने पनि विश्व बैङ्कको प्रतिष्ठामा आँच त पुग्यो नै ।

रिपोर्ट तयार पार्ने विधि परिवर्तन हुँदा वरीयतामा भएको थपघटलाई राम्ररी बुझाउन सकेनौं मात्र भने पनि डुइङ बिजेनस रिपोर्टको अस्वाभाविक प्रभावबारे नयाँ बहस छेडियो । अहिले सन् २०२० को रिपोर्टमा पनि चीन, अजरबैजान, साउदी अरेबिया र संयुक्त राज्य इमिरेट्स जस्ता देशको वरीयताबारे विवाद आएको अनुमान छ । डुइङ बिजनेस रिपोर्टसम्बन्धी विवाद यी नयाँ भने होइनन् । सन् २००३ मा यसको सुरूवात धमाकाका साथ भएको थियो । बुल्गेरियाका अर्थशास्त्री सिमियों जान्कोभलगायतले गहिरो प्राज्ञिक शोधहरूको आडमा विश्वका झन्डै एक सय ९० ओटा अर्थतन्त्रहरूलाई दौँज्दै व्यवसाय र लगानीको वातावरण सुधार गर्न घचघच्याउन स्वस्थ प्रतिस्पर्धाको एउटा विश्वसनीय पहल गरे । तर वरीयतामा तल परेका मुलुक रिसाउने नै भए, खोट लाउन खोज्ने नै भए ।

अर्को अर्थशास्त्रभित्रको उदारवादी र अनुदार राज्यवादी खेमाको झगडा पनि उजागर हुन थाल्यो । सन् २००८ तिर रोजगारीसम्बन्धी सूचकाङ्क विवादमा परेको थियो । श्रमिकलाई जति चाँडै 'हायर एन्ड फायर' गर्न सकिन्छ, त्यति राम्रो मानियो । दुवै पुँजीवादी भए पनि अमेरिका र युरोपमा श्रमको विषयलाई फरक ढङ्गले हेरिन्छ । अमेरिकाको गतिशीलताका पछाडि लचिला श्रम ऐनको भूमिका छ भनिन्छ भने युरोपेली मुलुकमा श्रमिकहरूको सुरक्षा र हकहितलाई बढी प्राथमिकता दिएको देखिन्छ । जथाभावी निकाल्न पाइँदैन । तर श्रम र रोजगारसम्बन्धी सूचकले अमेरिकन शैली अपनाउने मुलुकको अङ्क बढेको देखिएपछि अन्तर्राष्ट्रिय श्रम सङ्गठन (आइएलओ)ले नै विरोध गर्‍यो । लामो समीक्षापछि रोजगारीसँग सम्बन्धित सूचकाङ्कलाई नै विश्व बैङ्कले हटायो । अहिले यो सूचक प्रकाशित हुन्छ । तर समग्र अङ्कमा गणना नहुने गरी । यो ११औं इन्डिकेटर बनेको छ ।

सन् २०१२/१३ तिर चीनले पनि ठूलो विरोध गरेको थियो । "रिपोर्टले आफूलाई जतिसुकै तल देखाए पनि सबैभन्दा धेरै प्रत्यक्ष विदेशी लगानी हामीकहाँ नै आउँछ" भन्दै चीनले डुइङ बिजनेस

भ्रामक भएको गुनासो गर्‍यो । चीन वरीयतामा तल नै छ । तर उसको आन्तरिक बजारको आकारका कारण पनि लगानीको माहोल आकर्षक रहिरह्यो । तैपनि चीनले 'मेथोडोलोजी'को विरोध गरेपछि फेरि रिभ्यू भएको थियो ।

सन् २०२० को रिपोर्टमा नेपालकै वरीयता र स्कोर समस्यामूलक छ भनेर मैले भनेको थिएँ । नेपाल ११०औं स्थानबाट एकै पटक ९४औं स्थानमा आएको थियो । धरातलमा केही सुधार देखिँदैन । तर वरीयतामा नाटकीय सुधार देखिएपछि मैले १० ओटा इन्डिकेटर (सूचक)हरू भित्र लुकेका उपसूचकहरूको विश्लेषण गरेको थिएँ । नेपालको सन्दर्भमा दुई ओटा इन्डिकेटरमा उल्लेख्य परिवर्तन भएको देखाइयो ।

एउटा थियो– निर्माणसँग सम्बन्धित 'कन्स्ट्रक्सन परमिट'को सूचकाङ्क । करिब ५८ बिन्दुबाट ६७ मा वृद्धि भएको छ । यसको अर्थ एउटा गोदाम बनाउँदाका प्रक्रिया र खर्चको आकलनमा ठूलो सुधार भएको देखाइयो । त्योभन्दा चर्को समस्या 'गेटिङ क्रेडिट' अर्थात् कर्जासम्बन्धी सूचकाङ्कमा छ । यसमा ५० बाट ७५ पुगेको छ अङ्क । त्यो वृद्धि हुने आधार "कर्जा सूचनाको उपलब्धतामा केही सहजता भएको पाइएको" भन्ने छ । लगानीकर्ताले सहज वातावरणको प्रत्यक्ष महसुस नगर्ने यी दुई सूचकमा आएको परिवर्तनले एकै वर्ष १६ स्थानले नेपालले फड्को मार्‍यो ।

भ्रष्टाचार, ढिलासुस्ती, असहज लगानी, व्यवसायलागतका समस्या कायमै छन् । गोदाम निर्माणको झिनो प्रक्रिया र कर्जा सूचनाको उपलब्धताका आधारमा ह्वात्तै १६औं स्थानले नेपाल अगाडि आउँदा मान्छे जिल्ल परे । अब नेपाल एकदम उद्यममैत्री भयो, व्यवसायमैत्री भयो, भ्रष्ट्रचार घट्यो, ढिलासुस्ती रोकियो भन्ने सन्देश जाने भयो । तर वास्तविकता त्यस्तो छँदै छैन । यहाँ 'मेथोडोलोजी र डेटा'मा गरिएको सामान्य परिवर्तनले यस्तो नतिजा आयो । त्यसमा पनि सरकारका मान्छेले विश्व बैङ्कसँग अनुरोध गरेर कहाँ, कसरी कुन

सूचक चलाउँदा नेपालको ठूलो उन्नति देखिन्छ भनेर काम गरेका हुन् । विश्व बैङ्कको विज्ञ टोलीले पनि झट्ट सुधार यीयी क्षेत्रमा गर्न सक्छौ भनेर सुझाएको हुनपर्छ । यस्तो खेललाई 'गेमिङ द सिस्टम' भनिन्छ । खेलको नियमको पालन त गर्ने तर नियतमा चतुऱ्याइँ र हल्का अनैतिकता झल्कने ।

समग्रमा भन्नुपर्दा डुइङ बिजनेसको मेथोडोलोजीमा गरिने परिवर्तनहरूले भ्रम छर्ने गरेका छन् । अतिरञ्जना हुने गरेको छ । एउटा देशले असाध्यै गौण महत्त्वको कागजी सुधार गर्दा सूचकाङ्कमा व्यापक वृद्धि हुने देखियो भने मेथोडोलोजी नै गडबड छ । भ्रम सिर्जना हुने भयो । त्यसमा नेपालकै अनुभव काफी छ । ग्राउन्डमा समस्यै समस्या छन् । कर बढेको छ । कर तिर्ने प्रक्रियामा समस्या छन् । ढिलासुस्ती चर्किएको छ । असाध्यै सानो कगजी सुधारले ठूलो प्रगति देखिँदा विधिमाथि नै प्रश्न उठ्छ ।

वरीयता सुधार्न भारतले पनि त्यस्तो काम गरेको छ । विगत चारपाँच वर्षमा झन्डै ४० स्थानले अगाडि आएको छ । उनीहरूले अप्रत्यक्ष स्वीकार गरेका छन्– हामीले सिस्टमलाई 'गेम' गरेका हौं ।

धेरै मुलुकहरू सार्थक सुधारतिर नजाने तर सूचकाङ्कमा थपघट गरेर भ्रामक सन्देश दिनतिर लागेकामा डानी रड्रिक र रिकार्डो हाउसम्यान जस्ता विश्वकै चर्चित अर्थशास्त्रीहरूले पनि डुइङ बिजनेसको आलोचना गरेका छन् । गर्नुपर्ने अप्रिय संस्थागत सुधार एकातिर छ, डुइङ बिजनेसको अङ्कका पछाडि लाग्दा प्राथमिकताहरूबाट विषयान्तर भयो; कागजी सुधारतिर राज्यको ऊर्जा जान थाल्यो; व्यावसायिक वातावरण सुधारको विषयान्तर भयो भनेर चर्चित अर्थशास्त्रीहरूको चर्को आलोचना छ । नेपालकै हकमा पनि त्यस्तै देखायो । अङ्कमा खेलेर गर्ने कुराबाट भ्रम मात्रै छर्ने काम भयो ।

मुलुकहरूको शासन सत्ता नै तलमाथि हुने, विपक्षीहरूले चुनावी मुद्दा नै बनाउने भनेपछि डुइङ बिजनेसको प्रभाव सोचेभन्दा बढी छ । त्यसैले गुनासा आइरहने हुनाले 'मेथोडोलोजी'मा पनि परिवर्तन गरिरहन्छन् । अस्वभाविक वृद्धि वा गिरावट आउँदा विवाद जन्मन्छ ।

एउटा राम्रो काम चाहिँ के छ भने, मेथोडोलोजी परिवर्तन भइसकेपछि पारदर्शी ढङ्गले योयो परिवर्तन गरेका छौं भन्छन् । पारदर्शिता एउटा प्राज्ञिक धर्म हो, त्यो उनीहरूले निर्वाह गरेका छन् ।

नेपालबाट औपचारिक रूपमा हालसम्म गुनासो गरिएको छ जस्तो लाग्दैन । १०५औं स्थानबाट ११०औं स्थानमा पुग्दा अर्थमन्त्री युवराज खतिवडाले आलोचना गर्नुभएको थियो । व्यावसायिक वातावरण बिग्रियो भनेर यो सरकारको आलोचना भएपछि अर्को वर्ष विश्व बैङ्ककै परामर्शमा प्रधानमन्त्री कार्यालयका सचिव शिशिर ढुङ्गानासहितको टोलीले के गर्दा सुधार हुन्छ भन्ने उपाय निकालेको भन्ने सुनेको छु । त्यसका आधारमा नेपालले कागजी सुधार गरेको हो ।

यस्ता रिपोर्टलाई मतलब नगर्न सकिँदैन । आफू जस्तै समकक्षी मुलुकहरूसँग दाँजेर हेर्ने, ऊभन्दा राम्रो गरेको छु कि छैन भन्ने स्वस्थ प्रतिस्पर्धा हुन्छ । यसले कतिपय अवस्थामा सकरात्मक सुधारको दिशामा जान दबाब दिन्छ । मानव विकास सूचकाङ्क, भ्रष्टाचारको सूचकाङ्क जस्तै यो पनि महत्त्वपूर्ण छ । यसले सुधारोन्मुख गराउने, साँच्चिकै विकासको गतिलाई थप चलायमान गराउन उद्वेलित पार्ने हो । यस्तो अन्तर्राष्ट्रिय अभ्यासहरूको सकारात्मक भूमिका हुन्छ । तर मेथोडोलोजीको आधार पारदर्शी र वैज्ञानिक हुनुपर्‍यो ।

विश्व बैङ्कबाट आएका कुराहरू पारदर्शी र वैज्ञानिक हुनुपर्छ भन्ने अपेक्षा पनि छ । त्यसैले गुनासो आउनेबित्तिकै उनीहरूले गम्भीरतापूर्वक लिएका हुन् । डुइङ बिजनेसमा राजनीतिक मूल्य पनि गाँसिएको हुनाले आवश्यकताभन्दा बढी विवादास्पद हुँदै गएको सत्य हो । शक्तिशाली राष्ट्रहरूले नै चासो लिँदै आपत्ति जनाउन थालेपछि विश्व बैङ्कको यो प्रतिवेदन प्रभावशाली र विवादास्पद दुवै हुन गएको हो ।

कान्तिपुर, भदौ १३, २०७७

साढे १३ खर्बभन्दा बढीको बजेट स्रोतले थेग्दैन

कोरोना कहरबीच बजेट

ठूलो अनिश्चितताबीच सरकारले आर्थिक वर्ष २०७७/७८ को बजेट ल्याउँदै छ । कोभिडले आर्थिक जटिलता बढाएको छ । कोरोना भाइरससँग सामूहिक रूपमा लड्नुपर्नेछ । कोरोना सङ्क्रमणको असर न्यूनतम नौदेखि ६० महिनासम्म पर्न सक्ने विश्व स्वास्थ्य सङ्गठनले आकलन गरेको छ । यो अनिश्चित परिस्थितिलाई ख्याल गरेर योजना तथा क्षेत्र प्राथमिकीकरण गरेर बजेट बनाउनुपर्छ ।

बजेटमा कोरोना परीक्षण, उपचार, पोषण, स्वास्थ्य पूर्वाधार, कृषि, शिक्षा, रोजगारी, स्वच्छ ऊर्जा, डिजिटलाइजेसनलाई प्राथमिकता दिनुपर्छ । परम्परागतभन्दा नयाँ परिवर्तन ल्याउने कार्यक्रम समावेश गर्नुपर्छ । बजेटमा पाँच ओटा सैद्धान्तिक आधारलाई हेर्नुपर्छ । मितव्ययिता, बजेटको आकार तथा कार्यान्वयन क्षमता, राजस्व, ऋण र अनुदानको अवस्था, अनिश्चितताबीच बन्न लागेका योजनाका आधारलाई ध्यान दिनुपर्छ ।

ठूलो बजेट स्रोतले धान्दैन

बजेट निर्माण गर्नुपूर्व यसको सैद्धान्तिक पक्ष हेर्नुपर्छ । बजेटको प्रमुख स्रोत राजस्व सङ्कलन अवस्था, वैदेशिक अनुदान तथा ऋण र आन्तरिक ऋणलाई ख्याल गर्नुपर्छ । स्रोत र खर्च गर्न सक्ने क्षमता

हेरेर यथार्थपरक, विश्वसनीय बजेट ल्याउनुपर्छ । स्रोत र कार्यान्वयन अवस्था हेर्दा आगामी आर्थिक वर्षमा करिब साढे १३ सय अर्बभन्दा बढीको बजेटका लागि स्रोतले थेग्ने देखिँदैन ।

रेमिट्यान्स, पर्यटन र व्यापारमा सङ्कुचन आएका कारण समग्र अर्थतन्त्रमा असर परेको छ । लाखौंको रोजगारी गुमेको छ । रेमिट्यान्समा आउने गिरावटले विदेशी मुद्राको सञ्चिति, भुक्तानी सन्तुलनमा असर पर्ने देखिन्छ ।

बजेटको स्रोत हेर्दा आगामी आर्थिक वर्षमा राजस्व आठ/नौ सय अर्ब रूपैयाँभन्दा उठाउन कठिन देखिन्छ । विदेशी अनुदान १०/१५ अर्ब आउला । आन्तरिक ऋणको सीमा हुन्छ । कुल गार्हस्थ्य उत्पादनको चार/पाँच प्रतिशतसम्म लिँदा एक सय ५० देखि दुई सय अर्ब रूपैयाँसम्म आन्तरिक ऋण उठाउन सकिन्छ । बाह्य ऋण दुई सय अर्ब हाराहारी होला । यसरी हेर्दा १२/१३ सय अर्ब रूपैयाँको स्रोत देखिन्छ । उदार हिसाबले हेर्दा आगामी आर्थिक वर्षमा १३ सय ५० अर्ब रूपैयाँभन्दा बढीको बजेट विश्वसनीय हुँदैन । योभन्दा ठूलो बजेटलाई स्रोत पुग्दैन । सबै स्वार्थलाई चित्त बुझाउन ठूलो आकारको बजेट बनाउनुको कुनै औचित्य छैन ।

स्रोत जुटाउन कठिन

अव्यावहारिक लक्ष्य राखेर अस्वाभाविक बजेट ल्याएर कहिलकाहीँ भ्रम छर्ने काम गरिन्छ । यस्तो गर्नुहुँदैन । मुलुकमा ठूला अवरोध र सङ्कट आउँदै छन् । विगत १० वर्षमा रेमिट्यान्सले हाम्रो अर्थतन्त्रलाई ठूलो भरथेग गरेको थियो । चालु आर्थिक वर्षको आठ महिनामा ५.२ अर्ब डलर रेमिट्यान्स आएको छ । यो वर्ष डेढ अर्ब डलर रेमिट्यान्समा गिरावट आउने अनुमान छ । सन् २०२० को बाँकी महिनामा ४० प्रतिशतसम्म रेमिट्यान्स घट्न सक्ने आकलन छ । प्रत्येक तीन घरधुरीमध्ये एक घरधुरीले रेमिट्यान्सबाट आम्दानी लिएको अध्ययनले देखाउँछ । रेमिट्यान्समा गिरावट आउनासाथ आर्थिक सङ्कुचन भएर धेरै मान्छे गरिबीको रेखामुनि जान सक्छन् । विदेशी मुद्राको सञ्चिति

आठ/नौ महिना धान्न सक्ने अवस्था थियो । अब सङ्कुचन आउँछ । भुक्तानी सन्तुलमा सङ्कट आउन सक्छ । रेमिट्यान्स, पर्यटन र व्यापारमा सङ्कुचन आउँदा समग्र अर्थतन्त्रमा असर पर्छ ।

बजेटको प्रमुख स्रोत राजस्व हो । चालु आर्थिक वर्षमा सुरूमा ११ सय १२ अर्ब रूपैयाँ राजस्व सङ्कलनको लक्ष्य राखिएकामा अर्धवार्षिक समीक्षामा एक हजार ५७ अर्ब रूपैयाँमा झारियो । यो वर्ष केही दिन अघिसम्म छ सय १० अर्ब रूपैयाँ मात्र राजस्व उठेको छ । अब दुई महिना पनि छैन । अहिलेसम्म खर्च सात सय ५० अर्ब रूपैयाँभन्दा बढी भएको छ । यो वर्ष ठूलो खाडल छ । वैदेशिक अनुदानमा ठूलो सङ्कुचन आउँदै छ । गत पाँच वर्षदेखि अनुदान घटिरहेको छ । अनुदान दिने दातृ राष्ट्र आफैं सङ्कटमा छन् । धेरै अनुदान आउँदैन । वैदेशिक ऋणमा पनि चुनौती छ । यो वर्ष झन्डै तीन सय अर्ब रूपैयाँ ऋण लिने भनिएको थियो । अर्धवार्षिक समीक्षामा घटाएर दुई सय १० अर्बमा झारे पनि आउन कठिन छ । अन्तर्राष्ट्रिय दातृ निकाय विश्व बैङ्क, एसियाली विकास बैङ्क, अन्तर्राष्ट्रिय मुद्रा कोषबाट ल्याउने हो । त्यसका लागि तयारी चाहिन्छ । औसतमा २०/३० करोड डलरको ऋण आइरहेकामा अहिले बढोत्तरी गर्नुपर्ने हुन्छ । यसरी हेर्दा बजेटमा स्रोत पुग्दैन । रेमिट्यान्स घटेपछि आयातमा धेरै कमी आउँछ । आर्थिक गतिविधिमा सङ्कुचन आउने निश्चित भएकाले स्रोतमा ठूलो चुनौती छ । राजस्वमध्ये एक सय अर्ब जति स्थानीय, प्रदेशलाई दिनुपर्छ । राजस्वको दर नबढाईकन दायरा बढाउनुपर्छ । आर्थिक मन्दीमा दर बढायो भने झन् सुस्तता आउँछ ।

क्षमता बढाउनुपर्छ

बजेटको आकार कार्यान्वयन क्षमतासँग मिल्नुपर्छ । चालु वर्षका लागि १५ सय ३३ अर्ब रूपैयाँको बजेट अर्थमन्त्रीले बनाउनुभयो । अर्धवार्षिक समीक्षामा १० प्रतिशत घटाएर १३ सय ८६ अर्ब रूपैयाँमा झार्नुभयो । यो वर्ष करिब हजार/एघार सय अर्ब रूपैयाँ खर्च होला । कोरोना

कहर सुरू हुनुपूर्व यो वर्ष राष्ट्रिय गौरवका आयोजनालाई एक सय दुई अर्ब रूपैयाँ विनियोजन भएकामा ३० अर्ब मात्र खर्च भएको छ । यो एक उदाहरण हो । यो वर्ष त कोरोनाका कारण आर्थिक वर्षको अन्तिम चौमासिकमा जटिलता आयो । विगतका वर्षको अवस्था हेर्दा पनि सन्तोषजनक छैन । गत वर्ष अर्थमन्त्रीको पहिलो बजेट, दुईतिहाइको स्थिर सरकार हुँदा पनि १३ सय १५ अर्ब रूपैयाँको बजेटमा ११ सय १० अर्ब रूपैयाँ मात्र खर्च भएको थियो । यसले शतप्रतिशत अनुकुलको माझ बजेट खर्च गर्न नसक्ने हाम्रो संयन्त्रले प्रतिकूल अवस्थामा कार्यान्वयन जटिलता रहेकाले त्यहीअनुसार बजेट ल्याउनुपर्छ । बजेट कार्यान्वयन क्षमता बढाउनुपर्छ । यी तथ्यले आगामी वर्ष यथार्थपरक र विश्वनीय बजेट ल्याउनुपर्छ । साधनस्रोतको कसिकसाउले गर्दा अस्वाभाविक, अविश्वसनीय बजेट ल्याउनुको साटो यथार्थपरक बजेटको आकार हुनुपर्छ ।

खर्च कटौती

मितव्ययिता गर्न निर्मम रूपमा अघि बढ्नुपर्छ । सार्वजनिक खर्च पुनरवलोकन आयोगले दिएको रिपोर्टलाई कार्यान्वयनमा ल्याउनुपर्छ । रिपोर्टमा सामाजिक सुरक्षा, विकास समिति ऐनमा टेकेर गठन आदेशबाट बनेका करिब दुई सय समिति, बोर्ड, आयोगलाई खारेज गर्न सकिन्छ भनिएको छ । अर्को सार्वजनिक संस्थानको बोझ घटाउन सकिन्छ । त्यसका लागि राजनीतिक आँट चाहिन्छ ।

माथिका सैद्धान्तिक आधारलाई हेरेर मुख्यगरी बजेटमा स्वास्थ्य, कृषि, शिक्षा, रोजगारी, स्वच्छ ऊर्जा, सूचना प्रविधिलाई प्राथमिकता दिनुपर्छ ।

कृषि र निर्माण क्षेत्रमा रोजगारी सिर्जना

स्वदेश तथा विदेशमा रोजगार गुमाएकालाई कृषि उद्यम र निर्माण क्षेत्रमा रोजगार सिर्जना गर्नुपर्छ । आगामी बजेटमा प्रधानमन्त्री

रोजगार कार्यक्रमलाई आमूल सुधार गरेर पुँजी निर्माणका काममा लगाउनुपर्छ । एउटा वयस्कलाई एक सय दिनको रोजगारी ग्यारेन्टी गर्नुपर्छ । कृषि उद्यम र निर्माण क्षेत्रमा रोजगारी सिर्जना गर्नुपर्छ । निजी क्षेत्रलाई सघाउन औपचारिक क्षेत्रका निजी प्रतिष्ठानमा काम गर्नेलाई सरकारले ज्याला अनुदान दिने नौलो प्रयास गर्न सकिन्छ । यसलाई त रोजगारी सिर्जनाभन्दा पनि सामाजिक सुरक्षाकै अङ्गका रूपमा लिँदा हुन्छ । त्यसका लागि बजेट छुट्याउनुपर्छ । सकेसम्म धेरै लाभान्वित होउन् ।

स्वास्थ्य, शिक्षा, सूचना प्रविधि

कोरोना परीक्षण दायरा बढाउनुपर्छ । अस्पताल र स्वास्थ्य प्रणालीमा लगानी बढाउनुपर्छ । अस्पतालको मापदण्ड तोकेर केन्द्रीय, प्रादेशिक, जिल्लादेखि पालिकासम्मका अस्पतालमा तोकिएको मापदण्डअनुसार लगानी गर्नुपर्छ । पोषणका लागि बाल स्वास्थ्य कार्यक्रम राख्नुपर्छ । हाम्रो गरिबी १८ प्रतिशत भए पनि बालबालिकामा पुड्कोपन, ख्याउटेपन ३६ प्रतिशत छ । शिक्षामा अवरोध लम्बियो भने दूरगामी असर पर्छ । ई-शिक्षाको डिजिटल प्याकेज बनाउनुपर्छ । अवस्था लम्बिए डिजिटल सुविधा नभएका ठाउँमा घुमन्ते शिक्षकको मोडलमा जानुपर्छ । धेरै क्षेत्रमा डिजिटलाइजेसन गर्न सकिने अवसर छ । यसमा पनि फोकस गर्नुपर्छ ।

कृषिमा संरक्षण नीति

कृषिमा धेरै समस्या छन् । लगानी बढाउनुपर्छ । अनुदान, बिमा, ब्याज, उपकरणमा सघाउनुपर्छ । कृषिजन्य वस्तुको मूल्य तोक्ने, खेतीयोज्य जमिनमा सिँचाइ पुऱ्याउनुपर्छ । बिमा, ब्याजमा सहुलियत हुनुपर्छ । अनुदान सदुपयोगको सुनिश्चितता चाहिन्छ । कृषि पूर्वाधारमा गोदाम बनाउनुपर्नेछ । दुई/तीन वर्षका लागि भन्सार दर बढाएर कृषिमा संरक्षण नीति लिएर आत्मनिर्भर हुन लगानी गर्नुपर्छ ।

उद्योग, व्यवसायमा राहत

उद्योगी, व्यवसायी ठूलो समस्यामा छन् । ठूला उद्योग-प्रतिष्ठानलाई ब्याजमा अनुदान दिनुपर्छ । पर्यटन, यातायातलगायतका क्षेत्र र साना तथा मझौला उद्योगीलाई राहत दिनुपर्छ । साना तथा मझौला उद्योगीको करिब तीन सय ३५ अर्ब रूपैयाँ ऋण छ । कोष बनाएर सहुलियतपूर्ण ऋण दियो भने ती उद्योगी टाट पल्टिनबाट जोगिन्छन् । यसका लागि ३५ अर्ब रूपैयाँ जतिको कोष चाहिन्छ । स्वच्छ ऊर्जालाई पनि ध्यान दिनुपर्छ । विद्युत्मा उद्योगलाई राहत दिन सकिन्छ ।

नयाँ पूर्वाधार कार्यक्रम नल्याऔं

आगामी वर्षको बजेटमा पूर्वाधारका नयाँ कार्यक्रम ल्याउनुहुँदैन । मेलम्ची खानेपानी आयोजना, गौतमबुद्ध, पोखरा विमानस्थल, मध्यपहाडी राजमार्ग, तामाकोसीलगायत सकिन लागेका योजनालाई बजेट विनियोजन गर्नुपर्छ । एक वर्षको योजनामा २५ वर्षको सपना देखाउने गरी बजेट बनाउनुहुँदैन ।

नागरिक, ९ जेठ, २०७७

कोभिडको पटाक्षेप र चाँदीका घेरा

विश्वव्यापी कोभिड-१९ बारे पाँच भागमा कुरा गर्नु सान्दर्भिक हुन्छ । पहिलो, महामारीको चरित्र के छ र यसको पटाक्षेप कसरी होला ? दोस्रो, आर्थिक वृद्धि र शैथिल्यका विषय । तेस्रो, सङ्कटसँग जुध्न साधनस्रोतको जोहो कसरी गर्ने ? चौथो, जम्मा गरेको रकम तत्काल उपयोग कता गर्ने ? र अन्त्यमा, के कोभिडको कालो बादलमा चाँदीको घेरा खोज्न सकिएला ?

१. आशा रणनीति होइन

यो महामारीका तीन ओटा चारित्रिक पाटा उल्लेख्य छन् । एक, फैलावट, जोखिम र अर्थ-राजनीतिक असरका दृष्टिले सय वर्षयताकै ठूलो महामारी हो यो । सन् १९१८-१९२० मा विश्वको जनसङ्ख्या दुई अर्ब हुँदा स्पेनिस फ्लूले पाँच करोड मान्छेको ज्यान लिएको अनुमान छ । कुनै पक्षले एक्लै कदम चाल्दा सामूहिक स्वार्थको विपरीत सबै जना भड्खालोमा पर्ने 'ट्र्याजिडी अफ द कमन्स'को समस्या यो महामारीले उजागर गरेको छ । धनी, गरिब, पूर्व, पश्चिम, सहायता दिने, लिने भेद फेरिएका छन् । 'वसुधैव कुटुम्बकम्' र सामूहिकताको पूर्वाभ्यास अपरिहार्य हुँदा जलवायु परिवर्तनको आउँदो विश्वव्यापी सङ्कटविरूद्ध कसरी जुध्ने भन्ने सङ्केत पनि यहाँ मिलेको छ ।

दुई, यो महामारीमा 'कम्प्लेक्स सिस्टम' वा जटिल प्रणालीको छुट्टै विज्ञान अन्तर्निहित छ । एउटा थ्रेसहोल्ड नाघेपछि सानो धक्काको

प्रभाव व्यापक बन्छ । सोझो धर्सो तन्काएर असर नाप्न सकिन्न, सिङ्गो प्रणाली 'नन-लिनियर' नतिजातिर जान्छ । जस्तो कि, जलवायु परिवर्तनको प्रसङ्गमै औद्योगिक क्रान्तिपूर्वको औसत तापक्रममा १.५ डिग्री वृद्धिसम्म विश्वले थेग्ला । तर दुई डिग्री नाघेपछि प्रलय हुने सम्भावना हुन्छ ।

तीन, यो खेला कहिले सकिन्छ भन्नेबारे भयङ्कर अनिश्चितता छ । एन्ड-गेम के हो ? विश्वसनीय उपचार विधि नआई अब पुरानै अवस्थामा फर्कन सकिन्न । अक्सफोर्ड विश्वविद्यालयको जेनर इन्स्टिच्युट अहिले भ्याक्सिन आविष्कारमा अघि देखिएको छ । आगामी महिनासम्म उसले छ हजार मानिसमा आफ्नो खोपको परीक्षण विस्तार गर्नेछ । चमत्कारै भए पनि अर्को १२ महिनाअघि पर्याप्त डोजको उत्पादन विश्वभर पैठारी नहोला । भ्याक्सिन आउनुअघि उपचारका अन्य उपायमा पनि पहल हुँदै छन् । कोभिड लागेर निको भइसकेकाहरूको रगतको प्लाज्मा रोग लागेकाहरूलाई दिने, स्वस्थ शरीरले निकाल्ने 'एन्टिबडी' मास स्केलमा बनाउने वा 'एन्टिभाइरल' प्रयोग गर्नेबारे वैज्ञानिक बहस चलेको छ । अफ्रिकामा इबोला आएपछि तयार गरिएको 'रेमडेसिभिर' र मलेरियाविरूद्ध भारतले अत्यधिक मात्रामा बनाउने 'हाइड्रोक्सिक्लोरोक्विन' जस्ता सम्भाव्य एन्टिभाइरल औषधिबारे चर्चा छ । रेमिडेसिभिर बनाउने गिलिएड कम्पनीले विज्ञप्ति नै निकालेर अक्टोबरसम्म पाँच लाख डोज मात्र बनाउन सकिने जनायो । यसरी आगामी नौ देखि १८ महिनाको अवधि चिकित्सा र आर्थिक दुवै दृष्टिले अन्योलग्रस्त रहनेछ ।

यो महामारीका दौरान मलाई दुई देशको अनुभव र एक जना व्यक्तिको पहल उल्लेख्य लागेको छ । पश्चिमा देशहरूमा जर्मनी, जो व्यावहारिक, मानवीय र प्रभावकारी ढङ्गले यो महामारीसँग जुधिरहेको छ । पूर्वीय मुलुकहरूमा दक्षिण कोरियाको प्रयास अनुकरणीय देखियो । व्यक्तिका रूपमा विश्वकै धनाढ्य बिल गेट्सका क्रियाकलाप सराहनीय छन् । कम्प्युटर क्रान्तिमा आफ्नो प्रतिभाले कमाएको आधा पैसा उनले

परोपकारमा लगाए । नेपालको कुल गार्हस्थ्य उत्पादन (जिडिपी)भन्दा बढी ३६ अर्ब अमेरिकी डलर (करिब ४४ खर्ब नेपाली रूपैयाँ) आफ्नो फाउन्डेसनमा हालेका छन्, जहाँ आधाजसो कार्यक्रम स्वास्थ्यसँग सम्बद्ध छन् । मलेरिया, टिबी, एड्स, निमोनिया, इबोला र अहिले कोभिड जस्ता रोगविरूद्ध उनको निजी पहल अपूर्व मानिन्छ । पाँच वर्षअघि नै गेट्सले श्वासप्रश्वाससम्बन्धी महामारीको खतराबारे बोलेका थिए । उनी भन्छन्, "नयाँ उपचारबारे मानिस ९५ प्रतिशतसम्म आश्वस्त नभई अब हामी कोभिडपूर्वको दुनियाँमा फर्कन सक्दैनौं ।"

लकडाउन विधिले स्वास्थ्योपचारमा कमजोर गरिब मुलुकमा भाइरसको फैलावट रोक्यो र थप तयारीका लागि समय दियो । मान्छे थुन्ने, अर्थतन्त्र ठप्प बनाउने तर परीक्षण भने व्यापक नगर्दा हाइसन्चो र दाउपेचका लागि मात्रै लकडाउन अपनाइएको जस्तो भान भएको छ नेपालमा । अब उच्च सतर्कता र प्रोटोकलसाथ आर्थिक-सामाजिक गतिविधि खुकुलो बन्नुपर्छ । तर उद्यम-व्यापार कसरी खोल्ने ? शिक्षा सञ्चालन कसरी गर्ने ? टुटेका आपूर्ति शृङ्खला कसरी जोड्ने ? सुरक्षा सावधानी कसरी अपनाउने भन्ने विषयमा सरकारको तयारी देखिन्न । त्रास र आसका कारण लकडाउनलाई जनताले साथ दिए । तर राजनीतिमा भनिन्छ नि, 'होप इज नट अ स्ट्राटिजी'– फगत आशा राख्ने कुरा सुविचारित रणनीति हुन सक्दैन ।

२. आर्थिक क्षतिका अनुमान

नेपालको पुरानो अध्ययन केन्द्र आइआइडिएसले बन्दाबन्दीकै अवस्थामा एउटा प्रतिवेदन तयार गरेको छ । म अध्यक्ष रहेको त्यस संस्थामा विश्वास गौचनलगायत अन्य ११ जना सहकर्मीले सात सय व्यवसाय, चार सय जना जोखिमयुक्त समुदायका प्रतिनिधिपात्र र ३० ओटा निजी क्षेत्रका छाता संस्थासँग सम्पर्क गरी आर्थिक-सामाजिक असरबारे एउटा द्रुत समीक्षा गरेका छौं । बाहिरी दुनियाँको प्रभाव नेपाल छिर्ने द्वारहरू मुख्यतः विप्रेषण, व्यापार र पर्यटन हुन् । यिनको प्रवाहले

हाम्रो अर्थतन्त्रमा ७० प्रतिशतभन्दा बढी ओगट्ने सेवा र औद्योगिक उपभोगका उपक्षेत्रहरूमा प्रत्यक्ष असर पार्छ । गत आर्थिक वर्ष ७.८ अर्ब डलर विप्रेषण भित्रिएकोमा यो वर्ष २० प्रतिशतसम्मको सङ्कुचन आउने देखिन्छ । यस आर्थिक वर्षको पहिलो आठ महिनामा ५.२ अर्ब डलर भित्रिइसकेकाले असार मसान्तसम्म पोहोरको तुलनामा डेढ अर्ब डलरसम्म आम्दानी घट्ने देखिन्छ । आइएमई, प्रभु, सिटी जस्ता रेमिट कम्पनीका अनुसार पोहोरको तुलनामा गत महिना ५० देखि ७५ प्रतिशतसम्म विप्रेषण घटेको छ । ठमेल रेमिटको भने ३० प्रतिशत मात्र घटेको छ । किनकि यसका ग्राहक प्रायः अमेरिकामा छन् । यो शतप्रतिशत डिजिटल कम्पनी हो । ग्रेगोरियन पात्रो सन् २०२० भरि भने ४० प्रतिशतसम्मको गिरावट हुने देखिन्छ ।

फागुनमा वैदेशिक श्रम स्वीकृति लिएका ४९ हजार पाँच सय ५० जनामध्ये ८६ प्रतिशत कतार, युएई, साउदी र मलेसिया जाँदै थिए । गत एक वर्षकै आँकडा हेर्ने हो भने पनि ८० प्रतिशत साउदी, युएई र कतार गए । अहिले तेलको मूल्यमा गिरावट आएको र विश्वव्यापी आर्थिक मन्दीका कारण लाखौं नेपालीको रोजगारी जोखिममा छ । तर मन्दी आउनु भनेको दुई सय, चार सय, आठ सय अर्ब डलरका कतारी, एमिरेट्स र साउदी अर्थतन्त्र शून्यमा झर्नु होइन । एयरवेज, होटल, कारखानामा काम गर्नेहरूको हकमा सङ्कट बढी होला । तर अत्यावश्यक क्षेत्रमा काम गर्नेहरू कम असुरक्षित छन् । युएई र साउदीको तेल मूल्यमा निर्भरता बढी छ भने कतारको अर्थतन्त्र तेलका अतिरिक्त एलएनजी (ग्यास)मा बढी आश्रित छ, जसको व्यापार दीर्घकालीन करारका आधारमा हुने हुनाले उसमाथिको असर अरूभन्दा पछि देखिएला ।

सन् २०२० मा पर्यटनबाट हुने आयमा ६० प्रतिशत गिरावट आउने हाम्रो अनुमान छ । पर्यटन भ्रमण वर्ष २०२० मा २० लाख पर्यटक भित्र्याउने सरकारको लक्ष्य थियो । यो लक्ष्य यथार्थपरक थिएन । तर १५ लाख जना मात्र औसत १५ दिन बसेर कम्तीमा एक

हजार डलर खर्च गर्दा झन्डै दुई अर्ब डलर विदेशी मुद्रा आर्जन हुने थियो । फेब्रुअरीसम्म पर्यटक आय १२ प्रतिशत बढे पनि लगत्तै पर्यटन उद्योग ठप्प भयो । वर्षको बाँकी अवधिमा यो तङ्ग्रिन गाह्रो छ । यो साल पर्यटनबाट विदेशी मुद्रा आर्जन केवल २७ करोड डलरभन्दा कम हुने हाम्रो प्रक्षेपण छ । देशैभर हामीले सम्पर्क गरेका साना तथा मझौला उद्योगको आयमा ९५ प्रतिशतको गिरावट र पाँच जनामा तीनले रोजगारी गुमाएका छन् । यसरी राष्ट्रिय आर्थिक गणनामा अति साना तथा मझौला उद्योगमा १८ लाख ९७ हजारले रोजगारी पाएको देखिएकोमा अहिले ११ लाखको रोजीरोटी गुमिसकेको अनुमान गर्न सकिन्छ । धेरैले अब अर्को दुई महिनाभन्दा बढी साना उद्यम धान्न नसकिने बताएका छन् । स्मरण रहोस्, नेपालमा ४४ लाख मानिस अनौपचारिक क्षेत्रमा रोजगारी गर्ने तथ्य २०१८ को श्रम सर्वेक्षणमा उल्लेख छ ।

अर्थतन्त्र भनेको करोडौं कारोबार र गतिविधिहरूको गठजोड हो । निर्जीव अङ्कका पछाडि सजीव मान्छेका रहर, सुख र व्यथा हुन्छन् । यस आर्थिक वर्ष नेपालको आर्थिक वृद्धिदरबारे केन्द्रीय तथ्याङ्क विभाग, आइआइडिएस, विश्व बैङ्क र मुद्रा कोष सबैको अनुमान १.५ देखि २.५ प्रतिशतको सेरोफेरोमा छ । गत साल बजेट ल्याउँदा सरकारको लक्ष्य ८.५ प्रतिशत थियो । गत सालको वृद्धिदरभन्दा धेरै उपलब्धि केवल जलविद्युत् क्षेत्रमा छ । सामान्य वृद्धि स्वास्थ्य एवम् जनप्रशासनमा देखिन्छ भने अर्थतन्त्रका बाँकी १२ उपक्षेत्रमा वृद्धिदर पोहोरको तुलनामा कम छ । भारी ऋणात्मक वृद्धि तीन क्षेत्रमा देखिन्छ– यातायात, होटल र उत्पादनमूलक उद्योग । निर्माण र खानी क्षेत्र पनि शिथिल छन् ।

सन् २०१५ को भूकम्पका बेला म योजना आयोगको सदस्य थिएँ । भूकम्प गएको एक साता उद्धार र राहतमा काम भयो । दुई महिना प्रारम्भिक पुनरूत्थानका काम भए । त्यसपछि पुनर्निर्माणको चरणमा गयौं । आर्थिक वर्षको नौ महिना औसत नै रहेको र वैशाखमा

भूकम्प गएकाले त्यो सालको आर्थिक वृद्धि ४.६ बाट ३.१ प्रतिशतमा झरेको थियो । अर्को वर्ष नाकाबन्दी पनि थपिएपछि वृद्धि झन्डै शून्य प्रतिशतमा पुग्यो । अनिश्चितताले गर्दा अहिलेको सङ्कटको गहिराइ नाप्न मुस्किल छ । सन् २०२० मा विश्व अर्थतन्त्र तीन प्रतिशतले खुम्चने आइएमएफको प्रक्षेपण छ । धनी मुलुकहरूमा वृद्धिदर छ प्रतिशतले ऋणात्मक हुनेछ भने चीनबाहेकका विकासशील मुलुकमा पनि २.२ प्रतिशतले सङ्कुचन आउने भनिएको छ । विगत ९० वर्षमा विश्व अर्थतन्त्र एकैसाथ यसरी थला परेको यो पहिलो पटक हो ।

३. खर्चको जोहो

नेपालले यस आर्थिक वर्ष ११ खर्ब १२ अर्ब रूपैयाँ राजस्व सङ्कलन गर्ने लक्ष्य राखेकोमा यसै साताको मङ्गलबार साँझसम्म पाँच खर्ब ९५ अर्ब अर्थात् ५३.५ प्रतिशत मात्रै उठाएको छ । १५ खर्ब ३३ अर्ब (मध्यावधि समीक्षामार्फत १३ खर्बमा ८६ अर्ब)को अनुमानित बजेटमा सात खर्ब १६ अर्ब रूपैयाँ खर्च भएको छ । यो घाटा देखाएर सरकारले समस्यामा छौं भन्न थालिसकेको छ । तर १५ खर्ब ३३ अर्बको सङ्घीय बजेट बनाउँदा नै त्यो भ्वाङ पुर्न ५५३ अर्ब बराबर अनुदान र ऋण (एक खर्ब ९५ अर्ब आन्तरिक ऋण, दुई खर्ब ९९ अर्ब वैदेशिक ऋण र ५८ अर्ब अनुदान) लिने भनेको थियो । अब स्रोत जुटाउन खर्च घटाउने र माग्ने दुवै विषयमा सिर्जनात्मक र व्यावहारिक हुन जरूरी छ । सरकारसँग सधैं विकल्प हुन्छन् । तर जनताप्रतिको उत्तरदायित्व, उदार सोच र क्षमताको जगमा जोखिम मोलेर 'बोल्ड' निर्णय गर्ने बेला आएको छ ।

एक- अर्थ मन्त्रालयको अर्धवार्षिक समीक्षाअनुसार २३ ओटा राष्ट्रिय गौरवका आयोजनालाई एक खर्ब तीन अर्ब रूपैयाँ छुट्याइएकोमा माघसम्म जम्मा २० अर्ब रूपैयाँ खर्च भएको थियो । लकडाउनमा काम प्रभावित भयो । गौतमबुद्ध विमानस्थल, माथिल्लो तामाकोसी जलविद्युत् आयोजना, मेलम्ची खानेपानीमा काम सकिनै लाग्दा अन्य आयोजनामा भने अब खर्च कम हुने हुनाले रकमान्तर गर्न सकिन्छ ।

अमेरिकी सहयोग मिलेनियम च्यालेन्ज कर्पोरेसन (एमसिसी)मा यो वर्ष १० अर्ब रूपैयाँ बजेट राखिएको थियो । तर संसद्बाट अनुमोदन गरेर कार्यान्वयनमा नलगिँदा यसमा कर्मचारीको तलबबाहेक खर्च हुने भएन ।

दुई- सङ्घीयताको अभ्यासअनुसार समानुपातिक, ससर्त, समपूरक र विशेष अनुदान शीर्षकमा तीन खर्ब ३० अर्ब तल गएको छ । राजस्व बाँडफाँटअन्तर्गत एक खर्ब ३१ अर्ब पनि दिने भनिएको छ । स्थानीय र प्रदेश सरकारसँग पाँच खर्बभन्दा बढी बजेट विनियोजित थियो । तर खर्च न्यून छ ।

तीन- गृह र रक्षामा सबैभन्दा धेरै अर्थात् एक खर्ब ८६ अर्ब रूपैयाँ विनियोजन भएकोमा ७७ अर्ब रूपैयाँ मात्रै खर्च भएको छ । भौतिक पूर्वाधार मन्त्रालयमा विनियोजित एक खर्ब ५७ अर्ब बजेट, ऊर्जामा साढे ४६ अर्ब, सहरी विकासमा ३६ अर्ब आंशिक मात्रै खर्च हुने हुन् । खर्च उब्रिने वा नहुने शीर्षकबाट स्वास्थ्य, कृषि र श्रमतर्फ मोड्न सकिन्छ ।

२०६८ यता नेपाल सरकारको आकार अस्वाभाविक किसिमले बढेको छ । जिडिपीको अनुपातमा सात वर्षमै १४ प्रतिशत बिन्दुले बजेट बढ्नु भनेको असाधारण अवस्थामा पुग्नु हो । जनप्रशासन अब चुस्त र मितव्ययी नबन्ने हो भने ठूलो रोष देखिनेछ । नेता र कार्यकर्ताले राज्य स्रोतको दोहन गरेर नै गुजारा चलाउँछन् भन्ने आम बुझाइ छ । सङ्कटमा धेरै स्थानीय सरकारले राम्रो भूमिका खेलेर सङ्घीयताको औचित्य पुष्टि गरे । तर यो वित्तीय दृष्टिले बोझिलो र खर्चिलो प्रणाली हो नै । बजेटमा पुनर्निर्माणको अंश आगामी वर्षदेखि घट्छ । अब अनावश्यक खर्च कटौतीको करौंती चलाउने तयारी सरकारले गर्नैपर्छ ।

एक- गोप्य राखिएको सार्वजनिक खर्च पुनरवलोकन आयोगको प्रतिवेदनमा सुधारका प्रशस्त ठाउँ देखिन्छन् । उदाहरणका लागि करिब दुई सय छ विकास समिति, परिषद्, आयोग र बोर्डमध्ये ८३ ओटा मात्रै भए पुग्ने उल्लेख छ । बाँकी एक सय २३ खारेज गर्ने वा गाभ्ने सुझाव छ ।

दुई- अहिले सरकारी सेवामा कार्यरत चार लाख ८० हजारले तलब खाइरहेका छन् । देश नै डुब्ने अवस्था नआएसम्म सरकारी तलब कार्टिंदैन । बुद्ध एयर जस्ता निजी क्षेत्रका अब्बल कम्पनीमा पनि २० प्रतिशत कटौती गरेर बिदाको शोधभर्ना दिंदै सकेसम्म जागिर जोगाउने पहल गरिएको छ । अब निजामती सेवा र सेनाको व्यापक पुनर्संरचना हुनुपर्छ । द्वन्द्वका बेला विस्तारित झन्डै एक लाख सेनाको सङ्ख्यामा चरणबद्ध कटौती जरूरी छ ।

तीन- २०६३ पछि सार्वजनिक संस्थानहरूमा सार्थक सुधार भएनन् । जग्गा वा अचल सम्पत्ति नबेची, सेयर बिक्री, व्यवस्थापन करार जस्ता विधिमा गएर करदाताको पैसा जोगाउनुपर्छ । दायित्वहरू थुप्रिंदा राज्यले ठूलो भार बोकेको छ । जनकपुर चुरोट कारखानामा कर्मचारी व्यवस्थापन गर्दा तीन अर्ब लाग्यो । गोरखकाली रबर उद्योगबाट अहिले एक अर्ब ६० करोड माग भइरहेको छ । सङ्कटका बेला गाडी, सुन जस्ता भड्किला उपभोगमा नियन्त्रण गर्नु पनि सही छ ।

चार- यसरी बचत र रकमान्तर गरिएको बजेटबाट स्रोत नपुगे ऋण उठाउने स्पेस छ । 'फन्जिबिलिटी' भनिने वित्तीय चरित्रका कारण कुन डालोको रकम कहाँको स्रोतबाट आयो भन्ने कुरा गौण भए पनि ऋणको उपयोग दीर्घकालीन पुँजी निर्माणमा हुनुपर्छ, सेता हात्ती पाल्न होइन । जिडिपीको पाँच प्रतिशतभन्दा बढी आन्तरिक ऋण उठाउनुहुँदैन भन्ने परम्परागत तर्क छ । सरकार आफैंले ठूलो ऋण उठाइदिए निजी क्षेत्रमा कर्जा 'क्राउड-आउट' हुन्छ । तर अहिले निजी क्षेत्रलाई पुनर्ताजकीकरण गर्न पनि सरकारले जिडिपीको पाँचसात प्रतिशतसम्म ऋण उठाउने सोच राखेको हुन सक्छ । ठूलै घाटा-बजेट बनाएर सङ्कटबाट पार लगाउने 'केन्जिएन' मान्यता र अभ्यास विश्वभर भए पनि विदेशी ऋण बोक्ने विषय संवेदनशील छ । पुँजी निर्माण र आर्थिक वृद्धि नहुने क्षेत्रमा त्यसको दुरूपयोग भए तीनचार वर्षमै डलर साँवाब्याजको दायित्व काबुबाहिरको भुमरी बन्न सक्छ । तर एक प्रतिशत हाराहारीमा पाइने सहुलियतपूर्ण ऋण लिएर ठूला

पूर्वाधारमा फड्को मार्ने अवसर केही वर्षपछि साँघुरिँदै जान्छ । बजार मूल्यमा छसात प्रतिशतको ब्याज तिर्ने गरी ऋण बोक्न थालेपछि श्रीलङ्का जस्तो मध्यम आय भएको देश पनि अप्ठ्यारोमा पऱ्यो, अफ्रिका र ल्याटिन अमेरिकामा त धेरै मुलुक ऋण र कुशासनको अन्तर्सम्बन्धित दुश्चक्रबाट निस्कनै सकेका छैनन् ।

पाँच- दातृ निकायहरूले कोभिडसँग सम्बन्धित सहायता कोषको घोषणा गरेका छन् । विश्व बैङ्कले दुई करोड ९० लाख डलर ऋण दिइसकेको छ भने अर्को १५ महिनासम्म एक सय ५० अर्ब डलरको विश्वव्यापी योजना बनाएको छ । आवश्यक भए त्यसको सानो अंश हामीले ल्याउन सक्छौं । एसियाली विकास बैङ्कले पनि झन्डै २० अर्ब डलरको प्याकेज ल्याएको छ । भुक्तानी सन्तुलनमा समस्या आउने देखियो र विदेशी विनिमय सञ्चिति कम भए आइएमएफ गुहार्नुपर्ने बाध्यता आउँछ । अनुदान दिनेहरू पनि छन्– युके, अमेरिका, जापान, जर्मनी, युरोपियन युनियन र संयुक्त राष्ट्रसङ्घ । अनुदानको पुनः प्राथमिकीकरण गर्दै कृषि, मझौला उद्यम, रोजगारी जस्ता क्षेत्रमा पैसा हाल्न सकिन्छ । चीन र भारत पनि नेपाललाई अनुदान र ऋण दुवै दिने मुलुकमा पर्छन् । तिनका एग्जिम बैङ्कहरूबाट सहुलियतपूर्ण ऋण लिन सकिने विकल्प पनि छ । हामीले गैरआवासीय नेपालीहरूसँगको स्रोत पनि प्रयोग गरेका छैनौं । गैरआवासीय ऋणपत्रको योजना यसअघि सफल भएन । किन भएन भन्ने बुझेर नयाँ स्किम ल्याउन सकिन्छ ।

४. अबको प्राथमिकता

दुःख गरेर जुटाएको रकम कहाँ प्रयोग गर्ने त ? तीन ओटा स्पष्ट विकास लक्ष्य छन्– (१) स्वास्थ्य, रोजगारी र सामाजिक सुरक्षा, (२) उद्यमकेन्द्रित सहुलियतपूर्ण पुनरूत्थान र (३) मध्यकालीन वृद्धिका लागि डिजिटलाइजेसनलगायत नयाँ औद्योगिक अभ्यास । सार्वजनिक शिक्षाको खस्किँदो स्तरबारे केही वर्षयता बहस हुने गरेको थियो ।

कोभिड सङ्कटले सार्वजनिक स्वास्थ्यको विषयलाई पनि अगाडि ल्याएको छ । अहिलेलाई माथिका प्राथमिकतामै जोड दिऔं ।

एक- रोजगारीका भिन्नभिन्न आयाम छन् । कुर्सीमा बसेर काम गर्ने 'राम्रो' भनिने सेवा क्षेत्रका जागिर आजको भोलि सिर्जना हुन सक्दैनन् । यसका लागि निरन्तर लगानी र वृद्धिको जगमा अर्थतन्त्र चलायमान हुनुपर्छ । स्वरोजगारको विस्तार सामान्य नीतिगत उत्प्रेरणा र प्रोत्साहनबाट पनि हुन सक्छ । सामाजिक सुरक्षाकै अङ्गका रूपमा चालिने रोजगारी-ग्यारेन्टी कार्यक्रमको खाका पनि हामीसँग छ । गत वर्ष विवादित बनेको प्रधानमन्त्री रोजगार कार्यक्रमलाई आमूल सुधार गरेर अघि बढाउनुपर्छ । वार्षिक २५/३० हजार रूपैयाँका दरले सय दिनका लागि १० लाख जनासम्मलाई आबद्ध गराउन ३० अर्ब रूपैयाँ भए पुग्छ । यसले ग्रामीण पुँजी निर्माणमा योगदान दिँदै, चरम गरिबी वा भोकमरीबाट जोगाउँछ । प्रत्येक संसदीय क्षेत्रमा लागू 'स्थानीय पूर्वाधार विकास कोष'को तीनवर्षे बजेटले नै यो धान्छ । सङ्घीयतामा गएपछि यस कार्यक्रमको औचित्यमाथि प्रश्न उठिसकेको छ ।

दुई- वैदेशिक रोजगारीबाट फर्केकाहरूसँग सोच, सीप र स्वपुँजी छ । कल्याणकारी कोष पनि छ । साना तथा मझौला उद्योगमा लाग्छन् भने झन्झटमुक्त कर्जा दिऔं र भन्सार दरमार्फत दुई वर्षसम्म आयातको मारबाट संरक्षण दिऔं । एग्रो-बिजनेसमा जोड दिँदै गर्दा पुरानो शैलीको कृषिबारे चाहिँ रोमाञ्चित नहोऔं । दिनमा १६ घण्टा काम गर्दा बल्लतल्ल बाँच्न पुग्ने निर्वाहमुखी कृषिबाट हामी धेरै जना भागेका हौं । तर नयाँ ढङ्गको कृषिलाई पुनरूत्थान गरेर अघि बढ्न सक्ने ठाउँ छ । इजरायलबाट फर्किएकाहरूले तरकारीदेखि पुष्प व्यवसाय गरेर सम्भावना देखाए । गत वर्ष नेपालले ३३ अर्बको चामल, १३ अर्बको मकै, सात अर्बको आलु, छ अर्बको स्याउ, सात अर्बको मरिच र दुई अर्बको केरा आयात गऱ्यो । नेपालमै उत्पादन गर्न सकिने वस्तुमा लागत किन महँगो छ भनेर हेरौं । जस्तो, केरा व्यवसायीले मलाई भनेका छन्, "हाइब्रिड बीउको आयात नियन्त्रित छ ।

किसानले लगाउने विशेष पोसाकदेखि स्प्रे ट्याङ्क, अर्ग्यानिक मल, माइक्रो-न्युट्रिएन्टसम्ममा चर्को कर छ । अनुदान, सहज कर्जा वा बाली बिमाले वास्तविक किसान लाभान्वित छैनन् ।"

तीन- सङ्गठित क्षेत्रका मानिस सामाजिक सुरक्षा कोषमा आबद्ध हुन हिच्किचाएका छन् । मासिक तलबको २१ प्रतिशत रकम रोजगारदाताको साटो सरकारले नै केही महिना थप तिरिदिन सक्छ । अहिले महिला, वृद्धवृद्धा, अपाङ्गता भएका, एकल महिला र विपन्न वर्गका २८ लाखले मासिक रूपमा सामाजिक सुरक्षा भत्ता पाइरहेका छन् । उनीहरूको भत्ताको अग्रिम भुक्तानी एकमुस्ट दिन सके धेरै परिवारमा भरथेग हुन्छ । बिस्तारै भारतको 'जाम' योजनाको सिको पनि हामीले गर्न सक्छौं– जनधन योजनाबाट सबैको बैङ्क खाता, आधार योजनाबाट सबैको डिजिटल पहिचान र हातहातमा स्मार्टफोन । यसबाट चुहावट त रोकिन्छ नै, अर्थतन्त्रमा नयाँ गतिविधि पनि थपिन्छन् ।

आइआइडिएसले हालै सोधेका सात सय व्यवसायहरूको पहिलो चाहना सरकारले नगद अनुदान नै देओस् भन्ने छ (४० प्रतिशत) । यति उदार बन्न हाम्रो सामर्थ्य नहोला । तर २५ प्रतिशतको पहिलो रोजाइ ब्याजमा अनुदान नै छ । त्यसैले साँवाब्याजको किस्तामा 'मोरेटरियम'सँगै कर्जाको सहज र सुलभ प्रवाहमा जोड दिऔं । पर्यटन, यातायात क्षेत्रका व्यवसायीले गत आठ महिनामा एक सय ७४ अर्बको ऋण बोकेका रहेछन् । यिनले तिर्ने ब्याज तीन प्रतिशत बिन्दु घटाउन सरकारलाई पाँच अर्ब भए पुग्छ । स्टार्टअपहरू पनि सङ्कटमा छन् । उनीहरूलाई गत वर्षको कारोबार हेरेर चालु पुँजी दिने उपाय अघि सार्नुपर्छ । ऋण कसरी, कोमार्फत, कुन सर्तमा दिने ? यसमा 'स्पेसल पर्पस भेहिकल (एसपिभी)' नै बनाएर जान सकिने विकल्प छ । कुल निक्षेपको आधा हिस्सा मुद्दती खातामा छ, जसले कर्जाको मूल्य बढाएको छ । समग्र बजारमा ब्याजदर घटाउनेतिर नै राष्ट्र बैङ्कको पहल हुन जरूरी छ ।

५. तौल र दूरी हाम्रा श्राप

एग्रो-बिजनेसमा आक्रामक प्रवेश, उत्पादनमूलक उद्योगमा गार्मेन्ट जस्ता वस्तुको पुनर्जागरणलगायतका सम्भावना समेटेर नयाँ व्यापार र औद्योगिक नीतिमा काम गर्नुपर्ने देखिन्छ । अहिले ठूलो अवसर डिजिटलाइजेसनमा देखियो । मैले यसभित्रका १३ ओटा क्षेत्र नियालिरहेको छु । विश्व मञ्चमै उल्लेख्य गतिविधि गर्ने कम्पनी नेपालमा छन् ।

बिजनेस प्रोसेस आउटसोर्सिङमा दक्ष तर किफायती इन्जिनियरहरूले सफ्टवेयर बनाउने र विश्वबजारमा बिक्री गर्ने काम भइरहेको छ । लिपफ्रग वा क्लाउड फ्याक्ट्री जस्ता कम्पनी यसमा लागेका छन् । 'इन्सेसेन्ट रेन' भन्ने डिजिटल कम्पनीले यहीँ छाउनीको कार्यालयबाट हलिउडका दर्जनौं फिल्ममा एनिमेसनको काम गर्दो रहेछ । ई-कमर्समा दराज, सस्तो डिल, मेरोकिराना जस्ता किनबेचका प्लेटफर्म छन् । अफलाइन रेमिट्यान्स ल्याउने आइएमई र प्रभुसँगै ठमेल रेमिट जस्तो पूर्ण डिजिटल कम्पनी चलेको वर्षौं भयो । ई-शिक्षा र ई-स्वास्थ्यमा नयाँ पहल हुन थालेका छन् । डिजिटल बैङ्किङमा मान्छेको रूचि बढ्दै छ । ससानो ऋण पनि अब डिजिटल-लेन्डिङबाटै परिचालन गर्न सकिन्छ । लोकल डिजिटल कन्टेन्टमा यहाँका मनोरञ्जनका कार्यक्रम नेटफ्लिक्स वा अमेजन जस्ता विश्व प्लेटफर्ममा पुऱ्याउन सकिने रहेछ । कृषिलाई प्रविधिमैत्री बनाउनेतिर पनि केही उद्यमी लागेका छन् । यातायातमा डिजिटल प्रविधिको चर्चित प्रयोग त टुटल र पठाओले गरेकै छन् ।

किन फड्को मारिएको छैन त ? गुनासा पेमेन्ट गेटवेदेखि लिएर यहाँ गरेको लगानीको लाभांश लैजाने प्रक्रियासँग सम्बन्धित छन् । गोपनीयताका कानुनदेखि साइबर-असुरक्षासम्मका समस्या छन् । डिजिटल हस्ताक्षर, डिजिटल ग्राहक पहिचान (केवाइसी)को विस्तारित प्रयोग हुन बाँकी छ । यी धेरै काम गर्न स्थानीय स्तरको डिजिटल

नक्सा (म्याप) पनि चाहिन्छ । गुगल म्याप प्रयोग गर्दा धेरैको ढाड सेकिइरहेको छ । नमराज बुढाथोकी अहिले गुगल म्यापको विकल्प बनाउने सङ्घारमा छन् ।

नेपाल किन बनेन भन्दा धेरैले नेता भ्रष्ट भए, कर्मचारीतन्त्र नै निकम्मा भन्ने गरिन्छ । सुशासनको अजेन्डा सदाबहार माग हो; हुनुपर्छ । तर सदाचारी नेता र कर्मचारी हुँदा पनि हाम्रो भूपरिवेष्ठित संरचनात्मक अवस्थाका आफ्नै कठिनाइ छन् । लामो दूरी र बढी तौल हाम्रा उत्पादनका अभिशाप हुन् । लागत बढ्दा प्रतिस्पर्धी क्षमतामा ह्रास आउँछ । दूरी र तौल कम बनाउने भनेकै प्रविधिले हो । हजारौं युवा उद्यमीले उडान भर्न सक्ने नीतिगत उत्प्रेरणाको खाकामा हामीले काम गर्नु छ । उनीहरूका गुनासा, नियमनका अड्चन समाधान गरी औपचारिक मैदानमा ल्याउनुपर्छ । किनकि आर्थिक वृद्धिको नयाँ झिल्को त्यहाँ छ । प्रविधि बुझ्ने र निजी क्षेत्रसँग समन्वय गर्न सक्ने कर्मचारीलाई अघि सार्नुपर्नेछ । सामान्य अवस्थामा तीन वर्ष लाग्ने सुधारका कार्यक्रम हामीले एक वर्षमै गर्न सक्ने ढोका यो सङ्कटले खोलिदिएको छ । उल्लिखित अवसरलाई कोभिडले निम्त्याएको कालो बादलभित्रको चाँदीको घेराका रूपमा लिन सकिन्छ । यसलाई सार्थक बनाउन भने पछिल्लो समय बल्झिएको राजनीतिक असंवेदनशीलताको रोगबाट मुक्त नभई सम्भव नहोला ।

कान्तिपुर, वैशाख २०, २०७७

भड्किला उपभोगमा कटौतीको निर्मम करौंती

बजेट भन्नासाथ अहिले राजस्व र खर्चका पाटाहरू हेर्नुपर्छ । यसपालि खर्चमा अलिकति दबाब पर्छ नै । आवश्यकताहरू घटेका छैनन् । विकासको आकाङ्क्षा छ । यो कोभिडले एक खालको स्वास्थ्यसम्बद्ध आकस्मिकताका कारण आवश्यकताहरूलाई वृद्धि गरिदिएको छ । यसबाट पनि चाप छ । तर यससँगै राजस्व चाहिँ तल झर्ने स्थिति छ । किनभने रेमिट्यान्समा ठूलो दबाब पर्ने भयो । रेमिट्यान्सले ऊर्जा भरिरहेको आयातमा लाग्ने करबाट नै १० वर्षदेखि हाम्रो सार्वजनिक वित्त चलिरहेको अवस्था छ ।

गत सालको बजेटमा पनि अन्तर ठूलै थियो । ११ खर्ब १२ अर्बको राजस्व उठाउने भनिएकामा त्यसलाई संशोधन गरेर १० खर्ब ५७ अर्ब मात्रै उठाउने लक्ष्य कायम गरिएको थियो । मलाई लाग्छ, असुली १० खर्ब नाघ्दैन होला । यो साल निकै गाह्रो अवस्था छ ।

खर्चतर्फ पनि हामीले करिब-करिब १३ खर्ब ८६ अर्बमा झारेका थियौं । हिजोअस्तिसम्मको तथ्याङ्क हेर्ने हो भने पनि पाँच खर्ब ९५ अर्ब राजस्व उठेको छ । झन्डै सात खर्ब १५ अर्ब खर्च भइसकेको छ । यो अन्तरलाई कसरी व्यवस्थापन गर्ने भन्ने चुनौती यसपालि झन टड्कारो हुने नै छ ।

हाम्रा परम्परागत विधिहरूमा पनि यसपालि थप चुनौती आउँछ । यसै वर्ष अनुदान करिब ५० अर्बबाट झारेर करिब ४५ अर्बमा राखिएको छ । यस्तो अनुदान प्रायः द्विपक्षीय निकायबाट आउँछ । तर उनीहरू

आफैं पनि सङ्कटमा भएकाले अर्को वर्ष अनुदान अझै सुक्ने अवस्था छ ।

हामीले आन्तरिक ऋण पनि अधिकतमसम्म लगेका छौं । यो वर्ष अन्य विकृतिहरू ननिम्त्याउने गरी कुल गार्हस्थ्य उत्पादनको पाँच प्रतिशतसम्म भनेर एक सय ९५ अर्ब उठाउने भनिएको छ । अर्को वर्ष दुई सय १० देखि दुई सय २० अर्बसम्म पुऱ्याइयो भने पनि त्यसका आफ्नै कारण र प्रभाव हुन्छन् । त्यसकारण धेरै रकम चाहिँ वैदेशिक ऋणबाटै जोहो गर्नुपर्ने दबाब सरकारलाई परेको देखिन्छ ।

यो पृष्ठभूमिमा मलाई के लाग्छ भने अर्थशास्त्रमा हामी 'हिस्टेरेसिस' भन्छौं, पहिले आएको गति नै निरन्तर भइराख्ने होइन कि, 'मोमेन्टम'मा ब्रेक दिने खालको बजेट यसपालि आउनुपर्छ । त्यो भनेको कहिलेकाहीँ सङ्कटले अवसरहरू पनि लिएर आउँछ ।

यसै पनि हाम्रो विगत सात वर्षमा कुल गार्हस्थ्य उत्पादनको अनुपातमा १४ प्रतिशत बिन्दुले बजेटको आकार बढेको छ । एउटा हिसाबले पुनर्निर्माणका कारणले पनि हो । यसै पनि सरकारको स्थिति कमजोर छ । अहिले सङ्कटका बेला अलिकति चुस्तता ल्याउन केही प्रहार गर्नुपर्छ ।

सूत्रबद्ध रूपमा भन्दा राजस्वको पाटोमा तीन प्रकारले पुनः प्राथमिकता दिऔं ।

एउटा चल्तीको भाषामा रकमान्तर भन्छन् । तर 'विनियोजनको पुनःप्राथमिकीकरण' नै भनौं । अहिले हामी जुन हिसाबले खर्च गरिरहेका छौं भनेर बजेटरी विनियोजन हेऱ्यौं भने छरपस्ट हुन्छ कि विनियोजनअनुसार खर्च नै नहुने रोग हामीकहाँ कति छ ?

पुनर्निर्माणमा यो वर्ष १४१ अर्ब हालिएको थियो । छ महिनामा जम्मा २२ अर्ब खर्च भएको देखियो । भौतिक पूर्वाधार विकासमा यत्रो माग छ, १५७ अर्ब राखिएको छ र ६ महिनामा ३१ अर्ब खर्च भएको थियो । गृह र रक्षामा १८६ अर्बको बजेट थियो, त्यहाँ बढी तलब र सुविधा भएकाले ७७ अर्ब जति खर्च भएको छ । तर ती हाम्रो प्रमुख प्राथमिकता हुन् कि होइनन् भन्ने कुरा हेर्नुपर्ने भयो ।

हामीलाई थाहा छ, एउटा आयोगमा राजनीतिक नियुक्ति, कर्मचारी, गाडी, तेलहरूमा यति नचाहिने खर्चहरू हुन्छन् कि, त्यो अन्त्य गर्दा साङ्केतिक प्रहार हुन सक्छ । सांसद कोषदेखि लिएर अन्य शीर्षकहरूमा पनि हामीले ठूलो कटौती गर्न सक्छौं । ऊर्जा, सहरी विकासलगायतमा जति विनियोजन गरिएको छ, त्यसको अनुपातमा निकै नै कम खर्च भएको छ । ठूलो रकम यिनै क्षेत्रमा तल पनि गएको छ, त्यहाँ पनि कमै खर्च भएको छ ।

अहिले सार्वजनिक स्वास्थ्यका सङ्कटहरू हामीले देख्यौं । सार्वजनिक शिक्षाका सवालमा पनि विगत दशकदेखि विभिन्न कुरा उठिरहेको छ । कृषि, श्रम, रोजगारी, सामाजिक सुरक्षा जस्ता सवालमा अब पुनर्निर्देशन गर्नुपर्ने अवस्था अब देखिन्छ । विनियोजन भएकै रकम नै कम प्रयोग हुने क्षेत्रबाट बढी प्रतिफल, उपयोगिता भएका क्षेत्रमा कसरी बजेट विनियोजन गर्ने भन्ने सवाल हो ।

दोस्रो, अहिले जुन शैलीमा खर्च गरिरहेका छौं, त्यहाँबाट 'इफिसियन्सी' लिनुपर्‍यो । भड्किला उपभोगहरू रोक्नुपर्‍यो । निर्मम कटौतीको करौंती पनि चलाउनुपर्‍यो । साधनस्रोत मागेर थपेर मात्रै होइन, भएकैलाई पनि इफिसियन्सीबाट बचत गर्न सकिन्छ । डिल्लीराज खनालको सार्वजनिक खर्च पुनरावलोकन आयोगको प्रतिवेदन नै हेर्‍यो भने पनि सुधारका धेरै ठाउँ छन् । दुई सय छ ओटा तथाकथित आयोग, समिति, परिषद, बोर्डहरूमध्ये एक सय २३ ओटालाई खारेज वा गाभ्दा हुन्छ भन्ने सल्लाह आयोगले दिएको छ । यो एकदमै ठोस सल्लाह छ । मन्त्रालयपिच्छे नै सूचीकृत गरेर यस्तो सुझाव दिइएको छ ।

तेस्रो चाहिँ ऋण लिने पक्षमा हामी सिर्जनशील हुनुपर्छ । परम्परागत स्रोतहरू विश्व बैङ्क, एडिबी मात्र होइन, अन्तर्राष्ट्रिय मुद्रा कोष (आइएमफ)मार्फत अलिकति भुक्तानी सन्तुलनमा भरथेग गर्न सघाउन सक्छ, त्यता पनि जान सक्छौं । एक्जिम बैङ्कहरू पनि छन् । भारत र चीनसँग उनीहरूकै मुद्रामा पनि ऋण लिन सकिने विकल्प छन् । र डायस्पोरालगायतका अपारम्परिक स्रोत पनि छन् ।

बजेटले प्रथमिकता त रोजगारीमा दिनुपर्छ । हामीसँग रोजगारीका भिन्नभिन्न आयाम छन् । सेवा क्षेत्रमा विभिन्न कुर्सीमा बसेर गरिने खालका रोजगारी तत्काल सिर्जना हुँदैन । नीतिगत प्रोत्साहनबाट स्वरोजगार पनि सिर्जना हुन सक्छ । अहिले सामाजिक सुरक्षाकै रूपमा रहेको प्रधानमन्त्री रोजगार कार्यक्रम पनि छ । गत वर्ष विवादमा फसे पनि यो कार्यक्रममा आमूल सुधार गरेर अघि जानुपर्छ ।

मैले तत्कालीन श्रममन्त्री गोकर्ण विष्टलाई यस कार्यक्रममार्फत स्तरीय जागिर दिन्छु, पाँच लाख रोजगारी सिर्जना गर्छु भनेर नभन्दिनुस् भनेको थिएँ । किनकि त्यसरी भन्दा ठूलो अपेक्षा सिर्जना हुन्छ । यसलाई विशुद्ध सामाजिक सुरक्षाकै रूपमा चित्रित गर्नुभयो भने यथार्थपरक हुन्छ भनेर सुझाएको थिएँ ।

अहिले उद्यमशीलता वा भनौं साना मझौला उद्यमहरूको संरक्षण-प्रवर्द्धनको कुरा पनि महत्त्वपूर्ण छ । यसमा कस्तो खालको माग भइरहेको छ भनेर हेर्नुपर्छ । हामीले बन्दाबन्दीको अवधिमा करिब सात सय फर्मसँग कुराकानी गऱ्यौं । उहाँहरूको पहिलो माग नगद नै चाहियो भन्ने छ । फोकटमा पैसा माग्दा पाइन्छ भने त कसले माग्दैन र ? तर त्यो त्यति यथार्थपरक हुँदैन । हाम्रो सामर्थ्यले पनि धान्दैन ।

ब्याजमा कटौती गरिदिनुपऱ्यो भन्ने माग पनि छ । यो अलि महत्त्वपूर्ण छ । यातायात, पर्यटन, मनोरन्जनका क्षेत्रहरूमा विगत आठ महिनाको आउटस्ट्यान्डिङ ऋण एक सय ७४ अर्ब जति छ । त्यहाँ तीन प्रतिशत बिन्दुले मात्रै हामीले ब्याज अनुदान दिने हो भने सरकारलाई दायित्व पाँचछ अर्ब रूपैयाँ मात्रै पर्छ । यस्तो खालको राहत हामीले उद्यम गर्नेहरूलाई दिनुपर्छ । एक पटक टाट पल्टेपछि तङ्ग्रिन असाध्यै गाह्रो हुन्छ । रोजगारी जोगाउनुपऱ्यो, त्योसँग जनजीविकाहरू गाँसिएका छन्, त्यता पनि हेर्नुपर्छ ।

कोभिडपछि पनि जीवन छ । त्यसपछि पनि परम्परागत हिसाबले घिच्चिई-घिच्चिई पाँचसात प्रतिशत वृद्धि हुँदै आएको छ । पानी पर्ला कि नपर्ला भन्ने खालको जोखानाबाट उछाल मार्नुपर्ने यसै पनि

आवश्यकता थियो । यो सरकारले दुई वर्षअघि नै 'बोल्ड' रूपमा 'डिपार्चर'हरू गर्छ भन्ने मेरो अपेक्षा थियो । तर अहिले लगभग तदर्थवादमा गइसकेको छ । अब राजनीतिक कुरा पनि यसमा झल्किन्छन् नै ।

अब आर्थिक वृद्धिको नयाँ स्रोतमा हामी जानुपर्छ । अब कृषि व्यवसायमा नै जोड दिन सकिन्छ । यति धेरै मान्छे गाउँ फर्किएका छन् । उनीहरूलाई कृषिमा कसरी पुनः सक्रिय बनाउने भन्ने छ । तर त्यही पुरानो खालको कृषिमा हामी जानेवाला छैनौं । यसबाट रोमाञ्चित हुने कुरा छैन । १५/१६ घण्टा काम गर्दा पनि बल्ल बाँच्ने निर्वाहमुखी कृषिबाट हामी सबै भागेकै हौं । त्यसैले अब नयाँ ढङ्गले सोच्नुपर्‍यो ।

यहाँ ट्यारिफ प्रोटेक्सनका कुरा छन् । विश्व व्यापार सङ्गठनका तर्फबाट समस्या छैन । भारततिरको अलिकति जटिलता छ । तर त्यहाँ 'रि-नेगोसिएट' नै गर्नुपर्छ । व्यावसायिक कृषिको आधार तयार गर्ने गरी अन्तर्राष्ट्रिय बजारका लागि नेपालले प्रयास गर्नुपर्छ ।

अनलाइनखबर, वैशाख २१, २०७७

सरकारका दुई वर्ष : नतिजा, भ्रम र शिक्षा

सरकारको दुई वर्षको समीक्षा गर्दा म तीन ओटा आयाममा केन्द्रित हुन चाहन्छु । पहिलो, प्रधानमन्त्रीद्वारा संसद्मा उल्लेख आर्थिक विकासका विषय । दोस्रो, यी दुई वर्षमा नेपाली राजनीतिले चिरेका ठूला भ्रम । र तेस्रो, सरकारलाई केही रचनात्मक सुझाव ।

मिश्रित नतिजा

प्रधानमन्त्रीले भौतिक पूर्वाधारका क्षेत्रमा देखिन थालेका सकारात्मक लक्षणको चर्चा गर्नुभयो, जसमा मेरो सहमति छ । जस्तै, सडक कालोपत्र कुनै वर्षमा १० किलोमिटर हुने गरेकोमा अहिले दिनमै ५.७ किलोमिटर बाटो कालोपत्र र त्यति नै ग्राभेल हुने गरेको छ । जडित ऊर्जा क्षमता एक हजार तीन सय मेगावाट पुग्दै छ, माथिल्लो तामाकोसी आएपछि अर्को चार सय ५० मेगावाट थपिन्छ । गल्छीदेखि केरूङसम्म चीनको सहयोगमा, लप्सीफेदीदेखि गोरखपुरसम्म भारत र अमेरिकाको सहयोगमा चार सय केभीका ठूला प्रसारण लाइनसम्बन्धी पूर्वतयारी उल्लेख्य छन् । त्यस्तै पहिलेदेखि नै बन्ने क्रममा रहेका केही आयोजना सम्पन्न हुन थाले । मोतीहारी-अमलेखगन्ज पाइपलाइन र एकीकृत चेकपोस्ट बने । गौतमबुद्ध क्षेत्रीय अन्तर्राष्ट्रिय विमानस्थल निर्माणले गति लियो । लगानी बोर्डमा अड्किएका केही आयोजना सम्झौताको चरणमा छन् ।

आर्थिक परिदृश्य भने मिश्रित छ । धेरै विषयमा प्रधानमन्त्रीले नजानिँदो तवरले भ्रम नै छर्नुभयो । पाँच ओटा उदाहरण दिन्छु–

१. आर्थिक वृद्धि तीन वर्षसम्म लगालग ६.७ प्रतिशत पुगेको सही हो । तर प्रचण्डकालको पहिलो सात प्रतिशत भूकम्प र नाकाबन्दीपछि शून्य प्रतिशत वृद्धिको पृष्ठभूमिमा हासिल भएकाले असान्दर्भिक एवम् गौण मानिन्छ । विगत दुई वर्ष ६.५ प्रतिशत नाघ्नु राम्रो हो । तर यो निरन्तर माथि जानुको साटो यसै वर्ष सेलाउने भएको छ । अन्तर्राष्ट्रिय मुद्रा कोषको पछिल्लो अनुमान ६ प्रतिशत मात्र छ । सात, आठ, नौ हुँदै दोहोरो अङ्कको आर्थिक वृद्धि हुन चाहिने दिगो आधार सरकारले बनाएको छैन ।

२. श्रम बजारमा अब नयाँ बेरोजगार छैनन् भनिदिनुभयो । सरकारकै पछिल्लो श्रमशक्ति सर्वेक्षण २०१८ ले नेपालमा नौ लाख व्यक्ति रोजगारीको सक्रिय खोजीमा रहेको देखायो, जसमध्ये झन्डै ७० प्रतिशत १५ देखि ३४ वर्षका युवा छन् । एक प्रतिशत आर्थिक वृद्धि हुँदा ०.३३ प्रतिशत रोजगारी वृद्धि हुने 'रोजगारी वृद्धि इलास्टिसिटी'को घोषणा गरियो, जसको प्राज्ञिक आधार छैन । वामअर्थशास्त्री डा. डिल्ली खनालकै पछिल्लो अनुमानअनुसार नेपालमा 'रोजगारी वृद्धि इलास्टिसिटी' केवल ०.१८ छ । अर्थात् १० प्रतिशतको चामत्कारिक वृद्धि हुँदा पनि रोजगारी वृद्धि जम्मा १.८ प्रतिशत हुनेछ ।

३. करको दर होइन, दायरामा जोड दिएको भनियो । तर नेपालमा व्यक्तिगत र कर्पोरेट कर असाध्यै चर्को छ । वार्षिक सात लाख रूपैयाँ आम्दानीपछि नै ३० प्रतिशत कर लाग्छ भने भारतमा वार्षिक आठ लाख रूपैयाँको आम्दानीसम्म शून्य प्रतिशत, २४ लाख रूपैयाँ नाघेपछि मात्र ३० प्रतिशत कर लाग्छ । मध्यमवर्गलाई थिचेर कुनै सरकार लोकप्रिय हुँदैन । वित्तीय क्षेत्र र टेलिकममा हाम्रो कर्पोरेट र लाभांश कर ३५ प्रतिशत पुगेको छ । भारतमा २०-२२ प्रतिशत । यसै त ढुवानी, ऊर्जा, श्रमको लागत महँगो भएको देशमा करको बोझ पनि थपिएपछि यहाँ लगानी निरूत्साहित हुन्छ ।

४. विप्रेषण र सरकारी खर्चले गर्दा गरिबी घट्दै गरेको सही हो । तर प्रधानमन्त्रीले दाबी गरे झैं भोकमरी अन्त्य नै भएको चाहिँ होइन । कुपोषण र 'लुकेको भोक'को त महामारी नै छ । नेपालमा पाँच वर्षमुनिका ३६ प्रतिशत बालबालिका दीर्घ कुपोषणको सिकार छन् । सन् २०३० सम्म त्यो १५ प्रतिशतमा झार्ने लक्ष्य छ । तर परम्परागत पोषण कार्यक्रमबाट मात्र सम्भव छैन । दीर्घ कुपोषणको फैलावट कर्णाली, मधेस र सुदूरपश्चिमका जिल्लामा ५० प्रतिशतभन्दा बढी छ ।

५. केही अन्तर्राष्ट्रिय सूचकाङ्कमा सुधार देखिएको कुरा सत्य हो । तर एकएक सूचकाङ्कको मेथोडोलोजी र विश्वसनीयता फरक ढङ्गले केलाउनुपर्छ । बहुप्रचारित 'डुइङ बिजनेस २०२०' मा नेपाल ११०औं बाट ९४औं स्थानमा उक्लियो । चार वर्षअघि १४२औं रहेको भारत ६३औंमा पुग्यो । तर आँकडा खोतल्दा नेपालको कृत्रिम सुधारमा दुई साना कुराको ठूलो हात देखियो– गोदाम बनाउँदा लाग्ने प्रक्रियागत खर्चमा कमी र कर्जा सूचना उपलब्धतामा सहजता । भ्रष्टाचार, ढिलासुस्ती, बाह्य लगानी, व्यावसायिक लागत जस्ता महत्त्वपूर्ण कुरा 'डुइङ बिजनेस'ले समेट्दैन । कर्जा सूचनामा प्राप्त अङ्क हटाउनासाथ हामी फेरि ११०औं स्थानमा झर्छौं । नेपाल बृहत् र सार्थक सुधारको जगमा माथि गएको होइन ।

चिरिएका भ्रम

पहिलो, विकासका लागि शासकीय स्थिरता होइन, नीतिगत सुनिश्चितता चाहिने रहेछ । विकासका लागि राजनीतिक स्थिरता अपरिहार्य भनिन्थ्यो । छमहिने, नौमहिने सरकारकै कारण विकास नभएको भाष्य स्थापित थियो । जनताले पनि पाँच वर्ष टिकाउ हुने स्थिर सरकारको पक्षमा मत दिए । वास्तवमा विसं २०५० को दशकमा सुरू भएको अस्थिरताबाट आजित भएर जनतामा नौ महिनाभन्दा बढी टिक्ने सरकारको भोक जागेको थियो । वाम गठबन्धनमार्फत कम्युनिस्ट

पार्टीले त्यही खालको जनादेश पायो । तर मुलुकको लामो इतिहास हेर्ने हो भने, सरकार अस्थिर भएर हाम्रो विकास सुस्त भएको होइन । भीमसेन थापाले सन् १८०६ देखि १८३७ सम्म ३० वर्ष शासन गरे । जङ्गबहादुरले सन् १८४६ देखि १८७७ सम्म अर्को ३० वर्ष शासन गरे । चन्द्रशमशेरले पनि सन् १९०१ देखि १९२९ को अन्त्यसम्म करिब ३० वर्ष शासन गरे । दुई राजाको नेतृत्वमा पञ्चायत पनि ३० वर्ष नै टिक्यो । प्रस्ट छ, शासकीय अस्थिरताले मुलुक पछि परेको होइन, लगानीको जोहो गर्न चाहिने दीर्घकालीन नीतिगत प्रत्याभूति र विश्वसनीयता नभएर हो । शासकीय स्थिरताको 'इलुजन'मा बस्दा भयङ्कर नेता पनि सकिएका छन् । इजिप्टका होस्नी मुबारक वा इन्डोनेसियाका सुहार्तोले सिद्धिनुभन्दा एक रातअघिसम्म कल्पना गरेनन्, पतनको पूर्वाभास ।

दोस्रो, नेताविशेषको ओज र करिश्माले क्षणिक सुविधा मात्र दिने रहेछ, दिगो सेवा प्रवाहका लागि पद्धति र प्रणालीमै सुधार चाहिन्छ । सरकारको दुईवर्षे कार्यकालले आम नागरिक पनि एउटा भ्रमबाट मुक्त भएका छन् । चुनावमा प्राप्त हुने अङ्कगणितले दिने राहतको अल्पायु हुँदो रहेछ । शासनको वैधता गणितले होइन, कामले दिने रहेछ । दिल्लीमा अरविन्द केजरिवालले हालै यही देखाइदिए । निरन्तर डेलिभरी गर्न स्थापित संयन्त्र नै चलायमान हुनुपर्दो रहेछ । नेपालको प्रशासन निर्देशनले मात्र चल्दैन, यहाँ पद्धति र निर्णयचक्रको ठूलो महत्त्व हुन्छ । अहिले शासनलाई 'ग्ल्यामर' जस्तो बनाएको देखिन्छ । टकटक आयो, टिभी क्यामेरा बोलायो, १५ दिनभित्र खाल्डो पुर्नू, पुस १ गते पानीजहाज चलाउनू, कोही बेरोजगार नबस्नू आदि भन्यो, सकियो । यसरी गम्भीर 'गभर्नेन्स' हुँदैन । एउटा नीतिगत मस्यौदा वा निर्णयमै १५ पटक बैठक गरेर परिष्कार गर्नुपर्ने हुन्छ । कानुनको मस्यौदालाई मन्त्रालय चहारेर क्याबिनेट हुँदै संसद् पुर्‍याउनुपर्छ । त्यहाँ पनि थप छलफल आवश्यक होला । असल शासन 'डल' र 'बोरिङ' हुनु राम्रो । तमासाका लागि त टेलिभिजन, सिनेमा र रङ्गमञ्च छँदै छन् नि !

सुधारको शिक्षा

निर्मम मध्यावधि समीक्षा गरेर सरकार अघि बढ्ने हो भने मेरा केही शैक्षिक सुझाव छन् । पहिलो शिक्षा, गहन र गम्भीर तयारीबारे । यस्तो ऐतिहासिक अवसर पाउने थाहा हुँदा पनि खासै तयारी भएको रहेनछ । २०७४ सालको आम चुनावको दुई महिनाअघि एमाले-माओवादी गठबन्धनले चुनाव जित्ने, केपी ओलीको नेतृत्वमा सरकार बन्ने सुनिश्चित थियो । चुनाव जितेको दुई महिनापछि सत्ता हस्तान्तरण भयो । अर्थमन्त्रीले श्वेतपत्र जारी गर्दा कम्युनिस्ट पार्टी सरकारमै पहिलो चोटि पुगे जस्तो गरियो । जब कि २०६३ र २०६४ को परिवर्तनपछि खिलराज रेग्मी नेतृत्वमा बनेको सरकारबाहेक प्रत्येक सरकारमा वाम गठबन्धनकै कुनै न कुनै घटक सरकारमा थिए । २०६५ सालयता ८० प्रतिशत समय गैरकाङ्ग्रेसी प्रधानमन्त्री वा अर्थमन्त्री भए, यो देशमा ।

कम्बोडियामा पोलपोट सत्तामा आएपछि 'शून्य वर्ष' सुरू भए जस्तो गरियो यहाँ पनि । सरकार भर्खरै गठन हुँदा उपप्रधानमन्त्रीले "सब सचेत भए हुन्छ, शिक्षामा आमूल सुधार हुन्छ, शिक्षण संस्था राष्ट्रियकरण हुन सक्छ" भनेको सुन्दा गृहकार्य गरेका छन् कि जस्तो लागेको थियो । तर हावामै तीर मारिएको रहेछ । छमहिने, नौमहिने सरकार हो भने टिपनटापन गरौं, दोहन गरिहालौं भन्ने लाग्न सक्छ सरकारमा रहेकालाई । तर पाँच वर्षमा देशलाई कोल्टे फेराउने लक्ष्य राखिएको छ भने तयारी हुनुपर्छ । बिनातयारी हावादारी घोषणा गर्ने होइन । सरकारले काठमाडौंमा दुई वर्षभित्र पेट्रोलियम वाहनलाई विद्युतीय वाहनले प्रतिस्थापन गर्ने प्रतिबद्धता व्यक्त गरेको थियो । जब कि, यो कम्तीमा १० वर्षको योजना हो । सबै वडा केन्द्रमा ब्रोडब्यान्ड इन्टरनेट दुई वर्षमा पुर्‍याउने अर्को प्रतिबद्धता थियो । पूर्व-पश्चिम राजमार्गको समानान्तर र रसुवागढी वीरगन्ज ७६५ केभी प्रसारण लाइन दुई वर्षमै– अर्को गफ । कम्युनिस्ट घोषणापत्रमा यस्ता हावादारी कुराका फेहरिस्त लामा छन् । तर सरकारले दुई वर्षभित्र सम्पन्न गर्ने प्रतिबद्धता

व्यक्त गरेका कतिपय योजना सम्पन्न गर्न सकिन्थ्यो । मेलम्चीको पानी काठमाडौंमा झट्टै झार्न असम्भव थिएन । यातायात सिन्डिकेट तोड्न सकिन्थ्यो । राष्ट्रिय परिचयपत्र जस्ता काम गाम्भीर्यसाथ गरेको भए सकिन्थ्यो ।

सत्ता सम्हाल्नुपूर्वको तयारीको महत्त्व झल्काउन मैले नजिकबाट केलाएको बेलायती प्रसङ्ग अब उल्लेख गर्छु । सन् १९९३ को सेप्टेम्बरमा म 'लन्डन स्कुल अफ इकोनमिक्स'मा पढ्न पुग्दा बेलायतमा टोरी पार्टी सत्तामा थियो । जोन स्मिथको नेतृत्वमा प्रतिपक्षी लेबर आगामी चुनावमा सत्तामा फर्किन आक्रामक तयारीमा थियो । अब उग्रवामपन्थी पाराले सत्तामा पुगिन्न भन्ने निष्कर्षमा लेबर पार्टी पुगिसकेको थियो । जन स्मिथ राजनेता छविको परिपक्व नेता । टोनी ब्लेयर र गोर्डन ब्राउन लेबरका स्टार, छाया सरकारमा गृह र अर्थमन्त्री थिए । ब्लेयर र ब्राउन हरेक महिनाजसो एलएसईमा प्रवचन दिन आउँथे । 'अपराधविरूद्ध शून्य सहनशीलता'बारे 'टफ अन क्राइम, टफ अन द कजेज अफ क्राइम' भन्ने ब्लेयरको प्रिय थेगो नै थियो ।

जन स्मिथ हृदयाघातले बितेपछि ब्लेयरले नेतृत्व सम्हाले र सन् १९९७ मा प्रचण्ड बहुमतसहित १९ वर्षपछि लेबर पार्टी सत्तामा फर्कियो । लेबरमा पुराना नेता बढारिइसकेका थिए । ब्लेयर, ब्राउनसहितका ताजा अनुहार थिए । सत्तामा आएको केही महिनामै ब्लेयरले गरेका तीनखाले निर्णय हेरौं, कति दूरगामी थिए ।

१. **अर्थ** : मे २, १९९७ मा शपथ खाएको ब्लेयर सरकारले मे ६ कै दिन केन्द्रीय बैङ्क 'बैङ्क अफ इङ्ल्यान्ड'लाई स्वायत्त बनाउने निर्णय गऱ्यो । बेलायतमा प्रत्येकजसो मध्यमवर्गीय नागरिकले घर, गाडी आदिका लागि ऋण लिएका हुन्छन् । सरकारको नियन्त्रणमा रहेको केन्द्रीय बैङ्कमार्फत चुनावका बेला ब्याजदर घटाएर भोट तान्ने प्रयास हुन सक्थ्यो । सत्तामा आएको चौथो दिनमै केन्द्रीय बैङ्कलाई पूर्ण स्वायत्तता दिने ऐतिहासिक र रूपान्तरणकारी निर्णय गरियो । मन्त्रिपरिषद्कै प्रायः सदस्य

बेखबर थिए । तर गोप्य गृहकार्य तीन वर्षदेखि भइरहेको थियो । अर्को, बेलायत युरोपियन युनियनमा रहे पनि साझा मुद्रा 'युरो' नअपनाउने निर्णय गरियो, जसले अनिश्चित माहोल चिर्दै नीतिगत आशावादिता जगायो, लगानी बिथोलिन पाएन ।

२. **युद्ध र शान्ति** : सत्तामा पुगेको केही सातामै उत्तरी आयरल्यान्डमा सशस्त्र विद्रोह गरिरहेको 'आइआरए'सँग शान्ति प्रक्रिया सुरू भयो, जसले दशकौंको हिंसात्मक द्वन्द्वको निरूपण भयो । कोसोभोमा स्लोभोदान मिलसोभिचलाई अपदस्त गर्न अमेरिकासँग मिलेर युद्ध गर्ने निर्णय गर्‍यो ।

३. **संविधान** : वेल्स र स्कटल्यान्डमा छुट्टै संसद् बने । माथिल्लो हाउसमा वंशका आधारमा प्रतिनिधि छानिने प्रावधान हट्यो ।

दोस्रो शिक्षा 'टिम'बारे । सरकारले सहयोगी टिम छान्दा चौडा छाती देखाउनैपर्छ, भँगेरे छातीले अवसर छोप्न सकिँदैन । कम्युनिस्ट पार्टीकै केही राम्रा मान्छेलाई अवसर दिनुपर्छ । पार्टीमै आबद्ध नभएका छन् भने पनि मौका दिनुपर्छ । नीलाम्बर आचार्य वा भगवान् कोइरालालाई पार्टीको 'कम्फर्ट जोन'भन्दा बाहिर गएर नियुक्ति गरेको हामीले देख्यौं । यस्ता सयौं नियुक्ति मेरिटका आधारमा दिए सरकारलाई श्रेय आउँछ । विश्वविद्यालयमा भागबन्डाको अन्त्य गर्दै स्वायत्तताको अभ्यास गर्ने कस्तो राम्रो मौका आएको छ । रोनाल्ड रेगन आज अमेरिकाको सफलतम राष्ट्रपतिमा दरिन्छन् । उनी राष्ट्रपतिको चुनाव लड्दै गर्दा "हलिउडको हिरोले के गर्न सक्ला र !" भनेर हलुका रूपमा नलिइएको होइन । शीतयुद्धको उत्कर्षकालमा सोभियत कम्युनिस्टले अमेरिकालाई काँचै खाइदिने भयो भन्ने आशङ्का थियो । अहिले रिपब्लिकन नोटमा रेगनको फोटो चाहिरहेका छन् । रेगन विद्वान् थिएनन् । तर विद्वान्को टिम बनाए । पल भोल्करलाई केन्द्रीय बैङ्कको गभर्नर बनाइयो, जसले मुद्रास्फीतिलाई काबुमा ल्याई अर्थतन्त्र जोगाए । जिम बेकर जस्ता 'चिफ अफ स्टाफ' थिए । छिमेकी भारतमा इन्दिरा गान्धीलाई पनि राम्रो टिम बनाएको जस जान्छ । गान्धीलाई पहिला पत्याइएको

थिएन । जयप्रकाश नारायणले त 'मूर्ख गुडिया'को उपमा दिएका थिए । गान्धीको टिममा मनमोहन सिंह वा आइजी पटेल जस्ता विद्वान्‌ले अवसर पाएका थिए ।

विडम्बना ! हाम्रोमा नेताहरू आफ्नो पार्टीभित्रको पनि सानो गुटको घेराबाट बाहिर निक्लिनै चाहेनन् । जेलनेल भोगेको, दुःखमा साथ दिएको भनेर मौका दिएर सेवा प्रवाह गर्न सकिन्न । पञ्चायतमा सङ्घर्ष गरेका अधिकांशले यो तीन दशकमा साँवा मात्र होइन, ब्याज र त्यसको स्याज पनि असुलिसकेका छन् । अब क्षमताअनुसारकै जिम्मेवारी दिइनुपर्छ । गुट आदि हेर्दिनँ, तीन वर्षमा केही गरेर देखाउँछु भन्ने चाहना राख्ने हो भने प्रधानमन्त्रीले उपयुक्त पात्र फेला पार्नुहुनेछ ।

तेस्रो शिक्षा, 'कोर्स करेक्सन'को अपरिहार्यबारे । ओली सरकारले छ महिना पूरा गर्दै गर्दा मैले पाँच ओटा उदीयमान प्रवृत्तिबारे चिन्ता व्यक्त गरेको थिएँ– (१) अनुदार, असहिष्णु बन्दै गरेको राजनीति, (२) ठूला विचार, नीतिगत प्रस्थान र क्रमभङ्गताको अभाव, (३) संस्थागत निर्णयभन्दा व्यक्तिवादी निर्देशनको चाङमा रूमल्लिएको प्रशासन, (४) लगानीमा संशय र उद्यममा निराशा र (५) सन्तुलन गुमे जस्तो देखिने परराष्ट्र सम्बन्ध ।

यी विषयलाई सकारात्मक सुझावका रूपमा ग्रहण गरेर सरकार अघि बढे सच्चिने समय यथेष्ट छ भनेको थिएँ । उदार लोकतन्त्रमा विश्वास गर्ने र नेपालमा द्रुत विकास चाहने म जस्ता लाखौं नागरिकले यो ऐतिहासिक अवसर र अनुकूलता ओइलाएको हेर्न नपरोस् भन्ने आग्रह गरेको थिएँ ।

त्यो लेख प्रकाशन भएपछि टिप्पणी गर्न अलि हतार पो गरियो कि भन्ने लागेको थियो । तर १८ महिनाअघि मैले गरेका ती टिप्पणी सही नै रहेछन् भन्ने मान्छु । यसबीचमा सूचना प्रविधि विधेयक, गुठी विधेयक आदिले पुष्टि गरे, सरकार अधैर्य छ, उदार लोकतन्त्रलाई घाँडो मान्छ । संस्थागत पद्धतिभन्दा व्यक्तिवादी निर्देशन अनि लगानीमा संशय र उद्योगमा निराशा जस्ता टिप्पणी पनि चरितार्थ भए ।

दिगो विकास लक्ष्यप्राप्तिलाई वार्षिक औसत २० खर्ब रूपैयाँ लाग्ने, जसमध्ये निजी क्षेत्रले ३७ प्रतिशत लगानी गर्नुपर्नेछ । निजी क्षेत्रलाई 'अनबोर्ड' नगरी हुन्न । तिनलाई थर्काएर, तर्साएर लगानी हुँदैन । ठुल्ठूला नीतिगत प्रस्थानका कुरामा सरकार चुकेकै छ । लगालग दुई वर्ष महत्त्वाकाङ्क्षी बजेटको आकार घटे, सार्वजनिक खर्चको पाटो सुधारहीन छ ।

परराष्ट्र मामिलामा सन्तुलनको खोजी, बाह्य चासो आदि सकारात्मक छन् । 'सगरमाथा संवाद'को पहल राम्रो छ । तर 'एमसिसी'माथि यस्तो तल्लो स्तरको राजनीति कसरी सम्भव हुन दिइयो ? मुलुकलाई दीर्घकालीन नकारात्मक प्रभाव पार्ने विषयमा सत्ताले यथोचित बचाउ गर्न सकेन । बरू बाहिर रहेकाले राष्ट्रहितमा दह्रो प्रतिरक्षा गर्नुपर्ने अवस्था बन्यो । अमेरिकी सेना भित्रिने, पाल्पाका डाँडाबाट क्षेप्यास्त्र हान्नेदेखि रेल आउने बाटोमा तार टाँगिने भन्नेसम्मका भ्रम छरिए । सस्तो षड्यन्त्रको सिद्धान्तमा देशलाई भुलाउँदा हाम्रो कूटनीति दुर्घटनाग्रस्त नभए पनि दुर्घटनाउन्मुख भएन र ?

प्रधानमन्त्रीमा द्रुत विकास गराउने उत्कट चाहना देखिन्छ । तर सफलताका लागि उहाँको सदिच्छाभन्दा शैली प्रधान हुन्छ । दुई वर्ष अलमलमा बिते पनि अझै बाँकी तीन वर्ष नयाँ ढङ्गले चलाउने सुविधा सरकारसँग छ । खेर गएको दुई वर्ष जनताले पछि बिर्सिन पनि सक्छन् । अस्ट्रेलियामा तीनतीन वर्षमै चुनाव हुन्छ, अमेरिकामा चारचार वर्षमा । स्थापित लोकतन्त्रमा तीन वर्ष काम गरेर देखाउन सकिने आफैंमा पूर्ण चक्र हो ।

नयाँ पत्रिका, फागुन २८, २०७६

एमसिसीको नालीबेली : बाठो बन्दा अल्पज्ञान छचल्कियो

मिलेनियम च्यालेन्ज कर्पोरेसन (एमसिसी)बारे अहिले उठेका कुरामा टिप्पणी गर्नुअघि यसको पृष्ठभूमिबारे चर्चा गर्नु आवश्यक छ । यसको १८ वर्षको लामो इतिहास छ । विकासका लागि असाध्यै ठूलो पैसा ल्याउने माध्यम तीन-चार छन् । पहिलो, आन्तरिक राजस्व । दोस्रो, परम्परागत दातृ निकाय, जसको आधार विश्वभर सय अर्ब डलर हाराहारीको छ । तेस्रो, निजी स्रोत, जसमा प्रत्यक्ष विदेशी लगानी, रेमिट्यान्स, निजी-सार्वजनिक साझेदारी जस्ता कुरा आउँछन् । चौथो हो, अवैध पुँजी पलायन, कर छली (ट्याक्स हेभनमा लुकाउने) आदिमा रोक ।

सहस्राब्दी विकास लक्ष्यबाट दिगो विकास लक्ष्यमा जाँदा अर्बौंबाट हजारौं अर्बको खेलमा हामी गएका छौं । अल्पविकसित देशहरूको आवश्यकता असाध्यै ठूलो भएपछि सन् २००२ मा संयुक्त राष्ट्रसङ्घ (अमेरिकाले होइन)ले मेक्सिकोको मन्टरेमा पहिलो 'इन्टरनेसनल कन्फेरेन्स अन फाइनाइसिङ फर डेभलपमेन्ट (एफएफडी)' शीर्षकमा अन्तर्राष्ट्रिय सम्मेलन गऱ्यो । यसको दोस्रो बैठक २००८ मा कतारको दोहा र तेस्रो बैठक २०१५ मा इथियोपियामा बस्यो ।

ती शिखर वार्तामा प्रधानमन्त्री तहबाटै सहभागिता हुनुपर्ने थियो । योजना आयोगको सदस्यका हैसियतले मैले त्यो बैठकमा नेपालको प्रतिनिधिमण्डलको नेतृत्व गरेको हुँ । मेक्सिकोमा सम्पन्न सम्मेलनमा

अमेरिकी राष्ट्रपति जर्ज डब्लू बुसले एकदमै महत्त्वपूर्ण वक्तव्य दिए । स्मरणीय के छ भने, यो सम्मेलनभन्दा एक वर्षअघि अमेरिकी जुम्ल्याहा टावरमा आतङ्ककारी हमला भएको थियो । ९/११ हमलापछि आतङ्कवादको एउटा महत्त्वपूर्ण कारण अल्पविकास पनि हो भन्ने कुराले महत्त्व पायो । अन्य देशले अमेरिकालाई तिमी शक्तिराष्ट्र, विश्व अर्थतन्त्रको एकचौथाइ अर्थतन्त्र तिम्रै छ । आजको हिसाबले पनि ८० ट्रिलियन डलरको विश्व अर्थतन्त्रमा २० ट्रिलियन त उसकै छ । त्यसैले अमेरिकाले अली बढी उदार भएर सहयोग र लगानी गर्नुपर्‍यो भन्ने दबाब पर्‍यो ।

अमेरिकाले त्यति बेला १० बिलियन डलर जति सहयोग दिन्थ्यो । तर त्यसको ठूलो हिस्सा इजरायल, इजिप्ट जस्ता सामरिक हिसाबले उसका लागि महत्त्वपूर्ण राष्ट्रमा जान्थ्यो । अरू युएसएआइडीमार्फत बाँकी विश्वलाई दिन्थ्यो । एउटा अघोषित मान्यता के छ भने, अर्थतन्त्रको ०.७ प्रतिशत अफिसियल डेभलपमेन्ट एसिस्टेन्स (ओडिए) दिनुपर्छ । साना स्क्यान्डिभियन देशले यो दिन्थे । तर पछि बेलायत जस्ता देशले पनि दिन थाले । अमेरिकाको अर्थतन्त्र नै यति ठूलो कि यसलाई ०.७ प्रतिशत पुर्‍याउनै गाह्रो थियो । आजकै मितिमा २० ट्रिलियन डलरमा ०.७ प्रतिशत हाल्ने हो भने एक सय ४० बिलियन डलर हुन आउँछ । त्यो भनेको सारा विश्वले दिने सहायता बराबर रकम हुन पुग्छ ।

राष्ट्रसङ्घको सम्मेलन, ९/११ पछिको अवस्था र ओडिएको पृष्ठभूमिमा जर्ज डब्लू बुसले "ल हामी पैसा हाल्न तयार छौं । तर विकासका नाममा तानाशाहलाई बढावा दिने, राजनीतिक, आर्थिक स्वतन्त्रता, मानवअधिकार, लोकतन्त्रलगायतका आधारभूत मानवीय स्वतन्त्रता नभएका अनुदार मुलुकमा निरपेक्ष हिसाबले पैसा खन्याउन चाहिँ सक्दिनँ" भने ।

बुसले तीन वर्षमा सहयोग रकम ५० प्रतिशत बढाउँछु तर सर्तसहित भने । उनले मन्टरे सम्मेलनपछि विकास गर्न इच्छुक, राष्ट्रिय

अपनत्व पनि बढाउँछु, सुधार पनि गर्छु भन्ने मुलुकलाई सहयोग गर्छु भनेर २००२ मार्चमा घोषणा नै गरे । यो विषयमा अमेरिकी दुई प्रमुख दल डेमोक्र्याट र रिपब्लिकनले सहमति गरे ।

वैदेशिक सहयोग र एमसिसीबीचको भिन्नता

जनवरी २००४ मा एमसिसीको औपचारिक सुरूवात भयो । युएसएआईडीको भन्दा पनि फरक ढङ्गले काम गरौं, जुन वैदेशिक सहायता क्षेत्रमै कोसेढुङ्गा साबित होस् भनेर एमसिसी सुरू भएको हो ।

अमेरिकाले हामी जुन पायो, त्यो मुलुकलाई दिँदैनौं, अनुदानका लागि तीन ओटा मापदण्ड पूरा गर्नुपर्छ भन्यो । पहिलो, आफ्नै जनतामा लगानी गरेका छन् कि छैनन्, हामी हेर्छौं । स्वाथ्य, शिक्षामा कति खर्च गरेको छ ? प्राकृतिक स्रोतसाधनहरू जोगाएका छन् कि छैनन् ? बालबालिकालाई नियमित खोप दिएका छन्, छैनन् ? शिशु स्वास्थ्यको अवस्था के छ ? बालिकाहरूले प्राथमिक तह पार गरेका छन् कि छैनन् ? दोस्रो, आर्थिक स्वतन्त्रताको अवस्था कस्तो छ ? उद्योग व्यवसाय गर्ने बन्देज छन् कि ? आर्थिक खुलापन र स्वतन्त्रता छ कि छैन ? वित्तीय नीति, मुद्रास्फीति, नियमनको गुणस्तर, आर्थिक गतिविधिमा महिलाहरूको सहभागिता, भूमिमाथिको हक र पहुँच एवम् बिजनेस स्टार्टअप गर्न सकिने अवस्था छ कि छैन भन्नेलगायत आठ सूचक बनाएर मूल्याङ्कन गर्ने भए ।

तेस्रो, विधिको शासन । शासन व्यवस्था विधिको शासनअनुसार चलेको छ कि छैन भन्ने हेर्ने भए । राजनीतिक अधिकार कस्तो छ, सूचनाको हक, मौलिक हकको अवस्था के छ, भ्रष्टाचार नियन्त्रण छ कि छैन, सरकार प्रभावकारी छ कि छैनलगायत २० ओटा सूचक हेरिसकेपछि मात्रै पैसा हाल्छौं भने । जथाभावी पैसा दिएर आफ्नै नागरिक दबाउने खराब शासकहरूलाई पाल्नु छैन भन्ने उनीहरूको दृष्टिकोण रह्यो । जनतामा लगानी गर्ने, विधिको शासन भएको र आर्थिक स्वतन्त्रता भएका देशलाई रकम दिने गरी एमसिसी गठन

भयो । एक वा दुई ठूला प्राथमिकताका आयोजना छनोट गरेर रकम हाल्ने भए । कनिका छरे जसरी रकम वितरण नगर्ने भए । त्यस्तो देश, जुन नीतिगत सुधारका लागि तयार छ, उसलाई मात्रै रकम दिने । तर प्राथमिकता निर्धारणको अधिकार पनि सम्बन्धित देशलाई नै दिइने भयो । तिमीलाई चाहिने के हो भन्ने कुरा तिमीबाटै आओस्, हामी मिलेर आयोजना सम्पन्न गरौं भन्नेमा गयो ।

एमसिसीको कुरा गरिरहँदा बिर्सन नहुने अर्को कुरा के हो भने, यो ऋण होइन, अनुदान हो । पाँच सय मिलियन डलर (करिब ५५ अर्ब रूपैयाँ) अनुदान भनेको नेपालको इतिहासमै अहिलेसम्म आएको छैन ।

विश्व बैङ्क आदिले दिने पनि सहुलियतपूर्ण ऋण मात्र हो । एमसिसी गठन भएको एक वर्षपछि २००५ देखि उनीहरूले कार्यक्रम थाले । आजको मितिसम्म ५० देशमा ४७ आयोजना सम्पन्न गरिसकेको छ ।

नेपालमा यसरी भित्रियो

यो त्यति बेलाको कुरा हो, जति बेला नेपालमा द्वन्द्व, ज्ञानेन्द्रको राज आदि थियो । यसले गर्दा नेपाल एमसिसीको 'राडार स्क्रिन'मै थिएन । माओवादी शान्ति प्रक्रियामा आएर द्वन्द्व व्यवस्थापन भइसकेपछि २०११ को डिसेम्बरमा मात्रै हाम्रा सूचकहरू हेरे । डा. शङ्कर शर्मा त्यति बेला अमेरिकामा राजदूत हुनुहुन्थ्यो । राजदूत अर्थशास्त्री भएको हुनाले कुरा गर्न सजिलो पनि भयो होला ।

२०१२ देखि बल्ल उनीहरू नेपाल आउन थाले । त्यसपछि एकदुई करोड डलर हालेर 'थ्रेसहोल्ड प्रोग्राम' सुरू गरे । अर्थ मन्त्रालय र एमसिसी मिलेर 'ग्रोथ डाइग्नोस्टिक स्टडी' गरे । नेपालको आर्थिक वृद्धिको प्रक्रियामा केके बाधक छन् भन्ने मे २०१४ मा त्यो प्रतिवेदन निस्कियो । त्यसको प्रस्तावनामै शान्तराज सुवेदीको हस्ताक्षर छ । त्यसले पनि सरकारको अपनत्व छ भन्ने देखाउँछ ।

हामीले चार ओटा कुरा पहिचान गऱ्यौं । पहिलो, समस्या विद्युत् अभाव नै हो । दोस्रो, सडक यातायात । भूपरिवेष्ठित भएकाले पनि र बनेको सडकको अवस्थाले गर्दा पनि ढुवानी असाध्यै महँगो भयो । तेस्रो, नीतिगत निरन्तरताको अभाव । छिटोछिटो सरकार बदलिने र अघिल्लो सरकारको निर्णय परिवर्तन गर्ने जस्ता कुरा यसमा पर्ने भयो । र चौथो, श्रम समस्या । सन् २०१४ पछि भने यसमा म पनि प्रत्यक्ष संलग्न भएँ । पहिचान भएका चार समस्यामध्ये नीतिगत निरन्तरताको कुरा बिस्तारै साम्य हुँदै जाला । संविधान बन्ने क्रममा रहेकाले स्थिरता पनि आउला । श्रम सम्बन्धका कुरा पनि द्वन्द्वकालको जस्तो छैन । त्यसपछि बाँकी रह्यो, विद्युत् र सडक समस्या । यी दुईमा रूपान्तरणकारी काम गर्ने निर्णय भयो ।

सन् २०१५ मा अफिस अफ मिलेनियम च्यालेन्ज नेपाल (ओएमसिएन नेपाल) स्थापना गऱ्यौं, नेपाल सरकारकै पूर्ण अपनत्वमा । अमेरिकामा छात्रवृत्तिमा पढेका, बेलायतको डिग्री, विभिन्न भाषामा समेत कमान्ड भएका वरिष्ठ पूर्वसचिव कृष्ण ज्ञवालीलाई यसको नेतृत्व लिन भन्यौं । विद्युत् र सडकका उत्कृष्ट साथीहरूको टिम बनायौं । २०१२ मा यो प्रक्रिया सुरू भएयता विभिन्न दलको मात्रै होइन, प्रधानन्यायाधीशको नेतृत्वमा समेत सरकार बन्यो । कृष्ण ज्ञवालीको ठाउँमा पछि तुलसी सिटौला आउनुभयो । सरकार जुनसुकै पार्टीको बने पनि अफिस अफ मिलेनियम च्यालेन्जले आफ्नो काम गरिरह्यो ।

विद्युत् उत्पादनमा राम्रो काम भइरहेको छ । तर प्रसारण लाइनमा काम हुन सकेको थिएन । चाहिने जति खपत नेपालमा गर्ने र बचेको बिजुली भारतमा निर्यात गर्ने योजना छ । त्यसका लागि चार सय केभीकै प्रसारण लाइन चाहिन्थ्यो । सडकका लागि पनि विश्व बैङ्क, एसियाली बैङ्कहरूले ऋण दिइरहेका छन् । त्यसैले सडक मर्मतसम्भारमा जाऔं भन्ने भयो । त्यसपछि उनीहरूले दुई वर्ष तयारी गरे । यो पृष्ठभूमिमा २०१७ मा सम्झौता (कम्प्याक्ट)मा हस्ताक्षर भयो, अर्थमन्त्री ज्ञानेन्द्रबहादुर कार्कीबाट ।

सन् २००२ देखि २०१७ सम्मको यति कुरा गर्दा इन्डोप्यासिफिक भन्ने सुन्नुभयो ? त्यो शब्द त कहीँ पनि आएन । एमसिसी अमेरिकी संस्था भए पनि नेपालमा हामीले आफ्नै संस्था एमसिए नेपाल गठन गरेका छौं । यो मन्त्रिपरिषद्‌को गठन आदेशमार्फत बनेको संस्था हो । यसको अध्यक्ष नेपाली नै हुनुहुन्छ, खड्ग विष्ट । त्यस्तै सञ्चालक समितिको अध्यक्षमा अर्थसचिव हुनुहुन्छ ।

नेपालमा गर्न खोजेको के हो ?

अमेरिकीहरूले नीतिगत सुधार, नतिजा देखिने गरी काम गर्ने र अपनत्व स्थापित हुने गरी काम गर्नुपर्नेमा जोड दिए । नीतिगत सुधारका लागि विद्युत् नियमन समिति बन्ने भयो । नतिजा देखिने गरी काम गर्न आयोजना सुरू भएको पाँच वर्षमा काम सकिनैपर्छ । त्यसैले सुरू हुनुअघि जग्गा, वनलगायत सम्पूर्ण काम गरिसक्नुपर्‍यो । हामीले आफ्नै संस्था स्थापना र अलिअलि लगानी गर्नुको कारण अपनत्व होस् भनेर हो । आफ्नो लगानी भएपछि माया पनि हुने भयो । ५० करोड डलर उनीहरूले र १३ करोड डलर हामीले राख्ने भयौं ।

पैसा पनि हाल्यो, मौलिक नेपाली संस्था पनि बनायो । अझै उच्च किसिमको प्रतिबद्धताका लागि संसद्‌ले अपनत्व देखाउनुपर्छ भनियो । एमसिसी पनि त्यसैगरी रिपब्लिकन र डेमोक्र्याटको सर्वसहमतिबाटै जन्मिएको हो । उनीहरूले छानेको सूचक तलमाथि हुँदा आयोजना रद्द पनि गरेका छन् । तान्जानियामा निलम्बनै गरे । माडागास्कर र मालीमा प्रतिगमन भएपछि आयोजना नै बन्द भएका छन् । सुशासनलाई बढावा र आयोजनालाई अर्जुनदृष्टि दिने हुनुपर्छ । सडक र बिजुलीबाहेक अन्यत्र लगाउन पाइँदैन । तीन सय किलोमिटरको हाइभोल्टेज प्रसारण लाइन बनाउन ४० करोड डलर र अरू तीन सय किलोमिटरको सडक सम्भार, नीतिगत कुराका लागि भनेर हिसाब गरिएको छ । घडीको सुई अन भएपछि रोकिँदैन । त्यसैले अनअगाडि नै सबै तयारी भइरहेको हो । यति ठूलो आयोजना निर्धारित समयमै

सम्पन्न हुनु पनि नेपालका लागि ठूलो उपलब्धि हुनेछ भन्ने लाग्छ। मेलम्ची २२ वर्ष भइसक्यो। अर्थात् समयमा आयोजना पूरा हुनु पनि आफैंमा उपलब्धि हो।

यो आयोजना नेपाल विद्युत् प्राधिकरणकै मास्टर प्लानलाई सहयोग गर्ने गरी आएको हो। लप्सीफेदीबाट रातमाटे, रातमाटेबाट दमौली, दमौलीबाट बुटवल र बुटवलबाट भारतको बोर्डरसम्म प्रसारण लाइन बनाउने भनिएको छ। भारतले पनि बोर्डरसम्म प्रसारण लाइन ल्याउँछ। ताकि अतिरिक्त बिजुली भारत निकासी गर्न सकियोस्। कोसीबाट आएको इटहरी-इनरूवा हुँदै हेटौंडासम्म आउँछ। रातमाटेबाट हेटौंडासम्म पनि पुऱ्याउँछौं। चार सय केभीको प्रसारण लाइन भएपछि बुटवल पश्चिम एसियन विकास बैङ्कले बनाइरहेको छ। पूर्वमा पनि काम भइरहेको छ। त्यसैले यो आयोजना पूरा हुनु भनेको एक किसिमले पूर्व-पश्चिम जोड्ने बिजुलीमार्ग बन्नु पनि हो।

अन्तरदेशीय प्रसारण लाइन कति महत्त्वपूर्ण हुँदो रहेछ भन्ने त ढल्केवर-मुजफ्फरपुर प्रसारण लाइन हेरे भइहाल्यो नि। त्यहीँबाट बिजुली आयात गरेर लोडसेडिङमुक्त भयौं। दोस्रो बुटवल-गोरखपुर, तेस्रो लम्की-बरेली, चौथो, अत्तरिया-बरेली, पाँचौं कोहलपुर-लखनऊ र छैटौं इनरूवा-पूर्णिया प्रसारण लाइन बन्छ। यो त हाम्रै विद्युत् प्राधिकरणको ग्रान्ड मास्टरप्लान हो। नेपालमा बिजुली बेचेर धनी हुने भन्न थालेको त धेरै वर्ष भइसक्यो। विकासका हिसाबले पनि यो असाध्यै महत्त्वपूर्ण छ।

तथ्यहीन आलोचना र यथार्थ

हाम्रो पनि पैसा हाल्ने तर हाम्रो महालेखापरीक्षकले हेर्न नपाउने भनिएको छ। यो सफेद झुट हो। किनभने कम्प्याक्टको दफा ३.८ मा एमसिए नेपालले अन्तर्राष्ट्रिय मापदण्ड पूरा गरेका अडिटर प्रस्ताव गर्ने भनिएको छ। त्यो अन्तर्राष्ट्रिय मापदण्डको हुनुपर्छ। योग्य अडिटर्सको रोस्टर बनाऔं र त्यसमध्ये जसले गरे पनि हुन्छ भनिएको छ। काकाको

कम्पनीको अडिट भतिजले अडिट गरे जस्तो हुनुभएन । यसमा हामीले आपत्ति जनाउनुपर्ने के छ ? महालेखापरीक्षकलाई कुनै पनि बेला अडिट गर्न यो दफाले रोकेको मानिनेछैन भनिएको छ । तर बाहिर यसको ठीक उल्टो प्रचार गरियो ।

चार सय किलोमिटर लामो प्रसारण लाइन बनाउँदै छौं । भारतबाट विद्युत् ल्याएर लोडसेडिङमुक्त भयौं । बढी भएको पनि भारतमै वा भारतकै बाटो भएर बेच्ने भनिरहेका छौं । पचासौं करोड लगानी छ । बिजुलीलाई प्राथमिकता दिएको नेपालले नै हो । र त्यो खपत अनि निर्यातकै लागि हो । यस्तो अवस्थामा भारतलाई तिम्रो संरचना के छ ? हामीले बेच्न चाहेको बिजुली किन्छौ कि किन्दैनौ भन्ने नसोधी गर्न त मिल्दैन नि । बरू सुरूमा भारतको पनि असहमति जस्तो देखिन्थ्यो । त्यहाँका पूर्वऊर्जा सचिवले मसँगको निजी कुराकानीमा भारतलाई विश्वासमा नलिईई काम गर्न खोजेको हो कि जस्तो आशय व्यक्त गरेका थिए ।

भारतसँगको कुरा मिलाउने जिम्मा तिम्रो है भनेर अमेरिकाले नेपाललाई भन्नु नाजायज हो भन्ने लाग्दैन । यसले आवश्यक पर्‍यो भने सहजीकरण गरौंला पनि भनेकै छ । त्यसैले भारतको कुरा निकाल्नु भनेको बखेडा झिक्नु मात्रै हो । अहिलेसम्म पाएको सहयोगमा यो सबैभन्दा ठूलो आयोजना हो । जसले अहिले संसद्मा किन लैजानु भनिरहेका छन्, नलगेको भए उनीहरूले नै यति ठूलो आयोजना संसद्मा नलगी खुसुखुसु गर्ने भन्ने थिए होलान् । संसद्मा लगेन भनेर टनकपुरको विषयमा त्यत्रो लफडा भएको होइन र ?

सुरूमा मलाई पनि संसद्मा किन लैजानुपर्‍यो र भन्ने लागेको थियो । सबै दाताले संसद्कै सहमति खोज्लान् भन्ने परेको थियो । तर यही प्रकृतिको सहयोग आउँछ भने संसद्मा लगे पनि केही फरक पर्दैन । ५० करोड डलरको अपूर्व अनुदान अरूले पनि दिन्छन् भने संसद्लाई जानकारी दिंदा के फरक पर्छ र ? संसद्मा लैजानु भनेको

अनुमोदनका लागि मात्रै होइन । त्यहाँ समर्थन, जानकारीका लागि पनि लैजान सकिन्थ्यो ।

ऐनहरू बाझिए भने सम्झौतामा लेखिएको कुरा प्रधान हुन्छ भनिएको छ । ऐनको कुरा त मन्त्रिपरिषद्ले मात्रै गर्न सक्ने कुरा भएन । त्यसैले पनि संसद्मा लैजानुपर्छ भनिएको हो । मेरो विचारमा उनीहरूले भियना सन्धिको स्पिरिटमा उच्चस्तरको राष्ट्रिय प्रतिबद्धता खोजेका हुन् । यसमा कुनै आपत्ति छैन । हाम्रै हितको कुरा गरेका हुन् । कुनै कानुनी अड्चनका कारण आयोजना प्रभावित भयो भने त्यत्रो अनुदान खेर जान्छ । अनुदानका रूपमा आउने रकम उनीहरूको करदाताले तिरेको पैसा हो । पश्चिममा त्यसको ठूलो महत्त्व हुन्छ । नेपालले छानेको आयोजनाका लागि ५० करोड डलर ऋण होइन, अनुदान र पाँच वर्षमा सम्पन्न गर्नैपर्ने गरी आउनू भनेको त नेपालकै हितमा हो । २००२ यता विकसित घटनाक्रम हेर्दा पनि यो नेपालका लागि अहितकर बिल्कुल छैन ।

इन्डोप्यासिफिकको कुरा एमसिसी बनेताका आएकै थिएन । खासगरी ट्रम्प आएपछि उठेको हो । इन्डोप्यासिफिकलाई अमेरिकाले एउटा 'नीति' हो भनेर बारम्बार भनिरहेकै छ । र त्यो नीतिमा खुलापन, विधिको शासन र स्वतन्त्रता पर्छ भनेको छ । ७० वर्षअघि चितवनको राप्ती उपत्यका खोल्नेदेखि आज दशौं लाख नेपालीको सम्बन्ध गाँसिएको छ, अमेरिकासँग । नेपालका लागि अमेरिकी राजदूतको स्पष्टोक्ति र कागजपत्र हेर्दा पनि सैन्य गठबन्धन हो भन्ने कहीँ देखिँदैन ।

वैदेशिक सहायताको पनि आफ्नै कूटनीति त हुन्छ नै । त्यहाँका जनताले आफ्नो देशलाई सकारात्मक रूपमा लिऊन् भनेर सहयोग गर्छ नै । दीनदुःखी, गरिबहरूलाई सहयोग गर्नु हाम्रो धर्मै हो भन्ने हिसाबले पनि केही अनुदान आउने गर्छ । इन्डोप्यासिफिक अलाइन्सका कुरा आएको पनि १०/१२ वर्षयता मात्रै हो । जब २००८ मा अमेरिकामा बाराक ओबामा आए, उनले अमेरिका भनेको एट्लान्टिक शक्ति मात्रै होइन, प्यासिफिक पावर अर्थात् प्रशान्त क्षेत्रको

पनि शक्ति हो भन्न थाले । किनभने ओबामा हवाईमा जन्मेहुर्केका हुन्, जुन प्रशान्त महासागरको बीचमा पर्छ । प्रशान्त शक्ति पनि हौं भन्नुको अर्थ हामी युरोप र एसिया दुवैतिर प्रभाव भएको विश्वशक्ति हौं भन्न खोजिएको हो ।

सामरिक, आर्थिक, राजनीतिक, जनता-जनताबीचको सम्बन्ध जस्ता कुरामा एसियासँग गाँसिने उद्देश्य पनि हो । सी चिनफिङ सत्तामा आएपछि बेल्ट एन्ड रोड इनिसिएटिभ (बिआरआई) ल्याए । यसले गर्दा अमेरिका अलिकति चनाखो भएकै हो । किनभने यो क्षेत्रको पुरानो शक्ति अमेरिका पनि हो । उसले धेरै देशलाई शीतयुद्धताका सुरक्षाको प्रत्याभूति दिएको थियो ।

चीनले यहाँ आएर के गरिरहेको छ भन्नेमा अमेरिकालाई पक्कै चासो छ । तर हाम्रो प्रसारण लाइन बनाउने र सडक सम्भार गर्ने काम ग्रान्ड एलान्इसको अङ्ग होइन । अर्कोतीर चीन पनि एमसिसीप्रति सशङ्कित नभएको होइन । सी चिनफिङको भ्रमणअघि डा. शेखर कोइरालालगायत हामी चीन गएका बेला चिनियाँ कम्युनिस्ट पार्टीका थिङ्क ट्याङ्क चाइना रिफर्म फोरममा पनि यो कुरा उठेको थियो । त्यो कुन अर्थमा भने अमेरिकालगायत पश्चिमाहरूले चीनलाई केही आरोप लगाएका छन् । तिमीहरूले बिआरआईको नाममा ऋण थोपरेर विभिन्न देशलाई ऋणको पासोमा पारिराखेका छौ । प्राकृतिक स्रोतसाधन भएका देशमा निरङ्कुश शासक भए पनि पैसा खन्याएका छौ । एक किसिमको नवउपनिवेशको अभ्यास गरिरहेका छौ । जसरी १९औं शताब्दीमा बेलायत र फ्रान्सले गरे । यो आलोचनाले चीनलाई बिझाएको पनि छ ।

चीन यसरी चनाखो भएर अगाडि बढेको अवस्थामा चीनले गर्ने खालका भौतिक पूर्वाधारमा लगानी र ऋणभन्दा अनुदानै आएपछि चीन पनि सशङ्कित भएको हो ।

बिआरआईकै प्रतिस्पर्धीका रूपमा आएको हो त भन्ने रूपमा बुझेको पाइन्छ । तर सन् २००२ देखिकै शृङ्खला बुझ्दा भने त्यस्तो

देखिँदैन । विगतलाई केलाएर हेर्दा एमसिसीको पृष्ठभूमि फरक छ भन्दा चीनका एक सिनियर प्राध्यापकले "डाक्टर वाग्ले, सित्तैमा भन्ने कुरा केही पनि हुँदैन" भनेका थिए । हामीलाई पनि जित्ने गरी यत्रो ठूलो अनुदान दिनुको पछाडि अमेरिकीहरूको कुनै न कुनै स्वार्थ छ भन्ने चिनियाँ बुझाइ छ ।

बाठो बन्न खोज्नेहरूको अल्पज्ञान

हाम्रा सूचक राम्रो भएर सन् २००५ मै आयोजना सुरू गरेको भए त २०१३ मा सम्पन्न भइसक्ने थियो । र इन्डोप्यासिफिकको लफडा पनि आउने थिएन । एमसिसी आउनुमा चिनियाँहरूको पनि संशय होला । चीनले विरोध गरे "तिमीले पनि यस्तो कार्यक्रम लिएर आऊ, आँखा चिम्लेर हस्ताक्षर गर्छौं" भन्नुपर्छ हामीले ।

सन् २००२ देखिकै शृङ्खला हेर्दा स्वाभाविक रूपमा हाम्रै मागअनुसार अमेरिकाको घोषित नीति मन्टरे कम्फेरेन्सको घोषणालाई टेकेर बनेको संस्थाले अरू ५० देशमा गरेको सहयोगको मोडलअनुसार भएको हो । अहिले आएर बुर्लुक्कबुर्लुक्क उफ्रन अलि असङ्गत लाग्छ । नेपालमा सन् २०१२ देखि यो कार्यक्रम चलिरहेको छ । ओएमसिएमका साथी र अमेरिकीहरूले प्रधानमन्त्रीलगायत सबै शीर्ष नेतृत्वलाई भेट्नुभएको छ । कर्मचारीतर्फको कुरा गर्नुहुन्छ भने पहिलो दिनदेखि नै अर्थसचिव, ऊर्जासचिव र भौतिक पूर्वाधार सचिवहरू बसेर छलफल गरेका छौं । नागरिक समाज, निजी क्षेत्रको प्रतिनिधित्व गराइएको छ । सकेसम्म सबै पक्षलाई समेटिएको छ । योबाट बेखबर कोही छ जस्तो लाग्दैन । २०१२ देखि घनीभूत छलफल चलिरहेको थियो । जादु गरे जस्तो गरी फ्याट्ट ल्याइएको होइन । अझै बढी छलफल गर्नुहुँदैनथ्यो भन्ने त होइन । तर पर्याप्त छलफल भइसकेको छ ।

इन्डोप्यासिफिकलाई जोडेर चीनको पनि चासो र नेपाल कम्युनिस्ट पार्टी (नेकपा)भित्रकै आन्तरिक राजनीतिका कारण विवाद जस्तो देखिएको हुन सक्छ । नेकपामा पनि प्रधानमन्त्री केपी शर्मा

ओलीको विपक्षमा बोल्दै आएकाहरूले नै यसको विरोध गरे जस्तो लाग्छ । के निहुँ पाएछौं र ठुँगिहालुँ भन्ने हुन् जस्तो लाग्छ ।

यो संसद्बाट मज्जाले पास हुन्छ । काम पनि तोकिएकै समयमा सुरू हुन्छ । तर यो खिचातानीले जसले दिल खोलेर यत्रो सहयोग गरेको छ, ऊ जिल्ल पर्‍यो होला जस्तो लाग्छ । प्रधानमन्त्रीको प्रतिबद्धता छ । अर्थमन्त्री, परराष्ट्रमन्त्रीलगायतले बुझेर नै समर्थन गरेका छन् । प्रतिपक्षी दलको पनि सय प्रतिशत प्रतिबद्धता छ ।

लोकतन्त्रमा बहस हुनु नराम्रो होइन । तर बहस बुझेर गरेको राम्रो । यस बहसमा चाहिँ धेरै बाठो बन्न खोज्नेहरूको अल्पज्ञान छचल्किएको मात्र हो ।

अनलाइनखबर, पुस ८, २०७६

शिथिल अर्थतन्त्रको ओदान : उत्पादकत्व, प्रतिस्पर्धा र लगानी

एसियामै सुस्त

दक्षिण एसियाका अधिकांश अर्थतन्त्रले हालैका केही वर्षमा राम्रो प्रगति गरेका छन् । सन् २०१३ देखि २०१८ मा बङ्गलादेश, भारत र पाकिस्तान अनि भुटान र माल्दिभ्सको औसत वार्षिक आर्थिक वृद्धि नेपालको भन्दा उच्च रह्यो । सन् २००३ देखि नै हेर्ने हो भने नेपाली वृद्धि चार प्रतिशतको हाराहारी मात्र छ, जुन हाम्रो विकासको चरणका लागि चरम रूपमै अपर्याप्त हो । पछिल्ला दुई वर्ष साढे छ प्रतिशतभन्दा माथि जान खोजेका छौं । तर त्यो प्रवृत्तिमा दिगो स्रोतको टेकोको भर छैन । कृषि मनसुनमै निर्भर छ । ऊर्जाको सहजीकरणले उद्योग तङ्ग्रिन खोजेको छ । तर त्यहाँ नवप्रवर्तन र गतिशीलता छैन । रेमिट्यान्सले सेवा क्षेत्र र उपभोगलाई बढावा दिएको छ । रियल एक्सचेन्ज रेटको एप्रिसिएसन हुँदा हाम्रो प्रतिस्पर्धात्मक क्षमतामा सापेक्षित ह्रास आएको छ । सन् २००१ देखि २०१४ को तथ्याङ्कको गहिरो विश्लेषण गरेपछि विश्व बैङ्कको निष्कर्ष छ– नेपालमा औसत उत्पादकत्व वृद्धि (टोटल फ्याक्टर प्रडक्टिभिटी) शून्य प्रतिशत हाराहारीमा छ । शून्य प्रतिशत !

सरल भाषामा उत्पादकत्व वृद्धि भनेको कम समय र लागतमा पहिलेभन्दा बढी र उच्चस्तरको उत्पादन गर्नु हो । सन् २०११

देखि २०१६ सम्म अर्थतन्त्रको आकारको अनुपातमा कुल लगानी २०-२१ प्रतिशत मात्र छ भने प्रचुर प्रगति गरेको बङ्गलादेशको २५ प्रतिशतभन्दा माथि । हामीकहाँ पुँजीसङ्ग्रहको गति सुस्त नै छ । आन्तरिक उत्पादकत्वको कमजोर हालत खस्किँदो बाह्य प्रतिस्पर्धात्मक क्षमतामा झल्कन्छ । निर्यातको अनुपातमा आयात १२ गुणा ठूलो छ । अर्थतन्त्र बलियो भएको भए आयात बढी हुनु आफैंमा चिन्ताजनक होइन । तर निर्यात नहुनु चाहिँ अर्थतन्त्रको समस्या हो । आयात बढ्दा उपभोगमा विविधता आउँछ, विकासका क्रियाकलाप बढ्छन् । विकासको प्रारम्भिक चरणमा पुँजीसङ्ग्रह बढाउने खालको आयात बढ्नु राम्रो पनि हो । तर अन्तर्राष्ट्रिय बजार अनुकूल हुँदा पनि निर्यात बढाउन नसक्नुमा उत्पादकत्व वृद्धिको अजेन्डाप्रति सरकारी नीति र उद्यमीको निरूत्साह जिम्मेवार छ ।

मुलुकमा उत्पादन, कारोबार र व्यापारको लागत उच्च छ । भूपरिवेष्ठित भूमि र उदासीन संस्थागत क्षमताले समस्या चर्काएका छन् । इन्धन, श्रम, ढुवानी र प्रक्रियागत झन्झटले खर्च बढाएको छ । भारूसँग नेपाली रूपैयाँको फिक्स विनिमय दर छ । यस्तो वातावरणमा उत्पादन र निर्यात बढाउन गहिरा संरचनात्मक सुधारका चरणबद्ध शृङ्खलाकै आवश्यकता पर्छ । हामीले लागत घटाउन चाहिने सुधार गरेका छैनौं । सरकारले राजस्व सङ्कलनमा केही सुधार ल्याउन खोजेको छ । तर त्यसको अधिक हिस्सा सङ्घीयता धान्ने अनुत्पादक चालू खर्चमै सीमित हुने हुँदा लगानीयोग्य पुँजीको बाह्य आकर्षण प्रधान मुद्दा बन्नुपर्नेछ अब ।

हालै डुइङ बिजनेस सूचकाङ्क २०२० मा नेपाल ११०औं बाट ९४औं स्थानमा उक्लियो । विश्व बैङ्कको यो चर्चित तर विवादास्पद अभ्यासले समग्र अर्थतन्त्रको गतिशीलता भने समेट्दैन । दक्षिण एसियामा राम्रो आर्थिक उन्नति गरिरहेको बङ्गलादेश आज पनि पुछारतिर भेटिन्छ (१६८औं) भने समृद्ध श्रीलङ्का नेपालभन्दा पछि छ । हाम्रै आँकडा खोतल्दा दुई साना कुराको ठूलो हात देखियो– पहिलो, गोदाम बनाउँदा लाग्ने प्रक्रियागत खर्चमा कमी र दोस्रो, कर्जा सूचना

उपलब्धतामा सहजता । ठूला भ्रष्टाचार, बाह्य लगानी र व्यावसायिक लागत जस्ता महत्त्वपूर्ण कुरा यसले नसमेट्ने हुँदा हामीले गरेको भनिएका सुधार सार्थकभन्दा पनि देखावटी (कस्मेटिक) मात्र भए ।

लागत, प्रतिस्पर्धा र संयोजन

निर्यात बढाउने गहन उपाय भनेको फर्मको उत्पादकत्व र प्रतिस्पर्धी क्षमता बढाउनु नै हो । तर यो सरल छैन । उनीहरू अन्तर्राष्ट्रिय स्तरमा जोडिन र टिक्न हाम्रो लागत घट्नुपर्छ । अर्को शैलीमा भन्दा निर्यातमा झड्का दिन लागत घटाउने, क्षमता बढाउने र सहजीकरण गर्ने तीनबुँदे कार्यनीति चाहिन्छ ।

पहिलो, लागत घटाउन अनावश्यक भन्सार र गैरभन्सार व्यवधान हट्नुपर्छ । हाम्रा फर्मले उत्पादकत्व र प्रतिस्पर्धा बढाउन विश्वको कुनै पनि ठाउँबाट 'इन्टरमिडिएट' वस्तु सबभन्दा सस्तोमा र भरपर्दो तवरले आयात गर्न सक्नुपर्छ । सफल निर्यातका पछाडि चुस्त आयात नीति हुन्छ । चीन, भारत र ब्राजिल जहाँबाट ल्याए पनि 'इन्टरमिडिएट' वस्तु सस्तो हुनुपर्छ । यहाँ बङ्गलादेश वा कम्बोडियामा जस्तो ड्युटी ड्र ब्याक स्किम, ड्युटी सस्पेन्सन सिस्टममार्फत सही निर्यातकर्तालाई सहुलियत दिनुपर्‍यो । व्यापार सहजीकरण र कनेक्टिभिटीमा राज्यले थप लगानी गर्नुपर्छ । नयाँनयाँ आइटी सोलुसन आऊन्, बिचौलिया हराऊन् । रोडदेखि हवाई कनेक्टिभिटीसम्मका माध्यम प्रतिस्पर्धी होऊन् ।

निर्यात बढाउन सबैभन्दा महत्त्वपूर्ण कुरा भने प्रत्यक्ष वैदेशिक लगानी नै हो । वैदेशिक लगानीसँग हाम्रा फर्म जोडिए भने पैसा मात्र आउँदैन, आधुनिक प्रविधि, बजार र व्यवस्थापकीय क्षमता पनि आउँछ । एक जमाना थियो, सन् १९९० को दशकपहिले, जति बेला भन्सार दर उच्च हुँदा प्रत्यक्ष विदेशी लगानी र निर्यात एकअर्काका प्रतिस्पर्धी थिए । त्यस्तो बेला कुनै ठूला बजारमा निर्यात गर्न नसक्दा प्रत्यक्ष विदेशी लगानी भित्रिएर आन्तरिक उत्पादनको रूप लिन्थ्यो । तर विश्व बदलिएको छ । अहिले निर्यात र लगानी परिपूरक भएका छन् । अर्थात् जहाँ प्रत्यक्ष विदेशी लगानी ल्याउन खुकुलो र प्रतिस्पर्धी

नीतिगत संरचना छ, त्यही देशको निर्यात बढ्छ । नेपालकै छोटो अनुभवले पनि यही भन्छ । सन् १९९० पछि नेपाल आएर लगानी गरेका डाबर, युनिलिभर जस्ता कम्पनीले यहाँबाट गरेको निर्यात उल्लेख्य छ ।

निर्यात क्षमता बढाउन प्रत्यक्ष विदेशी लगानी ल्याउन सहज नीति र उदार व्यवहारको आभास हुनपर्छ । तर पछिल्लो विदेशी लगानीसम्बन्धी कानुनले जुन लगानीको थ्रेसहोल्ड तोकेको छ, यसले झन् शङ्का उत्पन्न भएको छ । जस्तो पाँच करोडभन्दा मुनिको लगानी ल्याउन नदिने कुराले आइटी तथा सफ्टवेयर कम्पनीमा आउन सक्ने लगानी निरूत्साहित हुन्छ ।

दोस्रो पिलर हो– फर्मको क्षमता बढाउने कुरा । उनीहरूको उत्पादकत्व बढाउन सरकारले विश्वबजार वा क्षेत्रीय बजारसँग जोडिन सहयोग गर्नुपर्छ । यसका लागि नीतिगत पहल जसरी हुनुपर्थ्यो, त्यो भएको छैन । निर्यातका लागि प्रभावकारी स्किम चाहिन्छ । अध्ययनहरूले के देखाइरहेका छन् भने अहिलेको प्रोत्साहन पर्याप्त छैन । सरकारले अहिले दिइरहेको नगद प्रोत्साहन नभए पनि यो खालको निर्यात हुन्थ्यो भन्ने निष्कर्ष छ । लामो समयदेखि प्रोत्साहन दिइरहेका छौं । तर त्यसले कहाँनिर निर्यात बढायो भनेर हेर्दा देख्दैनौं ।

योसँगै जोडिएर आउने अर्को कुरा हो– उद्यम र सीपमूलक तालिम । उद्यमशीलतासँग सीप जोडिएको जनशक्ति उपलब्ध गराउने वातावरण हुनुपर्छ । त्यस्तै खोज तथा अनुसन्धान जस्ता टुल्स, जसले फर्मको उत्पादनदेखि व्यवस्थापकीय क्षमता विकासमा पनि सहयोग गर्छन्, त्यसको व्यवस्था नेपालमा गरिएको छैन ।

विश्व बैङ्कको इन्टरप्राइज सर्भे भन्ने एउटा गहकिलो रिपोर्ट-शृङ्खला छ । त्यसमा कर्जा, अनौपचारिकता, प्रविधि, कर र नियमन, पूर्वाधार र लजिस्टिक सेवा, अपराध, फर्मका चरित्र जस्ता कुराको राम्रो झलक आउँछ । सुधारको रोडम्याप यही हो । पाङ्ग्राको पुनराविष्कार जरूरी भएन अब ।

देशभर लचिला एकद्वारे प्रक्रिया, कम बोझिला कर, राम्रा सडक, बिजुली, पानी तथा यातायातको व्यवस्था भए विशेष आर्थिक क्षेत्रको

बहस नै हुँदैनथ्यो । यसो नभएको अवस्थामा विशेष क्षेत्रमा सीमित भई सुविधा दिन सकिने भएकाले विशेष आर्थिक क्षेत्र, औद्योगिक पार्कको अवधारणा आएको हो । यसमा हामीले प्रस्ट ध्यान दिन सकेका छैनौं । छरपस्ट छन्, हाम्रा चाहना । पाँचखालदेखि जुम्लासम्मको गफ हाँकेका छौं । तर भैरहवामा बनिसकेको आर्थिक क्षेत्रको सफल सञ्चालन छैन । अर्थशास्त्रको 'थ्योरी अफ सेकेन्ड बेस्ट'ले यस्तै प्राथमिकता बोक्न प्रेरित गर्छ ।

ग्लोबल कम्पिटेटिभनेस जस्ता रिपोर्टले उठाउने इस्युमा टेकेर पनि सुधार मार्गचित्र बनाउनुपर्छ । बजारमा नयाँ प्रतिस्पर्धी छिराउनुपर्‍यो । जोस भएका फर्मलाई बजारमा छिराउनुपर्छ । तर यसो हुँदा स्थापित खेलाडीले रोक्ने जुन प्रवृत्ति नेपालमा छ, त्यो पनि हाम्रो प्रतिस्पर्धात्मक क्षमता बढाउने कुरामा बाधक छ । प्रवेशमा अवरोध खडा गर्ने अहिलेका उद्योगी व्यापारीका सङ्घसङ्गठनको भूमिका रहेको म देख्छु । राज्यले 'प्रो-कम्पिटिसन' ऐन ल्याएर निर्मम रूपमा कार्यान्वयन गर्नुपर्छ । म योजना आयोगमा हुँदा नेपालमा फ्रेस बियरको 'मिसिङ मार्केट' पूर्ति गर्न बजार खुला गर्नेबारे लामो छलफल र निर्णय भएको थियो । त्यसमा अहिलेका बोतल बियरवालाले ठूलो अवरोध गरे । अख्तियार दुरूपयोग अनुसन्धान आयोगलाई नै प्रभावमा पारेर राष्ट्रको हितमा गरिएको निर्णय तुहाइयो ।

बीसौं शताब्दीमा अमेरिकी अर्थतन्त्रको गतिशीलताका पछाडि प्रो-कम्पिटिसन सोचको मुख्य भूमिका थियो । तर यस्ता सोच र अभ्यासमाथि स्थापित कम्पनीहरूले निरन्तर प्रहार गरिरहन्छन् । एउटा गज्जबको किताब निस्केको छ, द *ग्रेट रिभर्सल* । फ्रेन्च मूलका अमेरिकी प्राध्यापक थमस फिलिपोंले लेखेका । विगत दुई दशकमा अमेरिकी अर्थतन्त्र कम प्रतिस्पर्धी हुँदै जानुमा अहिलेका ठूला फर्म झन् ठूला हुँदै जानु, एकाधिकारविरूद्ध ऐन फितलो हुनु, चरम 'लबिइङ' गर्नु, राजनीतिमा चन्दामार्फत प्रभाव जमाउनु र नवप्रवेशी उद्यमीलाई टिक्नै गाह्रो पार्नु जस्ता कारण छन् । नेपालले सिक्नुपर्छ यस्तै शोधबाट ।

तेस्रो, संस्थागत सहजता, सहकार्य र सहयोगको कुरा छ। ब्रान्डिङ, व्यापार प्रवर्द्धन, विदेशी लगानीका लागि एकल एकीकृत सेवा। लगानी बोर्ड यही मर्मका साथ स्थापना भएको हो। तर उसले अझै लक्ष्यअनुसार काम गर्न सकेको छैन। बाहिरका केही मुलुकमा 'नेसनल सिस्टम अफ कम्पिटेटिभनेस'को अनुकरणीय अभ्यास छ। प्रतिस्पर्धात्मक क्षमता बढाउन राष्ट्रिय काउन्सिल नै बन्न सक्छन्। उत्पादकत्वलाई असर गर्ने विभिन्न विषयलाई एकत्रित गरेर एउटा शक्तिशाली संरचना बनाउनुपर्छ। नेपालमा आयोगहरूलाई साह्रै हल्का बनाइयो। तैपनि यो बनाउन सकियो भने ब्रान्डिङदेखि लगानीको वातावरणसम्म, वानस्टप सपदेखि लिएर अन्तरमन्त्रालय सहकार्य, तहगत समन्वयलगायत काम गर्छ।

अहिले औद्योगिक वातावरण बनाउने र व्यापार सहजीकरणका लागि उद्योग वाणिज्य तथा आपूर्ति मन्त्रालय त छ। तर यो अर्थ मन्त्रालयको शाखा हो कि जस्तो देखिन्छ। यसले आफ्नो शक्तिको अभ्यास गरेको देखिन्न। सन् २०११ मा मैले 'इन्भेस्टिङ अक्रस बोर्डर्स' भन्ने रिपोर्टको सहलेखन गरेको थिएँ। प्रत्यक्ष विदेशी लगानीबारे ८७ मुलुकका कानुनी प्रावधान र अभ्यासको विश्लेषण गर्ने क्षेत्रगत खुलापन, प्रक्रियागत सहजता, विवाद निरूपण विधि, जमिनको उपलब्धताबारे हजारौं डाटा र २३ ओटा सूचकाङ्क केलाइयो। लगानी भित्र्याउन नीतिगत व्यवस्था उदार हुनु आवश्यक छ। तर पर्याप्त छैन। लगानीसँग प्रत्यक्ष सरोकार राख्ने संस्थाहरूको व्यवहार निर्णायक देखिन्छ। लगानी बोर्ड जस्तो निकायको अब्बल सशक्तीकरणले प्रारम्भमा केही नतिजा दिनेछ। दीर्घकालमा भने समग्र संस्थागत गुणकै अभिवृद्धिमा जोड दिनुपर्नेछ अर्थात् क्वालिटी अफ इन्स्टिच्युसन।

लगानी ल्याउने ढोका

लगानीबारे मेरो आफ्नै अध्ययनको थप चर्चा गर्छु। ३३ प्रकारका उद्योग छनोट गरेर त्यसमा कति प्रतिशतसम्म विदेशी लगानी गर्न पाउने भन्ने

एउटा पाटो हेरियो । त्यो खुलापनको मापन हो । जति थोरै सेक्टर खुला हुन्छन्, त्यति धेरै लगानीको ढोका बन्द हुँदै जान्छ । दोस्रो, प्रक्रियाहरू । लगानी गर्न कोही आयो भने वा विदेशी कम्पनीको शाखा नेपालमा खोल्न कति दिन लाग्छ ? यसमा जति लामो भयो, त्यति घुसखोरी र अनियमितता हुन्छ भन्ने मान्यता छ । कति ओटा हस्ताक्षर थाप्दै जानुपर्छ ? सेवा दस्तुर कति लाग्छ ? व्यापारिक विवादको समाधान कसरी हुन्छ ? त्यसको विधि के हो ? घरेलु अदालत नै अन्तिम निकाय हो कि अन्तर्राष्ट्रिय आर्बिटेसनमा जान पाउने सुविधा हुन्छ ? आर्बिटेसन प्यानलले गरेको निर्णयको कार्यान्वयन कसरी हुन्छ ?

लगानी गर्न आउनेले आफूले पाउने कानुनी उपचारको ग्यारेन्टी खोज्छ । कि त ठूलो बजार भएको भारत, चीन जस्ता मुलुक हुनुपर्‍यो । बजारको साइजकै कारण अन्य पाटा सामान्य हुँदै जान्छन् । तर नेपाल जस्ता सानो बजार भएका मुलुकमा आउँदा लगानीकर्ताले यस्ता कुरामा पहिलै सुनिश्चितता खोज्छन् ।

अर्को पाटो हो, जग्गामा पहुँच । लगानीकर्तालाई जग्गा किन्न, भाडामा लिने मूल्य, त्यसको प्रक्रियाको सहजता कस्तो छ भनेर मापन गरिएको थियो ।

त्यसपछिका वर्षमा लगानीकर्ताको अन्य चासो पनि केलाइएको थियो । जस्तो कमाएको पैसा विदेश फिर्ता लैजान कत्तिको सहज छ ? अर्को हो, नेपाल आउने कम्पनीले विशिष्ट सीप र क्षमता भएको जनशक्ति ल्याउने कानुनी व्यवस्था कस्तो छ ? सहज छ कि बन्देज छ ? भिसा, अध्यागमन, श्रम स्वीकृति जस्ता कुरामा कति धेरै व्यवधान छन् ?

यी त भए कानुनमा लेखिएका कुरा (डी ज्युरे) । तर व्यवहारमा (डी फ्याक्टो) के छ ? खास महत्त्वपूर्ण कुरा यही हो र सुधारको रेखाङ्कन यहाँबाट सुरू हुन्छ । नेपालको सरकारमा बस्नेहरूलाई विदेशी देख्नासाथ "हामी उदार छौं, सुधार गरिरहेका छौं" भन्ने बानी परिसकेको छ । तर नेपालमा लगानी गर्न आउनेले हाम्रा मन्त्री र प्रधानमन्त्रीले बोलेको र कानुन मात्र हेरेर बस्दैनन् । पत्याउँदैनन् पनि ।

किनकि विश्वसनीयता स्खलित छ । उनीहरूले यहाँको खास अभ्यास र व्यवहारबारे विभिन्न सूत्रबाट जानकारी लिइसकेका हुन्छन् ।

नेपालमा भएका विदेशी दूतावासहरूको धारणाको ठूलो महत्त्व छ । जस्तो अमेरिकी वा चिनियाँ नागरिकले नेपालको लगानी वातावरणबारे जानकारी लिन चाह्यो भने उसको पहिलो खोज अर्थ मन्त्रालय होइन, आफ्नै दूतावासबाट हुन्छ । त्यसपछि लगानी गरिसकेका कम्पनीको अनुभव र उनीहरूले खाएका हन्डर वा नाफाको लेखाजोखा हुन्छ ।

सरकार र संसद्ले कानुन पास गर्ने, सरकार प्रमुखले भाषण गर्ने तर व्यवहार भने पुरानै हुने परम्परा तोड्नैपर्छ । साँच्चिकै नयाँ शिराबाट लगानी आकर्षित गर्न खोजिएको हो र निर्यात विस्तार गर्न खोजिएको हो भनेर आश्वस्त पार्न अहिले नै नेपालमा लगानी गरिरहेका विदेशीहरू, कमर्सियल काउन्सिलरहरूलाई निश्चिन्त पार्नुपर्छ । डाभोसमा गएर वा विश्व बैङ्कको मञ्चबाट "हामी उदार छौं, आऊ लगानी गर !" भनेर आह्वान गर्दैमा नेपालमा लगानी आउँदैन । हामीले व्यवहारबाटै देखाउनुपर्छ । फेरि भनौं– लचिलो कानुन आवश्यक छ भने उदार अभ्यास अत्यावश्यक हो ।

नेपालमा यसै पनि प्रारम्भिक संरचना नै प्रतिकूल छ । भूपरिवेष्ठित मुलुक, ढुवानी, श्रमशक्ति, इन्धन जस्ता ठूला खर्चमा अप्रतिस्पर्धी छौं । विश्वमा लगानीयोग्य पुँजी निश्चित र सीमित छ । अहिले विश्वमा दुई ट्रिलियन डलर हो, एफडिआईको वार्षिक आकार । त्यसमा धेरैजसो विकसित मुलुकबाट विकसितमै जान्छ । विकसितबाट विकासशील वा विकासशीलबाट विकासशीलमै आउने कम छ र यो सीमित छ । त्यसलाई नेपाल ल्याउन प्रतिस्पर्धा गर्नुपर्ने हुन्छ । क्षेत्र हेरेर हाम्रा प्रतिस्पर्धी मुलुक धेरै छन् । तर कम्बोडिया, भियतनाम, म्यानमार, रूवान्डा, बङ्गलादेश र धेरै भारतीय राज्य सरहको उदारता त देखिनुपर्छ । अरूभन्दा फरक हुनैपर्छ, आफ्नै तुलनात्मक लाभका क्षेत्रमा ।

यसमा दुई तरिकाले सोचौं । एउटा, होरिजान्टल नीति । सबैलाई समान रूपमा लागू हुने । अर्को, टार्गेटेड, रोजेरै आकर्षित गर्न विशेष पहल । होरिजान्टल नीति आवश्यक हो । तर पर्याप्त होइन ।

नेपालका लागि कम्पनीविशेषलाई टार्गेट गर्ने रणनीति बढी उपयुक्त हुन्छ भन्ने मलाई लाग्छ । नेपाललाई खासै विदेशी लगानीकर्ताले नपत्याइरहेको अवस्थामा प्रधानमन्त्री, अर्थमन्त्री, लगानी बोर्डका अध्यक्ष र राजदूतहरूको तहमा विश्वभर पहिचान भएका केही कम्पनीसँग सोझै सम्पर्क र नेगोसिएसन गर्ने । साङ्केतिक अर्थमा भन्दा उनीहरूलाई रातो कार्पेट बिछ्याउने ।

यसमा इन्टेलको उदाहरण दिन्छु । विगतका दुई दशक चीनप्रति सबैको आकर्षण थियो । तर इन्टेलले भियतनाम रोज्यो । त्यहाँको सरकारले ठूलो सहुलियत दियो र इन्टेलले पनि एक अर्ब डलर लगानी गऱ्यो । यसले अरू कम्पनीमा पनि सकारात्मक सन्देश गयो । इन्टेल जस्तो महान् बहुराष्ट्रिय कम्पनीले योग्य ठहर गरेपछि म असुरक्षित हुन्न भन्दै अरू पनि पछि लागे । इन्टेलकै उदाहरण कोस्टारिकामा पनि छ, मलेसियामा पनि ।

भरोसालाग्दो र ठूलो बहुराष्ट्रिय कम्पनीलाई व्यक्तिगत पहुँचका आधारमा ल्याउन सकियो भने त्यसको प्रभाव कुनै कानुनी दफाभन्दा बढी शक्तिशाली हुन्छ । विश्वलाई विश्वसनीय सन्देश दिन यस्ता पहल चाहिन्छन् । गफ त सस्तो छ । 'सिग्नलिङ' गर्ने तरिका सिक्नुपर्छ । प्रधानमन्त्रीज्यू डाभोस जाँदा मैले यही सुझाव दिएको थिएँ, "त्यहाँ भेटिने टप कम्पनीका तीन जना मात्र सिइओसँग सोझै वार्ता गर्नुस् ।" यो खालको प्रो-याक्टिभ कूटनीति नेपाललाई चाहिएको छ आज । लगानी गरिसकेकाको अनुभव सकारात्मक बनाउने र नवआगन्तुकलाई स्वागत गर्ने उदार, सरल र सहज व्यवहार देखाऔं ।

बढ्दो उत्पादकत्व र प्रतिस्पर्धाको जगमा निर्यात र लगानी वृद्धि गर्ने र नेपालभित्रै लाखौंको सङ्ख्यामा मर्यादित रोजगारी सिर्जना गर्ने अभियान आजको एक मात्र विकास प्राथमिकता हो । हाम्रो देश यस्तै 'बिग स्ट्रक्चरल ब्रेक'को प्रतीक्षामा छ ।

अर्थनीति, मङ्सिर १५, २०७६

'नोबेल दम्पती'को कथा

यस पटक अर्थशास्त्रको नोबेल पुरस्कार भारतका अभिजित बनर्जी, फ्रान्सकी एस्थर डुफ्लो र माइकल क्रेमरले पाए । यीमध्ये अभिजित र एस्थर दम्पती सन् २०१४ मा नेपाल आएका थिए । उनीहरूले जुन अध्ययनका लागि नोबेल पाए, त्यसको एउटा क्षेत्र नेपाल पनि थियो ।

उनीहरू कसरी र किन नेपाल आएका थिए ?

भारत, पश्चिम बङ्गालका ५८ वर्षीय अभिजित बनर्जीले कोलकाताबाट पढाइ आरम्भ गरेका थिए । त्यसपछि दिल्लीको जवाहरलाल नेहरू विश्वविद्यालय (जेएनयू)बाट मास्टर र अमेरिकाको हार्भर्ड विश्वविद्यालयबाट उनले अर्थशास्त्रमा पिएचडी गरे । उनले प्रारम्भमा सैद्धान्तिक विषयमा काम गरे । त्यति बेला प्रयोगात्मक अनुसन्धान विधिलाई त्यति महत्त्व दिइँदैनथ्यो । हार्भर्डको पिएचडीपछि उनले सोझै म्यासाचुसेट्स इन्स्टिच्युट अफ टेक्नोलोजी (एमआइटी)मा अध्यापन गर्न थाले । म हार्भर्ड पढ्न जानुभन्दा पहिल्यै सन् १९९९ तिर हार्भर्डमा उनी लिजेन्ड भइसकेका थिए । विलक्षण प्रतिभाको कदर भइसकेको थियो ।

अर्थशास्त्रमा नोबेल पुरस्कार पाउने एस्थर डुफ्लो सबैभन्दा कम उमेरकी हुन् । अर्थशास्त्रमा नोबेल पाउने उनी दोस्रो महिला पनि हुन् । संयोग के छ भने, उनीभन्दा अघि यो पुरस्कार पाउने महिला इलोनेर अस्ट्रोमले पनि नेपालमा अध्ययन गरेकी थिइन् । उनी अर्थशास्त्री चाहिँ होइनन् । उनको अध्ययनमा नेपालको समुदाय तथा उपभोक्ता

समूहबाट व्यवस्थापन गरिएको वन, सिँचाइ तथा खानेपानी योजना परेका छन् । ४६ वर्षीय एस्थरले यसअघि जन बेट्स क्लार्क मेडल पाइसकेकी थिइन् । अमेरिकन इकोनमिक एसोसिएसनले ४० वर्षभन्दा कम उमेरका अर्थशास्त्रीलाई यो मेडल दिन्छ । अर्थशास्त्रको यो मेडल पाउने धेरैले नोबेल पुरस्कार पाएका छन् ।

फ्रान्सेली एस्थरले सुरूवाती पढाइ पेरिसमै गरिन् । फ्रान्समा टप गरिसकेपछि उनी पिएचडीका लागि एमआइटी गइन्, अभिजित बनर्जीले पढाउँथे । पिएचडीमा एस्थरका सुपरभाइजर अभिजित नै थिए । सन् २००३ मा यी दुईले मिलेर जेप्याल (अब्दुल लतिफ जमिल पोभर्टी एक्सन ल्याब) सुरू गरे । उनीहरूले के काम गरे र त्यसले नोबेल दिलायो भन्नेमा पछि आउँला । अहिलेलाई अभिजित र बनर्जीको नेपाल आगमनको कुरा गरौं । उनीहरू इसिमोडको एउटा प्रोजेक्टको काममा नेपाल आएका थिए । खासमा उनीहरूका नेपाली विद्यार्थी महेश्वर श्रेष्ठले नेपाल ल्याएका थिए । उनीहरू आउने भएपछि मलाई पनि भनियो । उनीहरूले मेरो सहयोग पनि मागे । उनीहरूको *पुअर इकोनमिक्स : अ र्‍याडिकल थिङ्किङ अफ द वे टू फाइट ग्लोबल पोभर्टी* भन्ने किताब आइसकेको थियो । किताबले तहल्का मच्चाइसकेको थियो । मैले सोचें– नेपालका मन्त्रीहरूलाई त सुनाएर काम छैन । तर सचिवहरूलाई उनीहरूको अनुभव सुनाउनुपर्छ । सन् २०१४ मा म योजना आयोगको सदस्य थिएँ । लीलामणि पौड्याल मुख्यसचिव हुनुहुन्थ्यो । मैले उहाँलाई भनें, "उनीहरू आउँदै छन् । तपाईंको कार्यकक्षमा सबै सचिवलाई बोलाएर उनीहरूको कुरा सुनाऔं ।" एक साताअगाडि सचिवहरूलाई भनेर, फलोअप गरेर, अनिवार्य उपस्थित हुनुपर्छ भनेका थियौं । सबै सचिव आए पनि । मुख्यसचिवको ठूलो हलमा दुई घण्टाको कार्यक्रम गर्‍यौं । बढी अभिजितले बोले ।

शिक्षा, स्वास्थ्य क्षेत्रमा गरेका कामहरूको अनुभव सुनाए । उनीहरूको मुख्य कुरा "हामी गर्न सकिन्छ है, मान्छेहरू पन्छिन खोज्छन्, तपाईंहरू त्यसो नगर्नुस्" भन्ने थियो । "नेता नै भ्रष्ट छन्, राजनीतिक प्रणाली सुधार नगरी केही हुन्न" भनेर बस्न हुँदैन । बच्चालाई जुकाको

औषधि दिन कुनै व्यवस्था परिवर्तन आवश्यक छ र भन्ने जस्ता विषयमा उनीहरूले बढी छलफल गरे (जुकाको औषधिको उदाहरण किन दिए भने त्यसमा उनीहरूले काम गरेका थिए । यसबारे पछिको चर्चामा पनि उल्लेख हुनेछ) । अर्थशास्त्रीहरू, दार्शनिकहरू बृहत् गफ गर्छन् । तर उनीहरूले सूक्ष्म ढङ्गका आइडियाहरू दिए । उनीहरूको कुराको निष्कर्ष थियो, कुनै पनि देश र समाजको प्रगति तीन ओटा कुराले रोक्छ– आइडोलोजी, इग्नोरेन्स र इनर्सिया ।

के हो उनीहरूको अध्ययन ?

अर्थशास्त्रमा सूक्ष्म र बृहत् भनेर छुट्याइन्छ । आर्थिक वृद्धि यति, राष्ट्रिय आम्दानी यति, रोजगारी सिर्जना यति, शोधनान्तर यति भनेर बृहत् अर्थशास्त्रले भन्छ । यसका लागि उपलब्ध तथ्याङ्क लिएर कोठाभित्रै बसेर पनि हिसाब गर्न सकिन्छ । यो विषय आम जनतालाई मतलब नै हुँदैन । आर्थिक वृद्धिदर ६.२ प्रतिशत हुनु र ६.९ हुनुमा जनतालाई कुनै मतलब छैन । सूक्ष्म अर्थशास्त्रमा ससाना विषय, क्षेत्र र व्यक्तिहरूमा काम गरिन्छ । सूक्ष्म अर्थशास्त्रमा काम गर्नेहरूले शिक्षा, स्वास्थ्य, लघुवित्त जस्ता विषयमा के गर्न सकिन्छ भनेर सोच्छन्, त्यो पनि प्रयोगात्मक विधिमार्फत । उनीहरू फिल्डमै गएर काम गर्छन् । कुन विधिले प्रभावकारी काम गर्‍यो वा गरेन ? गरेको भए कति मात्राले काम गर्‍यो, यसलाई प्रयोग गर्‍यो भने फाइदा कति दिन्छ, लागत कति लाग्छ जस्ता सूक्ष्म अध्ययन हुन्छ । शिक्षक, कृषक, महिला उद्यमीहरूसँग कुरा गरेर, गैरसरकारी संस्थाहरूसँग मिलेर काम गर्छन् । अभिजित र एस्थर दम्पती त्यस्तै हुन् ।

हार्भर्डका यी दिग्गजले केन्या, भारतको बिहार, गुजरात, राजस्थान जस्ता ठाउँमा आएर काम गरेका छन् । विकास अर्थशास्त्रको परम्परागत बुझाइलाई उनीहरूले परिवर्तन गरे । उनीहरूले तल्लो तहमा गएर सूक्ष्म अध्ययन गरे । जुन चिकित्सा विज्ञानमा गरिन्छ, र्‍यान्डमाइज कन्ट्रोल ट्रायल (आरसिटी) विधि जस्तै काम गरे ।

उनीहरूले वैज्ञानिक आधार भित्र्याएर मात्रै कुन नीतिले काम गऱ्यो कि गरेन भनेर छुट्याउने र त्यसपछि प्रयोगात्मक अभ्यास गर्ने गर्छन् । करिब नौ सय ५० भन्दा बढी आरसिटी उनीहरूको जेप्यालले मात्र गरेको छ । अमेरिकी इकोनमिक्स एसोसिएसनले जनाएअनुसार आरसिटीमा आधारित प्रयोगात्मक अध्ययन, जर्नलहरूमा प्रकाशित लेख र नतिजाका आधारमा सरकारहरूले विकासे काम गरेका छन् । त्यो विकासे कामले अहिले करिब ४० करोड जनतालाई छोएको छ ।

आरसिटीको सबल पक्ष

अर्थशास्त्र र सामाजिक विज्ञानमा कजालिटी (कार्यकारण सम्बन्ध) स्थापित गर्न ठूलो समस्या छ । "यो हस्तक्षेप गरेका कारण यस्तो नतिजा आएको" भन्ने सोझो परिणाम निकाल्न गाह्रो छ । अर्को शब्दमा 'ए' भन्ने क्रियाकलापले 'बी' नतिजा आयो भनेर देखाउन असाध्यै गाह्रो छ । आम तवरमा को-रिलेसन (सहसम्बन्ध)मा विश्वास गरिएको हुन्छ । डाक्टरले सेतो लुगा लगाउँछन् । सेतो लुगा लगायो भने म नि डाक्टर हुन्छु भन्ने विषय को-रिलेसन हो । सेतो कोट लगाउँदैमा डाक्टर हुने त होइन । सेतो कोट लगाएकैले डाक्टर-डाक्टर भयो भन्ने प्रमाणित गर्न सकियो भने त्यो कजालिटी हो । त्यसकारण को-रिलेसन र कजालिटीको ठूलो भिन्नता छ ।

सामाजिक विज्ञानमा मान्छे संलग्न हुन्छ । उदाहरणका लागि चिकित्सा विज्ञानमा कुनै औषधिको परीक्षण मुसामा गर्न सकियो । केही नैतिक कुराहरू पनि होलान् । तर मुसा मारेर प्रयोग गर्न सकिन्छ । मान्छेमा त्यस्तो काम गर्न सकिन्न । इतिहासको एक कालखण्डमा एउटा घटनाक्रम भइसकेपछि फेरि अर्को बिन्दुमा त्यही काम गर्न सकिँदैन ।

राणाशासनले नेपाललाई ध्वस्त बनायो । यो सबैले मान्छन् । तर वैज्ञानिक प्रमाण जुटाउन समस्या छ । राणाशासन सुरू भएको सन्

१८४६ मा फेरि राणाशासनबाहेकको अर्को शासन लादेर एक सय चार वर्षको नतिजा हेर्नुपर्‍यो, दाँज्नुपर्‍यो । तर त्यो सम्भव छैन । त्यसकारण कजालिटी असाध्यै गाह्रो विषय हो ।

अभिजित र एस्थरको क्रान्ति नै यस्तै विषयमा हो । मानौं, कफी औषधि हो, यो कसरी पत्ता लगाउने ? यसले साँच्चिकै ज्यान बचाउँछ कि बचाउँदैन ? यसका लागि चिकित्सा विज्ञानमा दुई समूहमा हेर्ने गरिएको छ । एउटा ट्रिटमेन्ट ग्रुप, अर्को कन्ट्रोल ग्रुप । यी दुई समूह तथ्याङ्कीय आधारमा समान हुन्छन् । त्यस्तो अवस्थामा एउटालाई पानी मात्रै दिने, अर्कोलाई भ्याक्सिन । यसबाट दुई समूहमा भ्याक्सिन दिँदा र नदिँदाको फरक हेरिन्छ । र त्यो भ्याक्सिनले नै गर्दा यस्तो परिणाम निस्कियो भनेर प्रमाणित गर्न सकिन्छ । यसका लागि दुई समूहका व्यक्ति हरेक हिसाबले समान हुनुपर्छ । नभए प्राप्त नतिजा विकृत हुन सक्छ, जसको वैज्ञानिक आधार हुँदैन ।

चिकित्सा विज्ञानमा प्रमाणित यो विधिलाई उनीहरूले अर्थशास्त्रमा ल्याए । नेपालको सार्वजनिक शिक्षा खत्तम भयो, के गर्नुपर्छ भन्ने प्रश्न गरियो भने ९५ प्रतिशतले बजेट बढाउनुपर्‍यो, शिक्षक बढाउनुपर्‍यो भन्ने जवाफ दिन्छन् । अलि गहिरिएर बुझेको मानिसले शिक्षामा राजनीतीकरण बन्द गर्नुपर्‍यो भन्ला । शिक्षामै काम गरिरहेकाले पाठ्यक्रम सुधार गर्नुपर्‍यो, पुस्तक वितरण प्रभावकारी बनाउनुपर्‍यो भन्ला । भौतिक वातावरणको कुरा पनि कसैकसैले गर्ला । यो सबै काम एकै चोटि गर्न सकिँदैन । यसमध्ये तत्कालै गरिहाल्नुपर्ने हस्तक्षेप कुन हो त भनेर छुट्याउनुपर्‍यो ।

उनीहरूले यस्तै हस्तक्षेपका लागि प्रयोगात्मक विधिमार्फत काम गरे । उनीहरूसँगै नोबेल जितेका माइकल क्रेमरले यस्तै हस्तक्षेपको बीउ रोपिदिएका थिए । उनले सन् १९९५ मा केन्यामा पढाइरहेका थिए । त्यहाँका विद्यार्थीहरूलाई किताब पनि दिइएको छ, शिक्षक पनि तालिमप्राप्त छन् । तर विद्यार्थीको सिकाइ नै छैन । उनले गहिरिएर हेर्दा किताबमा तेस्रो भाषा रहेछ । एउटा स्थानीय भाषा, दोस्रो अङ्ग्रेजी

र तेस्रो अर्को भाषा । यसलाई अध्ययन गरेर उनले शिक्षण विधिमै खोट छ भने । त्यसलाई प्रमाणित पनि गरे । भारतको राजस्थान, गुजरात र केन्यामा दर्जनौं यस्ता प्रयोगात्मक काम गरे । निःशुल्क किताब, निःशुल्क खाना दिएर भन्दा पनि जुकाको औषधि दिएर सबैभन्दा बढी प्रभावकारी परिणाम निस्कियो ।

एउटा अर्को रोचक प्रयोग– केही बालबच्चाको घरघरमा गएर बाबुआमालाई तपाईंले पढाउनुभयो भने भविष्यमा बालबच्चाको आम्दानी यतिले वृद्धि हुन्छ भनेर उनीहरूले एउटा समूहमा भने । त्यस्तै प्रकृतिको अर्को समूहलाई भनेनन् । त्यति भनिएकै कारणले धेरै विद्यार्थीले पढ्न पाए । कुन विधिबाट परिवर्तन गर्न सकिन्छ भनेर पत्ता लगाउने र त्यसबाट परिणाम निकाल्ने काम उनीहरूले गरे ।

पहिलो हुने विद्यार्थीलाई सबै प्रोत्साहन र चाकडी गर्ने तर अरूलाई बेवास्ता गर्ने काम हुने गरेको छ । नेपालमा त झन् यो समस्याकै विषय छ । निजी विद्यालयहरूले त नजान्ने विद्यार्थीलाई भर्ना नै गर्दैनन् । ग्रेड वान, ग्रेड टू, ग्रेड थ्री भन्ने तहगत व्यवस्था झन् वाहियात हो भन्ने कुरा आयो । दुई कक्षामा पढ्ने विद्यार्थीले पाँच कक्षा पढ्ने जत्तिकै ज्ञान राख्छ भने पाँच कक्षामै पढाऔं भन्ने तर्क उनीहरूको छ । तहगत व्यवस्था भए पनि विद्यालयबाहिर त्यसैअनुसारका क्रियाकलाप गर्नुपर्छ, जसले शिक्षामा आमूल परिवर्तन ल्याउन सकिन्छ भन्छन् ।

बिहारमा कक्षा सुरू हुनुपूर्व शिक्षक आएको छ कि छैन भनेर हेर्न कक्षाकोठामा क्यामेरा राख्न थालियो । शिक्षक नै ढिला आउने, नआउने प्रवृत्ति ह्वात्तै घटेर गयो । खोप लगाउनुपर्छ भन्ने कुरा धेरैलाई थाहा छ । तर कामकाजी आमाहरूले नभ्याइरहेका हुन्छन् । खोप लगाउन आए एक किलो दाल दिन्छौं भनेपछि धेरै आए । एक किलो दाल नदिंदा खोप लगाउन औसतमा छ प्रतिशत आउँथे, दाल दिंदा छ गुणाले बढेर ३६ प्रतिशत खोप लगाउन आउन थाले ।

यो पनि परीक्षण गरेर मात्रै उनीहरूले काम गर्न लगाएका हुन् । एउटा खोप क्याम्पमा केही पनि नदिने, त्यही प्रकृतिको अर्को

समुदायमा एक किलो दाल दिँदा के हुँदो रहेछ भनेर परीक्षण गरे । छ गुणाले वृद्धि भएपछि प्रभाव देखियो, त्यही गर्नुपर्ने रहेछ भनेर प्रयोगमा ल्याए । माइक्रोफाइनान्सले सोचे जति प्रगति गर्दैन भनेर यिनीहरूले पत्ता लगाएका छन् । माइक्रोफाइनान्सले दुनियाँको गरिबी अन्त्य गर्छ भनिरहेका बेला यसले ठूलै तहल्का मच्चायो । मान्छेलाई भोकभोकै मर्नबाट बचाउँछ । तर धनी बनाउँदैन भन्ने उनीहरूको निष्कर्ष छ । राजनीतिमा पनि उनीहरूको प्रयोगात्मक अभ्यास छ । महिलाहरू राजनीतिमा आए भने परिपक्व निर्णय गर्छन् कि गर्दैनन् भनेर उनीहरूले हेरेका छन् । भारतको समान प्रकृतिको गाउँ पञ्चायतमा अभ्यास गरे । विकासका लागि महिलाहरूको सहभागिता राम्रो भयो भन्ने निष्कर्ष पनि निकालेका छन् ।

विद्यालय गएबापत, स्वास्थ्य जाँच गरेबापत अनुदान शुल्क दिने प्रयोग मेक्सिकोमा भएको थियो । यो प्रभावकारी छ भन्ने देखिएको छ । उनीहरू कहिल्यै ठूलाठूला कुरामा गएनन् । सूक्ष्म हस्तक्षेपका लागि प्रयोग गरौं, तथ्याङ्कले जे भन्छ, त्यही काम गरौं भनेर उनीहरूले काम गरेका छन् । तथ्याङ्कले राम्रो देखाएन भने त्यहीँ रोक्ने काम पनि भएका छन् ।

आरसिटीका कमजोरी

यो विधिका आलोचनामा मुख्य तीन बुँदा अघि सार्ने गरिएको छ । पहिलो, एक ठाउँको अध्ययन अर्कै भूगोल र संस्कृतिमा काम लाग्छ ? केन्यामा भएको एउटा अभ्यासको नतिजा, नेपालमा लागू हुन सक्छ ? नहुन पनि सक्छ । केन्यामा जुकाको औषधि वितरणले नै शिक्षामा सुधार भयो भन्दैमा यहाँ त्यही लागू नहुन सक्छ । यस किसिमको 'एक्स्टर्नल भ्यालिडिटी' उनीहरूका लागि ठूलो चुनौती हो । नोबेल साइटेसनमा पनि कसरी सामान्यीकरण गर्ने भन्ने चासो व्यक्त गरिएको छ । उनीहरूले पनि हरेक ठाउँ एउटै विधि ठीक हुन्छ भनेर दाबी त गरेका छैनन् ।

एउटा उदाहरण नेपालको लिऔं । माहिनावारी हुँदा छात्रा विद्यालय जाँदैनन् । चारपाँच दिन पढ्न पाउँदैनन्, पछि पर्ने भए भन्ने बुझाइ छ । यिनीहरूकै समूहकी रेबेका थोरन्टर्नले चितवनमा अध्ययन गरेकी छन् । उनले एउटै उमेरसमूहका छात्राहरूमा महिनावारी हुँदा लगाउने 'मेन्स्ट्रुअल कप' राखेर विद्यालय जाने बनाइन् । त्यो कप दिँदा विद्यालय जाने केटीहरू र नदिँदा जाने केटीहरूको फरकपन उनले हेरिन् । यसमा उही उमेर, जातिदेखि लिएर सबै एउटै समूहको थियो । तर शैक्षिक सुधारमा खासै भिन्नता देखिएन । महिनावारी भएर पछि परेको भन्ने कुरा मिथ्या साबित भयो । तर त्यो कप प्रयोगमा उनीहरूले निकै राम्रो अनुभव गरे । रेबेकाको सिफारिस शिक्षामा सुधार हुन्छ भनेर होइन, छात्राले मन पराए, त्यसकारण यसलाई निरन्तरता दिऔं भन्ने थियो । यसमा पनि ठाउँअनुसार फरक परिणाम निस्कन सक्छ । चितवन र अछाममा उही हुन सक्छ ? पक्कै पनि सक्दैन ।

यी अर्थशास्त्रीले गरेको अभ्यास नेपालमा पनि लागू गर्न खोजिएको छ । इसिमोडले कृषिमा केही काम पनि गरेको छ । एउटा कृषक समूहलाई नयाँ प्रविधि पनि दिने, हलो पनि दिने, बीउ पनि दिने तर त्यही खालको अर्को समूहलाई केही पनि नदिने । एक वर्षपछि नतिजा हेरेर यो प्रयोगले यति प्रगति देखियो, यो लागू गरौं भनेर नेपालमा पनि काम भएको छ । सोलार पम्प प्रयोग गर्ने कि नगर्ने भनेर आदिति मुखर्जीले प्रयोग गरेकी थिइन् । तपाईंहामीलाई रहर लागेर गरेको प्रयोगले हुँदैन । परिणाम दिएको त्यसमा पनि समीक्षा भएर जर्नलमा प्रकाशन भयो भने मात्रै प्रयोग गर्न योग्य मानिन्छ ।

दोस्रो आलोचना– सूक्ष्म मात्रै होइन, बृहत् विषय पनि हेरिनुपर्छ भन्ने हो । शासन व्यवस्थाले पनि बिगारिरहेको हुन सक्छ । त्यसमा पनि केही सत्यता होला नि ! वैदेशिक ऋण तिर्न नसकेर शिक्षाको बजेट कटौती भइरहेको पनि हुन सक्छ केन्द्रमा । शिक्षक नभएको कक्षाकोठाको फोटो खिचेर हाजिर त गरिएको छ । तर उसको तलब नै छैन भने कसरी परिणाम निस्कन्छ ? त्यसकारण सूक्ष्म मात्रै होइन, माथिबाट हुने बृहत् विषय पनि हेरिनुपर्छ ।

नेपालको सन्दर्भमा पनि कृषि आयात बढ्यो भनेर रौतहटका किसानलाई दोब्बर उत्पादन गर्न सक्ने बनाए पनि भारतको अनुदानसँग प्रतिस्पर्धा नै गर्न सकिँदैन भने माथिको समस्या हेर्नुपर्‍यो । त्यसमा नेपाल-भारत सन्धिको विषय हुन सक्ला । तर उनीहरूलाई माथिको कुरा मतलब नै छैन । महोत्तरीका किसानलाई दोब्बर उत्पादन गर्न योग्य बनाउन बीउ दिने कि अनुदान भनेर दाँजौं, जुन बढी प्रभावकारी देखिन्छ, त्यही गरौं भन्छन् । यो असाध्यै सूक्ष्म भयो ।

तेस्रो आलोचना– नैतिक विषय पनि छ । एउटा समूहलाई अनुदान दिने, अर्को समूहलाई नदिने, टुलुटुलु हेरेर राख्न भएन । वैयक्तिक स्वतन्त्रताको कुरा पनि छ । हरेक काममा आरसिटी गर्न थाल्ने हो भने खर्च बढी छ । कसरी सक्नु ? एउटा परीक्षण गर्न तीन वर्ष लाग्छ । तथ्याङ्कीय हिसाबले समान समूहमा परीक्षण गर्नुपर्ने हुन्छ । समानता बनाउन पनि निकै गाह्रो हुन्छ । जति प्रयत्न गरे पनि समान कहिल्यै हुँदैन । कागजमा होला तर साँच्चिकै हुँदै हुँदैन । जस्तै गोरखाको मेरो गाउँ बुङ्कोटमा बाहुन, क्षत्री, मगर, महिला, उमेर मिलाउन नै गाह्रो हुन्छ । कसैको एउटा गाई होला, कसैको नहोला । कसैको जग्गा अलि बढी होला, कसैको कम होला । जतिसुकै समान बनाएर काम गर्छु भन्दा पनि मिल्दैन ।

डेढ सय वर्षदेखि चिकित्सा विज्ञानमा लागू भएको विषयलाई अर्थशास्त्र तथा सामाजिक विषयवस्तुहरू शिक्षा, स्वास्थ्य, माइक्रोफाइनान्स, स्थानीय प्रशासनहरूमा कुन नीतिगत पहल प्रभावकारी हुन्छ भनेर यिनीहरूले क्रान्ति गरे । आरसिटी विधि यिनीहरूको होइन, चिकित्सा विज्ञानबाट आएको हो । यिनीहरूमाथिको आलोचना विधि यो मात्रै होइन, वैकल्पिक विधि पनि सोच भन्ने छ ।

माइकल क्रेमर

माइकल क्रेमर पनि हार्भर्डमा पढाउँछन् । उनले भ्याक्सिनमा क्रान्तिकारी काम गरेका छन् । गरिब देशहरूमा हुने रोगहरूका विषयमा पश्चिमा ठूला औषधि कम्पनीहरूले रिसर्च नै गर्दैनन् । किनभने बजार नै छैन ।

अर्बौं लगानी गरेर रिसर्च गर्ने, त्यसअनुसारको औषधि उत्पादन गरे पनि गरिब देशले किन्दैनन् भनेर ठूला औषधि कम्पनीहरूले बेवास्ता गरे । मलेरिया, मेनेन्जाइटिस, कानमा हुने सङ्क्रमणहरूमा अध्ययन नै छैन । एक अर्ब रूपैयाँसम्मको औषधि किनिदिन्छौं भनेर पहिल्यै ग्यारेन्टी गरिदिने भ्याक्सिन एलायन्स भन्ने अवधारणा आइसक्यो । यसले दशौं लाख मानिसको ज्यान जोगाउनेछ । बिल एन्ड मेलिन्डा गेट्स फाउन्डेसनबाट त्यो पैसा आएको छ । भ्याक्सिन एलायन्सले हस्तक्षेप नगरेको भए, बजार सुनिश्चितता नगरेको भए कहिल्यै सुधार हुने थिएन । बजार हस्तक्षेप गरेर भए पनि काम गर्नुपर्छ भन्ने अवधारणा क्रेमरको हो । एड्भान्स मार्केट कमिटमेन्ट (एएमसी) अवधारणा हो ।

अकर्मण्यताको अन्त्य

उनीहरूको विषयमा कुरा गरिसकेपछि मेरो निष्कर्ष जहाँ प्रणालीगत रोग छैन, त्यहाँ जोकोहीले पनि काम गर्नुपर्छ । गर्न सकिने काम नगरी बस्ने चलन नेपालमा छ । शिक्षामा राजनीतीकरण बढी भयो, व्यवस्था नै परिवर्तन गर्नुपर्छ वा फेरि राजा ल्याऔं अनि ठीक हुन्छ भनेर बस्न भएन । गर्न सकिने काम गर्नुपर्‍यो । तर उनीहरूले भने जस्तो विश्व गरिबी र अशिक्षाको उन्मूलन चक्की खुवाएर, ससानो काम गरेर मात्रै हुँदैन भन्ने हो । सुझबुझपूर्ण सन्तुलन तरिकाले प्रणाली अघि बढाउनुपर्छ ।

अमेरिका, चीन, भारत देशहरूका कारण पनि शक्तिसम्बन्ध छ विश्वमा । उनीहरूले व्यापार, लगानी, सम्पत्तिहरू आफूअनुकूल ढालेका छन् । हाम्रो गाउँमा पनि जमिनदार र गरिबहरूको शक्तिसम्बन्धको आयाम फरक छ । यसबाट सिर्जित समस्याहरूलाई उपेक्षा गर्न सकिन्न । तर बिहानै क्रान्ति, दिउँसै क्रान्ति भनेर भाषण गर्ने, श्रीमती पिट्ने, १३ वर्षे बालमजदुर प्रयोग गर्ने पाखण्डीपनतिर पनि हामीले हेर्नुपर्छ । बनर्जी, एस्थर र क्रेमरले भने जस्तो एक किलो दाल दिंदा खोप लगाउनेहरू छ गुणाले बढ्छन् भने त्यसो गर्नलाई कसले रोकेको छ ?

अभिजित-एस्थर जोडी

अभिजितकी बङ्गाली श्रीमती थिइन् । एउटा छोरा पनि थियो । २४/२५ वर्षको उमेरमा उसको मृत्यु भयो । सन् २०१४ मा दम्पती भइसकेका थिए । विवाह गरिरहनुपर्ने थिएन । *फाइनान्सियल टाइम्स*मा अहिलेसम्म पढेमध्ये यिनीहरूको दाम्पत्य जीवन मलाई रोचक लागेको छ । 'लन्च विथ एफटी' भन्ने स्तम्भमा एस्थरले कुरा गरेकी छन् । त्यसको अन्त्यमा गर्भ रहेको कुरा उल्लेख छ । पत्रकारले सोध्छ ?

"तपाईं प्रेग्नेन्ट हो ?"

"एस, आई एम प्रेग्नेन्ट," उनी भन्छिन्, "एन्ड इट्स अभिजित ।" खासमा विवाह गर्नुअगावै यस्तो भएको रहेछ । उनीहरू सम्बन्धमा थिए । बच्चा जन्मेपछि औपचारिक भइगयो । उनीहरू अहिले सँगसँगै काम गरिरहेका छन् ।

कान्तिपुर, कात्तिक ९, २०७६

सरकारको वर्ष दिन : स्थिर तागतको असङ्गत प्रलाप

वर्तमान सरकारको एक वर्ष कस्तो रह्यो भनेर सोध्नुभयो भने एक वाक्यमा मेरो जवाफ हुन्छ– स्थिर तागतसँगै असङ्गत प्रलाप । यो सरकारलाई अर्को चार वर्ष बाहिरबाट कसैले हल्लाउन सक्दैन । बलियो इच्छाशक्ति भएको नेताले बागडोर सम्हाल्नुभएको छ । तर यसको अर्को पाटोमा विभिन्न क्षेत्रमा असङ्गत प्रलाप देखिन्छ । विकासबारे आर्थिक नीति, परराष्ट्र सम्बन्ध, प्रशासनिक व्यवस्थापन, समाज, नागरिक सबै क्षेत्रको उद्‌गारमा त्यस्तो प्रलाप देखियो ।

सर्वाधिक सम्भावनायुक्त सरकार

केपी शर्मा ओली नेतृत्वको सरकारले मुख्यतः तीन ओटा राम्रा काम गरेको छ । पहिलो- थिति बसाल्ने । नीतिनियम र कानुनी जग हाल्ने काममा यसले समय लगाएको छ । मौलिक हकसम्बन्धी धेरै कानुन बनाएको छ । स्थिर सरकारलाई आज बनाएर भोलि नै संशोधन हाल्नुपर्ने खालको आलोकाँचो, कच्चा काम गर्ने सुविधा छैन । हतारमा काम गर्दा केही कमीकमजोरी रहे पनि सरकारले जिम्मेवारीबोध गरेको छ । जग हालिसकेपछि भविष्यमा रफ्तारमा काम गर्न उसलाई सजिलो हुन्छ ।

दोस्रो- विगतका राम्रो कामको निरन्तरता । पूर्वाधार, सामाजिक सुरक्षा, रोजगार कार्यक्रम जस्ता सकारात्मक कामलाई विस्तार

गरिएको वा निरन्तरता दिइएको छ । अनावश्यक तामझामले कामको महत्त्व घटाएको चाहिँ अर्को पक्ष भयो । कुल पुँजीगत खर्च २५ प्रतिशत मात्र भए पनि १५/१६ ओटा ठूला आयोजनामा चौमासिक विनियोजनको ८० प्रतिशत खर्च भएको देखिन्छ । लुम्बिनी र पोखरा अन्तर्राष्ट्रिय विमानस्थल, कोसी र कालीगण्डकी कोरिडोरहरूले गति लिएका छन् । राष्ट्रिय योजना आयोगले पनि दीर्घकालीन सोचसहितको पन्ध्रौं पञ्चवर्षीय योजनाको तयारी गरिरहेको छ ।

भारत र चीनसँगको सम्बन्ध स्थिर भएको छ । प्रधानमन्त्री राष्ट्रसङ्घ र डाभोस (विश्व आर्थिक मञ्चको बैठक)मा जानुभयो । समग्रमा, सार्थक अन्तर्राष्ट्रिय सहभागिता चाहन्छौं भन्ने सन्देश गएको छ ।

तेस्रो- यो सरकारले स्थिरता 'प्रोजेक्ट' गरेको छ । आगामी चार वर्ष दायाँबायाँ केही हुँदैन भन्ने विश्वास स्थापित छ । राजनीतिक, नीतिगत र प्रशासकीय स्थिरता फरकफरक कुरा भए पनि स्थिरताको सन्देश दिन सक्नु सकारात्मक पक्ष हो । लगानी र सुशासनका लागि यी साध्य होइनन् । तर साधन अवश्य हुन् । निरपेक्ष रूपमा हेर्दा काम औसत गतिमा भइरहेको देखिन्छ । २०६२/६३ पछिका कुनै पनि सरकारभन्दा खराब सरकार यो होइन । यो पङ्गु सरकार, खत्तम सरकार, झुर सरकार भन्ने आधार देखिँदैन । २०४८ सालको काङ्ग्रेस सरकार र २०५१ सालको एमाले सरकारको उचाइमा भने यो पुग्न सकेको छैन ।

त्यसैले निरपेक्ष मूल्याङ्कन नै ठीक हो । ढङ्ग पुग्यो, पुगेन वा शैली-प्रक्रिया मिल्यो, मिलेन भन्नेमा बहस गर्न सकिन्छ । तर सापेक्षिकताको आलोकमा गुनासो गर्ने हो भने यो सरकारले अवसरको अनुपातमा उपलब्धि, वाचाको अनुपातमा नतिजा, अपेक्षाको अनुपातमा क्षमता देखाउन सकेको छैन ।

कहाँ चुक्यो सरकार ?

नेपालमा ८० वर्षयता यति सुविधाजनक अवस्थामा यति शक्तिशाली सरकार हामीले देखेका छैनौं । २०१५ सालमा बिपी कोइरालाले

दुईतिहाइ ल्याए पनि राजा महेन्द्रले कुन दिन चिप्ल्याइदिने हुन् भन्ने थियो । अहिले त्यस्तो छैन । आम जनता सरकारले काम गर्न सकेन भन्छन् । सरकारले जगाएको आशाको अनुपातमा 'डेलिभर' गर्न नसकेको सत्य हो । जनताको अपेक्षाको अनुपातमा समग्र कार्यकुशलता पनि देखिएन । हामी उदार लोकतन्त्रको कुरा गर्छौं । तर सरकारमा लोकतन्त्रबारेको बुझाइमै समस्या देखियो । बकाइदा आवधिक निर्वाचनबाट सरकार बनाउने तर शक्ति पृथकीकरण, विधिको शासन, मौलिक हकअधिकार जस्ता लोकतन्त्रका आधारभूत चरित्रमा सम्झौता गर्नु अनुदार लोकतन्त्रको अभ्यास हो ।

यो सरकार छानिएर आएको विधिमा कसैले प्रश्न उठाएको छैन । तर त्यहाँ आइसकेपछि शक्ति पृथकीकरणमै समस्या देखियो । अदातलसँग सोझै 'सेटिङ' हुने गरेको अनुमान छ । 'चेक एन्ड ब्यालेन्स' गर्नुपर्ने संवैधानिक आयोग त्राहिमाम छन् । आयुक्त, प्रमुख आयुक्तहरू पार्टीविशेषप्रति बफादार छन् । मौलिक हकको दायरा खुम्चिँदो छ । यो लेख्न पाउँछ, त्यो बोल्न पाउँदैन भन्ने जस्ता कुरा आइरहेकै छन् । यसमा धेरै व्याख्या गरिरहन परेन ।

काङ्ग्रेस नेताहरूले भने जस्तो अधिनायकवाद आउन लाग्यो भन्ने मलाई लाग्दैन । अनुदार लोकतन्त्रको अभ्यास चाहिँ भएकै छ । कार्यपालिका, व्यवस्थापिका र क्रमशः न्यायपालिका पनि एउटा सर्वोच्च पार्टीअन्तर्गत भयो भने लोकतन्त्र सिद्धिएन ?

नेपाल क्युबा वा उत्तर कोरिया जस्तो हुने भयो भन्ने चिन्ता पटक्कै होइन । तर कम्बोडिया वा बङ्गलादेशको जस्तो अलोकतान्त्रिक अनुदारवादतिर सोझिए पनि समस्या हुनेछ । हामीले ७० वर्ष लगाएर स्थापित गर्न खोजेको लोकतन्त्र उदार चरित्रकै हो । स्वच्छता, प्रभावकारिता, समावेशिताको खोजी यो जगमा गर्ने भनेको हो ।

यो सरकारबाट जनताले नीतिगत र व्यवहारगत दुवै 'डिपार्चर' खोजेका छन् । राणा प्रधानमन्त्री जुद्धशमशेरले एकै वर्षमा एकै पटक २९ ओटा कारखाना खोले । कम्पनी ऐन, बैङ्किङ ऐन ल्याएर

मुलुकको अर्थतन्त्रलाई आधुनिक जामा लगाइदिए । तर उनको शासन व्यवस्था अलोकतान्त्रिक थियो ।

२००८ सालमा सुवर्णशमशेरले अर्को थालनी गरे । राज्यको सबै आम्दानी राणा शासकको निजी धन भएका बेला उनले पहिलो पटक जनताको बजेट बनाए– तीन करोड पाँच लाख रूपैयाँको । सुवर्णशमशेर २००७ सालको क्रान्ति गर्न काङ्ग्रेसलाई एक करोड दिने व्यक्ति थिए । राष्ट्रको आधुनिक वित्तीय जग उनले बसाले । २०१६ सालताका बिपी कोइराला नेतृत्वको सरकारको उचाइ त इतिहासमै अद्वितीय छ । पञ्चायतले समेत कोइराला सरकारका शिक्षा, पूर्वाधार, भूमिसुधारलगायत नीतिलाई निरन्तरता दियो ।

२०४८ सालको काङ्ग्रेस सरकारले नेपालको अर्थतन्त्र र समाजलाई विश्वव्यापी परिवर्तनमा एकाकार गर्‍यो । अर्थतन्त्रको आकारको अनुपातमा ४३ प्रतिशत ऋण थुपारेर पञ्चायतले टाट पल्टाएको अर्थतन्त्रलाई तन्दुरूस्त बनाउने 'कोर्स'मा लग्यो ।

भरतमोहन अधिकारीले २०५१ सालमा बजेटलाई केन्द्रको म्याक्रो (प्राविधिक) विषय मात्र होइन, जनताको घरघर छुनुपर्ने विषय हो भन्ने बनाए । अर्थमन्त्री भएका बेला बाबुराम भट्टराईले पनि राजस्व परिचालनमा राम्रै नजिर बसाए ।

अहिलेको सरकारले झन् उल्लेख्य 'डिपार्चर' देखाउला भन्ने थियो । तर सामान्य सुधार र निरन्तरतामै सीमित रह्यो । जोखिम मोल्ने अर्थ-राजनीतिक सोचभन्दा पनि 'ब्युरोक्र्याटिक' रबैया हाबी भएको हो कि भन्ने भएको छ । अर्थमन्त्रीको श्वेतपत्र नै 'ब्याड फेथ'मा आयो । उहाँ योभन्दा अगाडिका सबै खत्तम थिए, अब म सुधार्न आएँ भन्ने हिसाबमा जान खोज्नुभयो । त्यो अहिले उहाँकै लागि गलपासो भइदियो । प्रायः आर्थिक सूचकाङ्क ह्रासोन्मुख छन् । लगानीको माहोल बन्न सकेन । उद्यममा निराशा र संशय छ । व्यवसायीहरूमा 'कन्फिडेन्स' देखिँदैन । सन् १९३० को महामन्दीपछि अर्थतन्त्रलाई चलायमान बनाउन विख्यात अर्थशास्त्री जोन मेनार्ड केनेसले 'एनिमल स्पिसिरट्स' अवधारणा ल्याएका थिए । त्यसले अर्थतन्त्र राम्रो दिशामा

जान लाग्यो है भन्ने अनुभूति गरायो । आशावादको मजबुत त्यान्द्रोले डोऱ्याउने हो अर्थतन्त्रलाई । नेपाली अर्थतन्त्रमा असङ्गत प्रलापले ठूलो क्षति गरेको छ । यसबाट सरकारप्रति अविश्वास बढाएको छ ।

नेपालको प्रशासन निर्देशनले मात्र चल्दैन, यहाँ पद्धति र निर्णयचक्रको ठूलो महत्त्व हुन्छ । अहिले शासनलाई 'ग्ल्यामर' जस्तो बनाएको देखिन्छ । टकटक आयो, टिभी क्यामेरा बोलायो, १५ दिनभित्र खाल्डो पुर्नू, पुस १ गते पानीजहाज चलाउनू, कोही बेरोजगार नबस्नू आदि भन्यो, सकियो । यसरी गम्भीर 'गभर्नेन्स' हुँदैन । एउटा नीतिगत मस्यौदा वा निर्णयमै १५ बैठक गरेर परिष्कार गर्नुपर्ने हुन्छ । कानुनको मस्यौदालाई मन्त्रालयहरू चहारेर क्याबिनेट हुँदै संसद् पुऱ्याउनुपर्छ । त्यहाँ पनि थप छलफल आवश्यक होला । असल शासन 'डल' र 'बोरिङ' हुनु राम्रो । तमासाका लागि त टेलिभिजन, सिनेमा र रङ्गमञ्च छँदै छन् नि ।

अन्तर्राष्ट्रिय सम्बन्धमा पनि भारत र चीनलाई रिझाए पुग्छ, अरूतिर मतलब छैन भनेर हुँदैन । हामी ६५ वर्षदेखि संयुक्त राष्ट्रसङ्घसँग आबद्ध छौं । त्यससँग जोडिएका बडापत्र, सन्धि, महासन्धिसँगै उसको नैतिक र सभ्यताजन्य मान्यताहरूप्रति हाम्रो पूर्ण प्रतिबद्धता हुनुपर्छ । केही पश्चिमी शक्तिहरू अहिले सङ्कटग्रस्त होलान् । तर तिनको प्रभाव अर्को सय वर्षसम्म रहन्छ । नेपालले ती सबैलाई सन्तुलनमा राख्नुपर्छ । भारत र चीनमा मात्र ध्यान दिँदा ती दुई छिमेकी पनि आश्वस्त भएको त देखिएन । चीनबाट ह्वारह्वार्ती लगानी ओइरिन्छ भनिन्थ्यो । तर केही सुरसार छैन । त्यताबाट पैसा आए पनि अपारदर्शी ऋण नै आउने हो । भारतसँगको सम्बन्ध सामान्य त भएको छ । तर घनिष्टता देखिँदैन । होली वाइन, इन्डोप्यासिफिक, भेनेजुएला, सङ्क्रमणकालीन न्याय जस्ता मुद्दामा दन्तबझान भइरहेकै छ ।

एकलकाँटे, शिथिल अनि अभद्रपन

यो सरकारले सोचे जसरी काम गर्न नसक्नुका केही खास कारण छन् । पहिलो- यसको एकलकाँटे र अन्तर्मुखी (इन्सुलर) चरित्र ।

देश कसले चलाइरहेको छ ? प्रधानमन्त्री ओलीलाई आँखा चिम्लेर सहयोग गर्ने वृत्त सानो भयो । त्यहाँ एकदुई जना सल्लाहकार, दुईतीन जना सचिव र तीनचार जना मन्त्री मात्रको 'कोर' टिम देखिन्छ । मधेसी दल वा काङ्ग्रेस प्रतिपक्ष नै भए, माधवकुमार नेपाल वा पूर्वमाओवादी पक्षसमेत असन्तुष्ट छन् । पाँचसात जनाले ३० खर्ब रूपैयाँको अर्थतन्त्र चलाउन र यत्रो विविधतापूर्ण समाज हाँक्न गाह्रो हुन्छ । त्यसका लागि आवश्यक सामर्थ्य, बुद्धि, विवेक, ऊर्जा जुटाउन अलि फराकिलो नेटवर्क वा गठबन्धन बनाउनुपर्थ्यो । भारतमा नरेन्द्र मोदीको यही समस्या छ । त्यहाँ ७३ सदस्यीय मन्त्रीमण्डल छ । तर पत्रकार शेखर गुप्ताका अनुसार आम भारतीयहरू पाँचसात जनाभन्दा बढीको नाम सम्झन सक्दैनन् । मोदी भनेकै भारत, भारत भनेकै मोदी भने जस्तो अवस्था छ । किनकि धेरै अधिकार प्रधानमन्त्रीले राखेर एउटा 'पर्सनालिटी कल्ट' जस्तो बनाउन खोजे ।

हामीकहाँ पनि प्रधानमन्त्रीमा शक्तिसङ्ग्रहको उत्कट चाहना देखिन्छ । उहाँको स्वीकृतिबिना कनिष्ठ कर्मचारीको पनि सरूवा नहुने अवस्था छ । सूक्ष्म व्यवस्थापनतिर गएर खुद्रे, अनावश्यक, असान्दर्भिक र कम महत्त्वका काममा प्रधानमन्त्रीज्यूको समय बित्न भएन । अन्तर्मुखी वा एकलकाँटे चरित्रको सरकार चुक्न नपर्ने ठाउँमा फस्छ । जस्तो- एक पटक गुगल गरेर हेरेको भए होली वाइन कान्ड हुने थिएन । सिके राउतसँग सम्झौता गर्दा गोपनीयताका नाममा त्यति धेरै 'टाइट' नगरेको भए विवादित कुरा रोकिन्थ्यो । सानो घेरामा रहँदा विचारको प्रवाह छेकियो, जसले गर्दा रोक्न सकिने गल्तीमा सरकार फस्दै गयो । 'नदुखेको कपाल चोयाले बाँधेर दुखाऊ' भने जस्तो भयो ।

दोस्रो कारण भनेको संस्थागत शैथिल्य (इनर्सिया) हो । कर्मचारीतन्त्र गजक्क परेर बसेको छ । जब कि ७० प्रतिशतभन्दा बढी कर्मचारी नेकपा नजिक भनेर प्रचारित छ । सरकारले कर्मचारी समायोजनमै एक वर्षभन्दा बढी लगायो । सङ्घीयता कार्यान्वयनमा ढिलाइ भयो । स्थानीय अर्थतन्त्र चलायमान हुन सकेन ।

संस्थागत 'इनर्सिया'ले गर्दा दुईतिहाइको बलियो सरकारले कर्मचारीतन्त्रलाई हल्लाउन सकेन । ढङ्ग नपुगेर हो कि ? गलत सल्लाहका कारण हो कि ? इच्छाशक्ति नभएर हो कि ? यसले सरकारको 'पर्फमेन्स'मा ठूलो बाधा गरेको छ । ठेकेदारहरूमा पनि यो कुरा लागू हुन्छ । जनता छिटोछिटो सडक बनून्, अरू काम होऊन् भन्ने चाहन्छन् । सरकारले भने ठेकेदार प्रणालीमा पनि सार्थक हस्तक्षेप गर्न सकेन । ढिलासुस्ती भयो । फाइल सार्ने र फिल्डमा गएर काम गर्नुपर्ने कर्मचारीतन्त्र नै नचलेपछि विकास निर्माण नदेखिने भयो ।

बूढीगण्डकीलगायतको अर्बौं रूपैयाँको ठेक्का बिनाप्रतिस्पर्धा दिने कुरा आइरहेका छन् । पार्टी कार्यकर्ताहरू बिचौलियाका रूपमा सक्रिय छन् । खानीदेखि नापी विभागसम्म, विमानस्थलदेखि राष्ट्र बैङ्कसम्मका काम गर्न कम्युनिस्ट बिचौलियाहरूको सहारा लिनुपर्छ । भ्रष्टाचार निवारण 'जोक' बन्दै गएको छ । कोठाभित्रको ठूलो हात्ती हलचल नगरेसम्म सुधार सम्भव छैन । अबको चार वर्षमा काम देखाउन कर्मचारीतन्त्र र ठेकेदार प्रणालीमा सार्थक हस्तक्षेप गर्नैपर्छ । पार्टी मेसिनरीको आडमा हुने संस्थागत भ्रष्टाचार रोक्नैपर्छ ।

तेस्रो कारण भनेको, फेरि पनि असङ्गत प्रलाप (इन्डिगनेन्स) वा अभद्र आक्रामकता हो । आलोचनाप्रति शून्य सहनशीलता । अरिङ्गालको प्रसङ्ग त्यसैमा देखिएको हो । हरेक कुरामा जवाफ दिनैपर्ने, होच्याउनैपर्ने, खिसी टिउरी गर्नैपर्ने, सत्ताइतर आवाजलाई भित्तामा पुर्‍याउनैपर्ने । गज्जबले काम गरिरहेको सरकार भए बोलिरहेको पनि छ, काम पनि गरेको छ भन्ने हुन्थ्यो । तर बोली मात्रै राख्दा असङ्गत प्रलाप भयो । यसले मिडियामा ठूलो ठाउँ लियो, प्रधान मुद्दाहरूबाट मुलुक र राज्य विषयान्तर भयो ।

अब सरकारले यी तीन कुरामा ध्यान दिन सक्नुपर्छ । सार्वजनिक वृत्तमा असङ्गत प्रलापको असर परिसक्यो । नौ सय ४५ अर्बको राजस्व नौ सय १७ अर्बमा झरेको अर्थमन्त्रीकै भनाइ छ । ६८ प्रतिशत अनुदान घटेको छ । विदेशी ऋण ६४ प्रतिशतले घटेको छ । बजेटको

आकार नै एक सय १५ अर्ब घटाइयो । यही हो, सुरुमा ल्याएको बजेटअनुसार काम गर्न सकिएन भन्ने स्वीकारोक्ति ।

अवसरको अनुपातमा उपलब्धि, वाचाअनुसारको नतिजा र अपेक्षाको अनुपातमा क्षमताको परख गर्दा सरकारको सापेक्षिक समीक्षाले आशा जगाएको छैन । निरपेक्ष गति भने औसत छ ।

अझै पनि मनग्गे समय बाँकी छ । दुईतिहाइ भनेको अजङ्गको श्रीपेचधारी श्री १० महाराज होइन । दुईतिहाइ भनेको कानुन बनाउन सहज हो, उस्तै परे संविधानै संशोधन गर्न सक्ने गणितीय सङ्ख्या हो । उपयोग गरे यो तरबार हो, नत्र खिया लागेको फलामको टुक्रा । ओलीजीले पाउनुभएको यो अपूर्व अवसर ख्यालख्यालमै नबितोस् भन्ने मेरो सदिच्छा छ । मैले पहिलो सय दिन पूरापूर शङ्काको लाभ दिनुपर्छ भनें । छ महिना बितेपछि चाहिँ यो ऐतिहासिक अनुकूलता कतै ओइलिँदै त छैन भनेर सचेत गराएको थिएँ । अहिले यो अपूर्व अवसर ख्यालख्यालमै नबितोस् भन्छु ।

अनलाइनखबर, चैत ११, २०७५

नेपालमा 'लगानी भोक' जागेको देखिएन

लगानी सम्मेलनका लागि अझ बढी तयारी गर्न पाएको भए हुन्थ्यो जस्तो लाग्छ । सरकार गठन भएको पहिलो वर्षमै सम्मेलन गरेर लगानी ओइरियो भने अर्को तीनचार वर्षमा नतिजा पनि देखिन सक्छन् भन्ने मनसाय पनि हुन सक्छ ।

त्यसो त दुई वर्षअगाडि मात्र पनि लगानी सम्मेलन गरेर १४ खर्ब प्रतिबद्धता आयो भनिएको थियो । त्यसको ठूलो अंश प्रक्रियामै आएको छैन । लगानी भित्र्याउन उदार नीतिगत व्यवस्था आवश्यक पर्छ, जुन हामीकहाँ पर्याप्त छैन ।

प्रत्यक्ष विदेशी लगानीबारे मैले सन् २०१० मै नेपालका ८७ ओटा कानुनी प्रावधान र अभ्यासको विश्लेषण गरेर 'इन्भिेस्टिङ एक्रस बोर्डर' शीर्षकको लामो आलेख तयार पारेको थिएँ । त्यसमा चार ओटा आयामको विश्लेषण छ–

पहिलो सर्त खुलापन

'फरेन इक्विटी ओनरसिप'ले खुलापन चाहिन्छ भन्छ । नियन्त्रण मात्र सोच्ने हो भने त लगानी गर्न कोही आउँदैन । नेपालमा सेवा क्षेत्रका मिडिया, एयरलाइन्स र कृषि क्षेत्रमा केही नियन्त्रण गर्न सकिन्छ । युरोपमा मिडिया र एयरलाइन्समा ५१ प्रतिशतभन्दा कम मात्र विदेशी लगानी गर्न दिइन्छ । अरू प्रायः सबै क्षेत्रमा खुला छ । भारत पहिला अनुदार थियो, पछिल्लो समय उसले विदेशी लगानी आउँछ भने सुरक्षा

क्षेत्रमा पनि स्वागत छ भनेको छ । नेपालमा हामीले त्यो खालको उदारता देखाउन सकेका छैनौं ।

विदेशीहरूले नेपालमा लगानी गरेपछि हुने वैध नाफा लैजान कत्तिको सहज छ भनेर हेर्छन् नै । हामी चाहिँ यसका लागि पनि आठनौ महिना लगाइदिने दरिलो कानुनी व्यवस्था गरेर बसेका छौं ।

दोस्रो सर्त प्रक्रिया

लगानीकर्तालेे कानुनी प्रक्रिया पूरा गर्न कति ओटा द्वार चहार्नुपर्छ ? जति धेरै द्वार भयो, त्यति धेरै ढिलासुस्ती र भ्रष्टाचार हुन्छ । पछिल्लो समय यो काम लगानी बोर्डमार्फत गर्ने भनिएको छ । तर अझै पनि लगानीकर्ताले छिर्नुपर्ने पाँचसात ओटा द्वार देखिन्छन् । ती आवश्यक हुन् भने सबैलाई सोहोरेर एउटा शाखा वा विभाग बनाउनुपऱ्यो । तर त्यस्तो सोच पलाएको देखिन्न । कर्मचारीतन्त्रमा अझै कस्नुपर्छ, रोक्नुपर्छ भन्ने मानसिकता छ । यो मानसिकता नबदलिएसम्म लगानीकर्तालाई सजिलो हुन्छ जस्तो लाग्दैन ।

भोलि कुनै विदेशी लगानीकर्ताको व्यावसायिक विवाद भयो भने कसरी निरूपण गर्ने ? नेपालकै अदालत जाने कि पेरिस, सिङ्गापुर वा लन्डनको अन्तर्राष्ट्रिय मध्यस्थता खोज्ने ? नेपालकै पाटन उच्च अदालतमा विवाद निरूपण हुन्छ भन्दा विदेशी लगानीकर्ताहरू विश्वस्त हुने अवस्था देखिँदैन । नेपालका अदालतमा बाहिरी प्रभाव पर्छ, लेनदेन हुन्छ भन्ने बुझाइ छ ।

तेस्रो र चौथो सर्त

उद्योगका लागि जमिनको उपलब्धता कस्तो छ ? सस्तो, महँगो के छ भन्नेमा विदेशी लगानीकर्ताको तेस्रो महत्त्वको चासो हुन्छ । चौथोमा विदेशी कर्मचारी आउजाउमा भिसा प्रक्रिया सहज, असहज के छ भन्ने सवाल छ ।

नेपालमा भिसा नवीकरण गर्न १० ठाउँ धाउनुपर्ने, पैसा नखुवाएसम्म केही नहुने र वाक्क भएर फर्कनुपर्ने अवस्था छ । कोरियालीहरूले मसँग यस्तै गुनासो गरेका थिए ।

रूवान्डाले देशमा चलेको कुनै परियोजनासँग सम्बन्धित विदेशको भिसासम्बन्धी सबै काम एकै दिनमा गरिदिने व्यवस्था मिलाएको छ । हामीले यस्ता कुरामा पनि विचार गर्नुपर्छ ।

माथि चर्चा गरिएका चार आयामबारे कागजमा के लेखिएको छ भन्ने मात्र होइन, अभ्यास कस्तो छ भनेर हेर्नुपर्छ । एउटाको फरेन डाइरेक्ट इन्भेस्टमेन्ट (एफडिआई) रिपोर्टसम्बन्धी अनुभव नराम्रो भयो भने सबैले थाहा पाइहाल्छन् । अमेरिकी वा युरोपेली लगानीकर्ता हो भने त विश्वले नै थाहा पाउँछ । त्यस्ता बेला लगानीकर्ताहरूले नेपाल जाने ठाउँ होइन रहेछ, बरू भारत, रूवान्डा वा भियतनाम जाऔं भन्न सक्छन् ।

लगानीले नाफा नै खोज्छ

विदेशी लगानी आउने भनेको धर्मकर्मका लागि नभएर नाफा कमाउनै हो भन्ने कुरा स्पष्ट छ । लगानीकर्ताले नाफा लगोस् तर कर तिरोस्, रोजगारी देओस्, प्रविधि हस्तान्तरण होस्, अर्थतन्त्रका ब्याकवार्ड-फरवार्ड लिङ्केजहरू स्थापित होऊन्, अर्थतन्त्रको आकार बढ्दै जाओस् भन्नेमा हाम्रो सोच केन्द्रित हुनुपर्छ । तर विदेशी आउँछन्, लुट्छन् भन्ने सोच हामीकहाँ हाबी छ ।

अझ हामीलाई चाहिएको आत्मनिर्भर अर्थतन्त्र हो, विदेशी पुँजी चाहिँदैन भन्ने 'राष्ट्रवादी' दृष्टिले हामीलाई कहीँ पुऱ्याउँदैन । हामीले यस्तो अनुदार सोचको परिणति भोगेको ७० वर्ष भइसक्यो । अब यसबाट मुक्त हुनैपर्छ ।

हामीसँग न समुद्र छ, न तेलको प्राकृतिक भण्डार, न त ठूलो बजार नै । तेल, ग्यास, हीरा आदिको प्राकृतिक भण्डार भए कर्मचारीतन्त्र

या शासन व्यवस्था जतिसुकै भ्रष्ट भए पनि विदेशी लगानी आउँछ । तर हामीसँग न बजार ठूलो छ, न छेलोखेलो स्रोत ।

हामीकहाँ ऊर्जा, कृषिलगायत केही क्षेत्रमा १०-१५ प्रतिशत प्रिमियम हुन सक्छ । त्यो हेरेर, नेपालीप्रति माया पनि लागेर सीमान्त लगानी आउने हो, जुन यहाँ अलिकति झमेला हुनासाथ अन्यत्र गइहाल्छ ।

त्यसैले विदेशी लगानी भित्र्याउन बोलीवचनदेखि कानुनी र संस्थागत संरचनासम्मका सवालमा लगानीमैत्री हुनुपर्छ । विश्वले पत्याएको एउटै मात्र कम्पनी नेपाल आइदियो भने हामीलाई पुग्छ । किनभने एउटा राम्रो कम्पनी भित्र्याउन सक्दा बाँकी विश्वका लागि त्यो प्रमाणपत्र हुन्छ ।

उदाहरणमा भियतनाम, मलेसिया या कोस्टारिकालाई हेर्नुहोस् । उनीहरूले उदार नीति अपनाए । चिप बनाउने इन्टेल कम्पनी ती देशसँग जोडियो । इन्टेल चीन जान सक्थ्यो । तर एक अर्ब लगानी लिएर भियतनाम गइदियो । इन्टेल नै गएपछि अरू लगानीकर्ता पनि ह्वारह्वार्ती गए ।

कोस्टारिकामा पनि इन्टेलले लगानी गरेपछि केरा बेचेर बसेको देश इलेक्ट्रोनिक्समा उक्लियो । एउटा ठूलो विदेशी कम्पनी आउँदा देशको लगानी वातावरण नै अर्को बन्छ ।

सङ्कीर्णता बाधक

नेपालमा हामी हतारमा ऐनकानुन बनाइरहेका छौँ । पर्याप्त छलफल भएन, कार्टेलहरू नै हाबी भए भन्ने समाचार आइरहेकै छन् । मनग्गे छलफल र विज्ञहरूको रायबिना गरिएका कामले नतिजा दिँदैनन् है भनेर अमेरिकी राजदूतले सम्झाएका छन् ।

पर्याप्त छलफल नहुनु र विज्ञको राय नलिनुमा सङ्कीर्णताले बाधकको काम गरेको देखिन्छ । मूल कुरा, हामीकहाँ भियतनाम, मलेसिया या कोस्टारिकामा जस्तो 'लगानी भोक' नै देखिएको छैन ।

लगानी सम्मेलनमा लगानी प्रतिबद्धता आएर मात्र हुँदैन, हामीले विश्वसनीय आधार बनाउन र लगातार 'फलोअप' गर्न सक्नुपर्छ । आवश्यक पर्‍यो भने प्रधानमन्त्री पनि जानुपर्छ ।

चीनका राष्ट्रपति, भारतका प्रधानमन्त्री फेसबुकका सिइओसँग कुरा गर्ने, गुगलका सिइओसँग लन्च गर्ने र माइक्रोसफ्टका बिल गेट्ससँग डिनर खाने गर्छन् । त्यो व्यक्तिगत 'अटेन्सन' लगानी आकर्षणकै लागि हो । ऐनकानुन पनि त्यसैअनुसारका भएनन् भने त्यस्तो अटेन्सनले काम गर्दैनन् । लगानी आकर्षणका लागि अहिले नेपाल सरकारले गरिरहेको काम पर्याप्त हो, होइन भन्ने चाहिँ नजिताले नै देखाउँछ ।

अनलाइनखबर, चैत ४, २०७५

सरकार : असाधारण अवसर, औसत उपलब्धि

सरकारको मूल्याङ्कन सापेक्षतामा पनि हुन्छ, निरपेक्षतामा पनि । प्रधानमन्त्री केपी शर्मा ओली नेतृत्वको कम्युनिस्ट सरकारको एकवर्षे उपलब्धिको समीक्षा निरपेक्ष रूपमा गर्नै मिल्दैन। किनकि जुद्धशमशेरयताकै सबैभन्दा शक्तिशाली यो सरकारसँग सुरूकै दिनदेखि नतिजामूलक काम गर्ने ऐतिहासिक अवसर-अनुकूलता थियो । आन्तरिक विरोध थिएन । बाह्य हस्तक्षेप थिएन । भव्य बहुमत हासिल गरेर पाँच वर्षका लागि बनेको स्थिर र शक्तिशाली सरकारबाट जनताले ठूलो अपेक्षा राखेका हुन्छन् । ओली सरकारको मूल्याङ्कन जनअपेक्षाको सापेक्षतामा गर्नुपर्छ । उसका कामलाई उसकै चुनावअघिका वाचाहरूको तुलनामा हेर्नुपर्ने हुन्छ । अवसरको अनुपातमा उपलब्धि केकति भए त ?

सुरूमै ओली सरकारले एउटा न्यारेटिभ (भाष्य)को निर्माण र प्रचार गऱ्यो– सङ्घीयताको फितलो कार्यान्वयन र अर्थतन्त्र डामाडोल भएका बेला हामी सत्तामा आयौं । र पहिलो वर्ष थिति बसाउनमै बित्यो । जग हाल्दाहाल्दै समय गयो । तर यो न्यारेटिभमा सत्य र इमानको अंश कति छ ? यो प्रश्नको उत्तर खोज्न हामीले आफैंसँग अर्को एउटा प्रश्न सोध्नुपर्छ– विगत १०/११ वर्षमा सत्ताको बागडोर सबैभन्दा बढी कसको हातमा थियो ?

अहिलेको सत्तारूढ दलमा एकाकार भएका पहिलेका दुई कम्युनिस्ट पार्टी (एमाले र माओवादी) शान्तिप्रक्रिया सुरू भएपछिको

७० प्रतिशतभन्दा बढी समय सत्ताको नेतृत्वमै थिए । चुनावअघि गठबन्धन बनाएपछि उनीहरूले स्पष्ट बहुमत हासिल गर्ने र सरकार बनाउने निश्चितप्रायः थियो । समुन्नति र सुशासनबारे गृहकार्य गर्ने समय प्रशस्त थियो । यसैले ओली सरकारलाई "भर्खर सत्तामा आएका छौं र सिक्दै छौं" भन्ने नैतिक अधिकार छैन ।

पहिलो तीन महिना मैले यो सरकारलाई शङ्काको लाभ दिएको थिएँ । सरकार बनेको छ महिनापछि भने मेरो आशा मर्न थाल्यो र ओली सरकारको अनुकूलता ओइलाएको विश्लेषण गरें । अवसर र अपेक्षाको अनुपातमा काम सुस्त वा ठीकै मात्र देखियो, उत्कृष्ट भएन । सरकारले केही राम्रा काम नगरेको होइन– केही आवश्यक कानुन बनाएको छ, बनाउँदै छ । लगानी सम्मेलनको तयारी गर्दै छ । केही मन्त्रालय सक्रिय हुन खोजेका छन् । जस्तै, श्रम मन्त्रालयले सामाजिक सुरक्षा र न्यूनतम रोजगारसँग सम्बन्धित कार्यक्रम ल्यायो ।

यीमध्ये कति काम नियमित 'ब्युरोक्र्याटिक मेसिन'का उपज हुन्; कति चाहिँ नयाँ राजनीतिक सोच, जाँगर र नेतृत्वको पहल ? दुईतिहाइ बहुमत र हर प्रकारको अनुकूलता पाएको सरकारले बलियो राजनीतिक इच्छाशक्ति झल्किने खालका काम जोखिम मोल्दै गर्नुपर्ने हो । तर सरकारले यस्ता काम कति गऱ्यो त भनेर जाँच्नुपर्छ ।

छ महिनाअघि मैले पाँच कोणबाट ओली सरकारको अनुकूलता ओइलाएको विश्लेषण गरेको थिएँ, जुन अहिले पनि सान्दर्भिक छन् ।

पहिलो- के राजनीति अनुदार र असहिष्णु बन्दै गएको हो ? यो लोकतान्त्रिक तरिकाले निर्वाचित बहुमतको सरकार हो । तर यसका क्रियाकलाप कति लोकतान्त्रिक छन् ? अहिलेसम्म सरकारको वैधतामा प्रश्न उठेको छैन । यो सरकार उदार लोकतान्त्रिक कित्तामा छ कि अनुदारवादी ? टर्की, भेनेजुएला, फिलिपिन्स, हङ्गेरी र हाम्रै छिमेकी मुलुक भारतमा पनि लोकतान्त्रिक तरिकाले निर्वाचित सरकारहरू अनुदार र अलोकतान्त्रिक बन्दै गएका देखिन्छन् । कानुनी शासन, शक्तिको पृथकीकरण र मौलिक हकका विषयमा सरकारले

लोकतान्त्रिक मान्यताहरूलाई तिलाञ्जलि दिएको देखिन्छ । एक जना उपकुलपतिलाई अपहरणको शैलीमा विमानस्थलबाट उठाएर बालुवाटार पुऱ्याउँदाको घटनादेखि निर्मला हत्याकाण्ड अनि बुद्धिजीवीलाई थला पार्ने मनसायदेखि पशुपति शर्मा प्रकरणसम्म आइपुग्दा सरकारको स्वरूप र आचरण अनुदार, असंवेदनशील र असहिष्णु बन्दै गएको त होइन भन्ने प्रश्न गर्नुपर्छ ।

दोस्रो- नीतिगत प्रस्थान र क्रमभङ्गताको छनक कतै देखिन्छ ? अलोकतान्त्रिक भए पनि आठ दशकअघि जुद्धशमशेरको सरकारले एकै पटक बैङ्किङ ऐन ल्यायो, कम्पनी ऐन ल्यायो, २९ ओटा कारखाना खोल्यो, सामन्तवादी कृषिमा आधारित अर्थतन्त्रलाई आधुनिकतातिर डोऱ्यायो । नेपालको अर्थतन्त्रमा त्यो साँच्चै एउटा क्रमभङ्गता थियो । २००८ सालमा सुवर्णशमशेरले ल्याएको बजेट पनि महान् क्रमभङ्गता थियो । पहिला राज्यको राजस्व राणाहरूको खल्तीमा जान्थ्यो । राष्ट्रको आम्दानीलाई महाराजको निजामती धन भनिन्थ्यो । पहिलो पटक सुवर्णशमशेरले राज्यकोष खडा गरेर तीन करोड पाँच लाख रूपैयाँ आम्दानी अनुमान गरिएको बजेट बनाए । २०१५ सालको चुनावपछि आएको सरकारले ल्याएको बजेट त ऐतिहासिक नै थियो । त्यति छोटो समयमा त्यति दीर्घकालीन प्रभाव पार्ने बजेट ल्याएको त्यो नै पहिलो र अहिलेसम्मकै एक मात्र घटना हो ।

२०४६ सालको जनआन्दोलनपछि बनेको प्रजातान्त्रिक सरकारले पनि पञ्चायतले थिलथिलो बनाएको अर्थतन्त्रलाई सकारात्मक दिशामा लग्यो । त्यस बेला पञ्चायत सरकारले कुल गार्हस्थ्य उत्पादनको ४३ प्रतिशत ऋण थुपारेर अर्थतन्त्र डामाडोल बनाएर छाडेको थियो । माओवादीहरूले समेत केही न केही गर्न खोजे । बाबुराम भट्टराई अर्थमन्त्री बन्दा राजस्व चुहावट कम भयो र खर्च गर्ने सामर्थ्य बढ्यो । तर यत्रो ऐतिहासिक अवसर पाएको वर्तमान सरकारले राज्य सञ्चालनमा साँच्चै क्रमभङ्गता ल्याउन सकेको छ त ? आर्थिक योजना र बजेटमा निरन्तरता देखिन्छ, क्रमभङ्गता होइन ।

तेस्रो- व्यक्तिवादी निर्देशन र निर्णयचक्रको 'ट्रेड-अफ' वा द्वन्दमा प्रशासन अकर्मण्य बनेको हो ? यो सरकारले गभर्नेन्स (शासन)लाई ग्ल्यामर (आकर्षण)का रूपमा हेरेको देखिन्छ । प्रधानमन्त्री र मन्त्रीहरू क्यामेराअगाडि उभिन्छन् र कर्मचारीलाई निर्देशन दिन्छन् । तर शासन त एक जटिल र झन्झटिलो प्रक्रिया हो । प्रभावकारी शासनका लागि जोतिएको जोतियै गर्नुपर्छ । २०/२५ पटकसम्म नीति र विधेयकका मस्यौदा अध्ययन गर्नुपर्‍यो, मन्थन गर्नुपर्‍यो, सुझाव लिएर परिष्कृत बनाउनुपर्‍यो । त्यसपछि मात्रै तिनले वैधता पाउँछन् । त्यतिले मात्रै पुग्दैन, ब्युरोक्रेसीले त्यसलाई बोक्नुपर्‍यो, अपनत्व लिनुपर्‍यो । त्यसपछि कार्यान्वयनको अनन्त अनुगमन र मूल्याङ्कन गर्नुपर्‍यो । सकारात्मक नतिजा नआए कोर्स करेक्सन गर्नुपर्‍यो । यस्तो पोलिसी साइकलमा नगई केवल निर्देशन दिएको भरमा काम हुने अपेक्षा गर्नु भनेको अनुभवहीन अक्षमता प्रदर्शन गर्नु हो । यस्तो शासनशैली अल्पायुको सरकारलाई सुहाउला । तर स्थिर सरकारलाई सुहाउन्न ।

चौथो- सरकारको अन्तर्राष्ट्रिय सम्बन्धहरूमा सन्तुलन र परिपक्वता देखिन्छ ? नेपाल राज्य विगत ६५ वर्षदेखि राष्ट्रसङ्घको सेरोफेरोमा स्थापित अन्तर्राष्ट्रिय विधि, संरचना र 'अर्डर'मा बाँधिँदै आएको छ । त्यसलाई बिथोल्ने प्रयास भइरहेको छ । होली वाइन काण्ड होस् वा भेनेजुएला प्रकरण, सरकारको परराष्ट्र नीतिमा विचलन देखिन्छ । सरकारले भारत र चीनलाई मात्रै रिझाउन खोजेको प्रतीत हुन्छ । तर दिल्ली र बेइजिङ नै पनि काठमाडौँसँग विश्वस्त छन् भन्ने आधार देखिन्न । पाँचौं र सबैभन्दा महत्त्वपूर्ण कोण हो- शिथिल र त्रस्त अर्थतन्त्र । लगानीमा संशय र उद्यममा निराशा यथावत् छ । अर्थमन्त्रीले तामझामका साथ श्वेतपत्र जारी गरे । तर त्यसको विश्वसनीयता र मनोवैज्ञानिक असरबारे तत्काल प्रश्नहरू उठे । त्यही श्वेतपत्रमा प्रयोग भएका सूचकाङ्कका आधारमा हेर्ने हो भने पनि देशको आर्थिक स्थिति अहिले निराशाजनक छ ।

बजेटमा आठ प्रतिशत आर्थिक वृद्धि गर्ने भनियो । तर छ प्रतिशतको आर्थिक वृद्धि भए ठूलो उपलब्धि मान्नुपर्ने स्थिति छ । व्यापक रोजगारी सिर्जनाका लागि अर्थतन्त्र चलायमान बनाउन राज्यले सार्थक हस्तक्षेप गरेको देखिँदैन । वर्षमा झन्डै पाँच लाख युवा श्रमबजारमा आइपुग्छन् । करिब पाँच सय उद्योग दर्ता भई सञ्चालनमा आए २८/३० हजार रोजगारी सिर्जना हुन सक्छ । लोकसेवा आयोगले नौदस हजार जतिलाई औपचारिक क्षेत्रमा रोजगारी देला । बाँकीले के गर्ने ? व्यापार घाटा, शोधनान्तर, मुद्रास्फीति र ब्याजदरका समस्या ज्युँका त्युँ छन् । विकास खर्च सुस्त छ । यस आर्थिक वर्षको सात महिनामा पुँजीगत खर्च त्यही २३ प्रतिशत हाराहारीमा छ । प्रत्यक्ष वैदेशिक लगानी डलर मूल्यमा ४६ प्रतिशतले घटेको छ । आन्तरिक लगानी प्रतिबद्धतामा पनि कमी आएको छ । दलकेन्द्रित आसेपासे पुँजीवादको अभ्यास चर्केको हो कि भन्ने चिन्ता छ । बूढीगण्डकी, वाइडबडी, मेलम्ची र निजगढ विवाद संस्थागत भ्रष्टाचार मौलाएका उदाहरण हुन् । संसद् र अख्तियारदेखि हरेक मन्त्रालयमा बेथिति र अपचलनको चाङ लागेको कुरा मिडिया लेख्छन् । राजस्व थुप्रिएर बसेको छ, भुक्तानी नहुँदा बैङ्किङ र वित्तीय क्षेत्रमा अस्थिरता छ ।

तथ्याङ्कको विश्वसनीयतामाथि पनि प्रश्न उठ्दा आर्थिक अवस्थाको वास्तविक चित्र खोज्न कता जाने ? सरकारको वस्तुनिष्ठ मूल्याङ्कन कसरी गर्ने ? लामो समय राजनीतिक हस्तक्षेपबाट बाहिर राखिएका र सापेक्षिक रूपले व्यावसायिक भन्न मिल्ने संस्था दबाबमा छन् । नेपाल राष्ट्र बैङ्कमाथि हस्तक्षेप छ । तथ्याङ्क विभाग, राष्ट्रिय योजना आयोग र प्राकृतिक तथा वित्त आयोग सबै भीमकाय अर्थ मन्त्रालयका साना शाखा जस्ता छन् ।

यसरी ऐतिहासिक अनुकूलता, चुनावअघिका वाचा र जनअपेक्षाको आलोकमा हेर्दा यो सरकारको काम औसत मात्र छ । सोचे जति काम गर्न नसक्नुमा तलका तीन कारण कुन हदसम्म सही छन् भन्ने आत्मसमीक्षा सरकारले गरोस् ।

एक- बृहत् टिमको अभाव । 'इन्सुलर' र अन्तर्मुखी सरकार आफ्नै प्रोपोगान्डामा फस्ने र निकास दिन नसक्ने खालको हुँदै जाने रहेछ । प्रधानमन्त्रीको 'कोर' टिममा तीनचार जना मन्त्री र सल्लाहकार मात्र अटाएका छन् । यस्तो जटिल, विविधतापूर्ण समाज र ३० खर्ब रूपैयाँको अर्थतन्त्रको व्यवस्थापन साँघुरो टिमबाट मात्र हुन सक्दैन । कार्यान्वयनलाई अभियानका रूपमा अघि बढाउने महागठबन्धन नै चाहिन्छ । आफ्नै दलभित्रका विभिन्न खेमा र बाहिरका विज्ञहरूको विश्वास जित्न सकिएको छ ? सहयोग लिइएको छ ? बालुवाटारको सानो घेराले देशलाई अठ्याउँछ मात्रै, फड्को मार्ने नेतृत्व दिन गाह्रो हुन्छ ।

दुई- सरकारले कर्मचारीतन्त्रलाई चलायमान बनाउन सकेन । समायोजनका मुद्दा कचल्टिएका छन् । सङ्घीयतामा पनि केन्द्रीकृत मानसिकता हाबी छ । प्रमुख जिल्ला अधिकारीलाई सबै अधिकार दिएर समानान्तर सरकार चलाउने केन्द्रको प्रवृत्ति संविधानको मर्म र सङ्घीयताको अभ्यासविपरीत भएको कुरा सत्तापक्षीय मुख्यमन्त्रीहरूकै छ ।

तीन- प्रतिपक्ष, अन्तर्राष्ट्रिय समुदाय, नागरिक समाज र निजी क्षेत्र सबैमाथि एकसाथ धावा बोल्दै गजक्क परेको दम्भी मुद्रामा सरकार छ । उनीहरूलाई विश्वासमा लिएर अघि बढ्नुको साटो तिनकै तेजोवध गर्न उद्यत भएको त होइन ? आलोचना पटक्कै सहन नसक्नु सरकारको ठूलो कमजोरी हो ।

अझै चार वर्ष बाँकी छन् । कोर्स करेक्सन भए सरकारले काम गरेर देखाउने समय अझ पर्याप्त छ । सरकार सच्चिएर, झकझकिएर अघि बढे यी प्रारम्भिक अप्ठ्यारा क्षम्य होलान्, नत्र इतिहासको मूल्याङ्कन निर्मम हुने निश्चित छ ।

काठमाडौं प्रेस, फागुन ९, २०७५

मुद्राकोष गुहार्न नपरोस्

विदेशी मुद्राको सञ्चिति अहिल्यै चिन्ताको विषय होइन । तर यही रफ्तारमा हाम्रो सञ्चिति घट्दै गए भुक्तानी सन्तुलनमा जोखिम आउन सक्छ

अहिले मुलुकको बाह्य क्षेत्र कमजोर छ। बलियो सरकार हुँदा पनि नेपालको निर्यात चालु आर्थिक वर्षको पाँच महिनामा जम्मा ५.३ प्रतिशत (अमेरिकी डलरमा)ले बढेको छ। अघिल्लो वर्षको यही अवधिमा निर्यात करिब १५ प्रतिशतले बढेको थियो। निर्यात कम बढ्नु भनेको हामीले सार्थक सुधार गरेका छैनौं वा गरेको सुधारले काम गरेको छैन भन्ने हो। यो वर्षको पाँच महिनामा आयात २१ प्रतिशत बढेको छ। अर्थतन्त्र बलियो भएको भए आयात बढी हुनु आफैंमा चिन्ताजनक होइन। तर निर्यात नहुनु चाहिँ अर्थतन्त्रको ठूलो समस्या हो। आयात बढ्दा उपभोगमा विविधता आउँछ, विकासका क्रियाकलाप बढ्छन् । विकासको प्रारम्भिक चरणमा पुँजी सङ्ग्रह बढाउने खालका आयात बढ्नु राम्रो हो। तर स्थिर सरकार हुँदा पनि निर्यातलाई किन बढाउन सकिएन भन्नेतर्फ गम्भीर बन्नुपर्छ ।

वैदेशिक लगानी र अनुदानमा कमी : सरकारप्रतिको अविश्वास

यस वर्षको पाँच महिनामा विदेशी लगानी आप्रवाह ४५.३ प्रतिशत घटेको छ। गत वर्ष यही अवधिमा ३२ प्रतिशतले बढेको थियो। यसले

सरकारप्रति लगानीकर्ताको अविश्वास रहेको हो कि भन्ने देखाउँछ । गत आर्थिक वर्षको पाँच महिनामा १० करोड ७७ लाख अमेरिकी डलर विदेशी लगानी आएको थियो, अहिले सोही अवधिमा पाँच करोड ८९ लाख डलर मात्रै आएको छ । यो पनि चिन्ताजनक विषय हो ।

त्यस्तै नेपालमा विदशी द्विपक्षीय तथा बहुपक्षीय दाताले दिने अनुदान रकम पनि १६ प्रतिशतले घटेको छ । गत वर्ष ६.४ प्रतिशतले बढेको थियो । गत आर्थिक वर्षको पाँच महिनामा विदेशबाट अनुदान २६ करोड ३२ लाख अमेरिकी डलर प्राप्त भएकामा यस वर्षको सोही अवधिमा २२ करोड चार लाख डलर मात्रै आएको छ ।

भुक्तानी सन्तुलन सङ्कटप्रति सजग हुनुपर्छ

बढ्दो व्यापार घाटा, घट्दो विदेशी लगानी र अनुदानका कारण यस वर्षको पाँच महिनाको समग्र शोधनान्तर स्थिति ६७ करोड अमेरिकी डलरले घाटामा छ । यसरी भएको उच्च घाटा मुलुकमा रहेको विदेशी मुद्राको सञ्चिति घटाएर बाहिरियो । अब हामी छसात महिनाको मात्रै आयात धान्न सकिने विदेशी मुद्राको सञ्चिति रहेको अवस्थामा पुग्यौं । विदेशी मुद्राको सञ्चिति अवस्था अहिल्यै ठूलो चिन्ताको विषय होइन, सुविधाजनक नै हो । मध्यम आय भएका देशहरूमा जस्तो विदेशीकर्ताले प्रत्यक्ष वा पोर्टफोलियो लगानी झिक्ने, बाहिर लैजाने किसिमको स्थिति हाम्रो छैन । तर यही रफ्तारमा हाम्रो सञ्चिति घट्दै गयो भने भुक्तानी सन्तुलन जोखिमको अवस्थामा पुग्न सक्छौं । त्यस्तो अवस्थामा हामीले अन्तर्राष्ट्रिय मुद्रा कोष (आइएमएफ)लाई गुहार्नुपर्ने हुन सक्छ । आइएमएफका मूलतः तीन सुविधा छन् । अल्पविकसित मुलुकका रूपमा नेपालले समस्या तत्काल समाधानका लागि अल्पकालीन ऋण सुविधा (एससिएफ) लिन सक्छ । समस्या चर्कंदै गएको अवस्थामा विस्तारित ऋण सुविधा (इसिएफ)मा जानुपर्छ । र समस्या गहिरिँदै गएर दीर्घकालीन ऋण नै लिनुपर्ने भयो भने गरिबी न्यूनीकरण तथा आर्थिक वृद्धि कोष (पिआरजिटी)को उपयोग गर्नुपर्ने

हुन सक्छ । त्यसमा जाँदा हामीले उनीहरूका विभिन्न सर्त मान्नुपर्ने हुन्छ । अहिले नै त्यो अवस्थामा पुगिँदैन । सञ्चिति घट्ने मात्रा यही स्थितिमा कायम रहे एससिएफका लागि छलफल भने गर्नुपर्ने हुन सक्छ ।

अहिले दुईतिहाइ बहुमतको सरकार हुँदा पनि निर्यात, विदेशी लगानी, अनुदानलगायत घट्नुको अर्थ के हो भने सरकारले विश्वसनीय सुधारका पहल लिन सकेको छैन । विदेशी लगानी नआउनु भनेको निजी लगानीकर्ता हतोत्साही हुनु हो । अनुदान घट्नु भनेको विदेशी सरकार वा संस्थाहरूले नेपालको अवस्थाप्रति विश्वस्त नभएर 'पर्ख र हेर'मा बसेको हो कि जस्तो लाग्छ । हामीले आइएमएफलाई गुहार्नुपर्‍यो भने त्यसले नेपाल साँच्चै सङ्कटमा परेको सन्देश जान्छ । हामीले दुई दशक लामो अस्थिरतापछि स्थिरता कायम भएको, आर्थिक सुधार गरिरहेको सन्देश प्रवाह गरी विदेशी लगानी आकर्षित गर्न चाहिरहेका छौं । यस्तो अवस्थामा सङ्कटको सन्देश गयो भने ठूलो घाटा लाग्नेछ । त्यसैले त्यस्तो अवस्था आउनुअघि नै सरकार समस्या समाधानमा गम्भीर भएर लाग्नुपर्छ । निर्यात आजको भोलि ठूलो मात्रामा बढाउन सकिन्न । त्यसो हुँदा सरकारले आयात नियन्त्रण गर्नुपर्ने हुन सक्छ । त्यस दिशामा सरकारले केही काम गरेको पनि देखिन्छ । विदेशी सञ्चिति धेरै नघटोस् भनेर त्यसो गर्नुपर्ने हुन्छ । तर त्यसले विकास निर्माणलाई प्रभावित पार्छ, उपभोक्ताको हितलाई असर पार्छ । आयात नियन्त्रण सबल अर्थतन्त्रको सूचक होइन । लोकतन्त्रमा त्यसलाई नागरिक स्वतन्त्रताको सङ्कुचनका रूपमा पनि व्याख्या हुन सक्छ । सुधारोन्मुख अर्थतन्त्रले त्यसो गर्दैन ।

सरकारले गफ दिएर बस्ने होइन, आर्थिक युद्धकक्षमा बसेर काम गर्ने हो

प्रधानमन्त्रीले विभिन्न समयमा अनावश्यक कुरा गरिरहेको देखेको छु । विगत तीन दिनमा मात्र उहाँले सुपर कम्प्युटरको कुरा गर्नुभयो,

नेपालको विकास देखेर विश्व नै आश्चर्यचकित परेको बताउनुहुन्छ । यस्ता उरन्ठेउला कुरा गर्दै हिँड्ने बेला होइन । मुलुकमा आर्थिक सङ्कट आउने सङ्केत छन् । त्यसो हुँदा सम्भावित सङ्कट रोक्न ढोका थुनेर गहन विश्लेषण गर्ने र काम गर्ने बेला हो । प्रधानमन्त्रीको कार्यालय, अर्थ मन्त्रालय, उद्योग-वाणिज्य मन्त्रालय, योजना आयोग, राष्ट्र बैङ्कलगायत संस्था एउटा इकोनमिक वार रूम (आर्थिक युद्धकक्ष)मा बसेर काम गर्नुपर्ने हो । सरकार बनेको एक वर्ष भयो । तर यसबीचमा भएका आर्थिक सुधारका नतिजाहरू किन आएनन् भनेर मिहीन विश्लेषण गर्नुपर्ने हो । समग्र अर्थतन्त्रको संरचनात्मक सुधार किन हुन सकेन भनेर हेर्नुपर्ने हो ।

लगानी सम्मेलन चुनौतीपूर्ण

मार्चमा नेपालले अर्को अन्तर्राष्ट्रिय लगानी सम्मेलन गर्दै छ । तर यसबीचमा आँकडाहरूले उल्टो बाटो देखाइरहेका छन् । अघिल्लो लगानी सम्मेलनमा भएको लगानी प्रतिबद्धताअनुरूपको लगानी एक सुका पनि आएको छैन भनिएको छ । त्यसो हुँदा दुईचार ओटा नयाँ ऐन बनायौं, लौ लगानी गर्न आऊ भनेर आह्वान गर्दा त्यसले अपेक्षित नतिजा दिँदैन । त्यसमाथि डुइङ बिजनेस प्रतिवेदनमा हाम्रो स्थान एक सय पाँच बाट खस्केर एक सय १० मा पुगेको छ । हाम्रो अवस्था कमजोर भएर मात्र होइन कि हाम्रोभन्दा अन्य मुलुकले सुधार गरेका कारण त्यस्तो भएको हो । त्यस्तै भ्रष्टाचार सूचकाङ्कमा पनि हाम्रो अङ्क उही छ । तर र्‍याङ्किङमा भने दुई स्थान तल झरेका छौं । अन्य मुलुकले उन्नति गर्दा हाम्रो सापेक्षिक वरीयता पनि झर्छ, यसलाई ख्याल गर्नुपर्छ ।

उत्पादन र निर्यात बढाउन गम्भीर सुधार चाहिन्छ

मुलुकमा उत्पादन लागत निकै उच्च छ । हामी भूपरिवेष्टित रहेका कारण र आन्तरिक समस्याले लागत बढाएका छन् । भारूसँग नेपाली

रूपैयाँको विनिमय दर पेग गरिएका कारण हाम्रो मुद्राको अधिमूल्यन भएको छ । त्यसो हुँदा उत्पादन र निर्यात बढाउन गहिरो सुधार आवश्यक पर्छ । संरचनात्मक सुधार चाहिन्छ । हामीले लागत घट्ने किसिमका सुधार केही पनि गरेका छैनौं । व्यापारको लागत, कारोबारको लागत, ट्रान्जिट लागत, भन्सारलगायतको प्रक्रियामा सुधार हुन सकेको छैन । सरकारले राजस्व सङ्कलनमा केही सुधार ल्याउन खोजेको छ । तर त्यसको अधिक हिस्सा सङ्घीयता धान्ने अनुत्पादक चालु खर्चमै सीमित हुने सङ्केत छन् ।

तरलता सङ्कटको गहिराइ

मुलुकबाट पुँजी पलायन भएका कारण तरलता समस्या परेको कतिपयले भनिरहेका छन् । तर आधिकारिक तथ्याङ्कमा चाहिँ त्यस्तो भेटिन्न । अनौपचारिक माध्यमबाट पैसा बाहिर गएको हुन सक्छ । रेमिट्यान्सको वृद्धिदर पाँच महिनामा १९ प्रतिशत बढेको छ । त्यसको प्रभावस्वरूप बैङ्कमा निक्षेपको वृद्धि २१ प्रतिशत देखिन्छ । तर यसबीचमा कर्जाको वृद्धि पनि उच्च नै छ । त्यसले पनि तरलतामा दबाबमा पारेको छ । सरकारले राम्रै राजस्व सङ्कलन गरेको छ । तर खर्च गर्न सकेको छैन । माघ १७ सम्म केन्द्र सरकारको जम्मा २० प्रतिशत पुँजीगत खर्च भएको छ । प्रदेश सरकारहरूको अवस्था झन् दयनीय छ । सरकारी खातामा थुप्रिएको रकम खर्च नहुँदा पनि तरलतामा केही चाप परेको अनुमान गरिन्छ ।

अहिले मुलुकमा लगानीको माहोल बनेको छैन । लगानी गर्दा पनि स्रोतलगायत विषयमा कडिकडाउ गरिएको छ । अनौपचारिक हिसाबले पैसा बाहिर गएका कारण लगानीयोग्य तरलताको आंशिक अभाव भएको उद्यमीहरू बताउँछन् । अर्थतन्त्रलाई पारदर्शी बनाउने र प्रणालीमा सुधार गर्ने अर्थमन्त्रीको सदिच्छा ठीक छ । तर एकै

पटक कस्दा अर्थतन्त्र नै ठहरावमा पुग्नेतर्फ पनि विचार पुऱ्याउनुपर्छ। अनुदार र असहिष्णु सुनिने उद्‌गारहरूले लगानी गर्न उत्सुक उद्यमीहरूलाई अन्य विकल्पको खोजी गर्ने अवस्थामा पुऱ्याउँछ। नेपालमा च्यारिटी गर्न लगानीकर्ता आउने होइन, प्रतिफल र लाभकै लागि हो। हामीले लखेटे उनीहरूका लागि दर्जनौं अरू मुलुकको ढोका खुला छ।

नयाँ पत्रिका, माघ २०, २०७५

लालचको खेलमा बूढीगण्डकी

प्रधानमन्त्री केपी शर्मा ओली संयुक्त राष्ट्रसङ्घ महासभालाई सम्बोधन गर्न जानुअघि बसेको मन्त्रिपरिषद् बैठकले एउटा आयोजनाबारे अर्थपूर्ण निर्णय गऱ्यो– बहुचर्चित बूढीगण्डकी जलविद्युत् आयोजना निर्माणको जिम्मा चाइना गेजुवा ग्रुप कर्पोरेसन (सिजिजिसी)लाई दिन वार्ता गर्ने । मन्त्रिपरिषद्को उक्त निर्णय गुपचुप राख्न खोजियो । तर सञ्चारमाध्यमले थाहा पाएपछि सरकार मुख खोल्न बाध्य भयो । ऊर्जा, जलस्रोत तथा सिँचाइमन्त्री वर्षमान पुनले यो निर्णय प्रधानमन्त्रीको एकल चासोमा भएको सङ्केत गरे ।

शेरबहादुर देउवा नेतृत्वको अघिल्लो सरकारले स्वदेशी प्रविधि र पुँजी परिचालन गरेर बूढीगण्डकी बनाउने भनेको निर्णय उल्टाएर गेजुवासँग एमओयू गर्न ऊर्जा मन्त्रालयलाई दिइएको निर्देशनले सम्बन्धित सबैको ध्यानाकर्षण गर्ने नै भयो । सरकारको अपारदर्शी चालले सम्बद्ध निकायका उच्च पदाधिकारीको नियत नै खोटो हो कि भन्ने प्रश्न पनि उब्जायो ।

२०६८ सालमा बाबुराम भट्टराई नेतृत्वको सरकारले राष्ट्रिय गौरवको दर्जा दिएको बूढीगण्डकी जलविद्युत् आयोजनालाई त्यसयता बनेका प्रायः सरकारले भकुन्डो बनाएका छन् । बूढीगण्डकी जस्तो 'फ्ल्यागसिप' आयोजनालाई अस्थिर बनाइरहनु दुर्भाग्यपूर्ण हो ।

इन्जिनियरिङ प्रोक्युरमेन्ट-कन्स्ट्रक्सन-फाइनान्स (इपिसिएफ) मोडलमा कुनै कम्पनीलाई आयोजना निर्माण गर्न दिनुको अर्थ सो

कम्पनीलाई आयोजनाको इन्जिनियरिङ आफैं गर, प्रोक्युरमेन्ट प्रक्रिया, निर्माण आफैं गर र आयोजनाका लागि आवश्यक ऋण पनि आफैं जुटाऊ भन्नु हो । उत्पादन भएपछि हामीले ऋण फिर्ता गर्ने हो (स्वभावतः औसतभन्दा चर्को मूल्यमा) ।

'बेल्ट एन्ड रोड इनिसिएटिभ'मार्फत चीनको ऋण विश्वभर फैलिएको छ । ऋणको मात्रा र असरले धेरै ठाउँमा विवाद भएका छन् । अहिले गेजुवालाई बूढीगण्डकी सुम्पनुको कारण पनि बिआरआईको ऋण उसैले मिलाएर यो आयोजना अघि बढाउँछ भन्ने अनुमान होला । तर पारदर्शिताबाट विमुख निर्णयलाई नेपाली जनताले सहज किसिमले लिनुहुँदैन । दूरगामी प्रभाव र महत्त्वका कुनै पनि निर्णय मध्यरातमा गर्दा नतिजा प्रिय नआएका उदाहरण हाम्रासामु बग्रेल्ती छन् ।

बूढीगण्डकी जस्तो महत्त्वाकाङ्क्षी आयोजना सस्तोमा ऋण ल्याएर प्रतिस्पर्धामार्फत मितव्ययी ढङ्गले बनाउनुपर्छ । तर अहिले यो आयोजनालाई कसरी महँगो बनाउने र त्यसबाट अवाञ्छित लाभ कति लिन सकिन्छ भन्ने विषयमा ठूला नेता र तिनका मतियार केन्द्रित भएको आभास हुन्छ ।

बूढीगण्डकी निर्णयले उब्जाएका प्रश्न

१. नेपाली जनताले इन्धन किन्दा तिरेको करबाट र अन्य नेपाली संस्थाको सामान्य लगानीयोग्य पुँजीबाट नै यो आयोजना बन्न सक्ने विश्वसनीय प्रतिवेदनलाई पन्छाएर एउटा विदेशी कम्पनीले बिन्तीपत्र हालेको भरमा बूढीगण्डकी जस्तो अपूर्व स्तरको महत्त्वाकाङ्क्षी आयोजनाको जिम्मा दिन खोज्नुले नेपाल राज्यको निरीहता र व्यक्तिविशेषका स्वार्थ झल्काउँछ ।
२. विभागीय मन्त्रालय र लगानी बोर्डको संस्थागत संलग्नताबिना निर्माण कम्पनीलाई "तिमी आफैं ऋण खोजेर बनाऊ" भन्नुले बलियो, स्वाधीन र स्थिर भनिएको वर्तमान सरकारको आर्थिक र कूटनीतिक नियत र हैसियतमाथि प्रश्न उठ्छ । प्रतिस्पर्धा छलेर सीधै हस्तान्तरण गर्ने प्रपञ्च रचिएको छ । चिनियाँ ऋण लिएर

चीनकै कम्पनीलाई नै दिने हो भने पनि त्यहाँका कम्पनीहरूबीच प्रतिस्पर्धा गराउन सकिन्थ्यो । गेजुवाबाहेक पहिले पनि चाइना पावर जस्ता कम्पनी इच्छुक थिए । प्रतिस्पर्धा भए १०/२० प्रतिशत लागत घट्छ, जुन रकममा अर्को तामाकोसी जलविद्युत् जस्तै परियोजना निर्माण हुन सक्छ ।

३. खराब पोर्टफोलियो रहेको गेजुवालाई आयोजना हस्तान्तरण गर्न मरिहत्ते गरिनुले कुनै व्यक्ति वा संस्थाको 'भेस्टेड इन्ट्रेस्ट' हाबी भएको देखिन्छ । पुष्पकमल दाहाल नेतृत्वको पूर्वसरकारमा कुनै पनि कर्मचारीले प्रक्रिया अघि बढाउन नमान्दा बिदा हुन लागेका ऊर्जामन्त्री स्वयम्ले एक जना कम्पनी प्रतिनिधिलाई समकक्षी मानेर सही गरेका थिए । उक्त निर्णयदेखि नै आयोजनाको वैधानिकतामाथि प्रश्न उठेको हो ।

४. सन् २०१४ मा प्रतिष्ठित अक्सफोर्ड विश्वविद्यालयका प्राध्यापकहरूको अनुसन्धानमा आधरित 'सुड वी बिल्ड मोर लार्जर ड्याम्स ? एक्चुअल कस्ट अफ हाइड्रोपावर मेगाप्रोजेक्ट डेभलपमेन्ट' शीर्षकको ऊर्जा नीति जर्नलमा ठूला बाँधसहितका जलाशययुक्त जलविद्युत् परियोजनामा औसत ९० प्रतिशतभन्दा बढी लागत वृद्धि भएको तथा ८० प्रतिशत आयोजना समयभन्दा ढिलो सकिने निष्कर्ष निकालिएको छ । ८० वर्षयता ६५ देशमा बनेका दुई सय ४५ ठूला जलाशययुक्त विद्युत् आयोजनाको अध्ययन गरिएको थियो । यसको मतलब अहिले तीन खर्ब लाग्ने भनिएको आयोजनाको लागत सकिने बेलासम्म अनेक बहानामा निकै बढी हुन सक्ने नजिर प्रशस्त छन् । एउटा आयोजनाले नै नेपालको वित्त सन्तुलन खलबल्याउने सामर्थ्य त राख्दैन ?

५. निर्माण लागत बढाएर नेपाली जनताको टाउकोमा ठूलो ऋण थोपर्ने र यसबाट व्यापक कमिसन हात पार्ने प्रयास हुन थालेको शङ्का छ । यसअघि पोखरा क्षेत्रीय अन्तर्राष्ट्रिय विमानस्थल बनाउन २१ करोड ६० लाख डलर बराबर चिनियाँ ऋण लिँदा

ठूलो रकमको चलखेल भएको अनुमान छ । बूढीगण्डकी जलविद्युत् आयोजनामा पनि चलखेलको मार्जिन ठूलो छ । कुल लागतको २० प्रतिशत 'तलमाथि' भनेको नै ५४ अर्ब रूपैयाँ हुन्छ ।

गेजुवासँग हचुवा सम्झौता

२०७४ असोज ८ गते संसद्को कृषि तथा जलस्रोत समिति र अर्थसमितिको संयुक्त बैठकले हचुवामा गेजुवासँग गरेको एमओयू तत्काल खारेज गर्न निर्देशन दिएको थियो । प्रमुख दलका नेता संलग्न समितिले सम्झौता हचुवाका भरमा गरिएको भन्ने चार ओटा आधार तयार पारेको थियो–

१. मन्त्रिपरिषद्ले गरेको निर्णय प्रचलित नियमकानुनसम्मत नदेखिएको
२. खुला प्रतिस्पर्धा नगराएको
३. सार्वजनिक खरिद ऐन उल्लङ्घन गरेको
४. गेजुवा आफैं नेपालको जलविद्युत् क्षेत्रमा असफल साबित भएको

समितिले नै खारेज गर्न निर्देशन दिएको दुई महिनापछि सरकारले विवादास्पद एमओयू खारेज गर्ने, स्वदेशी लगानी र प्रविधिमा आयोजना निर्माण गर्न इपिसिएफ मोडलमा नेपाल विद्युत् प्राधिकरणलाई अघि बढाउने र स्वदेशी लगानीको खाका बनाउन राष्ट्रिय योजना आयोगका उपाध्यक्षको नेतृत्वमा १५ दिनभित्र प्रतिवेदन तयार पार्न निर्देशन दिएको थियो । साथै तल्लो तटीय अध्ययन गर्न जल तथा ऊर्जा आयोगलाई जिम्मा दिने निर्णय पनि भयो ।

सरकारले त्यो निर्णय गर्दा म योजना आयोगको उपाध्यक्ष थिएँ । अर्थसचिव, ऊर्जासचिव, राष्ट्र बैङ्कका गभर्नर, दिनेश घिमिरे, कुलमान घिसिङलगायत संलग्न उच्चस्तरीय समितिले १५ दिनमै प्रतिवेदन तयार पाऱ्यो । त्यति बेलासम्म गरिएका अध्ययनमध्ये सबैभन्दा विश्वसनीय मानिएको युरोपेली कम्पनी ट्र्याक्टेबेलले करिब एक अर्ब रूपैयाँ खर्च गरेर तयार पारेको विस्तृत अध्ययन प्रतिवेदनलाई हामीले हाम्रो सिफारिसको आधार मानेका थियौं ।

खर्च र प्रतिफल कति ?

ट्र्याक्टेबेलको प्रतिवेदनअनुसार बूढीगण्डकी जलविद्युत् आयोजनाको लागत २.६ अर्ब अमेरिकी डलर छ । त्यसमध्ये झन्डै ६२ अर्ब रूपैयाँ क्षतिपूर्ति तथा वातावरणीय लागत, एक सय २७ अर्ब रूपैयाँ सिभिल तथा निर्माण कार्य, ५७ अर्ब रूपैयाँ हाइड्रोमेकानिकल कार्य, साढे तीन अर्ब रूपैयाँ प्रसारण लाइन निर्माण, सडक तथा पूर्वाधारमा साढे पाँच अर्ब र इन्जिनियरिङ लागतमा झन्डै छ अर्ब रूपैयाँ खर्च हुन्छ । यो आयोजना बहुउद्देश्यीय हो । तसर्थ अहिलेका प्रचलित रन अफ द रिभर आयोजनाभन्दा महँगो छ ।

यसमा जग्गा अधिग्रहण गरेर बाँध र ताल बनाउनुपर्ने हुन्छ । निजी क्षेत्रले यस्तो आँट गर्न सक्दैन । किनभने प्रतिफल कम देख्छ । बहुउद्देश्यीय भन्नासाथ लाभको प्रकृति पनि बहुआयामिक हुन्छ । धेरै लाभ निजी क्षेत्रले छोप्न नसक्ने खालको हुन्छ । अर्थशास्त्रमा 'एक्सटर्नालिटिज (बाह्य प्रभाव लाभ) हुनासाथ मार्केट फेल हुन्छ । उदाहरणका लागि तल्लो तटमा सिँचाइ अनि फेवातालभन्दा १० गुना ठूलो तालमा पर्यटनको राम्रो भविष्य छ । तर त्यो लाभ लगानी गर्ने निजी क्षेत्रले मात्र लिने भन्ने हुँदैन ।

यसैगरी अन्य लाभ नजोड्दा यो आयोजनाबाट पाइने आर्थिक तथा वित्तीय प्रतिफलको दर कम देखिन्छ । अध्ययनले आयोजनाको आर्थिक प्रतिफलको दर (इआइआरआर) साढे १५ प्रतिशत तथा वित्तीय प्रतिफलको दर (एफआइआरआर) आठ देखि १० प्रतिशतको हाराहारीमा हुने देखाएको छ । अहिले १७ देखि २० प्रतिशत स्वपुँजी प्रतिफल खाइरहेका निजी कम्पनी बूढीगण्डकीमा आउनेछैनन् ।

कसरी सम्भाव्य बनाउने ?

यो आयोजनालाई 'भायबल' बनाउन राज्य स्वयम् संलग्न हुनुपर्छ । ट्र्याक्टेबेलले निकालेको इआइआरआर र एफआइआरआरको दर धेरै होइन । तर प्राधिकरणको पिपिए मोडलअनुसार सुक्खायाममा १२.४

सेन्ट प्रतियुनिट र वर्षायाममा ७.१ सेन्ट प्रतियुनिट कायम गर्ने, पिपिएको अवधि अलि लामो गर्ने र हामीले लिने ऋण अत्यन्तै सहुलियतपूर्ण भयो भने प्रतिफलको दर केही बढी हुन जान्छ। पर्यटन, सिँचाइ जस्ता अन्य लाभ पनि जोड्दा यो आयोजना आकर्षक बन्छ। तर ती फाइदा राज्यले मात्र असुल्न सक्छ, जसका लागि अग्रिम लगानी पनि उसले मात्रै गर्न सक्छ।

यस्ता छन् विकल्प

१. तामाकोसी मोडलमा बूढीगण्डकी निर्माण गर्न सकिन्छ। यसका लागि प्राधिकरण मातहत एउटा छुट्टै कम्पनी निर्माण गर्ने। त्यसमा नेपाल सरकारसँगै कर्मचारी लगानी कोष, नागरिक लगानी कोष, नेपाल टेलिकम, माथिल्लो तामाकोसी र चिलिमे जलविद्युत् आयोजनालगायत संस्थाले लगानी गर्न सक्छन्। आम जनताले पनि 'क्राउड फन्डिङ'मार्फत लगानी गर्न सक्छन्।
२. सरकारले अहिलेसम्म पेट्रोलियम पदार्थमा पाँच रूपैयाँ कार्बन ट्याक्स भनेर साढे २३ अर्ब रूपैयाँ सङ्कलन गरिसकेको छ। पेट्रोलियम पदार्थको उपभोग वार्षिक १० प्रतिशतले बढे आठ वर्षमा यो करबाट झन्डै डेढ खर्ब उठ्छ। वार्षिक १५ प्रतिशतले वृद्धि भए आठ वर्षमा दुई खर्बभन्दा बढी कर सङ्कलन हुन्छ। सरकारले यो कर बूढीगण्डकीमा लगानी गर्ने हो भने अन्य संस्थाबाट केही रकम थप गरे पनि आयोजना सहजै सम्भव छ। नेपाली जनताले नै ऋण नबोकी यत्रो आयोजना बनाउन सक्छन्। यसो गरे नेपाल संसारमै नमुना बन्छ। कार्बन ट्याक्स उठाएर स्वच्छ ऊर्जा सिर्जना गर्ने, फोसिल फ्युल प्रयोग निरूत्साहित गर्ने हरित देशका रूपमा विश्वभर चिनिनेछ।
३. अहिलेसम्म नेपाललाई सहुलियतपूर्ण ऋणमार्फत सहयोग गरेका अन्तर्राष्ट्रिय विकास साझेदार संस्था विश्व बैङ्क र एसियाली विकास बैङ्कसँग पनि ऋण लिन सकिन्छ। तर यी संस्थाका

सामाजिक र पर्यावरणीय नियम प्रक्रिया लामा र झन्झटिला हुन्छन् । उनीहरूले विकल्पका रूपमा नतिजामा आधारित लगानी अगाडि सारेका छन् । यसका लागि 'प्रोग्राम फर रिजल्ट' र 'रिजल्ट बेस्ड लेन्डिङ' उनीहरूका औजार हुन्, जुन प्रयोग गर्न सकिन्छ । नेपाल सरकारले सहुलियतपूर्ण ऋण लिने अनि आयोजना निर्माणका लागि अन्तर्राष्ट्रिय प्रतिस्पर्धा गराउने र अब्बल कम्पनीलाई सस्तो ऋणमार्फत कम लागतमा आयोजना बनाउन दिने ।

४. अर्को विकल्प भनेको द्विपक्षीय एक्जिम बैङ्कहरूबाट ऋण लिने । तिनको ब्याज विश्व बैङ्क र एसियाली विकास बैङ्कभन्दा बढी हुन्छ । प्रायः आफ्नै देशको ठेकेदार र निर्माण सामग्री प्रयोग गर्नुपर्ने सर्त राख्छन् ।

५. 'प्रोजेक्ट स्पेसिफिक बन्ड' जारी गरी ब्याज सुनिश्चित गरे आम जनताबाट पनि आन्तरिक ऋण उठाउन सकिन्छ । 'सप्लायर्स क्रेडिट'को विकल्प पनि अपनाउन सकिन्छ । आवश्यक मेसिनरी उधारोमा लिने र आयोजना सम्पन्न भएपछि ब्याजसहित तिर्ने । तर यी मोडालिटी आंशिक हुन् र महँगा पनि छन् ।

खर्चिलो तर रणनीतिक छ बूढीगण्डकी

१. जलपूर्वाधार क्षेत्रमा यो नेपालको सबैभन्दा ठूलो परियोजना हो । करिब तीन खर्ब रूपैयाँ लागतमा बन्ने १२०० मेगावाटको परियोजना सम्भव भयो भने ठूला पूर्वाधारमा हाम्रो क्षमता, आत्मविश्वास र प्रतिष्ठा बढाउँछ ।

२. यो परियोजनामा ठूलो बाँध बनाउनपर्छ । जलवायु परिवर्तनले गर्दा स्वच्छ ऊर्जा उत्पादन प्राथमिकता बनेको छ । बाँध बनाएपछि आयोजनाले बिजुली मात्र उत्पादन गर्ने होइन, पर्यटन, सिँचाइ, मत्स्यपालन, बाढी नियन्त्रणलगायतमा फाइदा पुग्ने भएकाले यो परियोजना बहुउद्देश्यीय हो ।

३. आयोजनाको रणनीतिक महत्त्व उल्लेखनीय छ । नेपालको इतिहासमा अहिलेसम्म ११०० मेगावाटको ऊर्जा जडित क्षमता छ । तर जलाशययुक्त जलविद्युत् आयोजना कुलेखानी १ र २ मात्र छन्, जसको कुल क्षमता ९२ मेगावाट मात्र छ । यसरी हेर्दा आज कोदालो खने पनि थप जलाशययुक्त आयोजना निर्माण सम्पन्न हुन करिब आठ वर्ष लाग्छ । अहिले पिक आवरमा माग १३८० मेगावाट छ । सुक्खा सिजनमा जलविद्युत् आपूर्ति ५८० मेगावाटमा झर्छ । ४७० मेगावाट नेपालले भारतबाट आयात गर्नुपर्छ । यति गर्दा पनि ३३० मेगावाट अपुग हुन्छ । भारतसँगको सम्बन्ध बिग्रिए ऊर्जा सुरक्षाका दृष्टिले पनि हामी जोखिमपूर्ण अवस्थामा छौं । रन अफ द रिभर आयोजनाले माग र आपूर्तिको असन्तुलन बढाउने हुनाले जलाशययुक्त आयोजना अब अपरिहार्य छ । यो आयोजना नेपालको लोड सेन्टरको केन्द्रमा छ । बेनीघाटबाट गल्छीसम्म मात्र ताने पुग्ने हुनाले प्रसारण लाइनमा ठूलो खर्च छैन ।

४. आयोजनाले जनजीविका, सामाजिक तथा पर्यावरणीय स्थितिमा ठूलो असर पार्छ । ६० हजार रोपनी जग्गा अधिग्रहण गरिँदै छ । तीन हजार पाँच सय ६० घरधुरी भौतिक र आर्थिक विस्थापनमा पर्छन् भने चार हजार पाँच सय ६० घरधुरी आर्थिक विस्थापनमा पर्छन् । गोरखा-धादिङ-चितवनमा यो आयोजनाले ठूलो सामाजिक-आर्थिक-पर्यावरणीय उथलपुथल ल्याउनेछ ।

५. खाना पकाउने समयमा यो आयोजना चलाउनाले ग्यास प्रयोग गर्दै आएकाले इलेक्ट्रिकल इनर्जी प्रयोग गर्न सक्छन् । विद्युतीय यातायातको सञ्जाल बनाउन सोचेभन्दा छिटो सकिन्छ । अहिले वार्षिक एक सय ७० अर्ब रूपैयाँको पेट्रोलियम पदार्थ तथा १८ अर्ब रूपैयाँको विद्युत् आयात गरिँदै आएकोमा यो न्यूनीकरण गरेर व्यापार घाटा कम गर्न सकिन्छ । नेपाललाई स्वच्छ, हराभरा, नवीकरणीय ऊर्जा प्रयोग गर्ने राष्ट्र भनेर ब्रान्ड गर्न सकिन्छ ।

अन्त्यमा,

गेजुवासँग गर्ने भनिएको सम्झौतापत्रमा केकस्ता सर्त उल्लेख हुनेछन्, त्यो अध्ययन गर्नुपर्छ । यो आयोजना राष्ट्रहितमा बनाउन प्रश्न सोध्नुपर्छ । "बिनाप्रतिस्पर्धा कसरी यो सम्भव भयो ?" भनेर सोध्दा मात्रै पनि सरकारमाथि राम्रो काम गर्ने दबाब पर्छ । सत्ताधारीले बूढीगण्डकी गेजुवा कम्पनीलाई हस्तान्तरण गरिनुको कारण खुलाउनुपर्छ । दशौं अर्ब रूपैयाँ भ्रष्टाचार गर्न नभएर राष्ट्रिय हितका लागि गरिएको निर्णय हो भनेर जनतालाई आश्वस्त पार्न सक्नुपर्छ ।

राष्ट्रिय योजना आयोगले तयार पारेको प्रतिवेदन फेरि सबैले पढ्नुहुन आग्रह छ । नेपाली जनताले नै बूढीगण्डकी जलविद्युत् आयोजना निर्माण गर्न सक्छन् भन्ने हाम्रो निष्कर्ष हो । कार्बन ट्याक्सका रूपमा नेपाली जनताले २४ अर्ब रूपैयाँ उठाइसकेका छन् । आठ वर्षमा लागतको करिब ७५ प्रतिशत कार्बन ट्याक्सबाट नै उठ्ने भएकाले बाँकी नेपाल सरकारको नियमित बजेटबाट र अपुग रकम कर्मचारी सञ्चय कोष, नागरिक लगानी कोष आदिबाट पूर्ति गर्न सकिन्छ । उनीहरूको वार्षिक कारोबारको सानो अंश बूढीगण्डकीमा लगानी गर्न सहज छ ।

नेपाली जनता र नागरिक समाज अब कुम्भकर्णको जस्तो निद्रामा भुल्न भएन । यो आयोजना असफल भयो भने नेपाली अर्थतन्त्रको इतिहासमा सबैभन्दा ठूलो स्क्यान्डल हुने सम्भावना छ । तसर्थ अब हामी सबै सजग बनौं । लोकतन्त्रमा जनता नै सबभन्दा शक्तिशाली पहरेदार हुन् ।

बाह्रखरी, असोज १०, २०७५

बिपीको समाजवाद : नकेलाइएका अन्तर्राष्ट्रिय आयाम

रोमदेखि रङ्गेलीसम्म

सम्भवतः बिपी कोइराला स्वयम्लाई पनि थाहा नहुन सक्थ्यो, उहाँले जीवनभर बोक्नुभएको समाजवादको साइनो २३ सय वर्षअघिको रोमसम्म पुगेको छ । 'अर्थशास्त्र'का रचयिता एवम् मौर्य साम्राज्यका चर्चित रणनीतिकार आचार्य विष्णुगुप्त चाणक्य कौटिल्यको देहान्त भएको तीन वर्षपछि इसापूर्व २८० मा फेबिअस नाम गरेका एक व्यक्ति जन्मिए, जो पछि रोम राज्यका चर्चित जर्नेल बने । आफूभन्दा शक्तिशाली शत्रुपक्षलाई युद्धमा थकाएर उनले विजय हासिल गरे । सोझै नभिडी धैर्य गरेर, गुरिल्ला शैलीमा शत्रुलाई गलाएर नै फेबिअसले आफ्नो देशको बचाउ गरे । आज फेबिअन रणनीतिको सामरिक अर्थ सावधानीपूर्वक चालिएका क्रमिक तर अग्रगामी पहलहरू भनेर बुझिन्छ ।

१९औं शताब्दीको अन्त्यतिर बेलायतमा फेबिअसकै प्रेरणामा फेबिअन समाजको जन्म भयो, जसको लक्ष्य लोकतान्त्रिक व्यवस्थाभित्रै प्रगतिशील ऐन-कानुनको शृङ्खलामार्फत समाजमा क्रमिक रूपमा आर्थिक सुधारहरू गरिनुपर्छ भन्ने थियो । हिंसाको आडमा समाजमा क्षति, ध्वंस र उथलपुथल पैदा हुने तथाकथित क्रान्ति वा सत्तापलट नगरी विधिको शासनमै आबद्ध रहेर शान्तिपूर्ण तवरले समाजवादी गन्तव्यमा पुग्नुपर्छ भन्ने सोच यो धारको थियो । अर्थात् निजी सम्पत्ति र निर्वाचित संसद्सहितको समाजवादको धार, वर्ग सङ्घर्षको होइन ।

उनीहरू भन्थे, "निजी उद्यमलाई कजाउने हो, सखाप पार्ने होइन; धनी वर्गमाथि कर लगाउने हो, सफाया गर्ने होइन ।"

बेलायतको लेबर पार्टी, प्रतिष्ठित विश्वविद्यालय लन्डन स्कुल अफ इकोनमिक्स र आधुनिक लोककल्याणकारी राज्यको विस्तारित स्वरूपका पछाडि फेबिअन समाजको देन छ । यसको नेतृत्व गरेका थिए, नारीवादी विदुषी बियटरिस वेब, उनका पति सिड्नी वेब र प्रख्यात नाटककार जर्ज बर्नार्ड स आदिले वेब दम्पतीले लेखेको *ट्रेड युनियनिज्मको इतिहास* र *औद्योगिक लोकतन्त्र* नै फेबियन समाजवादका प्रारम्भिक पाठ्यक्रम थिए ।

गोरखामा द्रव्य शाहले शासन सुरू गर्नुअगावै बेलायतमा गरिबहरूको पक्षमा 'पुअर ल' कार्यान्वयनमा आइसकेको थियो । तर यसले अति विपन्नलाई छोएन भन्ने तर्क बियटरिस वेबको थियो । सन् १८८० को दशकमै जर्मनीका शक्तिशाली दक्षिणपन्थी नेता बिस्मार्कले वृद्धभत्ता र बिरामी बिमा सुरू गरे तापनि 'कोक्रोदेखि चिहान'सम्मको सामाजिक सुरक्षा प्याकेजको वकालत बियटरिसले गरेकी हुन् । श्रमिकको न्यूनतम ज्याला र जीवनस्तर तोकिनुपर्छ भन्ने विचार उनकै हो । दुईतीन पटक मात्रै बियटरिस वेबसँग भेट भए तापनि फेबियन प्रभावमै गैरवाम राजनेता विन्स्टन चर्चिलले समेत सन् १९०८ मा आफू मन्त्री बन्दा जनजीविकासँग सम्बन्धित पाँच न्यूनतम आधारभूत मापदण्डको प्रस्ताव क्याबिनेट पुऱ्याएका थिए– बेरोजगार बिमा, अपाङ्ग बिमा, अनिवार्य माध्यमिक शिक्षा, सडक निर्माणमार्फत रोजगारी सिर्जना र रेलवे सञ्जालको राष्ट्रियकरण । बेलायतमा लोककल्याणकारी राज्यको सार्थक जग बसाउने सन् १९४२ को वेभरिज प्रतिवेदनका लेखक विलियम वेभरिज स्वयम् ३४ वर्षअघि बियटरिस र सिड्नी वेबका अनुसन्धान सहायक थिए । यसरी बेलायती लोककल्याणकारी व्यवस्थाका मौलिक रचनाकार वेबहरू नै हुन् ।

फेबियन समाजकै प्रभावमा बेलायतमा पढेका दर्जनौं भारतीय विद्यार्थी परे, जसले स्वतन्त्रतापछि भारतमा लेबर पार्टीकै सिको गरे ।

यो भारतीय समूहका सर्वाधिक प्रभावशाली नेता थिए, ह्यारो स्कुल र क्याम्ब्रिज विश्वविद्यालयमा दीक्षित जवाहरलाल नेहरू एवम् लन्डन स्कुल अफ इकोनमिक्समा पढेका कृष्ण मेनन । *अ ग्रामर अफ पोलिटिक्स*का लेखक, फेबियन प्राध्यापक ह्यारोल्ड लास्कीको प्रभाव भारतको स्वतन्त्रता सङ्ग्रामताका यस्तो बेजोड रह्यो कि उनको मृत्युपछि एउटा कहावत नै चल्यो, "भारतीय मन्त्रीमण्डलका प्रत्येक बैठकमा एउटा खाली कुर्सी राखिन्छ, जुन ह्यारोल्ड लास्कीको प्रेतका लागि हो ।"

सुरूमा सोभियत सङ्घको मार्क्सवादी-लेनिनवादी समाजवादबाट प्रभावित भने पनि बिपीको समाजवाद नेहरूले बोकेको र भारतले ४० वर्ष अभ्यास गरेको फेबियन समाजवाद नै हो । क्रमिक प्रगतिशील सुधारका अलावा लोकतन्त्रप्रतिको अटुट विश्वास फेबियन सोचको प्रमुख चरित्र हो । थप व्याख्याको खाँचो रहे तापनि आम नेपाली जनतालाई बुझाउने बिपीको सरल सूत्र हुन्थ्यो– साम्यवादमा प्रजातन्त्र थपे समाजवाद बन्छ । लोकतन्त्रले राजनीतिक समानता दिने र समाजवादले आर्थिक समानता दिने व्यवस्थाका रूपमा यो सूत्रको व्याख्या हुन्थ्यो । तर स्वतन्त्रताको कोणबाट भने उहाँको बुझाइले थप विवेचना खोज्छ । राजनीतिक स्वतन्त्रता र आर्थिक स्वतन्त्रतालाई लामो समय अलग्याउन कदापि सकिन्न । निषेध र बन्देजको राजनीतिभित्र खुला समाज अट्ने सम्भावना रहन्न । वास्तवमा यो शताब्दीमा चीनले झेल्ने चुनौती यही हो । औसत प्रतिव्यक्ति वार्षिक आय १५-१८ हजार डलर नाघेपछिका नागरिक आकाङ्क्षा कता सोझिएलान्, यो प्रश्न आफैंमा जटिल छ, चिनियाँ आर्थिक विकासको मोडलप्रति अत्यधिक मोहित हुनेहरूका लागि ।

बोल्सेभिकका दोबाटा

विश्व समाजवादी आन्दोलनको निर्णायक मोड ठ्याक्कै एक सय वर्षअघि थियो । मार्क्सवादी-लेनिनवादी र गैरकम्युनिस्ट धार दुवै नोभेम्बर १९१७ को मितिसँग गाँसिएको संयोग छ । अक्टोबर क्रान्ति

भनिए पनि ग्रेगरियन क्यालेन्डरमा लेनिनको बोल्सेभिक क्रान्ति १९१७ को नोभेम्बरमै भयो । सोभियत अभ्यासका आधारमा भन्ने हो भने शास्त्रीय (क्लासिकल) कम्युनिस्ट व्यवस्थाका तीन विशेषता थिए । पहिलो, एउटा प्रमुख दल, जसको निरङ्कुश नियन्त्रणमा सरकार, संसद्, न्यायालय, सञ्चारमाध्यम, जनवर्गीय सङ्गठन र नागरिक समाज रहनेछन् । दोस्रो, सामूहिक उत्पादनको योजना र संयोजनमा ब्युरोक्रेसीको निर्णायक भूमिका, नाफामाथि सामाजिक हक र निजी सम्पत्तिमा बन्देज रहनेछ । र तेस्रो, अर्थतन्त्रमा अन्तर्राष्ट्रिय मुद्रा, बजार मूल्य र मुद्रास्फीतिको गौण भूमिका रहनेछ र न्यूनतम ज्याला अनि रोजगारीको निर्देशित प्रत्याभूति हुनेछ । सन् १९९० मा यो शैलीको समाजवाद गर्ल्यामगुर्लुम ढल्यो ।

नोभेम्बर १९१७ मै अर्को के भयो त ? सिड्नी वेबले बेलायती लेबर पार्टीको विधान लेखे । एक वर्षपछि पारित त्यस दस्तावेजको दफा (क्लज) चारमा के लेखियो भने श्रमिकको मिहिनेतबाट आर्जित सम्पूर्ण प्रतिफलको प्रत्याभूतिका लागि उत्पादन, वितरण र विनिमयका साधनहरूमा 'सामूहिक स्वामित्व' कायम रहनेछ । राष्ट्रियकरणको पैरवी गरेको त्यो वाक्यले नै लोकतान्त्रिक बेलायतमा समाजवादी दलको जन्म गरायो ।

सन् १९५९ मा नेपालमा पहिलो आम चुनाव भयो, जसमा बिपी कोइराला फेबियन समाजवादकै नेपाली हाँगो समाएर दुईतिहाइ बहुमतसाथ पहिलो जननिर्वाचित प्रधानमन्त्री बने । त्यसै वर्ष बेलायतमा भएको आम चुनावमा लेबर पार्टीले पराजय भोग्नुपर्‍यो । र त्यस दलका नेता पूर्वअर्थमन्त्री ह्यु गेट्सकेलले लेबर पार्टी हार्नुको एउटा कारण त्यही दफा चारले इङ्गित गरेको राष्ट्रियकरण हो भन्दै त्यसैकारण मतदाता त्रस्त भएको तर्क गरे । बेलायतले पाउन नसकेका सर्वोत्कृष्ट प्रधानमन्त्रीहरूको सीमित (काल्पनिक) सूचीमा गेट्सकेल पर्छन् । तर उनले पार्टीको महाधिवेशनमा दफा चारको परिमार्जन गर्न गरेको प्रयास विफल मात्र भएन, त्यसपछि दफा चार हरेक लेबर पार्टीका सदस्यको

कार्डको पछाडि छापिने व्यवस्था नै गरियो । उनको घाउमा नुनचुक छरियो । अर्को दुई दशकसम्म बेलायतको लेबर पार्टीले स्टिल उद्योग, ब्रिटिस लेल्यान्ड, एरोस्पेस जस्ता उद्योगको राष्ट्रियकरण गरिरह्यो ।

यसरी झन्डै ३६ वर्षपछि मात्र दफा चारको 'समाजवादी' वाक्यको पुनर्लेखन गर्ने प्रस्ताव लेबर पार्टीका ४२ वर्षीय नेता टोनी ब्लेयरले गरे । ब्लेयरले साधन र साध्य छुट्याए । उनले भने, "समतामूलक समाज साध्य हो, सामूहिक स्वामित्व एक सीमित कालखण्डको विचारणीय साधन मात्र ।" उनैले गरेको दलको मूल लक्ष्यको समयसापेक्ष पुनर्लेखनको जगमा १९ वर्षसम्म विपक्षी दलको रूप थलिएको लेबर पार्टी लगालग तीन ओटा निर्वाचनमा विजयी हुन सक्यो । उनले राष्ट्रियकरण वा सामूहिक स्वामित्व झल्कने अंश हटाए । र आफ्नो विधानमा नयाँ भाषा लेखाए, "लेबर पार्टी लोकतान्त्रिक समाजवादी दल हो । एकल प्रयासभन्दा सामूहिक प्रयासको बलले नै हामी हाम्रा सम्भावनाको सच्चा प्रस्फुटन गराएको देख्न सक्छौं । त्यस्तो समाज निर्माण, जहाँ शक्ति, सम्पत्ति र अवसर थोरै होइन, धेरै जनताको हातमा हुनेछन् । मतदातामा सन्त्रास नभई आशा जगाउनुपर्छ भन्ने मध्यमार्गी तेस्रो बाटोको निर्धारण पुनर्गठित लेबर पार्टीले गऱ्यो ।

भारतीय फेबियन समाजवादी नेत्री इन्दिरा गान्धीले पनि 'गरिबी हटाओ'को सदाबहार समाजवादी नाराको खेती गरेकी हुन् । सन् १९६९ मा ऐन नै बनाएर १४ ओटा निजी बैङ्क राष्ट्रियकरण गरिन् । सन् १९७० को अन्त्यतिर बेलायतमा मार्गरेट थ्याचर प्रधानमन्त्री चुनिँदा राष्ट्रिय स्वामित्वमा रहेका उद्योगको अर्थतन्त्रमा हिस्सा १० प्रतिशतको उत्कर्षमा पुगेको थियो । विश्वभर निजीकरणको लहर ल्याउने नेत्री र नवउदारवादको जननी उनलाई नै मानिन्छ । खुला, प्रतिस्पर्धी बजारमुखी अर्थतन्त्र बढी गतिशील हुन्छन् भन्ने तर्कमा थ्याचरको 'स्कुल' सही थियो होला । तर जब उनीहरू यसका पछाडि एउटा मात्र शास्त्र र नीति छ भन्छन्, उनीहरू सोह्रै आना गलत हुन् । नवशास्त्रीय अर्थशास्त्रले समतामूलक समाज बनाउन राज्यको हस्तक्षेप,

निजी र सार्वजनिक सहकार्य, सामुदायिक संस्थाहरूको भूमिकालाई निषेध गर्दैन ।

मार्क्सको प्रतिशोध

राज्यनिर्देशित लेनिनवादी समाजवादको अन्त्यसँगै पुँजीवादको बहुरूपी लहर विश्वमा फैलनु भनेको वास्तवमा मार्क्सको मौलिक विश्लेषणको विजय हो । तर पुँजीवादको दुर्बल पक्ष देख्ने र यो अमर छैन भन्ने पनि मार्क्स नै हुन् । कहिले नासिन्छ त पुँजीवाद ? मार्क्सले पनि भनेनन् । किनकि उनी चलायमान सामाजिक इतिहासका अन्वेषक थिए; ज्योतिषी थिएनन् । बीसौं शताब्दीमा पुँजीवादका अग्राह्य पक्षको सम्बोधन गर्न त्यो व्यवस्था सिर्जनशील र गतिशील देखियो, जुन मार्क्सले उत्पादनको हकमा कल्पना गरेका थिए । तर वितरणमा गरेका थिएनन् ।

श्रमिकहरूले आफूलाई सङ्गठित गर्दै बालिग मताधिकारलगायत पूर्ण राजनीतिक स्वतन्त्रता पाउनेछन्; पुँजीवादभित्र नै लोककल्याणकारी राज्य अट्नेछ; वर्गविशेष होइन, आम उपभोक्ताको हितमा राज्यले एकाधिकार तोड्ने जस्ता नियमनकारी भूमिका खेल्नेछ; मौद्रिक र वित्तीय नीतिबाट नै अर्थतन्त्रमा पुनर्वितरण, स्थायित्व र वृद्धिका लक्ष्य अघि बढाउन सकिनेछ जस्ता सम्भावनाका बिन्दुसम्म मार्क्स पुगेनन् । सन् १८४८ मा कम्युनिस्ट म्यानिफेस्टो लेखिँदा कार्ल मार्क्सको उमेर र सन् १८२० मा विधिवत् सुरू भएको मानिने औद्योगिक क्रान्तिको उमेर ३० वर्ष पनि कटेको थिएन । तर अब हामीसँग एक सय ७० वर्षको अनुभव र प्रमाण छ ।

मार्क्स आफूलाई मार्क्सवादी मान्दैनथे । तर उनलाई कम्युनिज्मको पर्याय बनाइयो । बीसौं शताब्दीभर उनको नाममा भएका कम्युनिस्ट प्रयोगबाट मार्क्सवाद अलग्याउँदा उनीप्रति बढी न्याय हुने मत प्रबल बन्न थालेको छ । मार्क्सको बदलाका लेखक एवम् मार्क्सवादी अर्थशास्त्रका सुविख्यात प्राज्ञ लर्ड मेघनाद देसाई भन्छन्, "कार्ल

मार्क्सले उद्योगको राष्ट्रियकरणको वकालत कहिल्यै गरेनन् । बजारको ठाउँ केन्द्रीय योजना पद्धतिले लिनुपर्छ पनि भनेनन् । उनी भन्साररहित स्वतन्त्र व्यापारका हिमायती थिए । उनले कुनै राजनीतिक दलको स्थापना चाहेनन् र एकदलीय व्यवस्थाको त कल्पना पनि गरेनन् । शक्ति हत्याउन त्रास, तिकडम र गुटगत षड्यन्त्रको उपयोग उनका लागि ग्राह्य थिएन । स्वभावका हिसाबले सायद उनी केही अप्ठ्यारा मान्छे थिए । तर कसैको कुभलो चिताएनन् ।

देसाईको दाबी छ, "शास्त्रीय साम्यवाद र सोभियत सङ्घको पतनबाट मार्क्स खुसी नै हुन्थे होलान् । किनकि उनका नाममा जुन बौद्धिक, भौतिक र नैतिक ज्यादती भयो, त्यो ७५ वर्षभन्दा बढी अडेन ।" मार्क्सको बौद्धिक ऊर्जाप्रति नमन । तर उनकै विचारको नाममा गरिएका भीषण प्रयोगबारे मेघनाद देसाईले गरेको समीक्षासँग बिपी कोइरालाको सहमति रहन्थ्यो भन्ने यथेष्ट आधार छन् । युवाकालमा मार्क्सवादी दर्शनबाट आफू प्रभावित भएको बताए पनि मार्क्सका नाममा भएका कम्युनिस्ट शासन शैलीका कारण उनको मोहभङ्ग भयो, मुख्यतः मेक्सिकोमा ट्रटस्कीको हत्या भएपछि ।

साध्य एक, साधन अनेक

बिपीले बेलाबेलामा साध्य र साधनको भाषा प्रयोग गरे पनि समाजवादका विविध पक्षलाई त्यसरी टुक्र्याएर हेरेको पाइन्न । तैपनि उनका छरिएका लेखमा एउटा सङ्गति छ; 'इन्टलेच्क्चुअल कन्सिस्टेन्सी' । ७० वर्षअघि लेखे– नेपालभित्र महाराजाधिराजको अधिनायकत्वमा उत्तरदायी शासन स्थापित गर्नु छ । केका लागि ? नेपालमा कोही पनि भोकानाङ्गा वा असाक्षर नरहून् । देशमा सडक, बाटोघाटो, अस्पताललगायत जीवन सुन्दर र सुखी बनाउने अरू कुनै कुराको अभाव नरहोस् । उत्पादन र वितरणका 'इकोसिस्टम'बीचको समन्वय लोकतन्त्रले नै गर्नेछ । यी शाश्वत लक्ष्य बिपीको समाजवादका साध्य हुन् । साधन भने देश, काल, परिस्थितिअनुसार फेरिए ।

सन् १९५० को दशकभरि भूमिको असमान वितरणले उनलाई पिरोल्यो । काङ्ग्रेसको पहिलो घोषणापत्रमा उनले लेखे, "नेपाली जनताको दरिद्रताको मूल कारण आजको असमान भूमि व्यवस्था हो ।" चाहेको गतिमा भूमिसुधार नहुँदा उनमा रोष देखिन्छ, "हामीले सुधारहरूका लागि क्रान्ति गरेका हौं, त्यसलाई पूरा गर्नु छ । जमिन जोत्नेको बनाउनुपरेको छ । त्यसमा पूरा समर्थन मैले पाइनँ ।" हाम्रो इतिहासमा एउटा फेहरिस्त नै छ– २००८ सालमा उपत्यकाका मोहीहरूको लगत खडा गर्ने ऐन ल्याइयो; २००९ सालमा भूमिसुधार कमिसन गठन भयो; २०१२ सालमा तेह्रसूत्रीय भूमिसुधारसम्बन्धी योजना जारी भयो; २०१४ सालमा भूमिसम्बन्धी ऐन ल्याइयो; २०१६ सालमा काङ्ग्रेस सरकारले बिर्ता उन्मूलन ऐन पारित गऱ्यो । पछि २०१८ सालमा शाही कमिसन गठन भई झापा, पाल्पा र चितवनमा परीक्षणात्मक रूपमा भूमिसुधार लागू भयो ।

सन् १९६० को दशकमा भूमिसुधार गरेर मात्र पुग्दैन, 'प्रशस्त उत्पादन'बिना मुलुकको उन्नति हुँदैन भन्ने बुझाइ उनको रह्यो । पुँजीको विकास नभई आर्थिक विकास सम्भव छैन; उत्पादनको अभिवृद्धि नभई वितरणको प्रश्न उठ्दैन । बिपी भन्थे, "जति छ, त्यति बाँड्ने होइन, जति चाहिन्छ, त्यति उत्पादन गर्ने हो– गरिबीको नारा, कङ्गालीको वितरण समाजवाद होइन ।" चम्चामा होइन, गिलासमा दूध, एक लाख गज होइन, तीन करोड गज कपडा चाहिन्छ भन्ने जस्ता सटीक उदाहरण उनकै हुन् ।

सन् १९७० को दशकमा 'प्रशस्त उत्पादन' भएर मात्र नहुने रहेछ, आर्थिक वृद्धि रोजगारमूलक पनि हुनुपर्छ । त्यसले पर्यावरणको ख्याल गर्नुपर्छ भन्ने मान्यतामा उनी पुगे । विकास प्रक्रियामा जनसहभागिता हुनपर्ने उनको अर्को सर्त थियो । आर्थिक चिन्तनमा सदा जनमुखी रहे पनि जीवनको उत्तरार्द्धमा उनले भनेका सबै कुरा अग्रगामी साबित भएनन् । उनले प्रस्तुत गरेका ठोस कार्यक्रमबारे खोट लगाउन सकिन्थ्यो होला । उनको विकासको सैद्धान्तिक भिजन भने

दूरगामी थियो । समावेशी समुन्नतिका आधारका रूपमा रोजगारी सिर्जना, सन्तुलित उपभोग र वातावरणीय दिगोपन अनि विकास आयोजनामा जनसहभागिताको अपरिहार्य जस्ता मान्यता यति बेला अन्तर्राष्ट्रिय विकासे डिस्कोर्सका मूलधार नै बनेका छन् ।

जीवनको अन्तिम समयमा उनी विराटनगरबाट सिन्धुलीको पुर्ख्यौली दुम्जा नै फर्किए– भावनामा । नेहरूको विशाल औद्योगिकीकरणभन्दा गान्धी र जयप्रकाश नारायणको आत्मनिर्भर, स्वावलम्बी ग्रामीण अर्थतन्त्रप्रति उनको लगाव देखियो । सुमाखरको 'सानो नै सुन्दर'बाट उनी प्रभावित भए । उत्पादन, वितरण र प्रजातन्त्रको तीनखम्बे विश्लेषण गर्दै नर्डिक मोडलको 'कोक्रोदेखि चिहान'सम्मको सामाजिक सुरक्षा व्यवस्था उनलाई प्रिय लाग्यो । पर्याप्त अन्न उब्जनी, पानीको सुविधा, स्थानीय सामग्रीबाट बनेका आवास, ससाना घरबुनाबाट उत्पादित कपडा अनि गाउँगाउँमा शिक्षा र स्वास्थ्यको व्यवस्था हुनुलाई समाजवादी अर्थतन्त्रको प्रारूप माने । सन् १९९० पछि उनका उत्तराधिकारीहरूले पनि ग्रामीण विकासलाई प्राथमिकतामा राखेकै हुन् । तर पनि काङ्ग्रेस शिथिल हुनुको कारण बिपीको समाजवाद छाड्दै जानु हो भन्ने जमात ठूलो छ । माथि साध्य र साधन छुट्टिँदा केही कुरा प्रस्टिए जस्तै बिपीको समाजवाद अवलम्बन गर्दा भएको भनिएको कमजोरी नीतिगत सारमै हो या शासकीय शैलीमा, निक्र्योल गरिनुपर्छ ।

विश्वेश्वरको दूरबिन

सन् १९८२ मा बिपी बितेपछिका ३६ वर्षमा विश्वभर ठूला परिवर्तन भए । राजनीति र साहित्यमा अद्‌भुत गतिशीलता देखाएका बिपीको आर्थिक-सामाजिक विश्लेषण पनि निक्खर हुन्थ्यो नै । उनलाई मुख्यतः तलका पाँच प्रवृत्तिले सोचमग्न बनाउँथ्यो जस्तो मलाई लाग्छ ।

पहिलो- शास्त्रीय साम्यवादको पतन, चीनको पुनरूदय, र विकाससँगै हुने लोकतान्त्रिकीकरण । उनी बाँचुन्जेल विकासको सोभियत मोडलले शङ्काको सुविधा पाई नै रह्यो । कतै यो बाटो पनि

विश्वसनीय विकल्प त होइन ? आजका बिपीले साम्यवादमा प्रजातन्त्र थपे पुग्छ भन्थे । आर्थिक सम्पन्नता, सामाजिक समानता र राजनीतिक स्वतन्त्रताको सन्तुलित पहलमा नर्डिक मुलुकहरू किन सफल रहे भन्ने कुराप्रति सायद उनको चाख बढ्थ्यो । देङ स्याओपिङपछिको चीनले गरेको भौतिक प्रगतिको सराहना गर्थे । छिमेकीका नाताले लगानीमा सहकार्य पनि हुन्थ्यो होला । तर लोकतान्त्रिक मान्यतामा कहिल्यै सम्झौता नगरेका बिपीका लागि त्यो मोडल अनुकरणीय हुँदैनथ्यो । दोस्रो विश्वयुद्धपछि चीन जस्तै चामत्कारिक विकास गरेका अन्य दर्जन मुलुकको अनुभव हेरिन्थ्यो । लगातार २५ वर्षसम्म सात प्रतिशतभन्दा बढीको आर्थिक वृद्धिदर कायम गरेर एकै पुस्ताको औसत जीवनस्तरमा आठदस गुणा फड्को मारेका, मध्यमवर्गको आकार बढ्दै जाँदा उन्नत लोकतान्त्रिक अभ्यास गर्न खोजेका राष्ट्रहरूबाट सिकिन्थ्यो । आफू बाँचुन्जेल स्वतन्त्र र निसर्त मताधिकारका लागि लडेका बिपी विश्वभर लोकतन्त्रको आवरणभित्रै मौलाउन खोजेको असहिष्णुता र अनुदारवादबारे पक्कै बोल्थे ।

दोस्रो- प्रविधिमा भइरहेको क्रान्ति । ठुल्ठूला कलकारखानाको साटो अन्तर्राष्ट्रिय सञ्जालमा गाँसिएर ससाना पार्टपुर्जाको उत्पादन र निर्यात गरेर नै नेपाल सुहाउँदो रोजगारीमूलक औद्योगिकीकरणको मोडल अघि बढाउनेबारे उनले सोच्थे । कृषिको आधुनिकीकरण र पर्यटन जस्ता सेवा क्षेत्रमा पनि ठूलो रोजगारी सिर्जनाका अवसर छन् भन्ने त स्थापित तथ्य नै छ ।

रिचर्ड गर्डनले अमेरिकी समृद्धिबारे गरेको विश्लेषणका आधारमा सन् १८७० देखि १९७० को अवधिमा आविष्कार र प्रयोगमा आएका पाँच चीज अद्वितीय छन्– बिजुली, आन्तरिक कम्बस्सन इन्जिन, रसायन र आधुनिक चिकित्सा, आधुनिक सञ्चारमाध्यम अनि सहरी घर र काममा आएको सुबिस्ता । यीबाट भएको उत्पादकत्वको गहिरो र चौडा वृद्धि अबका दिनमा कल्पना गरिएका बायोटेक, न्यानोटेक, रोबोटिक्स, इन्टरनेटमा आधारित सूचना एवम् मनोरञ्जन उद्योगले

निकाल्न गाह्रो पर्न सक्ने अनुमान छ । नयाँ प्रविधिका सम्भावना र सीमाबारेको उन्नत जानकारी भएपछि नयाँ सोच बन्थ्यो ।

तेस्रो- असमानता र दिगोपनामा थप चुनौती । विश्वको पाँच प्रतिशत जनसङ्ख्या भएको अमेरिकाको विश्व अर्थतन्त्रमा हिस्सा २५ प्रतिशत छ । त्यो स्तरको सामूहिक उपभोग अरू राष्ट्रले पनि गर्न थाले भने पृथ्वी बाँकी रहला र भन्ने चिन्ता बिपीमा रह्यो । बिपी वातावरण र प्राकृतिक स्रोतको अवाञ्छित दोहन गर्न हुन्न भन्नेमा धेरै अघि सचेत भएका हुन् । फोहोर इन्धनले गर्ने कार्बन उत्सर्जन र जलवायु परिवर्तनको मुद्दा अहिले झन् पेचिलो बनेको छ । सन् २०१५ मा भएको पेरिस सम्झौतामा विश्वको औसत तापक्रमको वृद्धिलाई दुई डिग्री सेल्सियसमा सीमित गर्ने सम्झौताले टड्कारो चुनौती थपेको छ । त्यस्तै सन् २००८ को विश्व वित्तीय सङ्कटपछि प्राज्ञिक वृत्त र दिगो विकासका लक्ष्यहरूमा समेत असमानताको विषयले पाएको प्रवेशले उनको समाजवादी चेतलाई आश्वस्त पार्थ्यो । अहिले धनको अन्तरपुस्ता हस्तान्तरणभन्दा पनि आय वृद्धिले नै पेसागत असमानता बढाउन थालेको छ । रोजगारी सिर्जनाबारे पनि बिपी यति संवेदनशील थिए कि, कहिलेकाहीँ त उनी 'लडाइट' नै जस्तो सुनिन्थे (औद्योगिक क्रान्ति सुरू हुँदा परम्परागत जागिर खोसिने डरले नयाँ मेसिन र प्रविधिको विरोध गर्ने समूहलाई 'लडाइट' भनिन्छ) । सम्पन्नताको एउटा खुट्किलो औपचारिक रोजगारी हुने गरेकोमा नयाँ प्रविधि र जनसाङ्ख्यिक बनोटले अब रोजगारीको मात्रा र प्रकृतिमा व्यापक परिवर्तन हुने र त्यो चुनौती सम्बोधन गर्न सीप र सामाजिक सुरक्षाको एकीकृत प्याकेजको गृहकार्य गर्नुपर्नेछ, जुन समाजवादी अभिभारा पनि हो नै ।

चौथो- अन्तर्राष्ट्रिय सम्बन्धको बहुरूप । बिपीको समयमा अन्तर्राष्ट्रिय सम्पर्क भनेको द्विपक्षीय कूटनीतिक सम्बन्ध र राष्ट्रसङ्घको सेरोफेरोमा मात्र रह्यो । अहिले अन्तर्राष्ट्रिय सम्बन्धको दायरा फराकिलो छ । वित्तीय निगम, दातृ निकाय, बहुराष्ट्रिय कम्पनी, मिडिया र नागरिक समाज सबैसँगको सम्पर्कले विश्व अभिमत बनाउँछ । द्विपक्षीय, क्षेत्रीय

र बहुपक्षीय व्यापारिक एवम् लगानीसम्बन्धी सन्धि अन्तर्राष्ट्रिय कानुनी राजका प्रतिबिम्ब हुन् । यी विश्वव्यापी संस्थामा आबद्ध हुँदा पाइने सुविधा र सहुलियत अनि त्यसको बदलामा नेपालले व्यक्त गर्नुपरेका प्रतिबद्धताले तोकिदिने नीतिगत परिधि र नियमनकारी दायराबारेको थप ज्ञानले केकति गर्न सम्भव छ र छैन भन्ने यथार्थको बोध हुन्थ्यो । सानो मुलुकलाई बाह्य बजार, सहयोग र सहानुभूतिको बढी जरूरत पर्छ । सानै भए पनि विश्वमा जबर्जस्त उपस्थिति जनाउन सकिन्छ भन्ने कुरा नेहरू, माओ र ख्रुस्चेबसँग आँखा जुधाएका बिपीलाई थाहा नहुने कुरै थिएन ।

पाँचौं- फेबियन समाजवादको अवरोहण । बेलायतमा सिड्नी वेबले मस्यौदा गरेको लेबर पार्टीको विधान, बिपीकै समकक्षी ह्यु गेट्सकलको विफलता, टोनी ब्लेयरले संसदीय चुनावमा गरेको ह्याट्रिक विजयले एउटा समवेत सन्देश दिने थियो– सुध्र या मर । अहिलेका लेबर नेता वामपन्थी जेरेमी कोर्बिनले पुरानो लेबर पार्टीकै केही मान्यता ब्युँताउन लागेका छन् । रेल, पानी र हुलाकको राष्ट्रियकरणको कुरा उठाएका छन् । समग्र ऊर्जा सञ्जालको राष्ट्रियकरण पनि गर्नुपर्छ भनेका छन् । तर शोषण, सामन्तवाद र सामूहिक स्वामित्वको पुरातन तर्कका आधारमा होइन कि जलवायु परिवर्तनका कारण यता भारतमा नै पनि हजुरबुबा नेहरू र आमा इन्दिराको फेबियन समाजवादी संरचनाको पेच खोलेर खुकुलो बनाउने काम राजीव गान्धीले सुरू गरेका हुन् । सन् १९९१ मा दुई साताको आयात पनि धान्न नसकिने गरी ढुकुटी रित्तिएपछि सुरू भएको दूरगामी आर्थिक सुधारको शृङ्खलाले अहिले भारतलाई नयाँ उचाइमा पुऱ्याएको छ । गान्धी र स्वतन्त्रताका विषयमा गर्व गर्न सक्ने तर शिथिल आर्थिक प्याराडाइमका कारण दरिद्रताको मानव महासागरका रूपमा चिनिएको भारत शक्तिसम्पन्न समृद्धिको नयाँ कोर्समा दौडिसक्यो ।

वस्तुस्थितिको यस्तो आकलन गरेपछि बिपीले के गर्थे होलान् ? मुलुकका लोकतन्त्रवादीहरूले गर्नुपर्ने अबको चिन्तन-मन्थन यो हो ।

लोकतान्त्रिक पद्धतिकै जगमा लोककल्याणकारी राज्यको स्थापना गरी निजी क्षेत्रको नेतृत्व र सरकारको सहजीकरणमा पुँजी निर्माण र रोजगारी सिर्जनाको प्रक्रियालाई कसरी गति दिने ? शिक्षा, स्वास्थ्य, आवास, यातायात र सामाजिक सुरक्षाका क्षेत्रमा देखिएका प्रतिफल अनि कमीकमजोरीलाई समाजवादी संवेदनशीलताका दृष्टिले कसरी आत्मसमीक्षा गर्ने ? समग्रमा 'डिपार्चर' भने बिपी कोइरालाको नेतृत्व शैलीको झलक वा आंशिक पुनरावृत्तिले नै दिने थियो । नीति र कार्यक्रममा जुझारूपन, गतिशील समावेशी सङ्गठन र नयाँ युवाहरूको आबद्धताले लोकतान्त्रिक बहस र स्पर्धाको स्तर बढ्थ्यो । आत्मविश्वास, करिश्मा र नैतिक बल भएको राजनीतिले सार्वजनिक संस्थाहरूमा भरोसा बढाउने थियो । नेताका आचरणबाट नागरिकले प्रेरणा लिने दिन पनि आउँथ्यो । र हाम्रो ध्येय विविधताको सम्मानसँगै राष्ट्रिय एकताको चेतना जागृत भएको आशावादी, समुन्नत समाज बनाउने हुन्थ्यो ।

नयाँ पत्रिका, भदौ २७, २०७५

ओलीको ओइलाएको अनुकूलता

छ महिना भनेको कुनै पनि सरकारका निम्ति गति र दिशा प्रस्ट हुने अवधि हो । सार्थक नतिजा देखिन समय लाग्ने हुँदा पनि सरकारको हाउभाउ हेरेर जनताले शङ्काको सुविधा दिने अवधि हो, छ महिना । निर्वाचन भएको नौ महिना भयो । केपी ओली सरकारले छ महिनामा गरेका वा गर्न खोजेका कामले उसको गति र दिशा छर्लङ्ग पारेको छ ।

यहाँ ओली सरकार कुन दिशातर्फ जाँदै छ भन्नेबारे चर्चा गर्नेछु । गत महिना म कम्बोडियाको निर्वाचन पर्यवेक्षण गर्न अन्तर्राष्ट्रिय नागरिक समाजको प्रतिनिधिका रूपमा गएको थिएँ । त्यहाँ ३३ वर्षदेखि हुन सेनको एकछत्र शासन छ । उनी लोकतान्त्रिक निर्वाचन प्रक्रियाबाटै प्रधानमन्त्री भएका हुन् । सत्तामा आएपछि भने यो प्रक्रियालाई आफ्नो स्वार्थमा यस्तरी ढाले, शासनबाट अर्को १० वर्ष नहट्ने चाहना प्रकट गरिसके ।

बाहिरबाट हेर्दा निर्वाचन शान्तिपूर्ण रह्यो । मतदानको दिन सबै दृष्टिबाट निष्पक्ष भन्न मिल्ने गरी निर्वाचन सम्पन्न भयो । विपक्षीहरूको बहिष्कारका बाबजुद ८२ प्रतिशत मत खस्यो । एक सय २५ सिटको संसद्मा एक सय २५ सिट नै हुन सेनको सत्तारूढ दलले जित्यो ।

आवधिक निर्वाचनको कर्मकाण्डलाई मात्र लोकतन्त्रको मापदण्ड मान्ने हो भने हुन सेनको यो विजय शानदार र अपूर्व मानिनुपर्ने हो ।

अब अलिकति पछाडि फर्केर हेरौं ।

हुन सेन सरकारले निर्वाचनको केहीअघि सर्वोच्च अदालतमार्फत विपक्षी दल 'कम्बोडियन नेसनल रेस्क्यू पार्टी' नै भङ्ग गराए । विपक्षी दलमाथि एउटा सानो अमेरिकी गैरसरकारी संस्थासँग मिलेर देशद्रोह र सत्ता पल्टाउन खोजेको आरोप लगाइयो । त्यहाँका प्रधानन्यायाधीश नै सत्तारूढ दलभित्र १५औं वरीयताका सदस्य रहेछन् । अदालतका अन्य पदाधिकारी पनि सत्तारूढ दलप्रति नै बफादार ।

आरोप त एउटा बहाना हो । खासमा विपक्षी दलले अघिल्लो चुनावमा ल्याएको नतिजाबाट हुन सेन त्रस्त थिए । सन् २०१३ को चुनावमा हुन सेनको दलले ६५ सिट ल्याउँदा उक्त पार्टीले ५६ सिट जितेको थियो । तै ठूलो दलका आधारमा हुन सेन सत्ताबाट हट्नुपरेन ।

यसपालि भने उनलाई आफ्नो अकन्टक सत्ता पल्टिने खतरा महसुस भयो । सत्तामा टिकिराख्ने अभीष्ट पूरा गर्न उनले अदालत वशमा पारेर विपक्षी दल नै भङ्ग गराइदिए । कम्बोडियाको यो घटना अनुदार लोकतन्त्रको पछिल्लो उदाहरण हो ।

पत्रकार तथा लेखक फरिद जकारियाले पुँजीवादी लोकतन्त्रका दुई आयाम हुन्छन् भनेका छन् । एउटा हो– आवधिक निर्वाचन, जसमा लोकतान्त्रिक अभ्यासबाट सरकार छानिन्छ । त्यसरी छानिने शासकले शक्तिको सङ्ग्रह र उपयोग गर्छ । अर्को, संवैधानिक उदारवाद जसमा चुनावबाट सत्तामा पुगेको दल वा सरकारले आफूलाई संवैधानिक दायरामा बाँधेर राख्छ । आफ्नो शक्तिको सीमा आफैं तोक्छ ।

यी दुई धार छुट्टैछुट्टै विकसित भएका हुन् । एक सय ५० वर्षअघि संसदीय लोकतन्त्रको उद्गमस्थल बेलायतमा जम्मा सात प्रतिशत जनताले मात्र मतदान गर्न पाउँदा पनि प्रेस स्वतन्त्रता, विधिको शासन, निजी सम्पत्तिको संवर्द्धन जस्ता मान्यता स्थापित भइसकेका थिए । सच्चा लोकतन्त्रको प्रतीक स्वतन्त्र मतदान जत्तिकै निष्पक्ष न्यायाधीश हो भन्ने बुझाइ त्यसै भएको होइन ।

पश्चिमी लोकतन्त्र यी दुवै आयामको सङ्गम हो । यसमा आवधिक निर्वाचन पनि हुन्छ, संवैधानिक उदारवादको अभ्यास पनि । कानुनी

शासन, शक्ति पृथकीकरण, मौलिक हकको सुनिश्चितता संवैधानिक उदारवादका आधारस्तम्भ हुन् । जब लोकतन्त्रका यी दुई आयामबीच सम्बन्ध टुट्छ, तब अनुदार लोकतन्त्रको सुरूवात हुन्छ ।

कम्बोडियामा हुन सेन सत्तामा पुग्नु अनुदार लोकतन्त्रको अभ्यास हो । रूसमा पुटिनलाई पनि ७० प्रतिशत मतदाताले स्विकारे । तर उनको कार्यकालमा संवैधानिक उदारवादको मान्यता हरायो । टर्की, भेनेजुएला, पोल्यान्ड, हङ्गेरी र फिलिपिन्समा पनि आज अनुदार शासक छन् । अमेरिकामा डोनाल्ड ट्रम्पदेखि भारतका नरेन्द्र मोदीले पनि संवैधानिक उदारवादका मान्यतादेखि झिँझो मान्ने गरे जस्तो देखिन्छ । तर अमेरिका र भारतमा अदालत, मिडिया, नागरिक समाज, दलहरू बलियो भएकाले निर्वाचन पद्धति नै कब्जा गर्न सकिने सम्भावना छैन ।

हामीकहाँ केपी ओली सरकार पनि अनुदार, असहिष्णु र आडम्बरी लोकतन्त्रको कित्तामा उभिन खोजेको देखिन्छ । सर्वोच्च न्यायालयमा लामो समयसम्म प्रभाव स्थापित गर्ने खेल भएको छ । माओवादीले द्वन्द्वकालमा मान्छे अपहरण गरेकै शैलीमा सरकारले आफूलाई चित्त नबुझेका व्यक्ति 'उठाएर' डरधम्की दिने गरेको छ । प्रेस स्वतन्त्रता खुम्चने चिन्ता सर्वव्यापी छ । स्वस्थ आलोचना गर्नेहरूमाथि खनिने र मानमर्दन गर्ने प्रवृत्ति सङ्गठित रूपमा बढेको छ । मौलिक हकतर्फ कुन ठाउँमा विरोध गर्न पाइने, कहाँ नपाइने भनी सरकारले नै निर्देशित गर्ने परिपाटी सुरू भएको छ । समयमा काम पूरा नगर्ने वा गुणस्तरीय काम नगर्ने ठेकेदारलाई कारबाही गर्ने पर्याप्त कानुनी आधार छन् । नभए पनि सात दिनभित्र बनाउन सकिन्छ । सरकार भने समात्ने, ठोक्ने, तर्साउने बाटोमा लागेको छ । संवैधानिक उदारवाद स्वीकार नगर्नु भनेको यही हो ।

यस्तो किन भइरहेको छ त ?

शासनमा रहेका प्रायः मन्त्री तथा नेता संवैधानिक उदारवादको मान्यताबाट विचलित छन् । उनीहरू सन् ७०/८० दशकको साम्यवाद

परिकल्पना गरेर हुर्किएका पुस्ता हुन् । चुनावको वैकल्पिक मोडल नदेखेकाले मन मारेर भए पनि स्वीकार गर्दै आएका छन् । संवैधानिक उदारवाद मान्न भने अझै मन भारी भइरहेको छ । यो भनेको सैद्धान्तिक हुर्काइ र पोषणकै समस्या हो ।

हामीले चिनियाँ नेता माओ-त्से-तुङका केही भनाइ सुनेका छौं । अमेरिकी नेता हेनरी किसिन्जरसँगको संवादमा माओले भनेका थिए, "हामीकहाँ महिला धेरै भए, एक करोडसम्म लैजाओ ।" ठट्टा हो कि गम्भीर कुरो भन्ने छुट्याउन नसकेका किसिन्जरले कालजयी उत्तर फर्काएछन्, "प्रस्ताव नवीन प्रकृतिको छ, हामी अध्ययन गर्छौं ।"

उनै माओले भारतीय प्रधानमन्त्री जवाहरलाल नेहरूसँग भनेका थिए, "आणविक बमबाट विश्वका आधा जनता सखाप भए पनि केही छैन, बाँकी आधामा समाजवादी व्यवस्था लागू गरौंला ।" दुई हजार वर्षअघिका चिनियाँ सम्राट् वुको पालामा पाँच करोड रहेको चिनियाँ जनसङ्ख्या पछि एक करोडमा झरेको उदाहरण दिँदै आधा जनसङ्ख्या नै नाश हुँदा पनि सभ्यता नमासिएको कुरा गर्थे माओ ।

यी दुवै भनाइमा संवैधानिक उदारवाद मात्र होइन, आधारभूत मानवीय संवेदनाको पनि छेकछन्द छैन । प्रत्येक व्यक्तिको मौलिक हक हुन्छ, अस्मिता र अस्तित्व हुन्छ; त्यसलाई संविधानले संरक्षण गर्नुपर्छ भनेर संवैधानिक उदारवादले भन्छ । कम्युनिस्ट विचारधाराबाट आएकाहरूलाई यो उदारता स्विकार्नु नौलो हो ।

निर्वाचनबाट सत्तासम्म पुगेकाले लोकतन्त्रको यो प्रणाली उनीहरूले स्विकारेका छन् । लोकतन्त्रकै अर्को अभिन्न अङ्ग संवैधानिक उदारवाद स्विकार्न भने उनीहरूलाई गाह्रो परे जस्तो लाग्छ ।

सरकार जति असहिष्णु बन्दै छ, यसले इतिहासमै पाएको एक अपूर्व अवसर पनि गुमाउँदै छ । ओली सरकारलाई हामी राणा प्रधानमन्त्री जुद्धशमशेरपछिकै सबभन्दा शक्तिशाली मान्न सक्छौं । जुद्धशमशेरका पालामा १९९० सालको भुइँचालो गयो । त्यसअघि हाम्रो आर्थिक इतिहास भूमिमा आधारित थियो । राष्ट्रिय आयको मुख्य स्रोत जमिनमा लगाइने

कर थियो । करबाट उठेको पैसा राज्यकोषमा होइन, राणाहरूकै खल्तीमा जम्मा हुन्थ्यो । केही भइहाले उनीहरू त्यही पैसा लिएर भारत भाग्ने अभ्यास खड्ग र वीरशमशेर दाजुभाइले गरेका हुन् ।

राज्यकोष नभएको त्यो समय पनि जुद्धशमशेरले १९९० सालको भुइँचालोपछि औद्योगिकीकरणमा जोड दिए । सरदार गुन्जमान सिंह र बहादुरशमशेरलाई अध्ययन भ्रमणका निम्ति युरोप पठाएका थिए । उनीहरू फर्केर आएपछि 'विकास बोर्ड' भङ्ग गरेर 'औद्योगिक परिषद्' बनाइयो । कम्पनी ऐन र बैङ्किङ ऐन बन्यो । लगत्तै एकै पटक २९ कम्पनी सुरू भए । नेपाल बैङ्क लिमिटेड त्यही बेला सुरू भएको हो ।

जुद्धशमशेरको त्यो निर्णयलाई नीतिगत र विकासका दृष्टिले ठूलो फड्को मारेको भन्न सकिन्छ । २०१५ सालको आम निर्वाचनमा बहुमतप्राप्त बिपी कोइराला सरकारलाई पनि अलिअलि त्यस्तै वातावरण थियो । तत्कालीन राजा महेन्द्रले उनलाई लामो समय काम गर्न दिएनन् । बिपीले १७ महिनामा जति गरे, सायद अहिलेसम्म कसैले गरेका छैनन् ।

२०४८ को सरकारले पनि नयाँ जनादेशका साथ देशलाई नयाँ दिशामा लगेकै हो । त्यति बेलाको बजेट र राजस्व हिसाब हेर्दा १० अर्बको साधारण खर्चमा चार अर्ब साँवाब्याज तिर्न र एक अर्ब जति सार्वजनिक संस्थानको घाटा बेहोर्नमै खर्च भएको थियो । पञ्चायतले विकासको मूल फुटाउने भन्दै ऋणको भारी बोकाएको थियो । ऋण र अर्थतन्त्रको आकारको अनुपात २०३२ सालमा दुई प्रतिशत मात्र थियो, जुन पञ्चायतको अन्त्य हुँदा ४३ प्रतिशत पुगेको थियो । त्यस्तो सङ्कटपूर्ण अवस्थामा स्थिरीकरण, निजीकरण र उदारीकरणको आर्थिक अवधारणा अघि बढाइयो । त्यो पनि ठूलो नीतिगत फड्को थियो । माओवादी सरकारमा बाबुराम भट्टराईले पनि राजस्व असुलीमा उल्लेखनीय वृद्धि ल्याए । सधैं २०-२२ प्रतिशतको वृद्धि भइरहेका बेला उनले ३३ प्रतिशत वृद्धि हासिल गरे । उनले राजस्व असुलीमा पुरानो परम्परा तोडेकै हुन् ।

यी सबैको तुलनामा ओली सरकारलाई प्राप्त अवसर जुद्धशमशेरकै समयसँग तुलना गर्न सकिन्छ, शासनसत्तामा पकडका दृष्टिले । अरू दृष्टिबाट त त्योभन्दा अनुकूल वातावरण छ । जुद्धशमशेरको सरकार अलोकतान्त्रिक थियो । अहिले लोकतान्त्रिक विधिबाट आएको सरकार छ । न छिमेकीको डर, न त विपक्षीको । त्यति बेला जस्तो स्रोतसाधनको अभाव पनि छैन ।

यस्तो अपूर्व अनुकूलतामा पनि खै त ओलीले परिवर्तनको सङ्केत दिन सकेको ? खै त देशले फड्को मार्दै छ भन्ने आस जगाउन सकेको ? खै त 'डिपार्चर' ?

यहाँ प्रश्न उठ्छ– ओली सरकारले यो अपूर्व अनुकूलतामा गर्नुपर्ने के थियो ?

हामीलाई केही क्षेत्रमा नाटकीय परिवर्तनको खाँचो छ ।

म यहाँ कोस्टारिकाको उदाहरण दिन्छु ।

मध्य-अमेरिकी मुलुक कोस्टारिका २० वर्षअघिसम्म केरा बेचेर बस्थ्यो । सामाजिक क्षेत्रमा नेपाल जस्तै प्रगतिशील, ७० वर्षअघि राष्ट्रिय सेना नै खारेज गरेको देश । स्वदेशी बचत र उद्यमशीलता अपुग भएपछि उनीहरूले विदेशी लगानी आकर्षित गर्ने नीति लिए । चीनमा लगानी गर्न ठिक्क परेको विश्वप्रतिष्ठित इन्टेल कम्पनी आफूकहाँ तान्यो ।

इन्टेलको आगमनपछि कोस्टारिकाको छवि बदलियो । एकताका इन्टेलले मात्रै कुल निर्यातको २० प्रतिशत ओगटेको थियो । अहिले त्यहाँ उसको आकार घटे पनि थुप्रै अन्तर्राष्ट्रिय कम्पनीले कोस्टारिकालाई मुकाम बनाए । आज यो देश विद्युतीय सामग्री र चिकित्सासम्बन्धी उपकरणहरूको ठूलो निर्यातक हो । यसैसँग गाँसिएका घरेलु उद्योग यहाँ प्रशस्त मात्रामा खुलेका छन् ।

केरा र कफीमा आश्रित सानो देशले विदेशी लगानीबाट आर्थिक रूपान्तरण गर्नु नीतिगत फड्को थियो ।

सबैले जानेको, सुनेको सिङ्गापुरकै अर्को उदाहरण लिऔं ।

मलेसियाबाट निकालिएको सानो सहरी-राज्य सिङ्गापुरलाई ली क्वान यूले संसारकै वित्तीय केन्द्रका रूपमा स्थापित गरे । ली क्वान यूको जीवनी पढ्दा थाहा हुन्छ, वित्तीय केन्द्रको सुरूवात एउटा सानो आइडियाबाट भएको थियो । सन् १९६५ मा उनलाई एक जना डच सल्लाहकारले भनेछन्, "अन्तर्राष्ट्रिय वित्तीय बजार ज्युरिकबाट सुरू हुन्छ । त्यसपछि फ्याङ्कफर्ट हुँदै लन्डन, न्युयोर्क र सान फ्रान्सिस्को पुगेर टुङ्गिन्छ । सान फ्रान्सिस्कोको कारोबार सकेर मान्छे सुत्न जान्छन् । भोलिपल्ट फेरि ज्युरिकबाट कारोबार सुरू हुन्छ । यसबीच १२ घण्टाको समयमा संसारभर वित्तीय कारोबार हुँदैन ।"

ती डच सल्लाहकारले विश्व मानचित्रमा सिङ्गापुरतर्फ लक्ष्य गर्दै ली क्वान यूलाई भने, "जति बेला सान फ्रान्सिस्को सुत्छ, सिङ्गापुर जाग्छ । सिङ्गापुर सुत्ने बेला ज्युरिक जागिसकेको हुन्छ । हामीले त्यो १२ घण्टाको वित्तीय कारोबार सिङ्गापुर ल्याउन सक्यौं भने संसारको वित्तीय बजार कहिल्यै सुत्नेछैन ।"

सुनेपछि ली क्वान यूले वित्तीय केन्द्र स्थापना गर्न चाहिने सम्पूर्ण कानुनी पहल नयाँ सिराबाट थाले । बेलायती उपनिवेश हङकङलाई उछिन्न जे गर्नुपर्ने हो, त्यही गरे । यही नीतिगत 'डिपार्चर'ले पानीको स्रोतसमेत नभएको सिङ्गापुरलाई संसारकै समृद्ध आर्थिक केन्द्रका रूपमा स्थापित गर्‍यो ।

यो हो, फड्को भनेको । हामीले ओली सरकारबाट खोजेको फड्को यस्तै हो । यस्तै फड्को मार्न सरकारसँग सिर्जनशीलताको कमी छ भन्ने मलाई लाग्न थालेको छ । हिमालपारि तिब्बतमै छेलोखेलो पाइने पानी १० वर्षपछि गुड्ने रेलका खाली डिब्बामा चीन नै पठाएर धनी बन्ने नीतिलाई ली क्वान यूले के भन्थे होला ?

ओलीले बुझ्नुपर्ने के हो भने, राजनीतिक पुँजी भनेको खिइँदै जाने कुरा हो । विश्वासको 'एक्सपायरी डेट' हुन्छ । सुरूको अवसर छोप्न नसके मान्छेले पत्याउन छाड्छन् । यसको मतलब हामीले कोस्टारिका जस्तै मूल्यवान् सूचना प्रविधि कम्पनीहरू आकर्षित गर्ने वा सिङ्गापुर

जस्तो संसारकै वित्तीय केन्द्र स्थापना गर्नुपर्छ भन्न खोजेको होइन । हरेक भूमिमा आआफ्नै चुनौती र अवसर हुन्छन् । भौगोलिक रूपले नेपालसामु जति चुनौती छन्, त्यही भूगोल हाम्रा निम्ति अवसर पनि हो । हामीले त्यही भूगोलको लाभ लिन पर्यटन, ऊर्जालगायत क्षेत्रमा नवीन सोच अघि बढाउन सक्थ्यौं ।

छिमेकी मुलुकहरूसँग सहज सम्पर्क स्थापित गर्ने 'कनेक्टिभिटी'को मुद्दा पनि फरक ढङ्गले लैजान सकिन्छ ।

केहीअघि नेपाल एयरलाइन्सका महाप्रबन्धक सुगतरत्न कंसाकारले "भैरहवा विमानस्थलमा तीन सिफ्टमा काम गर्न सकिँदैन ?" भनी प्रश्न गरेका थिए । झट्ट सुन्दा यो सानो कुरा हो । तर सुधारको सुरूवात यसैबाट गर्न सकिन्छ । एक सिफ्टमा काम गर्दा तीन वर्ष लाग्ने विमानस्थल तीन सिफ्टमा काम गरे एकै वर्षमा बन्न सक्छ । यसले निर्माण क्षेत्रको त विकास हुने नै भयो, सँगसँगै रोजगारीको अवसर पनि बढ्नेछ ।

उनले भने जस्तै तीन सिफ्टमा काम गर्ने अवधारणाले पाइपलाइनमा रहेका अरू धेरै राष्ट्रिय गौरवका आयोजना तोकिएको समयभन्दा छिटो सम्पन्न गर्न सकिन्छ । आर्थिक रूपान्तरणको 'सफ्टवेयर'का रूपमा १२/१५ ओटा ऐन एकैचोटि ल्याउन सकिन्छ । एउटाएउटा गर्दै ल्याउने हो भने कुनै कानुन मन्त्रालयमा अड्किन्छ, कुनै संसदीय समितिमा अल्झिन्छ । यसरी त वर्ष-दुई वर्ष त्यसै बित्छ । अनि कहिले ल्याउने 'डिपार्चर' ?

आर्थिक रूपान्तरणका निम्ति सबै कानुन एकै चोटि बनाएर प्याकेजका रूपमा लागू गर्न सके सकारात्मक वातावरण तयार हुनेछ । अङ्ग्रेजीमा यसलाई 'सिग्नलिङ' भनिन्छ । एकचोटि सकारात्मक वातावरण बनेपछि त्यसले बिस्तारै यहाँको माहोल नै लगानी र सुधारमैत्री हुँदै जानेछ ।

अर्थलगायत ठूला आयोजनाको जिम्मा लिएका मन्त्रालयहरूमा 'इकोनमिक बार रूम' बनाएर कुन ऐन कहाँ अड्किएको छ, कुन आयोजनामा कस्तो प्रगति छ, पलपलको खबर राख्नुपर्थ्यो । प्रत्येक

दिन प्रधानमन्त्री, मन्त्री, सचिव, सहसचिव र विज्ञहरू बसेर विमर्श गरिनुपर्थ्यो । नयाँ आइडियामा मन्थन हुनुपर्थ्यो । विगतका सरकारले चाहेर पनि यस्तो गर्ने अवस्था थिएन । ती सरकार दीर्घकालीन थिएनन् । छ महिनामै फेरिन सक्ने सरकारप्रति त्यसै पनि विश्वास कम हुन्छ ।

ओली सरकारलाई भने त्यो सुविधा थियो । बहुमतप्राप्त उनको सरकारले केही परिवर्तन ल्याउनेछ भन्ने जनआकाङ्क्षा थियो । त्यसैअनुरूप 'डेलिभरी' गर्लान् भनेर जनताले कुरेकै थिए । तर पार्टीभित्र र बाहिरका आलोचकप्रति हलुका टीकाटिप्पणी गर्नमै उनको समय बित्दै छ ।

यो उनको समय खेर गएको होइन, देश विकासको महत्त्वपूर्ण अवसर गुमेको हो । छ महिनाको नीतिगत बहस भन्नु नै रेल र पानीजहाजमा केन्द्रित रह्यो । उनीहरू त्यसको आलोचना सुन्न पनि सक्दैनन् । 'विकासविरोधी'को संज्ञा दिन्छन् ।

समृद्धिका विभिन्न आयाम हुन्छन् । आर्थिक विकास त्यसैमध्ये एक हो । आर्थिक विकासको मापन प्रतिव्यक्ति आयमा गरिन्छ । उत्पादकत्व बढाएर आर्जन गरिने दिगो वृद्धिको बलमा सबैलाई माथि उठाउने प्रक्रिया नै समावेशी आर्थिक वृद्धिको अवधारणा हो ।

सकारात्मक रूपमा भन्ने हो भने, अहिलेको मूल्यमा सन् २०३० सम्म नेपालको आय र जीवनस्तर श्रीलङ्का बराबर पुर्‍याउनु हाम्रो समृद्धिको आर्थिक लक्ष्य हो । आज हाम्रो प्रतिव्यक्ति आय आठनौ सय डलर छ भने श्रीलङ्काको ३५ सय-चार हजार । चामत्कारिक ढङ्गले दुई अङ्कको वृद्धि हासिल गर्‍यौं भने पनि २०३० सम्म हामी पुग्ने श्रीलङ्का बराबर नै हो । त्यति पुग्नु पनि ठूलो उपलब्धि हो ।

यससँगै हामीले १२ वर्षमा गरिबी तीन प्रतिशतमा झार्नुपर्छ । भोकमरी निर्मूल गर्नुपर्छ । समताउन्मुख लोककल्याणकारी राज्यमा गुणस्तरीय शिक्षा, स्वास्थ्य, आवास, यातायात र सामाजिक सुरक्षाको प्रत्याभूति दिनुपर्छ । यो समृद्धिको एउटा पाटो मात्र हो । यससँगै

स्वच्छ पर्यावरण, विविधताको सम्मान, राष्ट्रिय एकताको चेतना जागृत भएको आशावादी नेपाली समाज पनि समृद्धिको दायराभित्रै पर्छ । मैले बुझेको समृद्धि यही हो । यो सोचमा रेल र पानीजहाज कहाँ पर्छ त ?

अहिलेको हाम्रो बहस नै रेल र पानीजहाजमा सीमित भएपछि त्यसैमा चढेर समृद्धि आउँछ भने जस्तो छ । यो हाम्रो समृद्धिकै लागि घातक सोच हो । हामीले ढङ्ग पुऱ्याएर सबै काम गऱ्यौं भने मात्र रेल र पानीजहाजले आर्थिक समुन्नतिको बृहत् लक्ष्यमा केही योगदान पुऱ्याउने हो । त्यो कसरी भने भूपरिवेष्ठित देश भएकाले ढुवानी लागत घटाएर वस्तुको आयात, निर्यात र लगानी विविधीकरणमा यसले सहयोग पुऱ्याउँछ । विदेशी पर्यटकलाई हवाईमार्गको विकल्प दिन्छ । भारतसँगको परनिर्भरता केही घट्न सक्ला । तर यसको मतलब उलटपुलट हुने होइन ।

साध्य र साधनमा झुक्किनु भएन । आर्थिक समृद्धिको आधार रेल र पानीजहाज होइन, हाम्रा उद्यमी-व्यवसायी हुन् । भूअवस्थितिका कारण हामीकहाँ व्यापार त्यसै पनि २० प्रतिशत महँगो छ । त्यसमाथि स्थानीय तहमा कर थोपरेर हामीले लगानीलाई महँगो र अनपेक्षित बनाउँदै लगेका छौं । केही समयअघि उद्योग वाणिज्य महासङ्घको एक कार्यक्रममा व्यापारीहरूले करको दर र दायरा बढ्यो, अनुगमनका नाममा धरपकड गरियो, लगानी सुरक्षाको ग्यारेन्टी भएन भन्दै विरोध गरे । हडतालमै उठ्नुपर्ने चेतावनीसमेत दिए ।

निजी क्षेत्रलाई चलायमान नबनाई केही हात लाग्दैन । सरकारको नीति भने लगानीमैत्री होइन, निजी क्षेत्र तर्साउने खालको छ । एकातिर हाम्रो नीतिगत बहस गलत दिशातिर निर्देशित छ भने अर्कातिर हामी व्यक्तिविशेषको सेरोफेरोमा रमाउँदै गएका छौं । पद्धति बसाउनेभन्दा व्यक्तिविशेषको आत्मरतिले हामीलाई डोऱ्याउन थालेको छ । स्थापित निर्णयचक्रहरूमा भन्दा ओठे निर्देशनमा आकर्षण छ ।

शासनमा बस्ने मान्छेले "म सत्य हुँ, मैले बोलेको सत्य हो, म घुस खान्नँ, नराम्रो काम गर्दै गर्दिनँ" भन्नु आत्मरति हो । नियम-पद्धतिभन्दा

आफ्नो स्वविवेकले यसो गर, यसरी गर भन्दै निर्देशन दिने प्रवृत्ति हाबी भए हाम्रो सम्पूर्ण शासन संरचना चटकीकरण हुन्छ ।

कतिपयलाई नेपाल 'असफल राज्य' हो भन्ने लाग्छ । मेरो विचारमा यो असफल होइन, लुलो राज्य हो । भारतको प्रसङ्‌गमा अर्थशास्त्री लान्ट प्रिचेटले भने जस्तै हामी 'फेलिङ' होइन, 'फ्लेलिङ' राज्य भयौं । नभए केन्द्रमा नेकपाको बहुमत सरकार छ । सात प्रदेशमध्ये छ ओटामा नेकपाकै सरकार छ । स्थानीय तहमा पनि बहुमत सरकार उसैको छ ।

यस्तो अनुकूल वातावरणमा पनि जनतालाई परिवर्तनको अनुभूति गराउन सकिएको छैन । यो भनेको लुलो सरकारको लक्षण हो । शिर ठीकठाक देखिन्छ, हातगोडा सक्रिय छैनन् । यही क्रम जारी रहे शासन-पद्धतिमा चटकीकरण हाबी भइरहनेछ ।

यहाँ समाजको चरित्रले पनि भूमिका खेल्छ ।

समाजको चरित्रको प्रसङ्‌गमा क्रान्तिबाट जन्मेका दुइटा पृथक् दार्शनिक विचारधाराको उल्लेख गरौं । अमेरिकी स्वतन्त्रता सङ्ग्रामको दार्शनिक आधार यो थियो– मान्छे स्वभावतः खराब हुन्छ । शक्तिमा पुग्नासाथ भ्रष्ट बन्छ र सत्ताको दुरूपयोग गर्न थाल्छ । त्यही भएर मान्छेलाई पहिल्यै कानुनले बाँध्नुपर्छ ।

फ्रेन्च क्रान्तिको दार्शनिक जग फरक छ । उनीहरूका नजरमा मान्छेका एकअर्काप्रति असीमित सदिच्छा र आकाङ्क्षा हुन्छन् । राज्यशक्तिको स्रोत जनतालाई मानिसकेपछि उनीहरूको क्षमता प्रस्फुटनमा कुनै बाधा नहोस् भनी राजतन्त्रदेखि नोकरशाहीतन्त्रसम्मका मध्यस्थ निकायहरूको बोझ हटाउनुपर्छ भन्ने फ्रेन्च क्रान्तिको सिद्धान्त हो ।

नेपालको हकमा हाम्रो सामाजिक व्यवहारको दार्शनिक आधार के हो ?

मान्छे स्वभावतः खराब कर्मतर्फ उद्वेलित हुन्छ । कानुन, राजा वा देवताको डर भएन भने ऊ त्यही कर्ममा यस्तरी वशीभूत हुन्छ,

त्यसबाट निस्कनै सक्दैन । सायद यही ठानेर सरकारले सबै व्यापारी चोर हुन्, सबै ठेकेदार ठग हुन् भन्ने मनसाय राखेको देखिन्छ । उनीहरूलाई संवाद होइन, थर्काएर र चुटेरै तह लगाउन खोजेको भान हुन्छ ।

समाज बहुआयामिक हुन्छ । यहाँ राम्रा पनि छन्, नराम्रा पनि । ती सबै समेट्दै निश्चित कानुनका आधारमा व्यवहार गर्ने सरकारको ध्येय हुनुपर्छ । कमजोरी देखाएर तर्साउन मात्र खोजे त एउटा न एउटा कमजोरी नभएको कोही हुन्न । कानुनी उत्प्रेरणाहरूको जगमा आर्थिक-सामाजिक आचरणको स्वचालित नियमन हुनपर्छ ।

यहाँनिर रूवान्डाको उदाहरण जोडौं ।

उद्यम र लगानी गर्न लायक देश (डुइङ बिजनेस २०१८)को श्रेणीमा रूवान्डा ४१औं स्थानमा छ । हामी १०५औं स्थानमा छौं । मेरो प्रश्न– रूवान्डाले गर्न सक्ने तर हामीले गर्न नसक्ने के छ ? सिङ्गापुर र स्विट्जरल्यान्डको कुरा छाडौं । हामीभन्दा भीषण द्वन्द्वबाट आएको मुलुक जहाँ चार महिनामा १० लाख जनाको हत्या भयो । हामी जस्तै भूपरिवेष्ठित र हामी जस्तै सानो क्षेत्रफलको रूवान्डाले गर्न सक्ने तर हामीले गर्न नसक्ने किन ?

रूवान्डाले जे गर्दै आएको छ, त्यसको आधा मात्र हामीले गर्न सक्यौं भने ठूलो कुरा हुन्छ । उदाहरणका लागि, रूवान्डाले भर्खरै अमेरिकामा सीधा उडान गर्ने भएको छ । राष्ट्रिय ध्वजावाहक जहाज अमेरिका छिराउनु भनेको सानोतिनो संस्थागत र नीतिगत सुधारले सम्भव हुने होइन । रूवान्डाको नागरिक उड्डयनदेखि आन्तरिक सुरक्षाका विविध क्षेत्र अमेरिकी मापदण्डअनुसार सही ठहरिनुपर्छ ।

यो परीक्षा पास हुनु भनेको रूवान्डाका निम्ति ठूलो लडाइँ जित्नु सरह हो । यत्तिले पनि अन्तर्राष्ट्रिय बजारमा जुन विश्वास आर्जन हुन्छ, त्यसले धेरै लगानीकर्ता तान्न अनुकूल वातावरण सिर्जना गर्नेछ । ऋण लिएरै भए पनि आय बढाउन सकिन्छ भन्ने आत्मविश्वास छ । नेपाली परामर्शदाता सुजीव शाक्य अहिले रूवान्डा गइरहन्छन् ।

भन्छन्, "रूवान्डाले ४० अर्ब डलर लगानीमा एउटा सम्मेलन केन्द्र बनाउँदै छ ।" पर्यापर्यटनमा उनीहरूको लक्ष्य यहाँ झल्कन्छ । दिनको आठ सय डलरको गुरिल्ला पर्यटन प्रवर्द्धन प्याकेज ल्याएका छन् । हाम्रोमा दिनको ८० डलर पाए कहलिएका पाँचतारे होटल नै दङ्ग पर्नुपर्ने अवस्था छ । पाँचआठ सय जनाको ठूलो अन्तर्राष्ट्रिय सम्मेलन गर्ने एउटा मात्र स्थल संसद्ले कब्जा गरेको १० वर्ष भइसक्यो । भृकुटीमण्डपको त्यो बेहाल छ ।

यो सबै उपलब्धिको कारण गृहयुद्ध अन्त्यपछि रूवान्डाको आर्थिक रूपान्तरण र नीतिगत 'डिपार्चर' हो ।

दुनियाँमा कति कुरा त अर्काको देखेर पनि सिक्न सकिन्छ । चिनियाँ राष्ट्रपति सी चिनफिङ वा नरेन्द्र मोदी अमेरिका भ्रमणमा गए एक दिन वासिङ्टनमा बस्छन्, बाँकी छ दिन क्यालिफोर्निया जान्छन् । टेस्ला, एप्पल, गुगल, फेसबुकका सञ्चालकसँग लाइभ कुराकानी गर्छन् । यसले उनीहरूको प्राथमिकता देखाउँछ ।

हाम्रा नेता भने विदेश भ्रमणमा जाँदा अधिकांश समय नेपाली समुदायसँग दिवाभोज र रात्रिभोजमै बिताइदिन्छन् । डायस्पोराका नेपालीलाई नेपाल सम्झाउन जति उत्साही हुन्छन्, नेपालमा विदेशी लगानी आकर्षित गर्न त्यत्तिकै रणनीतिक देखिन्नन् । यसका निम्ति संस्थागत तथा नीतिगत सुधार र स्थायित्वको विश्वास दिलाउन सक्नुपर्छ ।

राजनीतिकभन्दा नीतिगत अस्थिरताले लगानीलाई फाइदा गर्दैन ।

राजनीतिक स्थिरता त उत्तर कोरियामा पनि छ । त्यहाँ लगानीकर्ता आकर्षित हुँदैनन् । व्यक्तिको लहडमा चल्ने देशमा नीतिगत स्थायित्व हुन्न । संशयको वातावरणमा हात अघि सर्दैनन् । बाँधिएर बस्छन् । लोडसेडिङका बेला व्यवसायीहरू "बरू प्रतियुनिट ३० रूपैयाँ लेऊ । तर दिनको यति घण्टा अविराम बिजुली आउँछ भनी निश्चित गरिदेऊ" भन्थे ।

ठुल्ठूला आइडिया नहुनु एउटा कुरा हो । तर संस्थागत तथा नीतिगत सुधारमा पनि हामी पछि छौं । संस्थागत सुधारको चर्चा

गर्दा परराष्ट्र नीतिको कुरा पनि आउँछ, जसले निरन्तर सन्तुलन गुमाइरहेको चिन्ता छ ।

नेपालको पराराष्ट्र नीति भनेको चीन र भारत मात्र होइन । व्यक्तिगत तहमा ओलीले भारतसँग सम्बन्ध सुधारेकामा कुनै शङ्का छैन । त्यो सम्बन्ध सुधार संस्थागत भयो कि भएन भन्ने छुट्टै प्रश्न छ । त्योभन्दा अगाडि दुई सय मुलुक भएको विश्वमा हाम्रो परराष्ट्र सम्बन्ध दुई ओटामा मात्र खुम्चिने होइन । नेपाल जस्तो सानो मुलुकलाई यसले फाइदा गर्दैन ।

केही समयअघि हाम्रा परराष्ट्रमन्त्री युरोप भ्रमणमा गए । त्यहाँ नेपालीहरूको सम्पर्क मञ्चमा भाग लिएको कुरा प्रमुख समाचार बन्यो । सन् १९६९ र १९८८ मा दुईदुई पटक संयुक्त राष्ट्रसङ्घको सुरक्षा परिषद्को सदस्य भएको देश हो हाम्रो । विगतको त्यो विरासत कहाँ स्खलित भयो ? बिपी कोइराला र राजा वीरेन्द्रपछि अन्तर्राष्ट्रिय छवि बनेका नेता खै ?

दोस्रो विश्वयुद्धपछि राष्ट्रसङ्घको सक्रियता र सेरोफेरोमा बनेको 'अर्डर' अर्थात् विश्वव्यापी संस्थाहरू, नियम-पद्धति र मान्यताबाट हामी टाढिँदै गएका त छैनौं भन्ने प्रश्न पनि छ । मानवअधिकार, विधिको शासन, सहभागितामूलक शासन व्यवस्था जस्ता मुद्दा यसमा पर्छन् ।

संसारभर सर्वव्यापी यी मुद्दालाई पश्चिमा मान्यता भन्दै अस्वीकार गर्ने प्रवृत्ति बढ्दो छ । संयुक्त राष्ट्रसङ्घको ओज खुइल्याउने प्रयत्न भएको छ । यो अतिराष्ट्रवाद र 'जेनोफोबिया'को लक्षण हो । चीन र भारत हाम्रा निकट छिमेकी हुन् । हामीले भौतिक विकासमा उनीहरूबाट भरमग्दुर सहयोग लिनुपर्छ । सहकार्य पनि गर्नुपर्छ । उनीहरूसँगै हामी पनि माथि उठ्नुपर्छ । तर धेरै सामाजिक तथा राजनीतिक मुद्दा यस्ता छन्, जसमा हामी भारत र चीनभन्दा अगाडि छौं । प्रगतिशील राजनीतिक-सामाजिक मुद्दामा जसरी डेनमार्क, फिनल्यान्ड, स्विडेन र नर्वेको युरोपमा स्थान छ, एसियामा त्यस्तै हैसियत हामी राख्न सक्छौं ।

यो भ्रातृत्वको सवाल मात्र होइन । विकास गर्न बहुराष्ट्रिय स्रोतहरूको खोजी गर्ने कि द्विपक्षीय स्रोतमा भर पर्ने ? विकास सहायताबारे उनीहरूको मान्यता 'पेरिस २००५' र 'बुसान २०११' मा तय गरिएका विश्वव्यापी घोषणापत्रहरूसँग मेल खान्छ कि खान्न ? अनुदान, सहुलियतपूर्ण ऋण र बजार-निर्देशित ऋणका भिन्नभिन्न सर्तबारे हाम्रो सोच के छ ? भारत-चीनसँगको सम्बन्ध सुधार्न हाम्रा परम्परागत मित्रराष्ट्र र संस्थाहरूसँग टाढिन पर्दैन । यो 'जिरो-सम'को खेल होइन ।

छ महिना समय लामो हो । तर पाँचवर्षे सरकारका निम्ति यही अन्तिम होइन ।

छ महिनामा गरेका कामले सरकारको गति र दिशा कोर्छ । तर बाँकी साढे चार वर्ष पनि सरकार यही गति र दिशामा चल्छ भन्ने जरूरी छैन ।

मैले माथि पाँच प्रवृत्तिबारे चिन्ता व्यक्त गरेको हुँ– (१) अनुदार, असहिष्णु बन्दै गरेको राजनीति, (२) ठूला विचार, नीतिगत प्रस्थान र क्रमभङ्गताको अभाव, (३) संस्थागत निर्णयभन्दा व्यक्तिवादी निर्देशनको चाङमा रूमल्लिएको प्रशासन, (४) लगानीमा संशय र उद्यममा निराशा र (५) सन्तुलन गुमे जस्तो देखिने परराष्ट्र सम्बन्ध ।

यी विवषयलाई सकारात्मक सुझावका रूपमा ग्रहण गरेर सरकार अघि बढे सच्चिने समय यथेष्ट छ । उदार लोकतन्त्रमा विश्वास गर्ने र नेपालमा द्रुत विकास चाहने म जस्ता लाखौं नागरिकको चाहना यो ऐतिहासिक अवसर र अनुकूलता ओइलाएको हेर्न नपरोस् भन्ने छ ।

सेतोपाटी, भदौ ५, २०७५

अन्तर्वार्ताहरू

पृथ्वी कोल्टो नभइदिएको भए विश्व इतिहास फरक हुने रहेछ

किताबको सङ्गतमा कसरी पुग्नुभयो ?

एसएलसीसम्म अतिरिक्त किताब उति पढिनँ । केही किशोर साथीहरूमाझ अङ्ग्रेजी उपन्यास प्रिय थिए । मेरो चाहिँ त्यतातिर लगाव थिएन, पाठ्यपुस्तकमै घोत्लिन्थेँ । जाँचमा धेरै नम्बर ल्याउने र छात्रवृत्ति पाएर विदेश पढ्न जानुपर्छ भन्ने एकसूत्रीय सोच थियो । सन् १९९३ मा बेलायत गएपछि पाठ्यपुस्तकभन्दा बाहिरी ज्ञानतिर पस्न थालेँ । बेलायत यसै पनि ऐतिहासिक र सुसंस्कृत सहर ! चार्ल्स डिकेन्सले उपन्यास लेखेको स्थान, विन्स्टन चर्चिल युद्धकालमा बसेको घर जस्ता दर्जनौं ऐतिहासिक रेकर्ड बेलायतका गल्लीगल्लीमा देखिन्थे । *बिबिसी विश्व सेवा* थियो, त्यहाँ काम सुरू गरेँ, २० वर्षको थिएँ । सहजै संसद् भवन छिरेर बहस सुन्न सकिन्थ्यो । एक पटक त प्यालेस्टिनी 'लेजेन्ड' यासर अराफतसँगै जम्काभेट भयो । यसरी इतिहास र समसामयिक विषयमा चासो राख्ने एक अर्थशास्त्रको विद्यार्थीका नाताले मेरो लन्डन बसाइ अत्यन्तै रोमाञ्चक रह्यो । लन्डन स्कुल अफ इकोनमिक्सको पुस्तकालय विश्वकै सबभन्दा ठूलो समाज विज्ञानको भण्डार हो । त्यहाँभित्र पसेपछि मेरो घण्टौं समय उसै बित्थ्यो ।

कितास कसरी छान्नुहुन्थ्यो ?

सुरूवातमा अर्थशास्त्रका किताब छानीछानी पढ्थें । बिस्तारै अर्थराजनीति र इतिहासका किताबतिर लागें । सँगै फिक्सन पनि पढ्न थालें । विश्वप्रतिष्ठित साहित्यिक पुरस्कार बुकरको चर्चा वर्षैभर चलिरहन्थ्यो । दक्षिण एसियाली भएका नाताले अङ्ग्रेजीमा लेख्ने एसियन मूलका विक्रम सेठ, भिएस नयपल, सलमान रूस्दी, रोहिन्तन मिस्त्री जस्ता लेखकका किताब चाख लिएर पढ्थें । पछि मूलधारका ब्रिटिस, अमेरिकन लेखकका किताब पढ्न थालें । ब्रिटिस लेखक इएन मकएवन मेरा प्रिय थिए । समग्रमा अर्थशास्त्र, अर्थराजनीति, इतिहास र फिक्सन पढ्ने मेरो लत त्यही बेला बसेको हो ।

कस्ता किताबले जीवनमा धेरै प्रभाव पारे ?

जीवनमा प्रभाव पारेको र मेरो सोचाइमै परिवर्तन ल्याएका किताब धेरै छन् । तर आज दुई किताबको मात्रै चर्चा गर्छु । २२ वर्षअघि स्नातकोत्तर पढ्न म हार्भर्ड विश्वविद्यालय पुगेको थिएँ । त्यति बेला दुई ओटा किताबको विशेष चर्चा थियो । पहिलो थियो, ज्यारेड डायमन्डले लेखेको *गन्स, जर्म्स एन्ड स्टिल* । किताबमा युरोपेलीहरू कसरी अगाडि आए भन्ने विवरण छ । लगभग १० हजार वर्षअघिदेखि १५औं शताब्दीसम्मको मानव इतिहास तथा सभ्यताको चित्रण छ किताबमा । १५औं देखि करिब २०औं शताब्दीसम्मको अवधि समेटेर लेखिएको त्यस बेला चर्चामा रहेको दोस्रो किताब हो, द *वेल्थ एन्ड पभर्टी अफ नेसन्स* ।

यो किताब डेभिड लान्डेसले लेखेका हुन्, जसमा औद्योगिक क्रान्तिअघिका केही शताब्दी र औद्योगिक क्रान्तिका चरित्रबारे चर्चा छ । यी दुई किताब पढेपछि हामी कसरी यहाँसम्म आइपुग्यौं ? भन्ने विषयमा स्पष्ट हुन्छौं । मानव प्रगतिको विषयलाई बहुआयामिक विधाको कोणबाट चित्रण गरेका छन् दुवै किताबले । विकास अर्थशास्त्रीका रूपमा मेरो जीवनको पेसेबर अध्याय सुरू हुँदा यी किताबले ठूलो

प्रभाव पारे । किताबले बौद्धिक मुद्दाहरूको उठान गर्ने, विश्लेषण गर्ने र सोच्ने तरिका नै फरक पारिदिए ।

गन्स, जर्म्स एन्ड स्टिलको उद्देश्य के हो ? किताबले पृथ्वीको इतिहासबारे तपाईंको सोचाइमा के असर गऱ्यो ?

हामी सामान्यतया किन कुनै देश धनी भए वा पछि परे भन्ने सन्दर्भमा त्यहाँको राजनीति राम्रो वा खत्तम, नेता नै झुर वा राम्रो भन्ने कोणबाट धेरै बहस गर्छौं । तर राजनीति वा राजनीतिज्ञको गुणस्तर खराबीको 'सिम्पटम' हो, कारकतत्त्व प्रायः अलि गहिरै हुन्छ । अमेरिका किन उन्नत भयो भन्दा जर्ज वासिङ्टन, अब्राहम लिङ्कन, फ्याङ्कलिन रूजभेल्ट, केनेडी जस्ता मानिसको नाम लिँदै 'सजिलै' उत्तर दिइन्छ ।

हाम्रोमा पनि मुलुक किन बनेन भन्दा 'नेता नै खत्तम' भनेर बुद्धिजीवीदेखि चिया चौतारोसम्म टिप्पणी हुने गर्छ । सयौं वर्षको प्रमाण केलाएर अहिले विकास अर्थशास्त्रमा 'संस्था' वा 'इन्स्टिच्युसन'हरूको प्रधान भूमिकाबारे जरोमै पुग्ने गहिरो शोध जारी छ । इन्स्टिच्युसन केवल साइनबोर्ड झुन्ड्याएको भवन होइन, आर्थिक-राजनीतिक खेलका नियम र ती कत्तिको दोहनकारी छन् वा छैनन् भन्ने पनि हो । त्यस्तै हजारौं वर्षको प्रमाण केलाएर भूगोलको भूमिकाबारे पनि यथेष्ट चर्चा भएको छ । डायमन्डको किताबलाई पछिल्लो कोटीमा राख्न सकिन्छ । उनले युरोपेलीहरू अघि देखिनुमा बीउ, जीवाणु र बन्दुकको भूमिका छ भन्ने 'थेसिस' अघि ल्याए । कसरी त ?

पहिलो हो, बीउ । मानव इतिहासमा कृषिको छ पटक उदय, पुनरोदय, आविष्कार र पुनः आविष्कार भएको मानिन्छ– १२ हजार वर्षपहिले पपुवा न्युगिनी, दोस्रो चीन, तेस्रो मेक्सिको, चौथो पेरू, पाँचौं अमेरिका, छैटौं युरोप र मध्यपूर्व जोड्ने लभान्ट क्षेत्रमा । लभान्टमा बीउ चाँडै उम्रन्थ्यो, हुर्कन्थ्यो र व्यवस्थापन गर्न पनि सजिलो थियो । फेरि प्रयोगका लागि बीउको आकार पनि ठूलो र उन्नत थियो । यी विषय औद्योगिक विकासभन्दा निकै अघिका हुन्, जति बेला

जनघनत्वको महत्त्व थियो । तीन जना मान्छे जम्मा भए तीन जोडी विचार आउँछन् । छ जना मान्छे भयौं भने १५ जोडी विचार आउन सक्छ । जनघनत्व जति बढी भयो, उति नै विचार, सहकार्य र सम्भावनाको दायरा फराकिलो हुँदै जान्छ । ठूलो जनसङ्ख्या धान्न कृषि उत्पादन महत्त्वपूर्ण हुने भयो । बीउ, कृषि, जनसङ्ख्या, विचार र प्रगतिको साइनो सुरूमा यसरी जोडियो ।

दोस्रो हो, जीवाणु । त्यहाँ जनावर पनि ठुल्ठूला र घरमै पाल्न उपयुक्त जातका भए । खेती गर्न मान्छेले ठेल्दाभन्दा जनावरले ठेल्दा बढी शक्ति प्राप्त भयो । साथै जनावरसँगै बस्न थालेपछि तिनले सार्ने रोगविरूद्ध मान्छेको प्रतिरोधात्मक क्षमता (इम्युनिटी) पनि बढ्यो । पछि उपनिवेशको खोजीमा युरोपेलीहरू उत्तर र दक्षिण अमेरिका पुग्दा त्यहाँका आदिवासीहरू सखाप भए । किनभने युरोपेलीले ल्याएको रोगसँग भिड्ने इम्युनिटी त्यहाँ थिएन ।

तेस्रो हो, बन्दुक । जनघनत्वसँगै प्रविधिका रूपमा कम्पास, पाङ्ग्रा, टेक्सटायल, धातुसँग काम गर्ने सीप र जहाजको पनि प्रयोग हुन थाल्यो । सबैभन्दा महत्त्वपूर्ण चाहिँ किताबले भनेको 'गन' अर्थात् बन्दुकले अन्य सबै आविष्कारको शक्तिलाई थप मजबुत बनायो, अर्थात् 'म्यग्निफाई' गरिदियो ।

समग्रमा यो किताबले १५औं शताब्दीअघिका यी तथ्य अगाडि ल्याएको छ र जोडेको छ– पृथ्वीको ढल्केको आकारसँग । पृथ्वी सोझो भकुन्डो जस्तो नभएर अलिकति ढल्केको छ नि, त्यसको दूरगामी प्रभाव रह्यो । पूर्वदेखि पश्चिम र पश्चिमदेखि पूर्वतर्फ प्रविधि सजिलै सर्न सक्ने तर उत्तर-दक्षिण चाहिँ सर्न असजिलो भयो । जस्तो मेक्सिकोमा उब्जनी भएको मकैको बीउ त्यहीँ माथिको मिसिसिपी पुग्न हजारौं वर्ष लागेको छ ।

तर भूगोल र जलवायुले पूर्व-पश्चिम यात्रा सहज हुँदा चीनमा भएको आविष्कार तुरून्तै युरोप पुगिहाल्ने भयो । इटालीका मार्को पोलो १३औं शताब्दीमै चीन पुगे । युरेसिया लामो, पूर्व-पश्चिम जोडिएको

ठूलो महादेश भएकाले प्राचीन सभ्यता सबै त्यहीँ देखियो । पृथ्वी सोझो भइदिएको भए विश्वको इतिहास अहिलेभन्दा निकै फरक हुने रहेछ भन्ने कल्पनाले हाम्रो मस्तिष्क हल्लाउँदैन र ?

अनि अर्को किताब द वेल्थ एन्ड पभर्टी अफ नेसन्समाथि पनि सारांशमा विमर्श गरौं न !

यो किताबमा औद्योगिक क्रान्तिभन्दा तीन सय वर्षअघिदेखिको पूर्वतयारीका कुरा छन् । ब्लक छपाइ, सेरामिक्स, गन-पाउडर, कम्पास, रेशम र धानखेती आदिको आविष्कार चीनमा भइसक्दा युरोपमा केही विकास भएको थिएन । तर औद्योगिक क्रान्ति युरोपमा भयो, चीनमा भएन, किन ? सन् १४९२ तिर कोलम्बस अमेरिका पुगे । जब कि चिनियाँहरू जहाज लिएर १४१७ मै अफ्रिका पुगे भनिन्छ । तर केही दशकपछि यस्ता बाह्य गतिविधिमा सम्राट्ले बन्देज लगाए । सन् १४५० तिर अन्तर्मुखी बनेको चीन एकै पटक देङ स्याओपिङ आएपछि १९७८ मा नाटकीय ढङ्गले खुल्यो । त्यसैले 'साइनोलोजिस्ट'हरू भन्छन्– चीन बुझ्न सयसय वर्षको विश्लेषण चाहिन्छ, दुईचार वर्षको उतारचढाव होइन । र यस्ता ठुल्ठूला निर्णयको प्रकृति राज्यसत्ताको चरित्रसँग गाँसिन्छ । चीन र युरोपको राजकीय शक्तिका पृथक् पृष्ठभूमिलाई कसरी बुझ्ने भन्नेबारे मैले यस पुस्तकबाट निकालेका केही निस्कर्ष छन्–

पहिलो, प्रतिस्पर्धात्मक वैधता । युरोपमा ससाना टुक्रे राज्य थिए । विचारक वा मन्थन गर्न सक्ने कला भएका, आविष्कार गर्ने जोकोही प्रतिभाशाली मान्छेलाई त्यहाँको शासकले दुःख दिँदा एक राज्यबाट अर्कोमा भागेर जाने ठाउँ थियो । यदि कसैले लन्डनमा कुनै सास्ती भोग्यो, उसलाई जेनेभा जान सजिलो भयो । पेरिसमा कुनै सास्ती भयो, भेनिस भागे भयो । चीनले भने इसापूर्व २२१ देखिकै एकीकृत राज्य मात्र होइन, आफूलाई ब्रह्माण्डकै केन्द्रबिन्दु मान्थ्यो । प्रताडित चिनियाँहरू भागेर जाने कहाँ ? प्रतिस्पर्धात्मक सहरी राज्यहरूको

सञ्जालले कला, विज्ञानको प्रवर्द्धनमा सघायो । चीनले स्थायित्व रोज्यो, समाज गतिशील भएन । अर्को विषय, युरोपका नदीहरूमा धेरै बन्दरगाह छन् । आउने-जाने विकल्प धेरै छन् । चीनका ठूला नदी एउटै भूभागमा कैद थिए । खासगरी व्यापारमार्फत वस्तु र विचारको आदानप्रदानमा भूगोल र नदीहरूको भूमिका ठूलो हुन्थ्यो ।

दोस्रो, सहरहरूको उदय । युरोपमा सार्वभौम राज्यको उदयअघि सहरहरूको उदय भएको हो । युरोपको उत्थान सहरले गराएको हो । १३औं देखि १५औं शताब्दीका सहरको इतिहास हेर्नुहोस् त– फ्लोरेन्स, रोम, भेनिस, मिलान, नेपल्स ! पछि एटलान्टिक ट्रेड सुरू भएसँगै बेलायत, हल्यान्ड, फ्रान्सका सहर चम्किन थाले । सहर र गाउँको आफ्नै कार्यविभाजन थियो । सामन्तहरू गाउँमा बस्थे । सहरहरूले स्वायत्तताको अभ्यास गरे । र आफ्नै ट्रेड एसोसिएसन बनाउने, श्रमलाई सीपयुक्त बनाउने काम गरे । शासकहरू ऊ बेला कम हस्तक्षेप गर्थे । फोर्टिफिकेसन (किल्ला) भएका सहरमा आफ्नै कानुनी-राज, व्यावसायिक नियम, मौलिक लेखाप्रणाली, क्रेडिट र श्रम बजार स्थापित हुँदै गएर आधुनिक पुँजीवादको जग बसेको हो । बेलायतको बैङ्क अफ इङ्ल्यान्ड सन् १६९४ मा स्थापना भएको छ । विशाल भारतलाई उपनिवेश बनाएर निलेको इस्ट इन्डिया कम्पनी सेयरहोल्डर भएको सानो निजी कम्पनी थियो, जसको लन्डनमा जम्मा पाँच ओटा झ्याल भएको सानो अफिस थियो सुरूमा ।

तेस्रो, वैज्ञानिक विधि र संस्थाहरू । युरोपमा अनुसन्धानको सामान्यीकरण हुन थालेको १६औं-१७औं शताब्दीदेखि हो । अवलोकन गर्ने, त्यसलाई सूक्ष्म ढङ्गले व्याख्या गर्ने र दस्तावेजीकरण गर्ने प्रवृत्ति किन क्रान्तिकारी भयो ? किनकि ज्ञान-विज्ञान अघि बढ्न 'रेप्लिकेसन' र 'भेरिफिकेसन' चाहिन्छ । क्याम्ब्रिज विश्वविद्यालयमा आइज्याक न्युटनले योयो देखें भनेर टिपे । त्यही कुरा अन्य वैज्ञानिकले पुष्टि गरे । वस्तुनिष्ठ भएर, एकआपसमा जोडेर व्याख्या गर्ने चलन त्यहीँबाट सुरू भएको हो । एकएक इँटा थपे जस्तो गरेरै आविष्कारको

दायरा बढ्दै जाने हो । त्यसलाई प्रिन्टिङ प्रेसको आविष्कारले थप फैलायो ।

टेलिस्कोप, पेन्डुलम, भर्नियर स्केल, क्याल्कुलसको आविष्कार भएपछि विज्ञान थप परिष्कृत हुँदै गयो । यसरी वैज्ञानिक अनुसन्धानको सामान्यीकरणबाटै उच्च विज्ञान र प्रविधिको लहर आएको हो । न्युनटले सन् १६८७ मा भौतिकशास्त्रमा फड्को मारे, त्यो सबै पहिले छरिएर रहेका आविष्कारको जगमा गरिएको थियो । वैज्ञानिक कुरालाई सङ्गठित गर्न बेलायतको रोयल सोसाइटी सन् १६६० मा गठन भएको हो, जसले ज्ञानको सङ्ग्रह गर्ने, सभासम्मेलन गर्ने, विचार आदानप्रदान गर्ने, जर्नल निकाल्ने काम गर्न थाल्यो । बौद्धिक सम्पत्तिसम्बन्धी कानुन पहिलो पटक सन् १४७३ मा आएको छ युरोपमा ।

औद्योगिक क्रान्ति नबुझी संसारको त्यो कायाकल्प बुझ्न नसकिएला ! औद्योगिक क्रान्तिका विषयमा द वेल्थ एन्ड पभर्टी अफ नेसन्सले केही प्रस्ट पारेको छ ?

औद्योगिक क्रान्तिले सन् १७५० पछि गति समाते पनि हामी वास्तविक 'टेक-अफ'को मिति सन् १८२० लाई मान्छौं– ठ्याक्कै दुई सय वर्षअघि । हाम्रा पुर्खाका कैयौं पुस्तासम्म जीवनस्तर उस्तै थियो । तर सन् १८२० पछि निरन्तर आर्थिक वृद्धिको चमत्कारले ३०-४० वर्षमै कायापलट हुन थाल्यो । कसरी ? मान्छेको श्रमलाई जनावरको श्रमले प्रतिस्थापन गऱ्यो र औद्योगिक क्रान्तिमा मेसिन आए । उदाहरणका लागि बाफको शक्ति । सन् १६९८ मा तापको शक्तिबारे जानकारी भयो, १७६८ मा वाट स्टिम इन्जिन नै बनाइयो, १५ वर्षपछि घुम्ने गरी बनाइयो ।

यसले जहाजहरू चलाउने शक्ति निर्माण गऱ्यो । गैरमानवीय मेसिन प्रयोगमा आएपछि मेटल, टेक्सटायल, हाइड्रोलिक प्रेस, वाटर टर्बाइन, सिउने मेसिन र ग्यास लाइट आविष्कार गरियो । यसले एकै पटक ठूलो परिमाणमा औद्योगिक उत्पादनको सुरूवात भएको हो । यसपछि बजारमा चुस्त र प्रतिस्पर्धात्मक उत्पादन आउन थाले । मेसिनका

आधारमा कलकारखानामा आधारित उत्पादन हुन थालेपछि कृषिबाट उद्योग अनि गाउँबाट मान्छे सहरतिर लागे । एउटा आविष्कारले अर्को आविष्कारलाई परिपूरकका रूपमा काम गरेको हो । आज हामी चौथो औद्योगिक क्रान्तिको युगमा छौं– पहिलो, 'बाफ र रेल' दोस्रो, 'बिजुली र फेक्ट्री मोडल', तेस्रो, 'कम्प्युटर मेनफ्रेम र सेमिकन्डक्टर' र चौथो, 'इन्टरनेटमा आधारित डिजिटल युग' ।

विकास र आविष्कारका सन्दर्भमा कुरा गरिरहँदा तपाईंले अन्य विकसित देश-महादेश (अमेरिका, जापान)का त कुरै गर्नुभएन नि !

मैले माथि गरेको चित्रण विशुद्ध युरोपेली हो । त्यो समय अमेरिकामा आप्रवास बल्ल सुरू भएको थियो, ऊ विश्वमञ्चमा जबर्जस्त आएको १९औं शताब्दीपछि मात्रै हो । अमेरिकामा गृहयुद्ध सकिनु र जापानमा 'मेजी रेस्टोरेसन' एकैताका भएका हुन्– सन् १८६० को दशकमा । १५-१८औं शताब्दीमा युरोप, चीन र भारत नै सापेक्षिक रूपमा पृथ्वीका समृद्ध ठाउँ थिए । पृथ्वी कोल्टो परेकाले पूर्व-पश्चिम सहकार्यको भूमिका पनि यसमा छ । २०औं शताब्दीमा आएर अर्थशास्त्री साइमन कुज्नेट्सले ठट्टाको शैलीमा भनेका छन्, "विश्वमा चार प्रकृतिका देश छन्– विकसित, अविकसित, जापान र अर्जेन्टिना ।"

जापान र अर्जेन्टिना किन छुट्टै हुन् त ?

जापान सुरूमा दादागिरीको दबदबा भएको मुलुक थियो– सोगनेट । सन् १८६८ मा आएर मात्र उसले छलाङ मारेको हो । जापानले चीनको अधोगति पनि हेरिरहेको थियो । जापानका सम्राट् मेइजीले पूर्वीय सभ्यता जोगाई पश्चिमी विज्ञान र प्रगतिबाट सिक्नुपर्छ भनेर आधुनिकीकरणको यात्रा तय गरे । मेइजीले राजदूत इवाकुरालाई तीन वर्षका लागि युरोप र अमेरिका पठाए, त्यताका "प्रगति बुझेर आऊ" भनेर । त्यस टोलीले अमेरिका, बेलायत, फ्रान्स, बेल्जियम, हल्यान्डसमेत घुमेर फर्किएपछि १८७८ मा पाँच भोल्युमको रिपोर्ट

दिएको छ । फ्रान्सको प्रशासकीय र न्यायिक प्रणाली, जर्मनीको सैन्य संरचना, अमेरिकाको प्राथमिक विद्यालय, बेलायतको नौसेना, हुलाक र टेलिग्राफ, बेलायतको राष्ट्रिय बैङ्क भव्य रहेछ भन्ने रिपोर्ट टोलीले बुझायो । बेलायतको संसदीय व्यवस्था जापानले सन् १८९० मै अनुकरण गऱ्यो । १८९५ मा जापानले रूसमाथि युद्धमा विजय हासिल गऱ्यो । अमेरिकासँग भएको असमान सन्धि खारेज गऱ्यो । त्यसपछि जापान 'साँढे' भएर निस्कियो । ५० वर्षजति अत्याचारी अराजक बन्यो ।

जापान 'शान्तिप्रिय' बनेको त नागासाकी र हिरोसिमामा अणुबम खसेपछि मात्रै हो । सार के हो भने, एउटा कालखण्डमा बृहत् भिजन भएको नेतृत्व नै आउनुपर्दो रहेछ । दुनियाँबाट सिक्नुपर्छ, जे सिकिन्छ, त्यो लागु गर्नुपर्छ भन्ने नेतृत्व चाहिन्छ । एकदम तल रहेको अर्जेन्टिनाको कथा पनि रोचक छ । एक सय वर्षअघिसम्म क्यालिफोर्निया र अर्जेन्टिना कहाँ जान्छौ भनेर युरोपेलीलाई सोध्यो भने उनीहरू "उस्तै त हो नि सम्भावना, जता गए पनि हुन्छ" भन्थे रे ! तर, अहिले क्यालिफोर्निया कहाँ माथि पुग्यो, अर्जेन्टिना कति तल छ ! १९औं बाट २०औं शताब्दीमा आउँदै गर्दा नेतृत्वको कमजोरी, गलत नीतिगत रोजाइ आदिका कारण अर्जेन्टिनाले बाटो बिराएको थियो ।

माथि चर्चा भएकाबाहेक नयाँ किताब केके पढ्दै हुनुहुन्छ ?

जसेफ हेनरिकको *विर्डएस्ट पिपल इन द वर्ल्ड*, भक्लाव स्मिलको *ग्रोथ*, एड डगलसको *हिमालय*, लिन्डा कोलीको *द गन, द सिप एन्ड द पेन*, क्लाउस मुल्हानको *मेकिङ चाइना मडर्न*, हेर्मिओन लीको *टम स्टोपार्ड : ए लाइफ* । अहिले देवेन्द्रराज पाण्डेको *एक ज्यान दुई जुनी* पनि पढ्दै छु । वासिङ्टनमा रहेका असाध्यै धेरै किताब पढ्ने मेरा मित्र नीरज श्रेष्ठले केही समयअघि नेपाली मूलका दार्जीलिङका कवि रोहण क्षत्रीबारे जानकारी दिए । रोहण विश्वस्तरकै बेजोड नयाँ प्रतिभा रहेछन् ।

अहिलेको महामारी बुझ्न कस्ता किताब पढिरहनुभएको छ ?

विश्वका प्रतिष्ठित अखबारले महामारीका विविध पाटामाथि निरन्तर 'कभरेज' गरिरहेका छन् । सन् २०२० मा द *एटलान्टिक*मा एड योङले गरेको वैज्ञानिक रिर्पोटिङको शृङ्खला उत्कृष्ट थियो, उनले पुलिट्जर पुरस्कार पनि पाए यही साल । हालै रायन बोर्नको किताब पढें– *इकोनमिक्स इन वान भाइरस* । किताबले कोभिडको आँखीझ्यालबाट अर्थशास्त्र कसरी सिक्ने भनेर रोचक ढङ्गले बुझाउँछ । अब महामारीपछिको नयाँ विकासपथ वा प्राथमिकताबारे मेरै सहसम्पादनमा १३ वटा अध्यायको पुस्तक यसै वर्ष छापिँदै छ, क्याम्ब्रिज विश्वविद्यालय प्रेसबाट ।

केका लागि पढ्नुहुन्छ ? ज्ञान र आनन्द लिन कि बाध्यताले ?

पहिलो त ज्ञानको दायरा बढाउनकै लागि पढ्ने हो । व्यक्तिगत वृत्ति विकासका लागि पनि पढाइ अपरिहार्य छ । तर त्यसमा आनन्द अन्तर्निहित हुनुपर्छ । आनन्द वा उत्साहले आत्मविश्वास भर्छ । २५ वर्षअघि ती दुई किताब पढ्दा "ए गाँठे, पृथ्वी कोल्टो भएर यस्तो भएको पो रहेछु" भन्ने दाबीले अहिलेसम्म तरङ्गित बनाउने र चिरस्थायी प्रेरणा दिने काम गर्छ मलाई । नयाँ ज्ञानले दिने ऊर्जा स्वर्गीय छ । राष्ट्रिय र अन्तर्राष्ट्रिय कामको सिलसिलामा सोच्ने तरिका फरक पारिदिन्छ । यस्तै पुस्तकको अध्ययनले मलाई एउटा प्राविधिक अर्थशास्त्रीको साँघुरो फ्रेमबाट बाहिर ल्याएको हो भन्ने लाग्छ ।

मन परेका किताब के गर्नुहुन्छ ?

न्युयोर्क टाइम्स, *द इकोनमिस्ट*, *द न्युयोर्कर* जस्ता राम्रा पत्रिकामा आएका पुस्तक समीक्षा नियमित पढ्छु । र राम्रा किताब किनेरै राख्ने बानी बसेको छ । पछि काम लाग्ला भनेर किनेका तर पढ्न नभ्याएका किताब धेरै छन् । सानोतिनो लाइब्रेरी छ घरमा । अहिले इन्टेरनेटले पनि सहयोग गरेको छ । तर हार्डकपीमै मेरो मोह छ ।

लामो शोध गरेर लेखिएका र अझ पुरस्कृत किताबमा मेरो ध्यान बढी जान्छ । *फाइनान्सियल टाइम्स*का प्रतिष्ठित स्तम्भकार मार्टिन वोल्फले केही समयअघि १५ ओटा ताजा किताबको चर्चा गरेका थिए । तीमध्ये चार ओटा मैले झिकाइसकें– दुई ओटा नवप्रवर्तनबारे, एउटा भाइरसले सिकाएको अर्थशास्त्रबारे र अर्को मिनुस सफिकले लेखेको नयाँ सामाजिक करारबारे ।

अन्तर्राष्ट्रिय बजारमा छापिएका किताबबारे निकै चर्चा गर्नुभयो, नेपाली किताबबारे पनि कुरा गरौं न !

वर्षौं शोध (अनुसन्धान) गरेर, प्राज्ञिक खालको जगमा लेखिएका किताब मलाई बढी मन पर्छन् । मैले माथि भनेका पुस्तक पाँचदेखि १५ वर्ष लगाएर लेखिएका हुन् । उदाहरणका लागि, रबर्ट कारो नामका एक इतिहासकार छन्, जसले ३६औं अमेरिकी राष्ट्रपति लिन्डन जन्सनबारे पाँच भल्युमको जीवनी लेखेका छन्, ३० वर्षसम्म शोध गरेर । यसरी पश्चिमा प्राज्ञले लेख्ने जस्तो कालजयी प्राज्ञिक कृति नेपालमा कमै लेखिएका छन् । अपवादमा महेशचन्द्र रेग्मीका पुस्तक पर्छन् । *त्यस बखतको नेपाल* पनि लामो समय लगाएर लेखिएको संस्मरण हो । नत्र हामीकहाँ केही महिनामै टिपनटापन गरेर एक थान किताब निकाल्ने होड छ । अहिले पुस्तक प्रकाशन गृह पनि धेरै खुलेका छन्, प्रतिस्पर्धा बढेको छ । तर ज्ञानको दायरालाई फराकिलो बनाउने खालका पुस्तक उति देखिँदैनँ । विश्वविद्यालयका प्राध्यापकहरूले त्यस्ता किताब लेख्नुपर्ने हो । हाम्रोमा त्यतातिर संस्कार, क्षमता र उत्प्रेरणाको जग बसिसकेको देखिन्न ।

किताबबिनाको जीवन र पुस्तकालयबिनाको देशको कल्पना गर्न सक्नुहुन्छ ?

यो मान्छेको सभ्यतागत अस्तित्वमै गएर जोडिन्छ । किताब नपढ्ने, किताब पढेर नसिक्ने, किताब नलेख्ने वा आफू नपढे पनि किताबको सम्मान नगर्ने मान्छेहरूसँग सङ्गत गर्नै नपरोस् भन्ने लाग्छ ।

पुस्तक र पुस्तकालयका सन्दर्भमा हामी कहाँ, कुन स्थानमा छौं ?

यी सन्दर्भमा हामी अत्यन्तै नाजुक अवस्थामा छौं । हाम्रो मुलुक राजनीतिप्रधान भयो । पुस्तकालयका बीउ रोपिएका थिए, तर हुर्केनन् । केशर पुस्तकालय त्यो समयमा त्यत्रो भिजन र सामर्थ्यका साथ बन्यो । तर संवर्द्धन गर्न सकेका छैनौं । मदन पुस्तकालय पनि राम्रो प्रयास हो । राष्ट्रिय पुस्तकालयको पनि बेहाल छ– हरिहर भवनबाट लखेटियो, जमलमा बनाउने भनिए पनि पुस्तकालयको भवनका लागि जग नै खनिएको छैन । पुस्तकालय बनाउनसमेत अनशन बस्नुपर्ने, आन्दोलन गर्नुपर्ने बिन्दुमा छौं हामी ।

विश्वविद्यालयका पुस्तकालयहरू सुरूमा राम्रा हुने, पछि मेन्टेन वा विस्तारित नहुने अवस्था छ । खराब राजनीतिले समाजलाई न्याँक्दा कला, संस्कृति, साहित्य ओझेल परेको छ । तर सबै विषयमा राज्यमै आश्रित हुनुपर्छ भन्ने चाहिँ होइन । बुझेका, स्रोत भएका, विश्व देखेका एलिटहरूले व्यक्तिगत पहलमा पनि यी काम अगाडि बढाउन सक्छन् । अलिअलि त्यस्तो पहल भएको पनि छ । सामुदायिक स्तरमा पनि पहल भएका छन् । आधुनिकीकरणसँगै पुस्तकालय, कन्सर्ट हाउस, नाट्यघर, सङ्ग्रहालय र खुला ठाउँ आवश्यक छन् । हामी भौतिक रूपमा त्यो चरणमा पुगिसकेका छैनौं । तर चेतना भने स्थापित हुनपर्थ्यो । विकास अर्थात् ढुङ्गा, माटो, गिट्टी, अलकत्रामा अड्किएका छौं हामी । र हामी अपूर्ण, एकाङ्गी विकासको चित्रमा बढी मुग्ध भयौं ।

तपाईं आफैंले पनि किताब लेख्नेबारे केही सोच्नुभएको छ कि ?

म प्राज्ञ होइन । प्राज्ञ भएको भए 'पब्लिस अर पेरिस'को मन्त्रले तर्साउँथ्यो होला, अर्थात् "शोध प्रकाशन गर, नभए सिद्धियौ ।" एउटा पेसेबर प्राक्टिसनर मात्र भएकाले त्यता मेरो समय गएको छैन । तर अन्तर्राष्ट्रिय प्रकाशन गृहहरूमार्फत लेखिएका किताबभित्र धेरै च्याप्टर छपाएको छु । पछिल्लो समय मैले *जब्स, इन्भेस्टमेन्ट एन्ड द इकोनमिक स्ट्रक्चर* भन्ने पुस्तक ल्याएँ । छरिएका केही नीतिगत

शोधमूलक लेखलाई अन्तर्राष्ट्रिय श्रम सङ्गठनको सहयोगमा एकीकृत गरेको छु त्यसमा । यसलाई म आफैं गन्दिनँ ।

तपाईं आफैं पनि सर्वाङ्गीण विकास अध्ययन केन्द्र (आइआइडिएस)लाई एउटा पोलिसी थिङ्क-ट्याङ्कका रूपमा विकास गर्दै हुनुहुन्छ । त्यहाँ किताब, पुस्तकालयसम्बन्धी केकस्ता व्यवस्था छन् ?

४२ वर्षअघि नेपालीहरूले नै स्थापना गरेको इतिहास बोकेको संस्था हो यो । यसलाई बिस्तारै दक्षिण एसियाकै अग्रणी थिङ्क-ट्याङ्कहरूको लहरमा उभ्याउने मेरो चाहना छ । आर्थिक-सामाजिक विकास, पर्यावरण, सुशासन र रणनीतिक विषयमा नीतिगत सुझाव दिन सक्ने सामर्थ्य बनाउने प्रयास छ । हामी गहिरो अनुसन्धान गरेर, विज्ञहरूबीच छलफल गराएर निचोड निकाल्ने काम गर्नेछौं । यस संस्थामा म दुई वर्षअघि अध्यक्ष भएको हुँ । त्यसमा एकै पटक तीन कुरा गर्नुपर्छ भन्ने मलाई लाग्यो ।

एउटा, यो संस्था भएको ठाउँलाई भौतिक रूपमै आकर्षक बनाउनुछ । सरकारी अनुदान होइन, उल्लेख्य निजी सहयोगबाट हामीले पहिलो चरणको भौतिक संरचना विस्तार सम्पन्न गरेका छौं । दोस्रो, मानव संसाधन । भवन मात्रै भएर हुँदैन, मुख्य प्राण भनेकै योग्य मान्छेहरूको उपलब्धता हो । त्यसैले सचिवालयमा डाइनामिक युवाहरू छान्दै, प्राज्ञिक र अनुभव भएका व्यक्तिलाई फेलोसिपको व्यवस्था गरेर संस्थामा अनौपचारिक रूपमा आबद्ध गराएका छौं । विदेशमा रहेका प्राज्ञिक नेपालीलाई पनि जोड्ने काम भइरहेको छ । तेस्रो, वित्तीय अवस्था र साझेदारी । आर्थिक रूपले सम्पन्न हुन हामीले अक्षयकोष स्थापना गरेका छौं । योग्य संस्थाहरूसँग दीर्घकालीन साझेदारी पनि सुरू गरेका छौं । अमेरिकाको इन्टरनेसनल फुड पोलिसी रिसर्च इन्स्टिट्युट र दक्षिण एसियाका थिङ्क-ट्याङ्कहरूसँग सहकार्य सुरू भएको छ ।

यो संस्थाको एउटा गहना पुस्तकालय पनि हो । तर डिजिटल

युगमा हामीले यसको प्रयोग फरक ढङ्गले गर्ने सोच बनाएका छौं। ठाउँ मात्रै ओगट्ने होइन, छरितो र प्रविधिमैत्री पनि बनाउनु छ। जोकोही गएर पुस्तकालयमा बस्न, पढ्न र निःशुल्क इन्टरनेट प्रयोग गर्न पाउने बनाउँछौं। अब जर्नलहरू सबै अनलाइन छन्। तर ऐतिहासिक एवम् कालजयी पुस्तक सङ्ग्रहहरूको छुट्टै 'अर्काइभल' व्यवस्था गर्ने योजना छ। जस्तै, महेशचन्द्र रेग्मी, यदुनाथ खनाल, विश्वेश्वरप्रसाद कोइराला, हर्क गुरूङ, सरदार भीमबहादुर पाँडे आदिका दुर्लभ कृति किनेरै भए पनि पुस्तकालयमा राख्ने सोच छ। निकै पुराना दस्तावेज ल्याएर हामीलाई बुझाउने क्रम पनि सुरू भएको छ। अस्ति भर्खर अस्ट्रेलियामा कार्यरत अर्थशास्त्री डा. प्रेमजङ्ग थापाले २०३० सालताकाका पुराना रिपोर्ट दिनुभयो। यदुनाथ खनालका अप्रकाशित पाण्डुलिपि डा. जयराज आचार्यले दिँदै हुनुहुन्छ। यसरी डिजिटल लाइब्रेरी र बहुमूल्य ऐतिहासिक सङ्ग्रहको द्वैध उद्देश्यबाट हामी निर्देशित हुनेछौं।

कान्तिपुर, असार २६, २०७८

वादको उल्झनले समता र वृद्धिका नयाँ प्रस्तावनाप्रति न्याय गर्दैन

हामी दशकौंदेखि 'वाद'को बहसमा अल्झिएका छौं । विद्यमान बेथिति 'वाद'कै नतिजा हो । अर्को कुनै 'वाद' अङ्गीकार गरिए सारा समस्या छुमन्तर हुन्छन् जस्तो विश्लेषण गरिन्छ । भारतमा आम आदमी पार्टी 'वाद'को बहसमा अलमलिएको देखिएन । गभर्नेन्स, डेलिभरीलाई मूलमन्त्र बनाए, सफल पनि देखिए । अब पनि हामी 'वाद'कै गोलचक्करमा घुमिरहने कि उदार लोकतान्त्रिक राजनीतिक प्रणालीभित्र गभर्नेन्स, डेलिभरीलाई मूलमन्त्र बनाएर अघि बढ्दै सामाजिक न्यायतिर लम्किने ?

वादको बहसमा बरालिइरहँदा जनताले भोग्ने दैनन्दिन समस्याको विषयान्तर हुने रहेछ । जाबो सवारी चालक लाइसेन्स लिन १८ महिना लाग्छ, शुद्ध खानेपानी छैन, खेतबारीमा मल छैन, महिला सुरक्षित हिंडडुल गर्न सक्दैनन्, कोभिडको व्यवस्थापनमा कुशासन छताछुल्ल छ । तर 'दलाल पुँजीवाद' जस्ता भारी र अमूर्त भाष्यमा अकर्मण्यता छोपिदिएपछि जिम्मेवारीबाट पन्छिन पाइयो । डोरबहादुर विष्टको 'भाग्यवाद'ले औंल्याएको समस्या यस्तै हो, नालायकी वा अक्षमताका लागि जिम्मेवारी नलिने र आजका तमाम दुःखलाई पूर्वजन्मको फल मान्ने । अहिले सारा दुःख 'वाद'को उपज ठानेको देखिन्छ । व्यक्ति वा राज्य कसैको पनि जिम्मेवारीबोध वा उत्तरदायित्वबिना कुनै राष्ट्र

बन्नै सक्दैन । ३३औं अमेरिकी राष्ट्रपति ह्यारी ट्रुमनले आफ्नो टेबलमा लेखेका थिए, "द बक स्टप्स हियर"– सबथोकको जिम्मा म लिन्छु । अहिले तीन 'द'बाट मुलुक गुज्रेको छ– दोहन, दलाली र दादागिरी । राज्यका प्रत्येक अङ्गमा कम्युनिस्ट नामधारीकै रजगज छ । तर विकृतिको दोष पहिलेका वा बाहिरकालाई लगाइन्छ ।

एलिटले पुँजीवाद वा समाजवादको हाउगुजीमा जनतालाई भुलाएका छन् । पुँजीवाद भनेको विकेन्द्रित उत्पादनको मोडल मात्र न हो, जहाँ जनता स्वेच्छाले ज्याला लिएर श्रमदान गर्छन्, कोही दास हुन्नन् र उत्पादनका साधनस्रोत सामान्यतया निजी हातमा हुन्छ । पुँजीवादको यो सामान्य परिभाषा यहाँ कसैले दिँदैन । किनकि पुँजीवादी हुँ भन्ने मान्छे खलनायक, शोषक, सामन्त दरिन्छ । यो भनिँदैन कि, कार्ल मार्क्स स्वयम्ले स्विकारेका थिए, "विगत १० हजार वर्षमा सर्वाधिक जनसङ्ख्याको अधिकतम प्रगति पुँजीवादले गरायो, सामन्तवाद हटाएर र औद्योगिक क्रान्ति जन्माएर ।" आज विश्वका सात अर्ब मानिस हिँडेको बाटो पुँजीवाद नै हो, यद्यपि यसका दुई कित्ता छन्– उदार पुँजीवाद (पश्चिम युरोप र त्यसका हाँगा) तथा राज्य पुँजीवाद (चीन, भियतनाम) ।

नेपाल र ग्रेटर दिल्लीको जनसङ्ख्या समान छ । पूर्ण राज्यको दर्जा छैन । तर मुख्यमन्त्री अरविन्द केजरिवाल फोस्रा दर्शनमा रूमल्लिएका छैनन् । आधारभूत स्वास्थ्य, शिक्षा, खानेपानी, बिजुली, महिलाको सुरक्षा र वृद्धको तीर्थाटनका क्षेत्रमा घरघरले नतिजा अनुभूत गऱ्यो, उनको दल पुनः निर्वाचित भयो । फेरि पनि राजनीति वादबाट निरपेक्ष रहन भने सक्दैन । किनकि यो नीतिहरूको एक 'अर्गनाइजिङ फ्रेमवर्क' हो । तर डेलिभरीबिनाको वाद मजाक बन्दो रहेछ । अब चाहिँ नतिजाको खोजी हुन थाल्यो है । कुलमान घिसिङको 'कल्ट' विशुद्ध नतिजाको उपज हो । खुबी भईकन अपेक्षित डेलिभरी गर्न नसकेका युवराज खतिवडा आलोचित छन् । घनश्याम भुसाल अग्निपरीक्षामा छन् । लालकिल्ला भनिएको धरानको उपचुनावमा नेकपाले मेयर

गुमायो । निर्वाचनको नतिजा कार्यसम्पादनबाटै आउँछ भन्ने झिल्का हुन्, यी । यस्ता लक्षण सुरूमा स्थानीय तहमा देखिनेछन् । केन्द्रमै डेलिभरीको राजनीति निर्णायक हुन भने समय लाग्छ । किनकि हाम्रा ठूला पार्टी राजनीतिक दल मात्र होइनन्, ती 'प्याट्रनेज' (संरक्षण) सञ्जाल पनि हुन् । तीसँग आर्थिक हित र सामाजिक सुरक्षादेखि पहिचान र आत्मसम्मानसम्मका विषय जेलिएका छन् । यो सञ्जाल भत्किएर डेलिभरीको अजेन्डामा मात्र राजनीति केन्द्रित हुन मध्यमवर्गको आकार व्यापक बन्नुपर्छ ।

देश राताम्मे छ । पछिल्ला दिनका केही विमर्श पढ्दा, सुन्दा कम्युनिस्टले कम्युनिस्ट विचार छाडेका कारण सारा समस्या उब्जिएको भान पर्ने विचार आउँछन् । यसलाई कसरी विश्लेषण गर्नुहुन्छ ?

अङ्ग्रेजीमा "यू आर नट कम्युनिस्ट इनफ" भन्न खोजिएको होला । बाराक ओबामालाई "यू आर नट ब्ल्याक इनफ" भनियो– "अश्वेत त हौ । तर काफी अश्वेत होइनौ ।" अफ्रिकाबाट दास बनाएर लगिएकाको सन्तान मात्रै अश्वेत इनफ भन्न खोजिएको हो । मिश्रित अश्वेत रङ्गभेदभित्रको अर्को विभेद हो । नेपालका कम्युनिस्टहरूबीचको यो रङ्गभेद 'प्युरिटी'को कुस्ती हो । अहिलेको नेकपा आचरणमा कम्युनिस्ट भएनन् भन्ने आलोचनाप्रति मेरो सहानुभूति छ । निश्चित बिन्दुसम्म कम्युनिस्ट (र काङ्ग्रेस नेताको पनि) जीवनशैली सरल थियो । चप्पल लगाएर काठमाडौं छिरेको बिम्ब प्रचलित थियो । अहिले काठमाडौंमा ठुल्ठूला घर छन् । छोराछोरी महँगा स्कुलमा पढे । लुगा र तारे होटेलको खान्की हेर्नुहोस् । राजनीति त श्रमिक, सर्वहारा, किसानका लागि भनेर सुरू गरेका थिए । यस्तो पृष्ठभूमि र अहिलेको जीवनशैलीबीचको खाडलप्रति कटाक्ष गरिनु सही हो । एक जना उद्यमीको ट्विट सम्झिन्छु, "०३४ सालदेखि राजदरबारको नजिक रहेर काम गरेको म, मौसुफहरूले कार्टियरको चस्मा, लुई भिन्तोको जुत्ता,

आरमानीको कपडा, पटेक फिलिपको घडी पहिरिएको देखिनँ, जुन आजका नेता सजिलै प्रयोग गर्छन् ।"

शासन पद्धति पनि कम्युनिस्ट नहुनु हाम्रो दुर्गति हो भन्नेहरू चाहिँ ठूलो भ्रममा छन् । कम्युनिज्म पूर्णरूपेण असफल भएर गर्ल्यामगुर्लुम ढलेको प्रणाली हो । शास्त्रीय साम्यवाद भनेको एउटा प्रमुख दलअन्तर्गत सरकार, संसद्, न्यायालय, प्रेस र नागरिक समाज रहने व्यवस्था हो । सामूहिक उत्पादनको योजना र संयोजन कर्मचारीतन्त्रले गर्छ । नाफामाथि व्यक्तिको नभई समाजको हक लाग्छ, निजी सम्पत्तिमा बन्देज । अन्तर्राष्ट्रिय मुद्रा, बजार मूल्य गौण हुन्छन्, न्यूनतम ज्याला र रोजगारीको प्रत्याभूति हुन्छ । हाम्रो संविधानले नै शास्त्रीय साम्यवाद वर्जित गर्छ । शास्त्रीय साम्यवाद बुझ्न हङ्गेरीको कम्युनिज्म भोगेर १५ वर्ष हार्भर्ड पढाएका यानोस कोरनाईको *समाजवाद* पढौं ।

होइन, हामीले चीन जस्तो कहाँ भन्या हो र, सच्चा मार्क्सवादी नभएर पो बिग्रेको हो भन्नेहरू पनि भ्रममै छन् । *मार्क्स रिभेन्ज-मार्क्सको बदला* पुस्तकका लेखक लर्ड मेघनाद देसाईं लन्डन स्कुल अफ इकोनमिक्समा मार्क्सवादी 'आइकन' थिए । भन्थे, "मार्क्सलाई पढेको मात्र हैन, साँच्चै बुझेको, बिरलै पाइने मार्क्सवादी हुँ म ।" उनी थप भन्थे, "मार्क्सले उद्योग राष्ट्रिकरणको वकालत गरेनन् । बजारको ठाउँ केन्द्रीय पद्धतिले लिनुपर्छ भनेनन् । भन्साररहित स्वतन्त्र व्यापारका हिमायती थिए । एकदलीय व्यवस्था वा सत्ता हत्याउन गरिने षड्यन्त्र र तिकडम उनका लागि ग्राह्य थिएन ।" मार्क्सले पुँजीवाद आफ्नै अन्तर्द्वन्द्वबाट ढल्छ त भने । तर यो प्रणाली यति लचिलो बनिदियो कि विद्रोही श्रमिक पुँजीवादभित्रै अटाए । लोककल्याणकारी राज्यमा भोट हाल्दै, कर लगाएर पुनर्वितरण गर्न सकिने भयो, रक्तपात गर्नुपरेन । धनीको खोसेर गरिबलाई बाँड्ने रबिनहुड शैलीको सट्टा मौद्रिक र वित्तीय नीतिमार्फत नै आर्थिक स्थायित्व ल्याउन र वृद्धि गर्न सकियो ।

सङ्कट आएपछि एडजस्ट गरी अघि बढ्ने पुँजीवादको चरित्र मार्क्सले देख्न पाएनन् । *कम्युनिस्ट म्यानुफेस्टो* (१८४८) लेख्दा ३०

वर्ष पनि पुगेका थिएनन् उनी । सन् १८२० लाई औद्योगिक क्रान्तिको जगमा आर्थिक वृद्धि निरन्तर हुन थालेको कटअफ मिति मान्दा पुँजीवादकै आयु पनि जम्मा ३० वर्ष थियो । आज हामीसँग थप एक सय ७० वर्षको परिष्कृत प्रमाण छ । सन् १८२० अघि हजारौं वर्षसम्म वार्षिक आर्थिक वृद्धि शून्य प्रतिशत हाराहारी (एक डेसिमल बिन्दुमा) हुने गर्थ्यो । आर्थिक वृद्धि ०.२ प्रतिशत भए प्रतिव्यक्ति आय दोब्बर हुन तीन सय ५० वर्ष लाग्छ । त्यसैले १८२० अघि आफ्नो र हजुरबाका हजुरबाको औसत जीवनस्तर उस्तै हुन्थ्यो । वार्षिक आर्थिक वृद्धि दुई, पाँच हुँदै १० प्रतिशत हुन थालेपछि ३० वर्षमै पुस्तापुस्ताबीच कायापलट हुन थाल्यो । फड्को मारेका मुलुकमा यही गणितको चमत्कार छ । उग्र वाम साथीहरू १८४८ कै समयमा कैद छन् ।

फ्रेन्च अर्थशास्त्री थोमस पिकेटीलगायतले पुँजीवादको विकल्प नभएको तर असमानताको विषय उठाएर बहुसङ्ख्यक नागरिकको हितमा प्रभावकारी नभएको मत राख्दै आएका छन् । तिनको निष्कर्षलाई कसरी विश्लेषण गर्नुहुन्छ ? हाम्रो हकमा कसरी नियालिरहनुभएको छ ?

पिकेटीका साथै पूर्वी युरोपको कम्युनिस्ट शासन भोगेका विख्यात अर्थशास्त्री ब्रान्को मिलानोभिच असमानताका विषयमा गहिरो शोध गरिरहेका चर्चित प्राज्ञ हुन् । *क्यापिटलिज्म अलोन*का लेखक ब्रान्कोसँग सात वर्षअघि अलजजिराको कार्यक्रममा बहस पनि गरेको छु । दुवै पुँजीवादका कट्टर हिमायती होइनन् । तर विकल्प नखोजी सुधार गर्ने पक्षका हुन् । राज्य पुँजीवादको प्रतीक चीन छ । 'लिबरल मेरिटोक्र्याटिक' पुँजीवादको लोककल्याणकारी रूप नर्डिक देशमा छ । अमेरिकालाई स्वच्छन्द पुँजीवादको विकृत प्रतीक ठान्नेहरूलाई थाहा नहुन पनि सक्छ, करिब ४.४ ट्रिलियन डलर (४४ खर्ब डलर)को त्यहाँको सङ्घीय बजेटको दुईतिहाइ अंश निम्न आय भएकालाई बाँडिन्छ । मेडिकेयर र सोसल वेलफेयरमा समाजवादी शैलीको वितरण छ । राष्ट्रिय ऋणको

साँवाब्याज भुक्तानीमा १० प्रतिशत जति विनियोजन अनि रक्षामा १०-१२ प्रतिशत रकम हुन्छ । बाँकी १० प्रतिशतमा मात्र स्वविवेकीय खर्च गर्न पाउँछन्, त्यहाँका सम्राट्‌रूपी राष्ट्रपतिले । अमेरिका जस्तो पुँजीवादको मसिहा भनिने देशमा दुईतिहाइ बजेट पुनः वितरण र १० प्रतिशत मात्र स्वविवेकीय खर्च अचम्मलाग्दो छैन ?

आर्थिक असमानता र पर्यावरणीय दिगोपन हाम्रो समयका सबैभन्दा पेचिला मुद्दा हुन् । "पुँजीवादी प्रणालीभित्र हस्तक्षेप नगर्दा यसको चरित्र नै असमानता चर्काउने खालको हुन्छ," पिकेटी र मिलानोभिच भनिरहेका छन् । पुँजीवादको गति (मोसन)बारे उनीहरूको सामान्य सूत्र छ– आर इज ग्रेटर देन जी । 'आर' माने पुँजीमा प्रतिफलको दर, 'जी' भनेको अर्थतन्त्रको वृद्धिदर । अर्थतन्त्रको औसत वृद्धिदरभन्दा पुँजीमा हुने रिटर्न (प्रतिफल) जहिल्यै बढी हुन्छ । सामन्ती व्यवस्थामा 'आर'को रिटर्न सामन्तले उपभोग गर्थे, सक्थे । आधुनिक प्रणालीमा पुँजीपतिले पुनः लगानी गर्छन् । अर्थतन्त्र दुईतीन प्रतिशतले बढिरहँदा ज्याला अर्थात् श्रमको मूल्य पनि सुस्त बढ्ने भयो । तर पुँजीपतिले छसात प्रतिशतको रिटर्न पाए भने क्युमुलेटिभ (सञ्चित) असमानता बढ्दै जाने भयो । असमानताको पछिल्लो गतिका तीन पाटा केलाऔं ।

पहिलो, कुल राष्ट्रिय आयमा ज्याला र ब्याजको हिस्सा सालाखाला ७० प्रतिशतको प्रतिफल र ३० प्रतिशत पुँजीको रिटर्न हुन्छ भन्ने तथ्य लामो समय स्थापित रह्यो । अहिले अर्थतन्त्रमा पुँजीगत आयको हिस्सा बढिरहेको छ । ज्यालाबाट हुने आयको योगदान ६२ प्रतिशतमा झरेको छ । ज्याला र पुँजी दुवैको रिटर्नको हिस्सा घटेको हो, बीचमा एउटा नयाँ उद्यमी अवयवको नाफा बढेको भन्ने तर्क पनि छ, यसमा अहिले नजाऔं । प्रविधिको चमत्कारले लागत घटिरहेकाले पुँजीपतिको आम्दानी बढिरहेको छ । कम्प्युटर कति सस्तो भयो, ३० वर्षमा ? ज्याला बढाउने ट्रेड युनियनहरू कमजोर हुँदै छन् । भेला भएर सङ्गठित काम गर्दा माग राख्न, हडताल गर्न सहज छ ।

विश्वव्यापीकरणले उत्पादन विकेन्द्रित हुँदै गर्दा कामको प्रकृतिमा आमूल परिवर्तन हुँदै छ । भनिन्छ, आज मान्छेले गर्ने ४७ प्रतिशत काम बिस्तारै मेसिनले गर्नेछ ।

दोस्रो, श्रमबाट आउने र पुँजीबाट सिर्जित आम्दानीका मालिक को हुन् ? बितेका ३० वर्षमा तिनको वर्गीय चरित्रमा परिवर्तन आएको छ । सम्पत्ति र आयबीच भिन्नता बुझौं । सम्पत्ति 'स्टक' हो भने आय 'फ्लो' हो । आय त्यति असमान हुँदैन, जति सम्पत्ति हुन्छ । असमानता नाप्ने आयको 'जिनी कोफिसिएन्ट' ०.६ प्रतिशत छ भने सम्पत्तिको जिनी ०.९ प्रतिशत होला । १० प्रतिशत अमेरिकनको ९० प्रतिशत वित्तीय सम्पत्तिमा स्वामित्व छ । उही 'आर इज ग्रेटर देन जी'को चक्रले धनी झन् धनी भए, असमानता बढ्यो । पश्चिमा मुलुकमा अधिकांश मध्यमवर्गको सम्पत्ति भनेकै एउटा घर र पेन्सन फन्ड हो । पुँजीमा धेरै लगानी गर्ने ल्याकत मध्यमवर्गको छैन, तलबमा आश्रित छन् । सन् १९८० पछि भने ज्यालाबापत टन्न तलब पाउने 'श्रमिक' (सिइओ आदि)ले पनि ठूलो लगानी गर्न थाले । श्रम र पुँजी दुवैबाट आय लिने उदाउँदो वर्गलाई ब्रान्कोले नौलो नाम दिएका छन्– 'होमोप्लुटिया' ।

तेस्रो, पश्चिमा पुँजीवादमा असमानता चर्किनुको कारण बिहेबारी र अन्तरपुस्ते लगानी पनि हो । महिला, पुरूष सरह शिक्षित र सशक्त हुँदै श्रमबजारमा आए । सफल वा धनीले आफू जस्तै पार्टनर खोज्न थाले । ब्रान्कोका अनुसार १९७० को अमेरिकामा उपल्लो १० प्रतिशतमा पर्ने असाध्यै धनी पुरूषले असाध्यै धनी वा असाध्यै गरिब महिलासित बिहे गर्ने सम्भावना समान १३ प्रतिशत थियो । सन् २०१७ मा आइपुग्दा धनी पुरूषले धनी महिलासँग बिहे गर्ने सम्भावना ३० प्रतिशत पुग्यो भने अति गरिब महिलाको ११ प्रतिशत । यो नयाँ ट्रेन्डलाई 'होमोगामी' भनिएको छ ।

संयुक्त आय बढ्दाको प्रभाव बच्चामा गरिने लगानीमा प्रतिबिम्बित भयो । बाल्यकालको शिक्षा र अतिरिक्त क्रियाकलापको लगानीले पछि काफी फाइदा दिन्छ । विपन्नले बच्चामा लगानी गर्न नसक्ने भए, यसै

पछि परिहाले । गरिब घरपरिवारमा किताब छैन, भोक र हिंसा छ । यसैले न्युट्रिसन भौचर, फ्री किन्डरगार्डेन, फ्री प्रि-स्कुलमा लगानी गरी असमानता घटाउने विधि पुँजीवादभित्रै आएका छन् । असमानताको जग बस्ने बेलामै समान बनाइदिन राज्यको भूमिका हुनुपर्छ भन्नेतिर विश्व गइरहेको छ । अलि दिनअघि मात्र अमेरिकी संसद्ले 'ग्लोबल चाइल्ड थ्राइभ' ऐन पास गऱ्यो, जसले अमेरिकाको सबै विदेशी सहयोगमा 'शिशु विकास' अङ्ग हुनुपर्छ भन्छ ।

'मोबिलिटी' अर्थात् गरिब परिवारमा जन्मिएर पनि धनी हुने सम्भावना कति छ ? बाबुआमाले पाएको औपचारिक शिक्षाभन्दा छोराछोरीले बढी पढेको हिस्सा कति छ ? बाबुआमाले अपनाएको पेसाभन्दा छोराछोरीले अपनाएको पेसा कति फरक छ भन्ने समाज गतिशील, चलायमान छ कि छैन भनेर मापन गर्ने आधारभूत तथ्याङ्क हुन् । हाम्रैमा बाबुआमाभन्दा बढी पढेका ६२ प्रतिशत र बाबुआमाभन्दा पृथक् पेसा अपनाएका ४३ प्रतिशत छन् । तर बाहुन, क्षत्री र नेवार बढी चलायमान अनि मुस्लिम र दलितमा 'मोबिलिटी' कम छ । असमानताको बीउ यस्तो कुरामा छ, एक सय ७० वर्षअघिको युरोपमा देखाइएको 'शोषण'को चित्रणमा होइन । *फोर्ब्स* पत्रिकाले निकाल्ने चार सय धनी व्यक्तिको सूचीका दुईतिहाइ आफ्नै प्रतिभा र प्रयत्नबाट धनी भएका हुन्, राज्यको सहजीकरणमा । बिरासतबाट धन कुम्ल्याउनेको हिस्सा झिनो बन्दै छ ।

पछिल्लो चार दशकमा असमानता बढ्नुको कारण पुँजीवाद पापी प्रणाली हो भनेर पिकेटी वा ब्रान्को भन्दैनन् । चीनमा ८० करोड जनतालाई गरिबीबाट उकास्ने प्रणाली त यही हो । यसको गतिको चरित्रमा गहिरिएपछि बल्ल हामी नीतिगत सम्बोधनमार्फत सुधारतिर जान सक्छौं । श्रम र पुँजीको रिटर्न एवम् स्वामित्वको हिस्सा वा बिहेबारी एवम् बच्चामा हुने फरक लगानीका कारण असमानता बढ्ने हो भने मध्यमवर्गलाई पनि वित्तीय सम्पत्तिको स्वामित्व बढाउनेतिर लैजानुपऱ्यो । वित्तीय उत्प्रेरणा र उपकरणमार्फत मध्यमवर्गको आय

ज्यालाबाट मात्र होइन, पुँजीबाट पनि आउने बनाउनुपर्‍यो । अर्को, शिक्षा र पोषणमा राज्यको भूमिका ठूलो हुनुपर्‍यो । सम्पत्ति पुस्तान्तरणमा कर लगाउनुपर्ला । राज्यले दिने सबै सार्वजनिक सेवामा समान अवसर हुनुपर्‍यो र ती सेवा गुणस्तरयुक्त हुनुपर्‍यो ।

असमानता घटाउने पुरानो समाजवादी उत्तर अब भुत्ते हुँदै छ । कसरी ? पहिले "ट्रेड युनियन कमजोर भए, पुँजीवादीले सखाप पारे, फेरि श्रमिकको सौदाबाजी शक्ति बढाउनुपर्छ" भन्थे । तर कामको प्रकृति नै परिवर्तन भइरहेकाले त्यसको सान्दर्भिकता कम छ । दोस्रो, 'मास एजुकेसन' । तर १४-१५ वर्षको शिक्षा सबैले लिएपछि थप लगानीले ठूलो प्रतिफल दिन्न । औसतमा पाँच वर्ष मात्र स्कुल गइरहेको छ भने बढेको शैक्षिक स्टक राम्रो हो । तर उच्चतम बिन्दुमा पुगेपछि संज्ञान पुँजी (कग्निटिभ क्यापिटल)को सीमा छोइन्छ । त्यसपछि गुणस्तरमा ध्यान दिनुपर्छ । तेस्रो, ट्याक्स (कर) र ट्रान्सफर (पुनः वितरण)बाट समता बढाउने । तर यो राजनीतिक रूपले प्रीतिकर छैन, कर तिर्न सामान्यतया नागरिक हौसिँदैनन् । धनीलाई कस्नुपर्छ भन्नेहरू स्वयम् धनी बने कर छल्न उद्यत हुन्छन् । कथित नवउदारवादकी खलपात्र मार्गरेट थ्याचरले भनेकी थिइन्, "समाजवादको समस्या भनेको अरूले कमाएको पैसामा गरिने रजाइँ हो, एक दिन सकिन्छ ।" थ्याचरले 'पिपल्स क्यापिटलिज्म' भन्ने वाक्यांश प्रयोग गरेकी हुन् । सबै नागरिकको कुनै न कुनै कम्पनीमा सेयर हुनुपर्छ, साना व्यवसाय फस्टाउनुपर्छ अनि समावेशी 'स्टेकहोल्डर डेमोक्रेसी' (अंशभागी लोकतन्त्र) बनाउनुपर्छ भन्ने उनै हुन् ।

विकासको प्रारम्भिक चरणमा असमानता चर्किंदै गए पनि राज्य समृद्ध भएपछि घट्छ भन्ने सिद्धान्त साइमन कुज्नेट्सको छ । 'जिनी कोफिसिएन्ट' वा 'पाल्मा रेसियो'बाट धन, आय र उपभोगका पृथक् असमानता नाप्न सकिन्छ । नेपालमा सम्पत्ति र आयको असमानता बढेको होला, उपभोगको असमानता घटेको छ । जम्मा ०.३३ प्रतिशत छ । असमानता नतिजाभन्दा अवसरका हिसाबले नाप्नुपर्छ । अवसरको

असमानतालाई चिर्न कम्युनिस्टले भने जस्तै सबैलाई गरिब बनाएर समान बनाउनेतिर होइन, सबैलाई समान अवसर दिँदै धनी बनाउने प्रणालीतिर जानुपर्छ । प्रतिभा र मिहिनेतको जगमा कोही सफल र कोही असफल हुन्छन् । अनि धेरै सफल हुनेलाई उचित कर लगाएर पुनः वितरण गरौँला । यसका लागि दिगो आर्थिक वृद्धि नभई भएन । कृषिको उत्पादकत्व बढाउनुपर्‍यो, रोजगारमूलक म्यानुफ्याक्चरिङको विस्तार भइहाल्यो । बालशिक्षा, स्वास्थ्य र पोषणको गुणस्तर बढाउनुपर्‍यो । एउटा बिन्दुसम्म आरक्षण गर्नुपर्छ ।

सामाजिक सुरक्षामा पनि कोभिडपछि सारा विश्व नयाँ सामाजिक करार (सोसल कन्ट्र्याक्ट)मा जानुपर्नेछ । सामाजिक सुरक्षाको एकीकृत खाकामा पुनः वितरण र बिमाका दुई पाटा हुनेछन् । दैलेखको दलित र काठमाडौँको काजीले समान अवसर पाउन त बाल्यकालमै लगानी गर्नुपर्‍यो । नत्र काठमाडौँको धनी काजीले प्रिमियर स्कुलमा पढाउँछ, दैलेखको गरिब दलित सामुदायिक स्कुलमा जान्छ अनि असमानताको बीउ त्यहीँ नै रोपियो । सुरूको ६० महिनाको लगानी अहम् छ, वयस्क उमेरको तालिमले क्षतिपूर्ति हुँदैन ।

सामाजिक सुरक्षामा लगानी कसरी बढाउने त ? फजुल खर्च घटाउने, भ्रष्टाचार नियन्त्रण गर्ने त भइहाल्यो । तर आर्थिक वृद्धि नभई राज्यको भूमिका बढ्दैन । अमेरिकाको अर्थतन्त्र दुई सय खर्ब डलरको छ । र त सङ्घीय बजेटको दुईतिहाइ अंश छेलोखेलो बाँड्ने सुविधा छ । शिक्षा र स्वास्थ्यमा गुणस्तरको चुनौती थपिएको छ । नानीबाबु स्कुल गए पनि नसिक्ने 'लर्निङ क्राइसिस' छ । स्वास्थ्य चौकी छ, उपचार छैन । अब डेलिभरीका नयाँ पद्धतितिर जानैपर्छ । असमानताको अभिशाप घटाउन राज्यको भूमिका बढाउनु चाहिँ पर्छ । तर सबै कुरा सरकारले भ्याउँदैन । ससाना सार्वजनिक-निजी साझेदारीका मोडल छन्, 'टिच फर नेपाल' वा 'पोसिबल हेल्थ' जस्ता । शुद्ध पानी, चिल्लो सडक र भरपर्दो बिजुली दिन नसक्ने राज्यबाट धेरै अपेक्षा गर्नुभएन । सन्तुलित विधि र उपाय खोजौँ, प्रयोग गरौँ ।

कतिपय वाम बुद्धिजीवी सन् १९८५ को संरचनात्मक समायोजन र १९९२ पछिको उदारीकरण नै तमाम बेथिति, विकृतिको बीउ हो भन्ठान्छन् । निजीकरणको प्रसङ्ग ल्याउँदा काङ्ग्रेसजन शिर झुकाउँछन् । त्यस्तै पाप भएको हो र पापमोचन नगरी चैन नपाइने ?

महालेखा नियन्त्रकको वेबसाइटमा हरेक दिन उठेको राजस्व अद्यावधिक गरिएको हुन्छ । हिजो एक दिनमा एक अर्ब ७० करोड रूपैयाँ सङ्कलन भएको रहेछ, यत्रो महामारीका बाबजुद । वर्षमा सरदर आठ सय अर्ब उठेको हिसाब गर्दा औसतमा दैनिक दुईदेखि तीन अर्ब रूपैयाँ हुन जान्छ । सरकारलाई जग्गा किनिरहनुपर्दैन । जग्गा नकिन्नुपर्दा २५ करोड रूपैयाँको लागतमा एउटा छालाजुत्ता उद्योग बन्ला । मात्र एक दिनको राजस्वले त्यस्ता आठ उद्योग स्थापना गर्न सक्ने अवस्थामा हामी छौं । कम्युनिस्टहरू ठाउँमा छन्, पुग्दो पैसा छ, धमाधम कारखाना खोले भइगयो त । तर उनीहरूले गर्नेछैनन् । किनकि मूल प्रश्न सरकारको काम के हो भन्ने हो । जुत्ता बनाएर बस्ने हो कि होइन ? गर्नुपर्ने कोभिड-१९ को व्यवस्थापनमा यो हदको नालायकी छ । अनि गर्न नपर्ने काममा किन हात हालिनस् भन्नु पूर्वाग्रहको दास बन्नु हो । निजीकरण गरिएकामा जुत्ता, इँटा, चिनी, कागज, सुर्ती, चलचित्र, ल्युब आयल, बिटुमिन, टर्पेन्टाइन जस्ता वस्तु उत्पादन गर्ने कारखाना छन् । आफ्नो जिम्मेवारीबाट च्युत भएर बसेको सरकारले यस्तैयस्तै काममा हात हाल्नुपर्ने ठानिन्छ भने सामर्थ्य छँदै छ, श्वेतपत्रमार्फत निजीकरण भुल थियो भनेर अरूलाई खलनायकीकरण गर्नुको साटो एकै दिनको राजस्वले आठदस उद्योग स्थापना गरे भइहाल्यो । हामी पनि करदाताको पैसा ती उद्योगको घाटा पूर्ति गर्न ग्वामग्वाम नहालुन्जेल चुप लागौंला ।

पञ्चायत ढल्नुभन्दा पाँच वर्षअघि नै अब यो धान्न सकिन्न भनिएको रहेछ । सन् १९८९ मै ३० ओटा सार्वजनिक संस्थानको सेयर बेच्नुपर्छ भनेर निर्णय गरी निजीकरण एकाइ गठन भएको थियो । राजाको आदेश काफी हुने कालखण्डमा पनि गरेनन् । नगरी नहुने

ठह्र्याइए पनि गर्दा प्रिय नभइने भएकाले थाती राखियो । सन् १९९० मा पञ्चायत ढल्यो, राज्यले नै सबैथोक गर्नुपर्छ भन्ने कम्युनिस्ट प्रणाली संसारभर ढल्यो । अनि बल्ल राज्य सुर्ती, जुत्ता, ल्युब आयल, बिटुमिन उत्पादन गरेर नबस्ने, गर्नुपर्ने काममा केन्द्रित हुने मोडलमा गयौं । साधनस्रोतको प्रभावकारी प्रयोग हुनुपर्छ, उपभोक्ताका रोजाइलाई सङ्कुचित पार्न हुन्न । भारतमा मनमोहन सिंहले सुधार सुरू गर्दा सञ्चित विदेशी मुद्राले दुई साताको मात्र पनि आयात धान्न नसक्ने अवस्था भइसकेको थियो । त्यसपछि ४० वर्षदेखि नेहरूको समाजवादी मोडल धानिरहेको भारतले हातखुट्टा छाड्यो ।

अब महेश आचार्यको जुत्ता लाएर हेरौं । सन् १९९१ को बजेट २६ अर्बको, राजस्व अनुमानित साढे १३ अर्ब, साढे आठ अर्ब विदेशी ऋण-अनुदान । त्यति बेलाको विकास खर्चमा ५२ प्रतिशत योगदान विदेशीको थियो । साधारण खर्च १० अर्ब, विकास खर्च १६ अर्ब थियो । पञ्चायतको अन्त्य हुँदा साँवाब्याजमै साधारण खर्चको ४० प्रतिशत अर्थात् तीन अर्ब ८० करोड रकम जाने अवस्था थियो । वीरेन्द्रको राज्याभिषेक हुँदा ऋण-जिडिपी तीन प्रतिशत रहेको अनुपात पञ्चायत ढल्दा ४३ प्रतिशत पुगेको थियो । ६४ ओटा सार्वजनिक संस्थानको घाटा एक अर्ब थियो । काङ्ग्रेस उच्च अपेक्षाको बोझमा थियो । अनि राज्य करदाताको पैसा खन्याई-खन्याई ल्युब आयल र टर्पेन्टाइन उत्पादन गरेर बस्ने ?

कौडीको दाममा बेचियो भन्ने आरोप पनि छ । अहिलेका 'कम्युनिस्ट' गभर्नर महाप्रसाद अधिकारी नै हुन्, निजीकरणताका सम्पत्ति मूल्याङ्कन गर्नेमध्येका विज्ञ । जग्गाबाहेक त कौडीभन्दा बढी मूल्यका सामानै थिएनन् । ६० को दशकको रसियन प्रविधि जडान गरेपछि स्तरोन्नतिमा लगानी गरिएकै थिएन । कबाडीकै मूल्य त हो । उत्पादन यसै पनि 'इनएफिसिएन्ट' (अप्रभावी) हो । तैपनि भृकुटी कागज, हरिसिद्धिमा जग्गासहित निजीकरण गरिनु गल्ती थियो । त्यसमा काङ्ग्रेसले आत्मालोचना गरे हुन्छ । बाँसबारी छालाजुत्ता

भएको ठाउँमा मुटुरोगको गुणस्तरीय अस्पताल छ, जुत्तामा निजी क्षेत्रले उल्लेख्य उपलब्धि हासिल गरेको छ । तर लोकतन्त्रमा तुरून्त 'कोर्स करेक्सन' भएको पनि देखियो । निजीकरण ऐन २०५० मा लेखा समितिका सभापतिसमेत बस्ने समिति गठन भयो । त्यसपछि निजीकरण गरिएका उद्योगमा जग्गा हस्तान्तरण गरिएको छैन । सेयर घटाउने, करार व्यवस्थापन, भाडामा दिने उपाय अपनाइयो । २०४९-६४ मा विभिन्न सरकार आए, निजीकरण निरन्तर चल्यो । त्यसपछि आर्थिक सुधारमा ध्यानै गएको छैन । पछिल्लो सार्वजनिक खर्च पुनरवलोकन आयोगको प्रतिवेदनमा समयमै व्यवस्थापन नगर्दा जनकपुर चुरोट कारखानाको दायित्व तीन अर्ब रूपैयाँ पुगेको उल्लेख छ । जनकपुर चुरोट कारखानामा विख्यात टोबाको कम्पनी रथमन्सले प्रतिकित्ता चार सय रूपैयाँमा सेयर किनेर साझेदारी गर्ने प्रस्ताव राखेको रहेछ । त्यो प्रस्ताव मानिदिएको भए कति राम्रो हुने रहेछ, आज सोच्नुहोस् । यसको जिम्मेवारी कसले लिने ? कसैको वादले सरकारले खैनीचुरोट बनाउनुपर्छ भन्छ भने राज्यको आज सामर्थ्य छ, बनाए भयो नि त । नत्र यो विमर्शको म्याद गुज्रिसकेको छ, च्याप्टर क्लोज गरिदिए हुन्छ ।

उदार अर्थव्यवस्थामा मुलुक हिँडेको पनि तीन दशक नाघिसक्यो । बजारलाई खुला छाड्नुपर्छ भनिरहँदा निजी क्षेत्र पूरै अर्थव्यवस्था हाँक्न सक्षम भइसकेको छ र ? कार्टेल, मुनाफाखोरी, अस्वस्थ प्रतिस्पर्धा जस्ता विकृति हेर्दा त बजार पनि परिपक्व भइनसकेको होइन र ?

चिन्तक प्रदीप गिरिले हालै मलाई सोध्नुभयो, "स्वर्णिमजी, तपाईं नवशास्त्रीय अर्थशास्त्रमा दीक्षित, नवउदारवादको खिलाफमा हुनुहुन्छ, होइन ?" हो, यो भिन्नता अझ बुझाउन जरूरी देख्छु । आडम स्मिथ पुँजीवादका जननी हुन् । तर आडम स्मिथका प्रशंसक छन्, वाम-समाजवादी अर्थशास्त्री अमर्त्य सेन । उनले स्मिथको *वेल्थ अफ नेसन्स मात्र होइन, थ्योरी अफ मोरल सेन्टिमेन्ट्स* पनि पढेर यस्तो

निष्कर्ष निकाले । *वेल्थ अफ नेसन्स*को अन्तिम खण्ड 'इकोनमिक रोल अफ गभर्मेन्ट'मा राज्यले गर्नुपर्ने कामको लामो फेहरिस्त छ, जसलाई ज्याकोब भाइनरले सन् १९२७ मै राम्ररी व्याख्या गरेका छन् । नवशास्त्रीय अर्थशास्त्रको विद्यार्थीले नवउदारवादको निरपेक्ष वकालत गर्दैन । वामपन्थीले 'ओन' गरेका प्रख्यात अर्थशास्त्रीद्वय जोसेफ स्टिग्लिज र ड्यानी रोड्रिक– दुवै नवशास्त्रीय अर्थशास्त्री, रोड्रिक त हार्भर्डमा स्नातकोत्तरमा मेरो थेसिस सुपरभाइजर । नवशास्त्रीय ज्ञान र नवउदारवादको अभ्यासबीच आकाश-पातालको फरक छ । नवशास्त्रीय अर्थशास्त्रको विद्यार्थीले तथ्य र तथ्याङ्क प्राप्त गरी एउटा प्राविधिक विधिमार्फत प्रशोधन गरेर निष्कर्षमा पुग्छ, निष्कर्षको विश्वसनीयता तौलिन्छ । निष्कर्ष 'कोरिलेसन' मात्र हो कि 'कजेसन' नै हो भनेर पर्गेल्छ । तपाईंले रातो लुगा लगाउनुभएको छ, बाहिर पानी पर्‍यो भने रातो लुगा लगाएर पानी पर्‍या त होइन ।

त्यो 'कोरेलेसन' भयो । रातो लुगा लगाएकै कारण गोरूले लखेट्यो भने त्यो 'कजेसन' भयो । 'हाइपोथेसिस'लाई हामी तथ्य र तथ्याङ्कका आधारमा प्रशोधन गर्दै 'कन्डिसनल जजमेन्ट'मा पुग्छौं । प्राज्ञिक मन्थनको एउटा सशक्त विधि हो, नवशास्त्रीय अर्थशास्त्र । तर यहाँ बजारका विकृति देखाएर यही हो, नवउदारवाद भनिदिएको छ । नवशास्त्रीय अर्थशास्त्रले आर्थिक नीति, आर्थिक संस्था यस्तै हुनुपर्छ भनेर कहिल्यै भन्दैन, विविधता वा 'हेट्रोजिनिटी'लाई स्विकार्छ ।

नवउदारवादीहरू सम्पत्तिको अधिकार नभएको चीनले कसरी आर्थिक वृद्धि गर्‍यो भन्लान् । चीनले मौलिक उपाय निकाल्यो । 'टाउनसिप एन्ड भिलेज इन्टरप्राइजेज' (टिभिआई)मार्फत उदारीकरण सुरू गरी निश्चित कोटाभन्दा माथिको उत्पादन आफैं बेच्नू भन्यो । कृषि उत्पादनमा घरघरलाई यस्तै छुट दियो । टिभिआईमा स्थानीय सरकारलाई सेयर हाल्न लगायो । आफ्नो हिस्सा भएपछि उसैले संरक्षण गर्‍यो । अमेरिकाकै मोडल ल्याउनुपरेन नि । प्रत्यक्ष विदेशी लगानी (एफडिआई) पनि निर्बाध खुला गरेन । सुरूमा सेन्जेनमा

विशेष आर्थिक क्षेत्र (एसइजेड)मा खुला प्रणाली अङ्गीकार गऱ्यो । घरेलु उद्योगहरूलाई प्रतिस्पर्धा गर्नबाट जोगाउँदै लग्यो । पछि सिङ्गो चीन त्यो मोडलमा गयो । नवशास्त्रीय अर्थशास्त्रीले यस्ता मौलिक अभ्यासलाई स्विकार्ने मात्र होइन, वकालतै गर्छन्, त्यो विविधता अट्छ । कट्टर नवउदारवादीले भने मोडल दुरूस्त यस्तै चाहियो भन्ला ।

चीनदेखि हाइटी, बोत्स्वानादेखि क्यानडासम्म कुन हस्तक्षेपले के नतिजा ल्यायो भन्ने फ्रेमवर्क हो, आधुनिक अर्थशास्त्र, जसले तथ्य र तथ्याङ्कमा विश्वास गर्छ । नवशास्त्रीय अर्थशास्त्रलाई शास्त्र कम विधि र औजारका रूपमा बढी लिइन्छ । यही औजारमार्फत फरक मान्छेले फरकफरक निष्कर्ष निकाल्न सक्छन् । औजार, विधि, सोच्ने तरिकासम्म दिए पनि 'प्रेस्क्राइब' गर्दैन । 'प्रेस्क्राइब' गर्न थाले कम्युनिस्ट जस्तो होइन्छ । अमेरिकामा 'हेरिटेज फाउन्डेसन' जस्तामा केही कट्टर नवउदारवादी छन्, जो राज्यले हस्तक्षेप गर्नै हुन्न भन्छन् । चरम दक्षिणपन्थी र चरम वामपन्थी झगडा गरिरहून् । हामी मध्यमार्गी कित्ताका हौं । हाम्रो विधामा ड्यानी रड्रिकदेखि जेफ्री स्याक्स, कौशिक वासुदेखि गीता गोपीनाथ सबै अट्छन् । यसैले मैले 'नवउदारवाद' पनि कम्युनिस्ट जस्तै जड हो भनेर दुई वर्षअघि *नयाँ पत्रिकाकै* अन्तर्वार्तामा भनेको कुरा आज दोहोऱ्याउँछु ।

नवशास्त्रीय अर्थशास्त्रीबीच आर्थिक वृद्धि कसरी हुन्छ भन्नेमा सैद्धान्तिक मतैक्य भने छ । वृद्धिका लागि उपलब्ध स्रोतसाधनको चुस्त र प्रभावकारी व्यवस्थापन हुनुपऱ्यो । उत्प्रेरणाहरू कम हुने भएकाले राज्यले भन्दा निजी क्षेत्रले सीमित साधनस्रोतको व्यवस्थापन समुचित ढङ्गले गर्न सक्छ । उद्यमीहरूले लागत, माग, बजार आदि हेरेर उत्प्रेरणाको सङ्केतअनुसार पहुँचमा भएका साधनस्रोतको उपयोग गरेपछि आर्थिक वृद्धि हुने हो । अर्थतन्त्रका लागि 'इनोभेसन' (नवप्रवर्तन) नभई हुन्न । यसका लागि दुनियाँबाट पुँजी, श्रम, विचार, प्रविधि लिन हिचकिचाउनुहुन्न । अर्थतन्त्रलाई जथाभावी चलाए उत्प्रेरणा निरूत्साहित हुन्छ । आजको भोलि मूल्यवृद्धि दुई हजार प्रतिशत हुन

थाले केही योजना बनाउन सकिन्न । त्यसैले समष्टिगत आर्थिक स्थिरताका लागि मौद्रिक र वित्तीय नीतिको जायज परिचालन हुनुपर्छ । वित्तीय संस्थाको विवेकपूर्ण नियमन हुनुपर्छ । रड्रिक भन्छन्, "बजार स्वनिर्मित, स्वस्थिर र स्ववैध हुँदैन, राज्यको भूमिका त हुन्छ नै, नियमनमार्फत प्रतिस्पर्धा गराउन, पुनः वितरण गर्न र नयाँ आर्थिक वृद्धिका स्रोत पहिल्याउन ।" जस्तो, नेपालमै सिमेन्ट उद्योग खोल्न राज्यले बिजुलीबाटो पुऱ्यायो । इन्टरनेट निजी क्षेत्रले ल्याएको होइन । तर निजी क्षेत्रले यसलाई नयाँ उचाइमा पुऱ्याइरहेको छ । औषधि जस्ता 'पब्लिक गुड'को आविष्कारमा राज्यको लगानी हुन्छ । तर ऊ आफैं चक्की बनाएर बस्दैन ।

'क्रोनी क्यापिटलिज्म'को विकृत रूपलाई नै उदार व्यवस्था भन्नु गलत हो । क्रियाशील उदार अर्थतन्त्रमा यस्तो हुँदैन । कार्टेल र अस्वस्थ प्रतिस्पर्धा रोक्न पश्चिममा राज्य नै 'एन्टी-ट्रस्ट' कानुन बोकेर कम्पनीविरूद्ध जाइलाग्छन् । आम उपभोक्तालाई मार परेपछि शक्तिशाली टेलिकम कम्पनी एटी एन्ड टीलाई सात टुक्रा गराइयो, स्ट्यान्डर्ड तेल कम्पनी ३४ टुक्रा भयो । अहिले माइक्रोसफ्ट, फेसबुक र गुगल जस्ता टेक कम्पनीसँग अमेरिकी र युरोपेली सरकार भिडिरहेकै छन्, सामान्य उपभोक्ताका तर्फबाट । सन् २००८ को वित्तीय सङ्कटपछि कानुन उल्लङ्घन गर्ने वालस्ट्रिटका भीमकाय बैङ्कहरूलाई दुई खर्ब ५० अर्ब डलर जरिवाना ठोकिएको थियो । नियमन भनेकै यही हो । नियामकहरू नै नियमन गरिनुपर्नेहरूको पोल्टामा पुग्नु चाहिँ विचलन हो । स्वस्थ एवम् उदार अर्थव्यवस्थामा यस्तो हुनुहुन्न । हाम्रोमा व्यापारी, ठेकेदारको राजनीतिक सहभागिता यसैकारण विवादित बन्न पुगेको हो । स्वार्थबझान (कन्फ्लिक्ट अफ इन्ट्रेस्ट)को मुद्दा कति गम्भीर छ । तर यहाँ आँखा चिम्लिइएको छ ।

यो पनि बुझ्नुपर्छ, उदार अर्थतन्त्रमा विविधता छ । पश्चिमी देशमै १५ देखि ५० प्रतिशत कर्पोरेट कर लगाउने देश छन् । स्वास्थ्य सेवा राज्यले मात्र गर्ने कि निजी क्षेत्र पनि सहभागी गराउनेमा

फरक विमर्श छ । श्रम कानुनमा अमेरिका लचिलो छ, फ्रान्समा श्रमिक निकाल्न नपाइने कठोर नियम छ । अर्थतन्त्रमा सार्वजनिक क्षेत्रको योगदान दक्षिण कोरियामा एकतिहाइ छ, फिनल्यान्डमा ६० प्रतिशत । प्रणाली त एउटै हो । तर कत्रो भिन्नता । आइसल्यान्डमा ८६ प्रतिशत श्रमिक ट्रेड युनियनमा आबद्ध छन्, स्विट्जरल्यान्डमा जम्मा १६ प्रतिशत । अमेरिकामा स्टक मार्केटको पुँजीकृत अंश जिडिपीको डेढ गुणा छ, फेरि जर्मनी जस्तो गतिशील अर्थतन्त्रमा जिडिपीको ५० प्रतिशत मात्र । यो 'हेट्रोजिनिटी' आफ्नो विकासको मोडलअनुरूप ढाल्न सकिने हुन्छ । यो विविधता बुझ्न नसक्नेहरू आफू मात्रै प्रगतिशीलताको श्यामश्वेत बाइनरी भ्रममा बाँचिरहन अभिशप्त छन् । यहाँ उदार अर्थतन्त्रबारे दार्शनिक माइकल स्यान्डलको "बजार अर्थतन्त्रबाट हामी बजार समाजतिर गयौं भने पैसाले सबैथोक किन्न सकिने नैतिक सङ्कटतर्फ जान्छौं" भन्ने भनाइ स्मरणीय छ । जस्तै, कारागारको व्यवस्थापन निजी हातमा गए धनी अपराधीले आराम र सुविधा किन्न सक्ने भयो । इराक र अफगानिस्तानमा जस्तो एउटा राष्ट्रको युद्धको ठूलो हिस्सा निजी कम्पनीहरूलाई दिएर 'आउटसोर्स' गरेपछि नागरिकको दायित्व र त्याग जस्ता कुरा महत्त्वहीन हुन पुग्छन् । त्यस्तै क्षमतामा आधारित 'मेरिटोक्रेसी' मीठो सुनिए पनि समाज असमान वा गतिहीन हुँदा त्यस्तो राम्रो लक्ष्य आफैं बल्झिन सक्नेबारे *द टाइरनी अफ मेरिट*मा स्यान्डलले लेखेका छन् ।

पछिल्लो समय विश्वशक्ति अमेरिकादेखि छिमेकी भारतसमेत आत्मनिर्भर अर्थतन्त्र भन्न थालेका छन्, जोडतोडसँग । दुई ठूला उदाउँदा अर्थतन्त्रको बीचमा रहेका हामीले यसलाई कसरी लिनुपर्छ ?

भूमण्डलीकरणमा जहाँ लागत कम हुन्छ, त्यहीँ जाने प्रवृत्ति भयो । "हाम्रा करदाताको पैसामा विकास भएका प्रविधि जति चीनले सित्तै लगिदियो" भन्ने ट्रम्पको भनाइमा आंशिक सत्यता छ । अमेरिकाले विकास गरेको प्रविधि हस्तान्तरण भई चीन पुगेकै हो, 'अफ द सेल्फ'

प्रविधि 'अफसोर' भयो । किनकि सेयरहोल्डरलाई रिटर्न चाहियो । जता लागत कम, मुनाफा ज्यादा हुन्छ, त्यतै गए । चीनले यसको भरपूर फाइदा उठायो । कोभिड-१९ ले सर्वाधिक न्यूनतम लागत मात्र सबथोक होइन रहेछ भन्ने सन्देश दिएको छ । अब 'अफसोरिङ'बाट अलिअलि 'रिसोरिङ' होला । उत्पादनको सञ्जाल धेरै विकेन्द्रित भयो भने जोखिम हुने रहेछ । आइसल्यान्डमा ज्वालामुखी विस्फोट हुँदा इथियोपियाका फूल निर्यात हुन नसकी ओइलाए । बैङ्ककमा बाढी आउँदा विश्वको इलेक्ट्रोनिक र कार बजार खस्कियो । अब सन्निकटताको महत्त्व बढ्छ । नजिकै उत्पादन गरेर जोखिम कम गर्ने प्रवृत्ति सुरू हुन सक्छ । तर 'कनेक्टिभिटी'का पूर्वाधारमा ठूलो लगानी गर्नुपर्छ ।

अर्को, 'ट्रेसिबिलिटी'को महत्त्व । एभोकाडो युगान्डाको हो कि धनकुटाको ? जुम्लामा उत्पादित स्याउको 'ट्रेसिबिलिटी' हेरिने भयो । कफी पिइरहँदा उपभोक्ता वा विक्रेताले त्यसको बिन्स (गेडा)देखिको यात्रा खोज्लान् । आर्थिक राष्ट्रवादको पनि सानो अंश छ नै । आत्मनिर्भर अर्थतन्त्र भनिरहेकै थिए, कोभिडले बल पुऱ्याएको छ । तर आत्मनिर्भरताको 'प्रिमियम' कति ? समान विदेशी वस्तुभन्दा स्वदेशी वस्तु १०-१५ प्रतिशतसम्म महँगो हुँदा राष्ट्रवादका नाममा व्यहोरौंला । तर फोस्रो राष्ट्रवादले उपभोक्तालाई मार पार्न भएन । बढी मूल्यमा कमसल सामान बेचेर सीमित घरेलु घरानालाई पोस्नु भनेको त 'क्रोनी-क्यपिटलिज्म' नै भइगयो । रणनीतिक हिसाबले कुनै वस्तु प्रवर्द्धन गर्दा डब्ल्युटिओले दिँदैन भनेर कडाइ गरिन्थ्यो भने अब नीतिगत स्वायत्तता र लचकता बढाउने सुविधा हामीलाई हुन्छ । तर पाइएकै सुविधा पनि क्षमता नभएर प्रयोग गर्न सकेका छैनौं । भन्साररहित, कोटारहित निर्यात गर्न पाउने सुविधामा विश्वकै अधिक सहुलियतपूर्ण बजार नेपाललाई उपलब्ध छ । बङ्गलादेश, कम्बोडियाले उपयोग गरे, हाम्रो क्षमतै देखिएन । उद्यमी पनि रोटीको आकार बढाउनभन्दा सानो रोटीकै लुछाचुँडीमा छन् । 'रेन्ट-सिकिङ' भनेको यही हो ।

महामारीले राज्यको महत्त्व फेरि एक पटक प्रमाणित गरेको तर्क छ । महामारीपछिको सामाजिक र आर्थिक परिवेशलाई आकलन गर्दा यो तर्कलाई कसरी विश्लेषण गर्नुहुन्छ ?

यो प्रणालीको प्रश्न होइन, नेतृत्वको हो । कथित पुँजीवादी प्रणालीले पनि अब्बल व्यवस्थापन गरेकै देखियो– जर्मनी, न्युजिल्यान्ड, आइसल्यान्ड, दक्षिण कोरिया, ताइवान आदिमा । जसले चाँडै 'एक्सन', 'डिटेक्सन', 'ट्रेसिङ' गरे अनि विज्ञानसम्मत काम गरे, तिनको व्यवस्थापन अब्बल भयो । जहाँ नेतृत्वले विज्ञानको सहारा लिएन, पपुलिज्ममा खेल्न खोज्यो, विनाशलीला भयो । उदाहरण हुन्– ट्रम्प, बोल्सेनारो र फिलिपिन्सका दुतेर्ते । कम्युनिस्ट प्रणालीबाट गुज्रिएका केही मुलुकले विगतमा आधारभूत स्वास्थ्यमा गरेका काम भने महामारीसँग जुध्न उपयोगी भएको पनि देखियो । तिनले तृणमूल तहमा बनाएका जनस्वास्थ्यको किफायती संरचना काम लाग्यो । सामुदायिक स्वास्थ्यकर्मीलाई निगरानी र ट्रेसिङमा लगाइयो । भियतनाम, लाओस र भारतको केरलामै त्यो देखियो । कोभिड-१९ नै छैन वा कोभिड उच्चारण गर्दा थुनिदिने सनकी नेतृत्व पनि कम्युनिस्ट पृष्ठभूमि भएका देशमै देखिएको छ । यो लोकतन्त्र, प्रेस स्वतन्त्रता, बलियो नागरिक समाज नहुनु जस्ता विषयसँग जोडिन्छ ।

तीन दशकमा हामीले ठूलै फड्को मारेका होऔंला । तपाईं अर्थशास्त्रीले तथ्याङ्कमार्फत पुष्टि गर्न सक्नुहोला । तैपनि नागरिकमा चरम असन्तुष्टि किन ?

पहिलो कारण हो, मूल्याङ्कनको निरपेक्षता र सापेक्षता । सन् २०२० को नेपाललाई सन् १९९० को नेपालसँग निरपेक्ष दाँज्दा खुसी हुनुपर्ने अनगन्ती कारण छन् । तर तुलना सापेक्षिक हुन्छ । सन् १९९० को नेपालसँग होइन, त्यस बखतको भियतनाम, कम्बोडिया, बङ्गलादेशसँग गर्नुपऱ्यो । हाराहारीमै भएका ती मुलुक बत्तिएर कहाँ पुगे, हामी कहाँ छुट्यौं ? सुशासन र स्थिरता भएको भए र द्वन्द्वमा नफसिएको भए कहाँ पुगिन्थ्यो होला भनेर नागरिकले सोच्ने भए ।

दोस्रो, कुशासनका दैनिक समाचारले पनि निराशा छाएको छ । हुन त लोकतन्त्रमा सञ्चारमाध्यम स्वतन्त्र भएकाले नै जनताले यी कुरा थाहा पाएका हुन् । तर चरम भ्रष्टाचार र दण्डहीनताले नैराश्य फैलाउँछ । भएको कामप्रति पनि पत्यार लाग्दैन । कहीँ न कहीँ बजाए भन्ने पर्छ । संस्थाहरूप्रति अविश्वास जाग्छ ।

तेस्रो, हाम्रो मध्यमवर्ग एकदम असुरक्षित महसुस गर्दो रहेछ । सन् १९९६ को जीवनस्तर सर्भेअनुसार सात प्रतिशत नेपाली मध्यमवर्गमा परेका थिए भने सन् २०११ मा २२ प्रतिशत पुगेका छौं । तीन गुणाले मध्यमवर्गको आकार बढ्यो । तर प्रतिष्ठित ग्यालप मत सर्भे र विश्व बैङ्कको जीवनस्तर सर्भे मिसाएर हेर्दा नेपालको मध्यमवर्ग आफ्नो आर्थिक अवस्थाको दिगोपनप्रति आश्वस्त छैन । अहिलेको राजनीतिले नै डेलिभर गर्छ भन्ने विश्वास छैन । यस्तो रोष, कुण्ठा सामाजिक सञ्जालमा प्रतिबिम्बित भएको पनि हामी देख्छौं । मध्यमवर्गले घर बनाएको होला, गाडी किनेको छ, छोराछोरी राम्रै स्कुलमा पढाएको छ, वर्षमा एकाध घुमफिर गरेकै छ । तर ऊ भविष्यप्रति ढुक्क छैन । यसले विस्फोटको माहोललाई मलजल गरिरहेको छ ।

नयाँ पत्रिका, असोज ९, २०७७

अनुदार र सङ्कीर्ण सोचले लक्ष्यमा पुगिन्न

आगामी आर्थिक वर्षदेखि पन्ध्रौं योजना कार्यान्वयन सुरू हुँदै छ । योजना कत्तिको यथार्थपरक देखिन्छ ?

आगामी पञ्चवर्षीय योजनाको लक्ष्य अलिक महत्त्वाकाङ्क्षी देखिन्छ । ९.६ प्रतिशतको वार्षिक औसत वृद्धिदर प्रक्षेपित छ । पन्ध्रौं आवधिक योजनामा एउटा अध्यायमा २१०० सालसम्मकै सोच पनि प्रस्तुत गरिएको छ । त्यसमा अझै एक कदम अघि बढेर १०.३ प्रतिशत प्रतिवर्षको औसत वृद्धिदर लक्ष्य प्रक्षेपित छ । नेपालको पृष्ठभूमिमा त्यो सम्भव छैन । लक्ष्य यथार्थपरक भएन भनेर मैले प्रधानमन्त्री, अर्थमन्त्री र राष्ट्रिय योजना आयोगको विकास परिषद्मा पनि भनेको हुँ । नेपालको आफ्नै अनुभव त्यसको छेउछाउमा पनि पुगेको छैन । आर्थिक उदारीकरणपछि सार्थक रूपमा एक पटक प्राप्त भएको सात प्रतिशतको आर्थिक वृद्धिदरसम्म पनि दोहोऱ्याएको हाम्रो अनुभव छैन । भूकम्प र त्यसपछि भएको मधेस आन्दोलनभन्दा पछिको वर्षमा आर्थिक वृद्धिदरको आधार कमजोर हुँदा आर्थिक वर्ष २०७३/७४ मा सात प्रतिशतको आर्थिक वृद्धिदर हासिल भएको हो । विश्वमा कहीँ पनि लगातार २५ वर्षसम्म १० प्रतिशत आर्थिक वृद्धिदर हासिल गरेको उदाहरण छैन । दुनियाँले नगरेको चमत्कार, त्यो पनि यस्ता संरचनागत समस्या रहेको मुलुकले हासिल गर्छु भन्नु असम्भव हो ।

महत्त्वाकाङ्क्षा राख्नु राम्रो हो । तर विश्वसनीय र यथार्थपरक हुनुपर्थ्यो । चालु आर्थिक वर्षको बजेटमा आठ प्रतिशतको आर्थिक

वृद्धिदर हासिल गर्ने भनिएकोमा ६.८ प्रतिशत हासिल हुने अनुमान छ । योजनासँगै बजेट पनि यथार्थपरक, विश्वसनीय र निरन्तर सुधारको सन्देश दिन सक्ने हुनुपर्‍यो ।

बजेट कार्यान्वयन अवस्था कमजोर छ, कसरी उपलब्धि हासिल होला ?

विगत १०-११ वर्षको बजेट हेर्ने हो भने विनियोजित रकम र खर्चको अवस्थामा ठूलो अन्तर देखिन्छ । यही समस्याको निराकरण गर्न सरकारले अर्थशास्त्री डा. डिल्लीराज खनालको अध्यक्षतामा गठन गरेको सार्वजनिक खर्च प्रणाली पुनरवलोकन आयोगले दिएको प्रतिवेदनअनुसार सुधार गरिने भनिए पनि सरकारले त्यसलाई सार्वजनिक गरेको छैन । छ वर्षको अवधिमा बजेटको आकार अर्थतन्त्र (कुल गार्हस्थ्य उत्पादन)को २२.५ प्रतिशतबाट ३६ प्रतिशत पुगेको छ । यति थोरै अवधिमा झन्डै १४ प्रतिशत बिन्दुको वृद्धि भनेको असाध्यै ठूलो विस्तार हो । यसमा पनि चालु खर्चको वृद्धि धेरै छ । यो अवधिमा चालु खर्च अर्थतन्त्रको १७ प्रतिशतबाट २३ प्रतिशत र पुँजीगत (विकास) खर्च पाँच प्रतिशतबाट नौ प्रतिशत पुगेको छ । त्यसमा पनि पुँजीगत खर्च विनियोजित रकमको औसतमा ७३ प्रतिशत मात्र खर्च भएको छ । एकातर्फ दीर्घकालीन योजना यथार्थबाट विच्छेद भएको छ ।

बजेटमा पनि आकारलाई अनुशासनले बाँधेर खर्च गर्न सक्ने क्षमताका आधारमा बजेट ल्याउनुपर्ने चुनौती छ । अनुशासनमा बाँध्न सक्ने पनि यस्तै बलियो सरकारले हो । चुनाव टाढा भएकाले यो सरकारका लागि अवसर पनि हो । तर अर्थमन्त्रीसँग मेरो कुरा हुँदा उहाँले राजनीतिक दबाबका कारण अनुशासनमा बाँध्ने, अप्रिय निर्णय गर्न सक्ने र जोखिम लिने सम्भावना कम छ । अर्थमन्त्री भएलगत्तै उहाँले एकदुई वर्ष थिति बसाउने, अर्को दुई वर्ष अर्थतन्त्रको विस्तारमा ध्यान दिने र खर्च गर्ने क्षमता विस्तार गरेर चुनावको वर्षमा अलिकति लोकरिझ्याइँका काम गर्ने हिसाबले योजना बनाएको देखिन्छ । तर

चालु आर्थिक वर्षको बजेट समीक्षा गर्ने बेलासम्म अर्थमन्त्री गल्नुभए जस्तो देखिन थालेको छ । अर्थमन्त्रीका लागि पनि अविच्छिन्न रूपमा पाँच ओटा बजेट ल्याउने अवस्था रहेन । यो सरकारमा सम्भवतः उहाँको यो अन्तिम बजेट हो । त्यसकारण पनि विगतमा जस्तै निरन्तरताकै बजेट आउने सम्भावना देखिन्छ ।

अर्थमन्त्रीको अलोकप्रिय निर्णय लिएर भए पनि वित्तीय अनुशासनमा टसमस गर्न हुँदैन भन्ने मान्यता छ । तर निर्वाचन आउनुभन्दा झन्डै चार वर्षअघिदेखि नै लोकरिझ्याइँका कार्यक्रम ल्याउनु कति उचित हो ?

युवराज खतिवडाबाट धेरै अपेक्षा गरिएको थियो । अर्थतन्त्र र प्रशासन बुझेको, गभर्नर हुँदा राम्रो काम गरेकाले अपेक्षा राख्नु स्वाभाविकै हो । तर उहाँ चाँडै गल्नुभयो, अर्थात् राजनीतिक दबाब थेग्न सक्नुभएन । गएको वर्ष पनि बजेट बनाउने समयमा सांसदको पैसा बढाऊ, वृद्धभत्ता बढाऊ भन्ने जस्ता अवाञ्छित दबाब थेग्न कोसिस गरेको र तात्कालिक समयमा उहाँले नेतृत्वलाई पनि विश्वासमा लिएर चालु आर्थिक वर्षको बजेट बनाएको बुझिन्छ । यो सन्तुलित बजेटको हामी सबैले प्रशंसा गरेका पनि हौं । उहाँले ल्याउनुभएको श्वेतपत्रमा आर्थिक विचलन, विकृति रोक्ने प्रशस्त उद्‌घोष थिए । स्रोत सुनिश्चितताका नाममा नयाँ परियोजना घुसाउने, कार्यान्वयनमा सार्थक हस्तक्षेप गर्न नसक्ने, जथाभावी रकमान्तर गर्ने, पूर्वतयारीबिनाका आयोजनामा बजेट राख्ने जस्ता पुराना रोग निदान गर्न सकिएको छैन । यसमा राष्ट्रियसभामा उहाँको दुईवर्षे कार्यकालको मनोविज्ञानले पनि काम गरेको होला, चौतर्फी राजनीतिक दबाब त छँदै छ, आफैं पनि राजनीतिक जनाधार नभएकाले पनि उहाँ गल्नुभएको हुन सक्छ । लोकरिझ्याइँका कार्यक्रम ल्याउन प्रधानमन्त्रीकै पनि दबाब उहाँमाथि रहेको बुझिन्छ ।

अहिले झन् अनावश्यक खर्च कटौती गर्नुपर्ने, मितव्ययिता अपनाउनुपर्ने बेलामा हामी उल्टो दिशातर्फ पो जान्छौं कि ? यो हामीले

मात्र भनेको होइन, सार्वजनिक खर्च प्रणाली पुनरवलोकन आयोगको प्रतिवेदनमा पनि जोडतोडसाथ उठाइएको छ । प्रतिवेदनलाई बजेटअघि सार्वजनिक नगर्नुको कारण पनि सुधारका लागि दबाब आउँछ भनेर नै हुन सक्छ । यसकारण सुधारभन्दा पनि गत वर्ष जेजे कुरामा उहाँको आलोचना भएको थियो, त्यसमै बजेट विनियोजन गरेर लोकरिझ्याइँ गर्ने बजेट आउने चिन्ता छ । सरकारले पुँजीगत खर्च गर्न नसक्ने, निजी क्षेत्रको लगानी पनि नबढ्ने अवस्था रह्यो । विश्व बैङ्ककै डुइङ बिजनेससम्बन्धी प्रतिवेदनलाई लिएर पहिला उहाँहरू रिसाउनुभयो; विश्व बैङ्कलाई नै चुनौती दिनुभयो । अहिले विश्व बैङ्कबाट टिम नै बोलाएर शान्त तवरले केके कुराले सापेक्षिक वरीयतामा सुधार हुन्छ भनेर गृहकार्य गरिराख्नुभएको छ । तर सापेक्षिक वरीयतामा त हामीले सुधार गरेर मात्र पुग्दैन, अरू मुलुकसँग प्रतिस्पर्धी हुने गरी सुधार गर्न सक्नुपर्छ । त्यसकारण निरपेक्ष ढङ्गले सुधार मापन गर्ने सूचकमा सुधार भए पनि सापेक्षिक वरीयतामा हामीले ठूलो सुधार अपेक्षा गर्ने ठाउँ देखिँदैन ।

सङ्घीय प्रणाली अवलम्बन गरेसँगै हाम्रो चालु खर्च त अझै बढ्यो । राजस्व अहिलेकै रफ्तारमा बढाउन पनि ठूलो लगानी चाहियो । तर त्यो अवस्था देखिँदैन । त्यसमाथि अरू लोकरिझ्याइँका कार्यक्रम रोक्न अर्थमन्त्रीले पनि दबाब नथेग्ने हो भने यसले अर्थतन्त्रको स्थायित्व खलबल्याउने भयो नि ?

हो, यहाँ समस्या देखिन्छ । हामीले केही उदाहरण हेरौं । द्वन्द्वका बेला हिजो ४० हजारको सेना एक लाख पुऱ्याइयो, सशस्त्र प्रहरी बल भनेर अर्को छुट्टै अर्धसैन्य बल सिर्जना गरिएको छ । कुनै पनि खारेज गर्ने वा घटाउनेतर्फ हामी गएनौं । बजेटको क्षेत्रगत विनियोजन हेर्ने हो भने ऊर्जा, कृषि र पर्यटनमा झन्डै पाँच खर्ब रूपैयाँ खर्च हुन्छ । शिक्षामा १.३ खर्ब, स्वास्थ्यमा ६४ अर्ब तर सार्वजनिक प्रशासनमा चार खर्ब रूपैयाँ खर्च गरिएको छ । सुरक्षामा ९३ अर्ब रूपैयाँ खर्च गरिएको छ । सामाजिक सुरक्षामा ४७ अर्ब रूपैयाँ खर्च गरिएको छ ।

स्वास्थ्यमा भन्दा बढी त सुरक्षामा खर्च भएको छ । सुरक्षाका लागि वार्षिक एक खर्ब र सामाजिक सुरक्षामा झन्डै आधा खर्ब रूपैयाँ खर्च भइरहेको छ । द्वन्द्व सकिएको १० वर्ष बितिसक्दा पनि शान्ति लाभांश त हामीले लिएकै छैनौं । बरू झनै अनावश्यक खर्च बढाउनेतिर गइरहेका छौं ।

अर्कोतर्फ स्थायित्व र स्थिरताको लाभांश पनि नपाउने दिशामा गयौं । दुईतिहाइको यति बलियो सरकार भए पनि अतालिएर लोकरिझ्याइँमा खर्च गर्न लागिरहेको छ । यो सरकारले पनि पुरानै सरकारको चरित्र बोक्ने हो भने स्थिर सरकारबाट जनताले दिगो आर्थिक वृद्धिको मार्गमा अघि बढ्ने जुन अपेक्षा गरेका थिए, त्यसमा तुषारापात हुन्छ । अहिले पनि खर्च गर्ने प्रवृत्ति र संरचनामा कुनै परिवर्तन आएको छैन । आर्थिक वर्ष सकिन डेढ महिना बाँकी छ, अहिलेसम्म ४२ प्रतिशत पुँजीगत खर्च भएको छ । खर्च गर्ने प्रवृत्ति कस्तो रह्यो भने, नेताले बजेट विनियोजन गर्ने, कर्मचारीले बोलपत्र आह्वान गर्ने र ठेकेदारले विकास गर्ने । नेताले विनियोजन त गरेको छ । तर कर्मचारीतन्त्र र ठेकेदारमा कुनै टसमस देखिएन । सरकारले कर्मचारीतन्त्रको विश्वास जित्न सकेको देखिएन । ठेक्कापट्टा त आम राजनीतिक विकृतिसँगै गाँसिएको छ । तिनै ठेकेदारले नेतालाई चुनाव लड्न पैसा दिन्छन्, चुनाव खर्चिलो हुँदै गएको छ । राजनीतिक नेतृत्व, कर्मचारीतन्त्र र निजी ठेक्का आपसमा जेलिएका छन् ।

दुईतिहाइको सरकार भनेको त कानुनी अवरोधमा प्रहार गर्न सक्ने हुनुपर्ने हो । संविधानले बाध्यकारी बनाएकाबाहेक अन्य कानुनी अजेन्डामा सरकारले सार्थक हस्तक्षेप गर्न सकेको देखिँदैन । प्रक्रिया नपुर्‍याउँदा कतिपय अवस्थामा मन्त्रालयहरूबीचको द्वन्द्व मन्त्रिपरिषद् बैठकमै छताछुल्ल भएका उदाहरण छन् । लगानीसम्बन्धी अन्य कानुनमा पर्याप्त छलफल र परामर्श भएन । ऐन पारित गर्ने तर छ महिना-एक वर्षमै संशोधन गर्दा सरकारको विश्वसनीयता खस्कन जान्छ । एक त सरकार खुला छैन, अन्तर्मुखी, सङ्कीर्ण र एकलकाँटे चरित्र प्रदर्शन गरेर उसले खुला छलफल अनि परामर्श प्रचलन हटाएको छ ।

सरकारले अर्थतन्त्र विस्तारका कुरा गरे पनि सरकारसहित अर्थतन्त्रका सबै 'एक्टर' शिथिल देखिन्छन् । निजी क्षेत्रमा पनि उत्साह मरेको छ, किन ?

सुरूमै सरकारले अनुदार चरित्र प्रदर्शन गर्‍यो । अर्थमन्त्रीले नै सबै सचेत भए हुन्छ, अब कडाइ गर्ने हो, नियन्त्रण गर्ने हो भन्ने शैलीका अभिव्यक्ति दिनुभयो । गृहमन्त्रीले ठेकेदारदेखि यातायात व्यवसायीसम्मलाई अब ठटाउने हो, थुन्ने हो भन्न थाल्नुभयो । अर्थमन्त्रीले एकपक्षीय र असन्तुलित किसिमले श्वेतपत्रमार्फत अर्थतन्त्रलाई जसरी चित्रण गर्नुभयो, त्यसले पनि नकारात्मक सन्देश बाहिर गयो । क्रमिक रूपले गर्नुपर्ने सुधारका काम जस्तो, भन्सारमा कडाइ गर्ने, बैङ्कमा खातापाता माग्ने, कर विवरण खोज्ने जस्ता काम एकै पटक भए । यसले व्यवसाय गर्नेहरूमा मनोवैज्ञानिक त्रास उत्पन्न गरेको हो । त्यसको असर अहिले देखिएको छ । नौ खर्ब ४५ अर्ब रूपैयाँको राजस्व लक्ष्य प्राप्ति नहुने भएकाले बजेटको मध्यावधि समीक्षाबाट नौ खर्ब १७ अर्बमा झारिएको छ । १३ खर्ब १५ अर्ब रूपैयाँको बजेट घटाएर ११ खर्ब ९९ अर्बमा झारिएको छ ।

सरकारले सोचे जस्तो कार्यसम्पादन गर्न नसक्नु विपक्षी राजनीतिक दलका लागि राम्रो समाचार होला । तर आम जनता र देशका लागि यो पटक्कै राम्रो होइन । देशले त क्षति व्यहोर्नुपर्ने भयो । अहिलेको पेचिलो प्रश्न भनेको अर्थतन्त्रको संरचनागत परिवर्तनको सवाल हो । यथार्थ के हो भने, एउटा या दुई ओटा बजेटले कायापलट गर्ने होइन । ६०-६५ वर्षदेखि एक किसिमले बन्दै आएको, अर्थतन्त्रको जकडिएको संरचना परिवर्तन गर्न सजिलो छैन । मैले केही दिनअघि अर्थमन्त्रीलाई सुधारको सुरूवात गर्न सुझाएको थिएँ । कृषिको मूल्य अभिवृद्धि बढाउनुपर्छ, यसको योगदान अहिले २७ प्रतिशतमा सीमित छ, उत्पादनमूलक उद्योगको योगदान ५.५ प्रतिशतमा खुम्चिएको छ, सेवा क्षेत्र विप्रेषणको बलमा एकोहोरो विस्तार भइरहेको छ । बाह्य क्षेत्रको स्थायित्व राम्रो हुँदा यसबाट हामीले हासिल गर्ने भनेको

छदेखि आठ प्रतिशतको आर्थिक वृद्धि हो । त्यो आर्थिक वृद्धिदर पनि मौसमअनुकूल भएर कृषि उपज बढ्ने, विद्युत् नियमित आपूर्ति र विप्रेषण आप्रवाह राम्रो हुने हो भने प्राप्त हुने हो । त्यसकारण अर्थतन्त्रको नयाँ आधार, आयाम खोतल्नेतर्फ जानुपर्‍यो । त्यसका लागि पहिलो डिजिटलाइजेनमा जानुपर्‍यो । एउटा अनौपचारिक अनुमानअनुसार, अहिले करिब ३० हजार नेपाली युवा वेबसाइट, एप्लिकेसन्स बनाउने, क्लाउड टेक्नोलोजीहरूसँग इन्टरफेस गर्ने र सफ्ट-ट्यान्जिबल प्रडक्ट निर्यात गर्ने क्षमता राख्छन् । उनीहरूले गर्ने उत्पादन र निर्यात कतै जोडिएको छैन । तर हामीले केही इनोभेटिभ व्यवसाय गर्न खोज्नेलाई ठाउँ दिने, पेमेन्ट गेटवेहरूलाई पारदर्शी बनाउनेतर्फ जानुपर्छ ।

लगानीमैत्री वातावरणबारे तपाईंको मूल्याङ्कन कस्तो छ ?

बाह्य लगानीतर्फ पुरानै कानुन आधा शताब्दीदेखि संशोधन भएको छैन । नियन्त्रण गर्ने, रोक्नेभन्दा पनि नवप्रवर्तनलाई ठाउँ दिँदै अर्थतन्त्रलाई विविधीकरण गर्नुपर्छ । यी काम गर्न 'स्ट्रोक अफ द पेन रिफर्म' अर्थात् कलम धस्काएको भरमा हुने सुधार हुन् । यस्ता विषय बजेटमा आउनुपर्‍यो । अर्कोतर्फ, पर्यटन क्षेत्रको गुणात्मक विकासलाई ध्यान दिनुपर्छ । सन् २०१८ मा झन्डै १२ लाख पर्यटक आए । तर प्रतिव्यक्ति प्रतिदिन खर्च सात वर्षयताकै न्यून ४४ डलरमा झरेको छ । पर्यटनमा क्यारेबियन, थाइल्यान्ड, श्रीलङ्का, कम्बोडिया, माल्दिभ्सले गरेको जस्तो गुणात्मक फट्को मार्नुपर्छ । हामी ज्यादै सुस्त गतिमा अघि बढ्यौं । विश्वव्यापी अनुभवबाट सिकेर द्रुत गतिमा अघि बढ्नुपर्छ । त्यस्तै स्वच्छ ऊर्जा खपततर्फ पनि ध्यान दिनुपर्छ ।

राष्ट्रिय योजना आयोगमा हुँदा मैले नेपाल सरकारको आफ्नै पैसाले पहिलो पटक विद्युतीय सवारी खरिदको सुरूवात गराएको थिएँ । विद्युतीय सवारीलाई 'इन्सेन्टिभ' दिएर पनि आम रूपमा प्रयोग गराउनुपर्छ । उत्पादनमूलक उद्योगमा तयारी पोसाकतर्फ टेक्सटाइलदेखि तयारी पोसाकसम्म एकीकृत शृङ्खला हुने हो भने प्रतिस्पर्धी रूपमा निर्यात बढाउन सकिन्छ भनेर पवन गोल्यानलगायत उद्योगीले

भनिरहेका छन् । युरोप, अमेरिका होइन, हाम्रै छिमेकी बङ्गलादेशको तयारी पोसाक उद्योग ५० अर्ब अमेरिकी डलरको भइसक्यो । साथै कृषिमा पनि उत्पादकत्व वृद्धि गर्नुपर्‍यो । उत्पादकत्व वृद्धि गरेर मात्र भएन, किसानले मूल्य पाउने अवस्था सिर्जना गर्नुपर्‍यो । पाँच वर्षभित्र उत्पादकत्व दोब्बर गर्न अहिलेको १४ लाख हेक्टरबाट १८ लाख हेक्टर १२ महिना नै सिँचाइ गर्न सकिने हुनुपर्‍यो । अहिलेसम्म कुनै पनि ठूला सिँचाइ आयोजना सम्पन्न गर्न सकिएको छैन ।

भूपरिवेष्ठित हुनाले नै यस्ता समस्या देखापरेका हुन् कि ?

यसलाई हामीले अर्को पक्षबाट पनि हेर्न सक्छौं । अर्को महत्त्वपूर्ण पक्ष भनेको दूरी न्यूनीकरण हो । भूपरिवेष्ठित राष्ट्र भएकाले हामीले पानीजहाज र रेलभन्दा पनि विश्वसनीय र सस्तो हवाई यातायातमा जोड दिने हो कि ? उदाहरणका लागि, भूपरिवेष्ठित राष्ट्र इथियोपिया एक सयभन्दा बढी अत्याधुनिक हवाईजहाज उडाएर अफ्रिकी महादेशकै दोस्रो ठूलो हवाई कम्पनी बन्न सफल भएको छ । हवाई उद्योगमा सफल भएपछि त्यसले अरू उद्योग पनि जन्मायो । त्यसमध्येको उल्लेख्य विकास भएको कटफ्लावरको व्यवसाय हो । कम विकसित देश भएकाले सुविधा पनि पायो । तर त्योभन्दा पनि एयरलाइन्स आफैँसँग भएको र युरोपसँग भौगोलिक निकटताले उसले आज टिपेको फूल शीतभण्डारमा राखेर भोलिपल्ट बोलकबोल लिलामी हुने नेदरल्यान्डको रटरड्याममा उतार्न सक्ने भयो । कार्गो प्लेन एकतर्फी नहोस् भनेर युरोपको कुरियर सेवा लिएर त्यसलाई हङकङ पुर्‍याउँदै आएको छ ।

एउटा क्षेत्र गतिशील हुँदा नयाँनयाँ उद्योग जन्मिन्छन् नै । हाम्रोमा त्यो खालको फराकिलो सोच राखेर, अलि उदार भएर, ठूलो छाती बनाएर सबैका कुरा सुनेर अगाडि बढ्नुपर्ने संस्कार, स्वभाव र क्षमतामा अलिक कमीकमजोरी भइरहे जस्तो लाग्छ । यसमा कोही व्यक्तिविशेषको बदनियतभन्दा पनि प्रणालीले साथ दिएन । अर्कोतर्फ, जसले सरकार हाँकिरहेको छ, त्यो टिम पनि साह्रै सङ्कीर्ण भयो । तीनचार जना

मन्त्री, तीनचार जना सचिव र एकदुई जना सल्लाहकारको टिमले सरकार चलाइरहेको यथार्थ सबैलाई थाहा छ । सङ्घर्षरत अर्थव्यवस्था र यति जटिल समाजमा अघि बढ्न यस्तो सङ्कीर्ण टिमबाट कठिन हुने देखिन्छ ।

सरकारले लक्ष्य निर्धारण त गरेको छ । तर गन्तव्यसम्म जाने बाटोमा ठूलै अलमल देखिन्छ नि ?

सरकारसँग सोच नभएको होइन । लक्ष्य पनि तय छन् । ती कति यथार्थपरक छन् भन्ने र प्राथमिकताको अनुक्रमबारे प्रश्न गर्न सकिएला । प्रधानमन्त्रीमा पनि केही गरौं भन्ने हुटहुटी छ । तर प्रणालीले साथ दिएन । सुरूमा प्रधानमन्त्रीलाई पनि आफूले बोलेपछि भइहाल्छ भन्ने लाग्यो । भटाभट बोल्नुभयो । तर काम खोइ ? नतिजा खोइ ? अहिले आफैं अलमलमा । सुरूका छ महिना जति ऐन, नियम, कानुन त उहाँले बोलेका कुरा हुन् जस्तो व्यवहार प्रदर्शन गर्नुभयो । तर गभर्नेन्स त कठिन परिश्रम गर्नुपर्ने काम हो । टिभी-क्यामेरा अघि राखेर निर्देशन दिँदैमा काम हुने त होइन । यस्ता विषयमा सरकार सञ्चालन गर्नेले ध्यान पुऱ्याउन आवश्यक हुन्छ । कुनै पनि कामलाई सहजीकरण गर्ने र त्यसमा कमीकमजोरी गरे, हेलचेक्र्याइँ देखाए कारबाही गर्न सरकार कठोर बन्नुपर्छ । पुराना कामलाई निरन्तरता दिने जस लिन उन्मुख हुने होइन, नयाँ कामको थालनी र अडिएका परियोजना सम्पन्न गर्न लाग्नुपर्छ ।

हो, विगतका सरकारले सुरू गरेका केही ठूला आयोजना अब सम्पन्न हुने क्रममा छन् । अब हामीले अर्को २५ वर्षमा लगातार दोहोरो अङ्कको आर्थिक वृद्धिदर हासिल गर्ने योजना कार्यान्वयनमा ल्याउने हो भने त्यही खालका ठूला पूर्वाधार आयोजना अहिलेदेखि नै अघि बढाउँदै जानुपऱ्यो नि ?

यो असाध्यै महत्त्वपूर्ण विषय हो । यो सरकार पुरानै विरासतमा रमाइरहेको छ । यो सरकार आएपछि सुरू गरेका परियोजनाको

नतिजा अहिले खोज्ने कुरा भएन । तर ठूला फ्ल्यागसिप आयोजना केही पनि सुरू भएनन् । सरकारका सिग्नेचर परियोजना के हुन् त ? मेलम्ची, माथिल्लो तामाकोसी, गौतम बुद्ध विमानस्थल, भेरी-बबई बहुउद्देश्यीय आयोजना, रानीजमरा कुलरिया, सिक्टा सिँचाइ आयोजना, मध्यपहाडी लोकमार्ग, हुलाकी राजमार्गलगायत सबै पुरानै सरकारले सुरू गरेका आयोजना हुन् । निर्माणाधीन यी सबै परियोजना सम्पन्न गरेर जस लिने यो सरकारलाई एउटा अनुकूलता छ । तर त्यसमा पनि ढङ्ग नपुगेको हो कि जस्तो देखिन्छ । मुखमै आइसकेको मेलम्चीलाई रोकिएको यत्रो समय बित्दा पनि निकास दिन सकेको छैन । रकम विनियोजन भएर पनि ठूला आयोजनामा खर्च हुन सकेको छैन ।

चालु आर्थिक वर्षको छ महिनामा काठमाडौं-तराई फास्ट ट्र्याकमा विनियोजित रकमको १० प्रतिशत पनि खर्च भएको छैन । प्राथमिकताका आयोजनामा समेत यो कामगराइले आयोजना कसरी सम्पन्न गर्ने भन्ने समस्या छ । अब सरकारले अरू ३०-४० ओटा रूपान्तरणकारी आयोजना के हुन् भनेर घोषणा गर्नुपर्‍यो । ती आयोजनाको पूर्वतयारी छिटो सम्पन्न गरी निर्माण कार्य अघि बढाउनुपर्‍यो । काम गर्ने शैलीमा आमूल सुधार गर्नुपर्ने त छँदै छ, परियोजना कार्यान्वयनमा रहेका सबै समस्या पनि यही दुईतिहाइको सरकारले फुकाउनुपर्‍यो । ठूला आयोजनाका लागि छुट्टै पद्धति र ऐन ल्याएर काम गर्नुपर्छ भन्ने मान्यतामा हामीले छुट्टै ऐन निर्माण गरेर अघि बढ्ने प्रक्रिया सुरू गरेका थियौं । अहिलेको सरकारले त्यसलाई ग्रहण गरे जस्तो त देखियो । तर सबै ठूला परियोजना प्रधानमन्त्री कार्यालयमा लगेर केन्द्रीकृत गर्ने हिसाबले ऐन मस्यौदा गरेर संसद्मा पठाइएको छ । यो चाहिँ पारदर्शिता, एकअर्कोले गरेको कामको जाँच, निगरानी गर्न पाउने लोकतान्त्रिक विधिबाट च्युत भएर प्रभुत्ववादी शैलीले कानुन ल्याउन खोजिएको छ । यो गलत छ । शक्ति केन्द्रीकृत गरेर काम हुने होइन, टिमलाई विश्वास गरेर काम अघि बढाउन सक्नुपर्छ । र त्यसमा निगरानी त्यो स्थानबाट हुनुपर्छ ।

भूराजनीति

भारत र चीनका बीचमा नेपालको भूराजनीतिक अवस्थितिले विकासमा कस्तो प्रभाव पार्ला ?

यो त हाम्रा लागि ठूलो अवसर हो । आफ्नो सीमा जोगाउने चुनौतीको पुरानो जमानाबाट आधुनिक राज्य प्रणालीमा हामी धेरै अगाडि आइसक्यौं । सार्वभौमिकतामाथिको प्रत्यक्ष जोखिम अहिले छैन । अब हामीले अघि बढाउने भनेको आर्थिक मुद्दा हो । सन् १९८० को दशकमा ली क्वान यू स्कुल अफ पब्लिक पोलिसीका डिन ड्यानिक्वाह, जो एक विख्यात अर्थशास्त्री पनि हुन्, उनले सेन्टर अफ इकोनमिक ग्र्याभिटीको हिसाब गर्छन् । सेन्टर अफ इकोनमिक ग्र्याभिटी-१९८० को दशकमा एटलान्टिकको बीचमा थियो । किनकि त्यति बेलाका ठूला आर्थिक शक्ति युरोप र अमेरिका थिए । त्यो सर्दै सन् २०१० तिर पूर्वी युरोप हुँदै एसियातिर जाँदै छ । सन् २०५० तिर त्यो काल्पनिक बिन्दु नेपालतिर आएर बस्छ । अर्थात्, नेपालबाट पाँच घण्टाको उडान समयमा विश्वको आधा भागलाई सेवा दिन सक्छौं । बेइजिङ, दक्षिण कोरिया, मस्को, जकार्ता र बाली, हङकङसम्मको पाँचघण्टे उडान यात्रा हाम्रो पर्यटन र लगानी व्यापारका लागि ठूलो अवसर हो । नेपालको भूपरिवेष्ठित र पहाडी बनोटले हाम्रो समस्या भनेको पूर्वाधारको अभाव नै हो । पूर्वाधारमा निकट छिमेकी चीन र भारतले आक्रामक लगानी गरिरहेका छन् । चीनको बिआरआई, भारतको भारत मालालगायत पूर्वाधार विकासको अवधारणाले हामीलाई विश्वका ठूला बजारसँग दूरी घटाउने अवसर आएको छ । कम विकसित देश बजारसँग टाढाको दूरीका कारण पनि लाभ लिन सक्दैनन् भन्ने मान्यतालाई यसले चिर्छ । चीनतिर घनत्व भएका सहर नेपालबाट अलिक टाढा छन् ।

उदाहरणका लागि काठमाडौंबाट तीन घण्टा दक्षिण उडान गर्ने हो भने एक अर्ब जनसङ्ख्या बसोबास गर्ने भूभाग पार हुन्छ ।

तर उत्तरतिर तीन घण्टाको दूरीमा मुस्किलले एक करोड जनसङ्ख्या बसोबास गर्ने भूभाग पार हुन्छ । आर्थिक भूगोलको कुरा गर्दा दूरी, जनघनत्व र मुद्रा, भाषा, संस्कार र संस्कृतिको अलगपनलाई कम गर्नुपर्छ । हामीले धनी चिनियाँ र भारतीयलाई नेपालमा पर्यटक बनाएर ल्याउने, उनीहरूसँगको सहुलियत ऋण लिएर पूर्वाधार विकासमा लगाउने गर्न सक्छौं । अहिले पनि हामी त्यो कूटनीतिमा गएका छैनौं । अब भाइचारा कूटनीतिले मात्र हुँदैन ।

कूटनीतिमा पनि नयाँ प्रस्थान र प्रयोग आवश्यक छ भन्ने हो ?

हो, कूटनीतिमा पनि आर्थिक लक्ष्यलाई सहायक हुने गरी कम गर्नुपर्छ । अहिले झैं रटान कूटनीतिले मुलुकलाई छिमेक या विश्वशक्तिको आँखाबाट बाहिर निकाल्न सहज छैन । हामीलाई धेरै अवसर छ । त्यसलाई ग्रहण गर्ने या नगर्ने विषय यस्तै नयाँ डिपार्चरबाट हुने हो । त्यसका लागि नेतृत्व तयार हुनुपर्छ । म त अहिले पनि भनिरहेको छु– हामीले गरेका विषयभन्दा पनि हवाई कनेक्टिभिटी बढाउने र सहकार्यको बाटो खोज्नेतर्फ कूटनीतिक सेवामा काम गर्नेहरूले पनि सोच्नुपर्छ ।

हामीले रेल र पानीजहाजको कुरा गरिरहेका छौं । तर अहिले एकाएक सघन हवाई सम्पर्कका विषयमा बहस गर्दा सरकारले अघि बढाएको पानीजहाज र रेलको मुद्दा ओझेलमा पर्ने त होइन ?

रेल र पानीजहाज पनि हामीलाई नचाहिने त होइनन् । अहिलेको रेल र पानीजहाजको बहसले तत्कालका प्राथमिकतालाई ओझेलमा पारेको र विचलित गराएको छ । रेल र पानीजहाज पनि कुन मोडालिटीमा बन्ने हुन् ? भारत र चीनलाई पनि यी पूर्वाधार चाहिएकाले नेपाल अघि सरेर बनाइदिए हुन्थ्यो भन्ने नै छ । नेपाल गरिब देशका अरू प्राथमिकता पनि छन् । त्यसकारण अर्बौं डलर ऋण बोकेर त्यी आयोजनालाई हामीले प्राथमिकतामा राख्ने विषय भएन । यसरी रेल र पानीजहाजका मुद्दा सतहमा ल्याएर सरकारलाई पनि घाटा भएको छ ।

प्राथमिकतामा छलफल नगर्ने तर अर्को १० वर्षपछि सुरू हुने परियोजनामा बढी ऊर्जा खर्च गर्नु सरकारकै लागि पनि घाटा हो ।

यस्ता परियोजनालाई पनि सँगै अघि बढाएर सम्पर्क सञ्जालको विस्तार गर्नु हाम्रो हितमा हुन्छ । तर तत्काल विकासका लागि सरकारले कतिपय विषयमा जोड दिन आवश्यक छ ।

इन्डो-प्यासिफिक र बिआरआई दुवैलाई हाम्रो अर्थतन्त्रका प्राथमिकतासँग जोडेर विश्लेषण गर्ने गरिएको छ । यसमा स्पष्टता आवश्यक होइन र ?

यी दुवै ठूला शक्तिको उदय र अवसानका विषय हुन् । यो ठूलो खेलका हामी त नगण्य पात्र हौं । यो खेलको मञ्चन शीतयुद्धमा भयो । अमेरिका मौजुदा शक्ति राष्ट्र र चीन उदीयमान शक्ति राष्ट्र, यिनीहरूको सापेक्षिक अवनति र उदय भइरहेको इतिहासको एउटा मोडमा हामी आइपुगेका छौं । पूर्वअवनति र उदयका लागि अझै कैयौं वर्ष लाग्ला । तर यसका कम्पन सुरू भएका छन् । यसबाट नेपाल अछुतो हुने भन्ने भएन । नेपालको हित हेरेर परराष्ट्र नीति सञ्चालन हुनुपर्छ ।

चीन र भारतलाई त चिढ्याउने कुरै भएन । तर अमेरिकाको निश्चित मूल्यमान्यताप्रति हाम्रो ठूलो लगानी छ । प्रजातन्त्र, स्वतन्त्रता, उदारवाद जस्ता मूल्यमान्यताले नै अन्तर्राष्ट्रिय क्रम (व्यवस्था)लाई पनि अड्याएका छन् । अमेरिकीसँगको हाम्रो सम्बन्ध पनि त्यत्तिकै प्रगाढ हुनुपर्छ । तर हामी दैनन्दिनको गतिविधिमा संलग्न हुन जरूरी छैन । हामीले विश्व कता गइरहेको छ र छिमेकले कस्तो प्रगति गरेको छ, त्यसमा विशेष ध्यान दिन आवश्यक छ । परम्परागत कूटनीति होइन, हामीले दीर्घकाललाई हेरेर समयानुकूल कूटनीति सञ्चालन गर्न सक्नुपर्छ । त्यसका लागि कत्तिको जनशक्ति तयार गर्‍यौं, यो पनि अर्को पाटो छ । कर्मचारीहरू सधैं सत्तारूढ दलप्रति नै बढी बफादार हुने हुनाले यसमा सरकार सचेत भएरै काम गर्न सक्नुपर्छ ।

अन्नपूर्ण पोस्ट, १२ जेठ, २०७६

नवउदारवाद पनि कम्युनिस्ट जस्तै जड हो

२०४६ को परिवर्तनयता नेपालले अवलम्बन गरेको नवउदारवादी अर्थनीतिका कारण मुलुक आर्थिक रूपमा झन् अन्योलमा गएको भन्ने आरोप लाग्छ, कौडीको भाउमा सार्वजनिक संस्थान बेचेको आरोपबाट काङ्ग्रेस मुक्त हुन सकेको छैन । तपाईंलाई के लाग्छ ?

आफूलाई २०४८ सालको निर्वाचित सरकारमा अर्थ मन्त्रालय सम्हालेका महेश आचार्यको ठाउँमा बसेर हेर्नुहोस् । सन् १९९१ को मे महिनामा चुनाव भयो र दुई महिनापछि बजेट ल्याउनुपर्‍यो । त्यति बेलाको विश्वव्यापी लहर के थियो भन्ने ध्यान दिनुपर्छ । सोभियत सङ्घको पतनसँगै पूर्वी युरोपका समाजवादी सत्ता धमाधम विघटन भएका थिए, राज्यले नै सबै काम गर्ने हो भन्ने दर्शनमाथि प्रश्नचिह्न खडा भइसकेको थियो । सोभियत सङ्घले सहयोग गरेका भियतनाम, क्युबाले समेत आफूलाई परिमार्जन गरे । सात ओटा कम्युनिस्ट मुलुकमा काम गरेको मेरो आफ्नै अनुभव छ । मेरी श्रीमतीका हजुरबुबा होची-मिन्हका साथी मात्र होइनन्, उनकै नेतृत्वको भियतनामको तत्कालीन सरकारमा शिक्षामन्त्री भएका कारण पनि थप बुझ्ने अवसर पाएँ । मार्क्स र लेनिनले जेसुकै भने पनि कम्युनिस्टहरूको अभ्यास अलिक भिन्न थियो । उनीहरू भित्रबाट खोक्रिइसकेका थिए । गोर्बाचोभले 'ग्लासनोस्त' र 'पेरेस्त्रोइका' त्यसै ल्याएका होइनन् । त्यसैले हामीले यस विषयमा छलफल गर्दा अर्थनीति र सुशासनको

पाटोलाई टुक्र्याएर हेर्नुपर्छ । विश्वव्यापी रूपमा राज्यनियन्त्रित विकासको अवधारणा रूपान्तरित हुँदै थियो । त्यति बेला नेपालको बजेट २६ अर्ब चार करोड रूपैयाँको थियो, जसमा १३ अर्ब राजस्व सङ्कलन हुने प्रक्षेपण थियो, साढे आठ अर्ब विदेशी अनुदान र ऋण । साधारण खर्च १० अर्ब, १० अर्बमध्ये वैदेशिक ऋण तिर्नका लागि चार अर्ब । पञ्चायतले 'विकासको मूल फुटाउने' नाममा धेरै ऋण लिइदिएको थियो ।

ध्यान दिनुपर्ने कुरा के छ भने २०३१/३२ सालतिरको अर्थतन्त्रको आकारको अनुपातमा नेपालको ऋण जिडिपीको जम्मा दुई प्रतिशत थियो । तर पञ्चायत ढल्दा त्यो ४३ प्रतिशत पुगिसकेको थियो । देशभर चलिरहेका ६४ ओटा सार्वजनिक संस्थानको घाटा ८०-९० करोड थियो । अर्थतन्त्रको यस्तो जगमा ३० वर्षे पञ्चायती शासन ढालेर काङ्ग्रेसको नेतृत्वमा सरकार बनेको थियो । नागरिकका अपेक्षा चुलिएका थिए, गाउँगाउँमा विद्यालय, हेल्थपोस्ट, बाटो चाहिएको थियो । त्यसलाई दृष्टिगत गर्दै केही कठोर निर्णय गर्नैपर्थ्यो, गरिएकै हो ।

निजीकरण गरिएका एकएक सार्वजनिक संस्थान हेर्दा सुरूका तीन ओटा बाँसबारी छालाजुत्ता, भृकुटी कागज कारखाना र हरिसिद्धि इँटा टायल कारखानाको निजीकरणमा कमजोरी नभएका होइनन् । तिनमा जग्गासमेत बेचियो । तर अरू निजीकरणमा त्यसबाट पाठ सिकेको देखिन्छ । त्यसपछि जग्गासहितको निजीकरण गरिएन । निजीकरण विवादमा नपरोस् भनेरै २०५१ मा निजीकरण ऐन र निजीकरणका लागि समिति बनाइएको थियो । निजीकरणको सवालमा अर्को महत्त्वपूर्ण पाटो घाटामा जाँदै गरेका उद्योगलाई निजीकरण गरिनुपर्छ भनेर सन् १९८५ मा पञ्चायतकालमै छलफल भएको थियो ।

भन्नुको अर्थ हामीले यो परिवेशलाई बुझ्यौं भने त्यति बेला लिइएको नीतिगत दिशा ठीक थियो । अभ्यासमा हामी कतै चुक्यौं । तर चुक्नु आश्चर्यजनक होइन । आज यही विषयमा निर्णय गर्नुपर्‍यो भने यसबीचका संसारभरिका अनुभव, हाम्रै आफ्नै अनुभवबाट धेरै सिकेर

निर्णय गरिन्छ । त्यति बेला महेश आचार्य र डा. रामशरण महतलाई त्यो सुविधा थिएन । तैपनि चुकेका कुरामा गल्ती स्विकार्नुपर्छ । २०५१ सालमा मध्यावधि चुनावपछि सुशासनमा हामी असफल हुँदै गयौं । नीतिगत दिशा ठीक हुँदाहुँदै त्यसलाई नियन्त्रण गर्ने कर्ताहरूका कारण व्यवस्था बदनाम हुँदै गयो । त्यसको वैधतामाथि प्रश्न उठ्न थाल्यो । हामीकहाँ कहिल्यै पनि अर्थनीतिमा मिहीन ढङ्गले बहस गर्ने परिपाटी बसेन । २०४८ पछि जहिले पनि राजनीति नै हाबी भइरह्यो ।

हामी जेजति पछि परेका छौं, त्यसको कारण राजनीति नै हो भन्ने बुझाइ छ । त्यो स्वाभाविक पनि किन हो भने राजनीतिलाई नीतिहरूको पनि नीति भनिन्छ । राजनीति र अर्थनीतिमा कुन प्रधान हो ?

कुनै सन्देह गर्नैपर्दैन, राजनीति नै प्रधान हो । राजनीति मूल नीति हो भने अर्थनीति त्यसको सबैभन्दा महत्त्वपूर्ण खम्बा । राजनीति सफल हुन अर्थनीति सफल हुनैपर्छ । तपाईंले अर्थनीतिको गलत ढङ्गले अभ्यास गर्नुभयो भने राजनीति डाँवाडोल हुन थाल्छ । दक्षिण अमेरिकामा अर्थनीति ठीक नहुँदा राजनीतिक गल्ती भए । मुद्रास्फीति मात्रै नियन्त्रणबाहिर भयो भने आज २० रूपैयाँमा किनेको पाउरोटी भोलि दुई सय र पर्सि चार सयमा किन्नुपर्ने हुन्छ ।

तर राजनीति र अर्थनीतिलाई पहिले छुट्याउने चलन थिएन । एडम स्मिथ, जो आधुनिक अर्थशास्त्रका जनक मानिन्छन्, अर्थशास्त्र अथवा राजनीतिशास्त्रका प्राध्यापक होइनन् । उनी नैतिक दर्शनका प्राध्यापक थिए । उनैले महत्त्वपूर्ण पुस्तक *द वेल्थ अफ नेसन* लेखे । त्यसपछि उन्नाइसौं शताब्दीमा दुइटा पुस्तक खुब रूचाइए– कार्लमार्क्सको *क्यापिटल* र डेभिड रिकार्डोको *द प्रिन्सिपल्स अफ पोलिटिकल इकोनमी एन्ड ट्याक्सेसन*। स्मिथ, मार्क्स र रिकार्डो तीनै जनाको पुस्तकमा अर्थशास्त्र होइन कि राजनीतिक अर्थशास्त्र छ ।

अर्थशास्त्र भन्ने विषय बेलायतको क्याम्ब्रिज विश्वविद्यालयका प्रोफेसर अल्फ्रेड मार्सलले सुरू गराएका हुन् । जब कि उनलाई सन् १८८५ मा 'प्रोफेसर अफ पोलिटिकल इकोनमी' भनेर नियुक्त गरिएको थियो । अर्थनीति र राजनीतिलाई टुक्र्याएर हेर्नुपर्ने बताउने उनै थिए । सन् १८९० मा *प्रिन्सिपल्स अफ इकोनमिक्स* भन्ने पुस्तक लेखियो, सन् १९०३ बाट बल्ल क्याम्ब्रिज विश्वविद्यालयमा अर्थशास्त्रको छुट्टै पढाइ हुन थाल्यो ।

भन्नुको तात्पर्य अर्थशास्त्र र राजनीतिलाई टुक्र्याएर हेर्ने चलन एकदमै नयाँ अभ्यास हो । त्यसैगरी हामीले आज पढ्ने अर्थशास्त्रका जनक पल एन्थनी स्यामुएल्सनले पुस्तक लेखेर अर्थशास्त्रमा व्याख्याले मात्र नपुग्ने भन्दै तथ्याङ्कले पुष्टि गरिनुपर्ने विचार राखे । त्यसपछि अर्थशास्त्रमा गणित समावेश गरिएको हो । तसर्थ सफल राजनीतिका पछाडि सफल अर्थनीति चाहिन्छ । किनभने उत्पादन, आयआर्जन, रोजगारी, मुद्रास्फीति, व्यापार, लगानी जस्ता विषय जनताको जनजीविकासँग गाँसिएका हुन्छन् । यी कुरालाई सही अर्थनीतिमार्फत नेतृत्व गर्न सकिएन भने त्यसले विद्रोह जन्माउँछ ।

बजार र राज्यबीच कसको सर्वोच्चता भन्नेमा विश्वभर ठूलै बहस छ । यो सम्बन्धलाई सन्तुलित राख्ने अथवा सामाजिक न्यायलाई महत्त्वपूर्ण बनाइराख्न हामीले कस्तो नीति लिनुपर्छ भन्ने लाग्छ तपाईंलाई ?

बजार र राज्यबीचको सन्तुलन के हो भन्नेमा अझै पनि अस्पष्टता छ । कहिलेकाहीँ हामी एउटा अतिबाट अर्को अतिमा हाम फाल्छौं । सन् १९९० को दशकअघि राज्य नै सर्वेसर्वा हो भनियो । यसपछि राज्यले केही गर्न सक्दैन, सबै बजारलाई छाडिदिनुपर्छ भनियो । यस्तो खालको विचारधारात्मक अस्थिरता राम्रो होइन । सन् १९५० को दशकयता इतिहासको अध्ययन गर्ने हो भने राज्यकेन्द्रित अर्थतन्त्रको मोडलका पनि धेरै कमजोरी छन् । बजारलाई नै सबै कुरा छाडिदिने हो भने समानता, सामाजिक न्याय वितरणका मुद्दामा समाज चुक्छ ।

यसबीचको सन्तुलन कायम गर्न आफ्नै माटो सुहाउँदो मोडल खोजिनुपर्छ । विश्वस्तरमा त्यस्तो कुनै पनि मोडल हामीसँग छैन । पुँजीवादी लोकतान्त्रिक मुलुकभित्र पनि धेरै धार छन् । कसैले प्रजातन्त्र भनेको बेलायतकै व्यवस्था मात्र हो भन्छ भने त्यो ज्ञानको सीमितता हो । किनभने पुँजीवादी भनिएकै मुलुकमा अमेरिकाको राष्ट्रपति छानिने व्यवस्था र फ्रान्सको राष्ट्रपति छानिने व्यवस्था पूरै भिन्न छ । बेलायतको परम्परागत संसदीय व्यवस्था भयो । त्यहाँ समानुपातिकको कुनै स्थान छैन । स्क्यान्डेभियन मुलुकमा भिन्नै खाले अभ्यास छ ।

यी सबै पुँजीवादी लोकतन्त्रमा आधारित मुलुक हुन् । तर अभ्यास भिन्न छन् । आइसल्यान्डमा ८६ प्रतिशत मजदुर ट्रेड युनियनमा आबद्ध छन् । स्विट्जरल्यान्डमा भने १६ प्रतिशत मात्रै जोडिएका छन् । राष्ट्रिय आयमा राज्यको सार्वजनिक खर्चको हिस्सेदारी कोरियाले ३३ प्रतिशत गर्छ भने फिनल्यान्ड, स्विडेनले ६० प्रतिशत खर्च गर्छन् । आइसल्यान्डका लागि उसकै मोडल उपयुक्त हो भने कोरिया, फिनल्यान्ड र स्विडेनका लागि तिनकै मोडल उपयोगी हो । ढर्रा त पुँजीवादी लोकतन्त्र नै हो ।

लोकतान्त्रिक कोणबाट हेर्नुभयो भने अमेरिकाको सिनेट अलोकतान्त्रिक लाग्न सक्छ । किनभने छ लाख जनता भएको अलास्कामा पनि दुई सिनेटर छन् भने चार करोड भएको क्यालिफोर्नियामा पनि दुई नै । तर अमेरिकामा तल्लो सदनमा भने जनसङ्ख्याको आधारमै प्रतिनिधित्व हुन्छ । त्यसैले राज्य र बजारको सम्बन्ध कस्तो हुने भन्ने आफ्नो माटो सुहाउँदो व्यवस्थामा जाने हो । कुरा कत्ति मात्र हो भने हामीले हाम्रो राजनीतिक प्रणालीलाई राजनीतिक समावेशिता, राजनीतिक स्वतन्त्रता र आर्थिक समावेशितातिर लैजानुपर्छ ।

नाम पुँजीवादी लोकतन्त्र, बुर्जुवा लोकतन्त्र भनिए पनि लक्ष्य त समृद्धि हो । सम्पत्ति सिर्जना गर्ने मुलुक नै माथि उठ्नेछन् भन्ने सबैभन्दा पहिले प्रक्षेपण गर्ने व्यक्ति मार्क्स नै हुन् । उनले के पनि भनेका थिए भने पुँजीवादले यति धेरै उत्पादन र सम्पत्तिको सिर्जना

गर्छ कि ऊ आफ्नै कारणले सङ्कटमा पर्नेछ । तर उनको त्यो परिकल्पना बीसौं शताब्दीको पुँजीवादी अभ्यासले निराकरण गरिदियो ।

वर्तमान सरकारले अपनाएको अर्थनीतिलाई हामी वामपन्थी अर्थनीति भन्न सक्छौं कि सक्दैनौं ?

एकदलीय कम्युनिस्ट शासन नै ल्याउँछु भनेर सुरू गरेको राजनीतिको धङधडी मानसपटलमा बाँकी हुन सक्छ । मैले यसलाई अङ्ग्रेजीमा 'इलिमेन्ट अफ स्क्रिन्जोफेनिया' भन्ने गरेको छु । यो एक प्रकारको मानसिक असन्तुलन हो । वास्तविकता र सिद्धान्तका बीचमा हुने विरोधाभासलाई खुट्याउन नसक्नु नै अहिलेको समस्या हो । नाममा कम्युनिस्ट भए पनि व्यवस्था चाहिँ कम्युनिस्ट हुँदै होइन । भाषागत रूझान भने पक्कै देखिन्छ । तर विरोधाभास प्रशस्त छन् ।

विभिन्न राजनीतिक परिवर्तन हुँदै घिसारिँदै यहाँसम्म आएका छन्, पुरानै ठाउँमा जान सक्दैनन् र जान हुँदैन भन्ने पनि छ । तर कम्युनिस्ट भन्ने नाम छाड्न सक्दैनन् । त्यसैले विरोधाभासहरूको भेलमा यो सरकार फसिसकेको छ । शास्त्रीय साम्यवादलाई त्यागे पनि राज्य प्रधान हुन्छ भन्ने सोच छ । अलिकति वितरणमुखी नीतिगत काम गर्न पाउनुपर्छ भनिन्छ । त्यसैले आफूले छानेको व्यक्ति, समूह आफैंले बनाएको नीतिबाट लाभान्वित हुनुपर्छ भन्ने सोच हाबी छ । अलिकति उग्र राष्ट्रवादको छनक, अलिकति विदेशीप्रतिको वितृष्णाभाव, संवैधानिक उदारवादका अवधारणामा वितृष्णा नै अहिलेको सरकारको वास्तविक चरित्र हो ।

नवउदारवाद अब उग्र नवउदारवादतर्फ लम्किरहेको छ । त्यसैले अब यसको भविष्य छैन भन्ने तर्कबारे के भन्नुहुन्छ ?

अर्थशास्त्र राम्ररी अध्ययन गरेको व्यक्तिले नवउदारवादी विचारधाराको निरपेक्ष वकालत गर्दैन । अर्थशास्त्र नपढेका मुख्यतः वाम विचारकले यसलाई गालीका रूपमा प्रयोग गरे । उदारवाद शब्दको प्रयोग सबैभन्दा पहिले सन् १९८२ मा चार्ल पिटर्सले गरे । उनले 'एउटा नवउदारवादीको

घोषणापत्र' भनेर लेखेपछि यो शब्द चलनचल्तीमा आयो । त्यसैले नवउदारवादको उत्पत्ति भिन्न परिवेशमा भएको थियो । पछि त्यसलाई बजारसँग जोड्न थालियो । खासमा नवशास्त्रीय अर्थशास्त्रको विद्यार्थी म नवउदारवाद चिन्दिनँ ।

अर्थशास्त्रको मूल प्रवाहमा नवशास्त्रीय अर्थशास्त्र र अभ्यास गरिने नवउदारवादी आर्थिक अभ्यासबीचको सम्बन्ध निकै फितलो छ । नवउदारवाद पनि कम्युनिस्ट जस्तै जड बन्यो । नवउदारवादी भनिनेहरू कहाँ गएर चुक्छन् भने समृद्धि अथवा पुँजीको विकासका लागि फलानो संस्था, नीति, नेतृत्व नै चाहिन्छ भन्छन् । तर समृद्धिका बाटाहरू विविधतापूर्ण रहेछन् । चीनले लिएको बाटोले विकास र समृद्धि ल्याएन भनेर तपाईं भन्न सक्नुहुन्न । उसले विकास गऱ्यो । तर बाटो भने भिन्न थियो । यस विषयमा ड्यानी रोड्रिक, जो मेरा गुरू पनि हुन्, म उनको विचारबाट प्रभावित छु । उनको विचारमा नवउदारवाद वाहियात हो । नवउदारवादको विचारधारा जड हो, जसरी कम्युनिस्ट विचारधारा जड हो ।

अब राजनीतिक उदारवादका विषयमा कुरा गरौं, जो आफैंमा कमजोर हुँदै गएको छ । निर्वाचित शासकसमेत अनुदार देखिन थालेका छन् । उनीहरू चुनिएर आउने व्यवस्था लोकतान्त्रिक हुँदाहुँदै पनि अभ्यास भने अलोकतान्त्रिक जस्तो लाग्छ, किन ?

झन्डै २१ वर्षअघि लेखक फरिद रफिक जकारियाले 'राइज अफ इलिबरल डेमोक्रेसी' भनेर लेखेका थिए । कम्युनिस्टहरूले भनेको बुर्जुवा लोकतन्त्रका दुई ओटा अवधारणा छन् । पहिलो, आवधिक निर्वाचन, जसमा जनताको सहभागितामा जनताले आफ्नो शासक चुन्छन् । दोस्रो, संवैधानिक उदारवाद । संवैधानिक उदारवादमा उत्तरदायी राज्यले विधि बनाएर आफ्नै सीमा निर्धारण गर्छ र आफूलाई कस्छ ।

संवैधानिक उदारवादमा तीन कुरा हुन्छन् । पहिलो, विधिको शासन, दोस्रो, शक्ति सन्तुलन र तेस्रो, आधारभूत स्वतन्त्रता । भइदियो के भने आवधिक निर्वाचनबाट शासक छान्ने पद्धति र संवैधानिक

उदारवादलाई मानिसले एउटै रूपमा बुझ्न थाले । जब कि यी दुई छुट्टै धार हुन् । संवैधानिक उदारवाद पश्चिमा दर्शनको प्रबोधनबाट आएको हो, जुन मान्छेको स्वतन्त्रतासँग जोडिन्छ । पश्चिमा प्रजातन्त्रको निर्वाचन र मानवअधिकार, कानुनी शासन यी दुई भिन्न विषय हुन् ।

मुख्यतः दोस्रो विश्वयुद्धपछि पश्चिमाहरूले यसको राम्रो अभ्यास गरे । तर विकासशील मुलुकमा जब यही बुर्जुवा लोकतन्त्रको अभ्यास गर्न थालियो, यहाँ यसको सम्बन्ध छुट्टिन थाल्यो । शासकहरू निर्वाचनका माध्यमबाट चुनिएर आउने तर संवैधानिक उदारवादका आयामलाई ओझेलमा पार्नेतर्फ लागे । म हालै कम्बोडियाको चुनाव पर्यवेक्षणमा गएको थिएँ । त्यहाँ प्रधानमन्त्री हुन सेन ३३ वर्षदेखि शासन गरिरहेका छन् । पछिल्लो चुनावमा ८२ प्रतिशत मतदाताले भाग लिए । कहीँ हिंसा भएन । १२५ सिटमा ११८ सिट उनकै पार्टीले जित्यो । हामीसँगको भेटमा उनले अझै १० वर्ष शासन गर्न रहर रहेको बताए ।

रूसी राष्ट्रपति भ्लादिमिर पुटिनले ७० प्रतिशत मत ल्याएर चुनाव जिते । त्यसैगरी टर्किस राष्ट्रपति रेसेप एर्डोगान, भेनेजुएलामा निकोलस मादुरो, फिलिपिन्समा रोड्रिगो दुतेर्ते पनि चुनावबाटै आएका हुन् । तर संवैधानिक उदारवादको कोणबाट त्यहाँको लोकतन्त्रलाई खोतल्ने हो भने त्यहाँ आन्तरिक लोकतन्त्र होला ? प्रजातन्त्र त प्रजातन्त्र नै हो । तर कस्तो ? हुन सेनले उनका लागि चुनौती बन्न सक्ने ठानिएको पार्टीलाई सानो निहुँमा सर्वोच्च न्यायालयमार्फत अवैध बनाइदिएका थिए । यही आजको प्रश्न हो । चीन र भियतनाममा त त्यति पनि हुँदैन ।

अमेरिका, जसले लोकतन्त्र निर्यात गर्छ, उसकै देशमा विरोधी विचारधारा बोकेका कम्युनिस्टलाई पार्टी खोल्न दिइँदैन भने त्यसलाई कसरी लोकतान्त्रिक भन्ने ?

यसमा वैधताको कुरा आउँछ । अमेरिकामा राष्ट्रपति कसरी छानिएर आउँछन् ? अमेरिकाको संवैधानिक जग बसाल्ने जेम्स म्याडिसन,

थोमस जेफर्सनहरू हामीले कतै तानाशाह त जन्माउँदैनौं भन्नेमा निकै सचेत थिए । 'चेक एन्ड ब्यालेन्स'लाई धेरै ध्यान दिएर अघि बढे । नभए त अमेरिकाको राष्ट्रपतिलाई यति अधिकार हुन्छ कि निर्वाचित राजा भन्ने चलन छ । तर त्यो निर्वाचित राजालाई कानुनमा बाँध्न अदालत, हाउस अफ रिप्रेजेन्टेटिभ, सिनेटसहितको गजबको अङ्कुश छ । राष्ट्रपतिले जे मन लाग्यो, त्यो गर्न पाउँदैन । त्यहाँ महाअभियोग लगाएर पदच्युत गर्न प्रयास गरिएको उदाहरण पनि छ ।

अमेरिकी राष्ट्रपति एन्ड्री ज्याक्सन, रिचर्ड निक्सनले महाअभियोग लगाउने कुरा चल्दै गर्दा राजीनामा दिए । बिल क्लिन्टन बालबाल बचे । अहिले डोनाल्ड ट्रम्पलाई पनि महाअभियोग लाग्ने आधार बन्न सक्छ । तर अमेरिकामा कम्युनिस्टहरूलाई किन प्रतिबन्ध भन्ने सवालमा उनीहरू जनअनुमोदित त हुनुपर्‍यो नि । तैपनि वैकल्पिक धारवाला भनिनेहरू राष्ट्रपतिको चुनावमा भाग लिइरहेकै हुन्छन् । जेस्ट टाइन, राल्फ नाडार, रस फेरो, स्टिभ फोर्सलगायत राजनीतिज्ञले वैकल्पिक धार भनेर प्रतिस्पर्धा गरे । ट्रम्पले रिपब्लिकन पार्टी ध्वस्त बनायो भनेर जोन मक्केन जस्ता नेता रिपब्लिकनमा नअटाउने अवस्था बनेको छ ।

यता डेमोक्र्याटमा बर्नी स्यान्डर्स, एलिजावेथ वारेन समाजवादी सुनिन्छन् । अमेरिकामा उनीहरूलाई समाजवादी नै भनिन्छ । तर विश्व परिदृश्यमा उनीहरू 'सेन्ट्रिस्ट' हुन् । त्यसैले एउटा धर्सो लगाएर कुन पार्टी कति लेफ्ट, कति राइट भनेर हेर्नुभयो भने गजबको अनुभव हुन्छ । जस्तै बेलायतको दक्षिणपन्थी टोरी पार्टी अमेरिकाको लेफ्ट पार्टीभन्दा पनि लेफ्ट छ । बेलायतमा कल्याणकारी राज्यको अवधारणा कन्जर्भेटिभ पार्टीकै हो । नवउदारवादकी पक्षपोषक भनेर आलोचित हुने मार्गरेट थ्याचर हरेक व्यक्तिको सेयर र घर हुनुपर्छ भन्ने पुँजीवादी व्यवस्थाकी प्रवर्तक हुन् । साथै उनी निजीकरणकी पक्षधर पनि हुन् ।

केपी ओली नेतृत्वको सरकारलाई पछिल्लो समय अधिनायकवादतर्फ लम्किएको आरोप लाग्न सुरू भयो । फेरि वामपन्थी भने ओलीलाई दक्षिणपन्थी भन्ने आरोप लगाउँछन् । विश्व परिदृश्यमा हामी कहाँ छौं र वास्तविक धरातल के हो ?

यो शास्त्रीय ढङ्गको अधिनायकवाद होइन । राजनीतिक प्रयोजनका लागि काङ्ग्रेसले अधिनायकवादी सरकार भनेर उछाले पनि म सहमत छैन । हामीले बुझेको कम्युनिस्ट अधिनायक सोभियत युनियनका स्टालिन, पूर्वी युरोपका तानाशाह, चीनको माओ हुन् । त्यो अहिले कल्पनै गर्न सकिन्न । सरकार अनुदारवादी लोकतन्त्रको दिशातर्फ लम्किरहेको चाहिँ हो । आजको विश्वमा अनुदारवादी लोकतन्त्रको जस्तोखाले अभ्यास भइरहेको छ, ओली त्यही परिभाषामा अटाउँछन् । कम्युनिस्ट स्कुलिङले हुन सक्छ, संवैधानिक उदारवादको सन्दर्भमा उनी अनुदार सुनिन्छन् ।

विधिको शासनमा कुनै पनि ठेकेदारले गल्ती गर्छ भने त्यसलाई कारबाही गर्ने कानुनी प्रक्रिया र विधि हुन्छन् । बरू त्यो कानुन पर्याप्त छैन भन्ने लागेमा कानुन परिमार्जन गर्नुपर्छ । तर थर्काउने, धम्क्याउने काम कानुनी शासनको बर्खिलाप हुन्छ । अर्को उदाहरण, दीपकराज जोशीको चरित्रमा नजाऔं । तर जे भयो, त्यो दुईतिहाइ देखाएर न्यायालयलाई चुनौती दिने प्रयत्न भएको छ । सङ्घीय समाजवादी फोरमलाई जसरी सरकारमा ल्याइयो, दुईतिहाइ पुऱ्याउनका लागि थियो । यसले शक्ति सन्तुलनलाई खलबल्याउँछ । उपसभामुखको विषय, नीलकण्ठ उप्रेतीलाई भारतको राजदूत बनाउने विषय, माइतीघर मण्डलाको विषय, त्यहाँ गएर जोडिन्छ ।

निर्वाचित भएर आएको हुँ, दुईतिहाइ छ, जे पनि गर्न सक्छु भनेर दम्भ देखाउन थालियो तथा उदारवादी मान्यताको अभ्यास गर्न सकिएन भने त्यो अनुदारवादी लोकतन्त्रको परिभाषाभित्र पुग्छ । तपाईंले यस कोटीमा डोनाल्ड ट्रम्प, नरेन्द्र मोदी र केपी ओलीलाई राख्न सक्नुहुन्छ । ओलीले अनुदारवादी लोकतान्त्रिक अभ्यासको चरित्र

देखाउनुभएको छ। उहाँ जनअनुमोदित हो। तर संवैधानिक उदारवादको मान्यतामा उहाँले प्रहार गर्ने चेष्टा गरिरहनुभएको छ। कम्युनिस्टहरू कुन खालको 'स्कुलिङ'बाट आएका हुन्, हामी सबैलाई थाहा छ। यो व्यवस्थामा उनीहरू घिसारिएर आएका हुन्। तिनको भनाइमा त बहुदलीय लोकतन्त्र भनेको बुर्जुवा लोकतन्त्र हो, जहाँ बोकाको टाउको देखाएर कुकुरको मासु बेचिन्छ। तर अहिले अन्तर्राष्ट्रिय परिवेश आदिले नेपालमा एकदलीय शासन सम्भव छैन।

भारतका मोदी अनुदारवादी भए भनेर विरोधका तीखा स्वर सुनिँदै छन्। तर पछिल्ला निर्वाचनबाट मोदीको दलले जनताबाट अनुमोदन दोहोऱ्याइरहेको छ, के भन्नुहुन्छ ?

मोदीलाई यही कोणबाट प्रहार भइरहेको छ। उनले सानदार जित हासिल गरेकै हुन्। मुसलमान, महिला, अल्पसङ्ख्यकप्रतिको मोदीको धारणा, पार्टीभित्रकै वैकल्पिक स्वर दबाउन 'ट्रोल'को परिचालन आदिलाई हेर्दा उनी पनि निर्वाचित तानाशाह हुने दिशामा छन्। तर भारतमा संस्थाहरू अझै बलिया छन्। न्यायालय, मिडिया, विपक्षी दलले यो कुरा उठाएको उठायै छन्। यस्तै अवस्था रह्यो भने उनी आगामी निर्वाचनमा पराजित हुन बेर छैन।

नयाँ पत्रिका, साउन ३०, २०७५

खर्चिलो चुनावले राजनीतिमा भ्रष्टाचार

राष्ट्रिय योजना आयोगको उपाध्यक्ष बनेपछि सामाजिक सञ्जालमा तपाईंप्रति सद्भावका शब्दको ताँती नै लाग्यो । हतपत कुनै नियुक्ति या कसैप्रति सकारात्मक नहुने नेपाली समाज तपाईंप्रति अन्यन्त आशावादी देखियो नि ?

हो, प्रतिक्रिया धेरै आएका छन् । सरकारले निर्णय गरेको दिन धान्न नसकेर पाँच पटक फोन स्विच अफ नै गरें । हरेक १० सेकेन्डको ग्यापमा फोन आइरहेको छ । त्यसले प्रसन्नता पनि दिएको छ । यो तीन वर्षमा एउटा ठूलै सामाजिक पुँजी कमाइएछ भन्ने लागेको छ । साथै अपेक्षाको बोझ बढेको महसुस गरेको छु । यो तरङ्ग तीन वर्षअघि पनि आएको थियो, योजना आयोगको सदस्य बनेर आउँदा । त्यस बेला पनि मैले भनेको थिएँ– एउटा व्यक्तिले सबथोक गर्न सक्ने होइन, समग्र प्रणालीले गर्ने हो ।

तर त्यति हुँदा पनि एउटा व्यक्तिले दुईतीन ओटा काम चाहिँ गर्न सक्छ, विशेषगरी योजना आयोगमा । एउटा, नराम्रो काम नगरिदए भयो । दोस्रो, नियमित काम पनि राम्रो ढङ्गले गरिदिंदा हुन्छ । किनभने नियमित काम नै ७०/८० प्रतिशत हुन्छ । त्यो राम्रोसँग गर्ने, देशको इज्जत राख्ने गरी गर्ने हो भने, त्यो नै पर्याप्त हुन्छ । तर यहाँ चाहिँ जुनसुकै पदमा आए पनि देश नै कायापलट गर्ला भन्ने हिसाबले चाहिँ अपेक्षा राख्नुहुँदैन । अपेक्षा पूरा गर्न कार्यकारी भूमिका

नै चाहिन्छ । प्रधानमन्त्री या केही मन्त्रीहरूबाट त्यसरी अपेक्षा राखिनु अन्यथा होइन । तर नियमित काममा चासो नदिने र चमत्कार मात्र खोज्ने परिपाटी भयो भने त्यसले नेतृत्वलाई पपुलिस्ट बनाउनतिर लैजान्छ । प्रभावकारी र नतिजा दिनेभन्दा पनि क्षणिक लोकप्रिय काममा नेतृत्व लाग्ने डर हुन्छ ।

तपाईंमाथिको जुन अपेक्षा छ, त्यो कसरी पूरा गर्ने भनेर दबाब सिर्जना भएको छ कि छैन ?

जानीजानी नराम्रो काम गर्नतिर लागिँदैन । गरिँदैन । यो मेरो पदावधि निश्चित छ भन्ने मलाई राम्रोसँग थाहा छ । त्यसैले म त्यहाँ जागिर खान गएको होइन । केही काम गर्छु भनेर नै हो । 'गुड फेथ'मा १२ देखि १६ घण्टासम्म पनि काम गरिन्छ । भूकम्पपछि गरेकै पनि हो । एउटा कुरा मलाई धेरै जनाले युवा त भन्नुभयो । तर विगत एक दशकमा सबैभन्दा लामो समय योजना आयोगमा बसेको सदस्य पक्कै पनि म नै हुँला । मैले दुई टर्म गरेर आयोगमा २८ महिना काम गरें । मान्छे छ महिना, नौ महिनादेखि टिकेकै छैनन् । अहिले आयोगको सबैभन्दा वरिष्ठ सदस्य म नै थिएँ । उमेरमा चाहिँ सबैभन्दा कान्छो म नै हुँ । तर त्यो मात्र फ्याक्टर चाहिँ होइन ।

त्यसैले चारपाँच ओटा काममा यसले परिवर्तन ल्यायो । केही गऱ्यो भनेर महसुस गर्ने गरी काम गर्छु । जस्तो, पहिलो कार्यकाल धेरै सफल भएको म ठान्छु । दोस्रो कार्यकालमा केही व्यावहारिक अप्ठ्यारा रहे । त्यसैले मैले यहाँका अवरोध राम्रोसँग बुझेको छु । र जति पनि योजना बनाएको छु, ती सबै योजना आयोगसँग नै सम्बन्धित छन् । जस्तो दिगो विकासको भिजन बनाउने काम आयोगको हो । त्यो म गर्छु । योजना आयोगकै रूपान्तरणको काम गर्ने भनिएको छ, त्यो म गर्छु । आर्थिक सुधारका काममा पनि अर्थ मन्त्रालयसँग मिलेर गर्ने भनिएको छ, यो गर्छु । त्यस्तै पूर्वाधारका काममा पनि समन्वय र संयोजनको काममा सहयोगी भूमिका निभाउँछौं । जस्तो

अरूण तेस्रो परियोजना बनिरहेको र वनसँग कुरा मिलेको छैन भने मैले सबै पक्षबीच छलफल चलाएर त्यो अवरोध हटाउन पहल गर्छु । सङ्घीयताका पनि बजेट र योजनाका पाटा हामीले हेर्न सक्छौं । त्यसबाहेक धेरै जना सदस्य पनि हुनुहुन्छ । उहाँहरूअन्तर्गत अन्य क्षेत्रगत एवम् विषयगत काम पनि हुन्छन् । त्यसैले योजना आयोगको म्यान्डेटभित्र रहेका काम इमानदारीपूर्वक गर्ने मेरो प्रयास हुनेछ । भोलिदेखि नै जिडिपी दोब्बर बनाइदिन्छु, पाँच लाख र छ लाखलाई रोजगारी दिन्छु भनेर मैले भन्न मिल्दैन; भन्दिनँ पनि । अब चारपाँच वर्ष योजना आयोगमा बसियो, त्यसपछि अर्थ मन्त्रालयमा बसियो भने चाहिँ त्यस्तो मान्छेलाई दिगो समुन्नतिको जग बसाइयो कि बसाइएन भनेर सोध्न मिल्छ ।

अहिले मेरो नियुक्तिप्रति समाजमा देखिएको उत्साह चाहिँ राजनीतिले केही आशा पनि जगायो भनेर हुन सक्छ । किनभने पुराना एवम् सधैं देखेका मान्छेहरूभन्दा फरक व्यक्ति फुत्त आएको छ । प्रधानमन्त्री शेरबहादुर देउवाको भाइभतिजो पो हो कि भन्दा पनि होइन रहेछ । पृष्ठभूमि हेर्दा दुःख गरेर एउटा मेरिटका आधारमा यहाँ आइपुगेको रहेछ भन्ने थाहा पाएपछि पनि थप सकारात्मक 'भाइब्रेसन' ल्याएको होला भन्ने मलाई लाग्छ ।

एउटा पुस्तान्तरण भयो है भन्ने उत्साह पनि हो । गगन थापा क्याबिनेट मन्त्री हुँदा पनि यस्तो उत्साह देखिएको थियो । बूढाखाडा एवम् निवृत्त भइसकेका मान्छेहरू मात्र जाने योजना आयोगमा पनि तन्नेरी पुस्ताको मान्छे पुग्दा आशा सञ्चार भएको होला । राजनीतिक नेतृत्वको चेत केही खुल्यो भन्ने सन्देश पनि मेरो नियुक्तिले दिएको छ । तर त्यस्तो चेत खुलिसकेको हो कि होइन भन्ने चाहिँ भोलिका दिनमा हुने नियुक्तिमा यो क्रम कायम रहन्छ कि रहन्न, त्यसले थप पुष्टि गर्छ । अहिलेसम्म चर्चाअनुसार प्रधानमन्त्रीको राजनीतिक सल्लाहकारमा युवा नेता विश्वप्रकाश शर्मा नियुक्त हुने अनुमान छ । त्यसले अर्को तहको आशा सञ्चार गराउँछ ।

नेपालमा नयाँ राजनीतिक दल हुन् या व्यक्ति, जनता धेरै आशावादी हुन्छन् । तर त्यसअनुरूप नयाँहरू सफल हुन भने सकेका छैनन् । नयाँलाई सफल बन्न किन कठिन हुन्छ ?

नयाँ भनेर प्रस्तुत हुने व्यक्तिले पनि एकै पटक गर्नै नसकिने ठुल्ठूला आश्वासन दिने र जनताले पनि नयाँबाट एकदमै अतिरञ्जित किसिमको अपेक्षा गर्ने परिपाटी छ । त्यसैले त्यो खाडल बढ्दै जान्छ । नयाँले यसतर्फ धेरै सोचेर मात्र बोल्नुपर्छ । किनभने लोकतन्त्रमा एउटा व्यक्ति या संस्थाले मात्र काम गर्न सक्दैन । किनभने यहाँ सिङ्गो सिस्टमले गति लिनुपर्छ । धेरै संस्था एकअर्कामा गाँसिएका हुन्छन् । कुनै बेला त सबैभन्दा कमजोर हिस्साको गति जे छ, सिङ्गो चेनको गति नै त्यही पनि भइदिन सक्छ । त्यसैले लोकतन्त्रमा सिङ्गो सिस्टमलाई नै अघि लैजान टिमवर्क र सहकार्यमा नै जोड दिनुपर्छ । यहाँ तत्कालै गर्न सक्ने ठाउँ धेरै छन् । 'लो ह्याङ्गिङ फ्रुट' भनिन्छ नि, जमिनबाट टिप्न सकिने फलफूल, अहिलेसम्म त्यसको मात्रा धेरै नै छ ।

त्यसैले यहाँ असल नियत र क्षमता भएका केही व्यक्ति आउनेबित्तिकै चमत्कार नै भइदिन्छ । पछिल्लो सरकारको उदाहरण हेरौं न, गगन थापा, नवीन्द्रराज जोशी, जनार्दन शर्माले एक व्यक्ति आएर नै परिवर्तन ल्याए । उनीहरूले आएर तत्काल गरेको भनेको त 'लो ह्याङ्गिङ फ्रुट' नै टिपेका हुन् । साथै त्यहीँबाट सिस्टमलाई पनि 'बुस्ट' गरेर केही दिगो महत्त्वका काम पनि थालनी गर्न भ्याए । म आफ्नै उदाहरण दिन चाहन्छु, भूकम्पपछिको पिडिएनए तर्जुमा त तीनचार जना व्यक्तिले नै गरेको हो । त्यसपछि सरकार फेरिने, नाकाबन्दी सुरू हुने जस्ता घटनाका कारण पुनर्निर्माणले सोचे जस्तो गति लिन सकेन । तर त्यो बिन्दुसम्म पुग्न धेरै रफ्तारमा काम भएको हो ।

विश्व बैङ्कको सानदार जागिर छाड्न लाग्दा धेरै नै जोखिम लिएँ भन्ने लागेको थिएन ?

मैले सन् २०१४ को मेमा राजीनामा दिएको हुँ । पछि काम लाग्छ भनेर राजीनामापत्र सुरक्षित राखेको छु । एकदुई वर्ष हेरौं अनि भएन भने

फर्कौं भनेर नेपाल आएको भए मेरो विश्वसनीयता त्यहीँ सकिन्थ्यो। अर्को कुरा, मैले राजीनामा नदिएर बिदामा आएको भए स्वार्थ बाझिने अवस्था पनि आइहाल्थ्यो। योजना आयोगको 'म्याक्रो अर्थतन्त्र' हेर्ने सदस्यले धेरै विदशीसँग डिल गर्नुपर्छ। एकातिर विश्व बैङ्कको जागिर थाती राख्ने, अर्कोतिर त्यही विश्व बैङ्कका अध्यक्ष, उपाध्यक्षसँग डिल गर्ने काम सम्भव थिएन। अहिले आत्मबलका साथ उनीहरूसँग कुरा गर्छु, उनीहरूका रिपोर्टहरूमा प्रश्न उठाउँछु। "तिमीहरूको यो रिपोर्ट एकदमै अवास्तविक छ, हामी स्विकार्न सक्दैनौं"सम्म पनि भनेको छु। विश्व बैङ्कअन्तर्गतको एउटा कर्मचारी रहिरहन्थें भने मैले त्यसो भन्ने हैसियत अवश्य राख्ने थिइनँ।

नेपालमा काम गर्ने सकिएन, राजनीतिक दाउपेचमा 'सप्रेस' गरियो, बेरोजगार नै हुने अवस्था आयो पनि भने कुनै बिन्दु या समयमा फेरि यस्तै जागिर पाउँछु या पाउन सक्छु भन्ने आत्मविश्वास थियो। त्यो विश्व बैङ्कको ठाउँमा एसियाली विकास बैङ्क हुन सक्ला या संयुक्त राष्ट्रसङ्घसँग हुन सक्ला। अथवा अन्तर्राष्ट्रिय मुद्रा कोष हुन सक्ला! जुन भए पनि ख्यातिप्राप्त अन्तर्राष्ट्रिय संस्थामा प्रतिस्पर्धाकै माध्यमबाट त्यत्तिको काम पाउँछु भन्ने विश्वास मलाई छ। त्यसमाथि श्रीमतीले पनि खुलेर साथ दिइन्। उनी आफू पनि योग्य र सक्षम छिन्। त्यसैले मलाई राजीनामा दिन कुनै हिचकिचाउनुपरेन।

जे सपना देखेर नेपाल आउनुभएको थियो, पछिल्लो तीन वर्षमा ती कति हासिल भए ?

म एउटा विकास अर्थशास्त्रको विद्यार्थी हुँ। नेपालको गाउँमा जन्मेर अध्ययन गर्दै जाँदा २०/२५ देशमा काम गर्ने मौका पाइयो। म जहाँ पुगे पनि नेपालको अवस्थाबाट विमुख हुन कहिल्यै सकिनँ। ११/१२ वर्षको उमेरमा राजनीतिक चेतना आएको सम्झन्छु। २०४६ सालको आन्दोलनमा सहभागी नै भएको हुँ। त्यसैले यहाँको राजनीतिक अवस्थादेखि आर्थिक सामाजिक धरातल मलाई नेपाल फर्किनुअघि

नै राम्रोसँग थाहा थियो । जहाँ काम गरे पनि वर्षको एकदुई पटक नेपाल आउँथें । यहाँको राजनीतिक नेतृत्वदेखि कर्मचारीतन्त्रसम्म मेरो राम्रै परिचय थियो । नेपालको वास्तविकतासँग जानकार हुँदा त्यस्ता अस्वाभाविक सपना देखेको पनि थिइनँ ।

यीयी अप्ठ्यारा पर्न सक्छन् भन्नेमा म राम्रैसँग अवगत थिएँ । आइसकेपछि नीति निर्माणको तहमा काम गरौं भन्ने चाहिँ थियो । त्यो चाहना धेरै अर्थशास्त्रीहरूमा हुन्छ । मैले यहाँ आएर काम गर्दा धेरै सिक्ने मौका पनि पाएँ । पहिलो कार्यकाल त धेरै नै सफल रहेको ठान्छु । दोस्रोमा भने नियमित कामहरूमा अलिक बढी परें । त्यस अलावा आयोगको पुनर्संरचना, राष्ट्रिय गौरवका आयोजनाहरूको प्रगति, व्यापार घाटा न्यूनीकरणका लागि रणनीति निर्माणलगायतका जिम्मेवारी पाएको थिएँ । त्यसैले नेपाल आएर के पाएँ भनेर समीक्षा गर्दा कायापलटको मापदण्ड राख्यो भने कसैले पनि हासिल गर्न सक्दैन । तर गर्नुपर्ने जिम्मेवारी 'टर्म्स अफ रिफ्रेन्स'लाई हेर्दा म आफ्नो कामप्रति सन्तुष्ट छु । त्यसमा पनि भूकम्पपछि गरेको काम 'लाइफ लङ' सन्तुष्टि हो, मेरा लागि ।

"योजना आयोग एउटा फाइल घुमाउने ब्युरोक्रेटिक जन्जालभन्दा नयाँ बन्न सकेन, यसलाई राखिरहनुभन्दा विघटन गर्दा राम्रो हुन्छ" भन्नेसम्मका टिप्पणी सुनिन थालेका छन् नि ?

पहिलो कार्यकालदेखि राष्ट्रिय योजना आयोगको संरचनासहित नाम नै फेर्नुपर्छ भनेर त्यस बेलाका अर्का सदस्य गोविन्द नेपाल र मैले रिपोर्ट नै निकालेका छौं । त्यो रिपोर्टमा टेकेर अहिलेको कार्यकालमा मैले गठन आदेश नै ड्राफ्ट गरेको छु । त्यसैले पुरानो योजना आयोग अब सान्दर्भिक रहेन । त्यसैले यसको आलोचनासँग म सहमत छु । त्यसैले पुरानो योजना आयोगको अन्तिम उपाध्यक्ष हुने मेरो रहर छ । तर यसो भन्दैमा योजना आयोग जस्तो निकाय चाहिन्न भन्ने तर्कसँग भने म सहमत छैन । दूरगामी योजना बनाउने र संयोजनकारी भूमिका अलिक प्रभावकारी ढङ्गले गर्न सक्ने थिङ्क ट्याङ्क टाइपकै

संस्थाको आवश्यकता छ । हाम्रो प्रधानमन्त्रीय पद्धति पनि सोचेभन्दा कमजोर छ । त्यो पद्धतिलाई थप प्रभावकारी बनाउने गरी एउटा बलियो सल्लाहकार परिषद्का रूपमा यसलाई रूपान्तरण गरिनुपर्छ भन्ने मेरो विचार हो ।

भारतमा योजना आयोगको रूपान्तर नीति आयोगका रूपमा भयो । भारतभन्दा प्रभावकारी ढङ्गले चीनले स्टेट प्लानिङ कमिसनलाई लायोनियन डेभलपमेन्ट एन्ड रिफर्म कमिसन (एलडिआरसी)का रूपमा रूपान्तरण गऱ्यो । त्यसैले नेपालमा पनि अब यही ६० वर्ष पुरानो ढर्राबाट चाहिँ काम चल्दैन भनेर आगामी छ महिनाभित्र नयाँ स्वरूप र संरचना ल्याउँछौं । मेरो प्रमुख प्राथमिकतामा यो पर्छ । जस्तो नेपालबाट भारत या चीन जोड्ने एउटा अन्तर्राष्ट्रिय प्रसारण लाइन बनाउनुपऱ्यो भन्ने हो भने त्यस्तो काम रूपान्तरित योजना आयोगले गर्नेछ । उसले आयोजनाको प्राविधिक 'कस्ट बेनिफिट एनालाइसिस' त गर्ने भयो नै, रणनीतिक जटिलता र भूराजनीतिक पाटा पनि हेर्ने क्षमता राख्छ ।

हामीकहाँ विकासका आकर्षक मोडल अवलम्बन गर्ने र कार्यान्वनयमा चुक्ने समस्या प्रवृत्तिकै रूपमा छ, यसमा परिवर्तन आउन सक्ला ?

यो धेरै सुनिँदै आएको विषय हो । योजना राम्रो तर कार्यान्वयन भएन भन्ने कमेन्ट हाम्रो ओठमा पहिल्यै तयार हुन्छ । तर त्यसलाई त्यसरी हेरिनुहुँदैन । हो, हाम्रो कार्यान्वयनको पाटो कमजोर छ, त्यसमा सुधार ल्याउनुपर्छ । तर कार्यान्वयन किन भएन भन्नेमा चाहिँ हामी गएका छैनौं । कर्मचारीले किन काम गरेनन्, राजनीतिमा भ्रष्टाचार किन मौलायो भनेर हामीले कारण खोज्न चाहँदैनौं । यसको मूल कारण खर्चिलो चुनाव प्रणाली हो । यसकै जालोले सबैतिर असर गरिरहेको छ । निर्माण व्यवसायीले समयमा काम नगर्दा पाउने उन्मुक्तिसम्म पनि यहीँ आएर ठोक्किन्छ । तर कार्यान्वयन कमजोर भयो भनेर विकासको राम्रो मोडल, खाका, योजना नै बनाउन छाड्ने भन्ने चाहिँ हुँदैन ।

क्रोएसिया या कोलम्बियाको मोडल ल्याएर त हामीकहाँ काम छैन । धरातलीय यथार्थसँग गाँसिने मोडल र अवधारणामा जोड दिनुपर्छ । त्यसपछि कार्यान्वयनको पाटो सुधार्ने हो । मोडल नै खराब भयो भने कार्यान्वयन झन् कमजोर हुन्छ । विदेशतिर विकासका रिपोर्ट बनाउँदा पहिला सुन्दर कल्पना नै गरिएको हुन्छ । यो परियोजनाले यति मान्छेलाई लाभ हुन्छदेखि जिडिपीको वृद्धिदरसम्म आकलन गरिन्छ । साथै त्यसको जोखिम केके हुन सक्लान्; तिनलाई कसरी व्यवस्थापन गर्ने भन्ने रणनीति निर्माण पनि छुटाइएको हुँदैन । हामी त्यस्तो रणनीति तर्जुमामा भने पछाडि नै छौं । अब यो पाटो पनि सुधार्नुपर्छ । कार्यक्रम सुरू गरेपछि मात्र जग्गा अधिग्रहण गरेको छैन, वनसँग पनि कुरा मिल्न बाँकी छ, निर्माण सामग्रीको स्रोत के हो, कर्मचारीको व्यवस्थापन पनि कसरी गर्ने जस्ता विषयमा बल्ल सोच्न थाल्छौं । वास्तवमा यी सबै काम आयोजनाको पूर्वतयारीअन्तर्गत पर्ने हुन् । त्यसैले अब हाम्रो काम गर्ने शैली नै सुधार्नुपर्छ ।

आर्थिक वर्षको १० महिनासम्म चुप लागेर बस्ने, ११ महिनादेखि अलिअलि खर्च गर्ने र बाह्रौं महिना चाहिँ चेक काट्ने होड नै चल्ने, त्यति हुँदा पनि ६५ प्रतिशत बढी पुँजीगत खर्च हुन नसक्ने, यो विकृति कसरी तोड्न सकिएला ?

हाम्रो वित्तीय अनुशासनको अवस्था अहिले नाजुक नै छ । मैले सन् १९६८ देखिको बजेट विश्लेषण गर्दा सन् २००६ यता पद्धति बिग्रिँदै गएको देखिन्छ । त्यसअघि अनुमानित (संसद्मा पेस हुने) र वास्तविक (वर्षभरमा खर्च हुने) बजेटको सन्तुलन मिलेको नै देखिन्छ । तर त्यसयता मात्र अवस्था खलबलिएर अनुमानित र वास्तविक बजेटको ग्याप बढेको देखिन्छ । शान्तिप्रक्रिया र सङ्क्रमणकालका नाममा धेरै कुरामा आँखा चिम्लिइयो । अर्थ मन्त्रालयको दक्षतामा पनि ठूलो ह्रास आयो । त्यसैले अहिलेको हाम्रो प्राथमिकता भनेको अर्थ मन्त्रालय तहमा एउटा सार्वजनिक खर्च विश्लेषण आयोग बनाउने,

एकदमै सम्मानित व्यक्तिको अध्यक्षतामा र योजना आयोगअन्तर्गत पनि सार्वजनिक वित्तलाई ट्र्याकमा ल्याउने ढङ्गले एउटा टिम नै सक्रिय रहने । यी दुई ओटा काम तुरून्तै गर्ने गरी अर्थमन्त्रीज्यूसँग कुरा गरिसकेको छु । यसले एक दशकमा आर्थिक सुशासनको क्षेत्रमा हामीले जुन बाटो बिराएका छौं, त्यसलाई अब ट्र्याकमा ल्याउन सकिन्छ भन्ने विश्वास छ ।

स्थानीय तहमा नयाँ जनप्रतिनिधि आएका छन् । उनीहरूले यो गर्छौं, त्यो गर्छौं भन्दै पपुलिस्ट नारा पनि बाँडेका छन् । तर दिगो विकासको मोडल बनाई कार्यान्वयन गर्ने दक्ष जनशक्तिको त्यहाँ अभाव छ । योजना आयोगले यसमा समन्वयकारी भूमिका खेल्छ ?

झन्डै दुई दशकपछि स्थानीय तहमा नयाँ नेतृत्व आउँदा देखिएको उत्साहलाई मैले सकारात्मक रूपमै लिएको छु । र उहाँहरूले चाँडै नै आफ्नो धरातलीय यथार्थ बुझ्नुहुनेछ । हाम्रो क्षेत्रमा केकस्ता स्रोत छन्, कुन हदसम्म प्रदेश र केन्द्रमा निर्भर रहनुपर्ने भन्ने यथार्थको ऐना हेर्न लामो समय कुर्नुपर्नेछैन । त्यसैले लोकप्रिय कार्यक्रमको होड बिस्तारै मत्थर हुने क्रममा छ । अर्को वर्षदेखि उहाँहरूले धेरै काम धरातलीय यथार्थ बुझेर नै गर्न थाल्नुहुन्छ । उहाँहरू पाँच वर्षको निश्चित पदावधिका साथ आउनुभएको छ । केन्द्रमा बर्सेनि सरकार परिवर्तन भए पनि उहाँहरू कायम रहनुहुनेछ । त्यसैले आफ्नो क्षेत्रका लागि केही आवधिक योजना तर्जुमा गरेर नै अघि बढ्नुहुन्छ भन्ने विश्वास छ । यसमा योजना आयोगले प्लानिङ र बजेटका पाटामा आवश्यकताअनुसार केही न केही सहयोगी भूमिका निर्वाह गर्न सक्छ । तालिम, अभिमुखीकरण जस्ता कार्यक्रममार्फत त्यो गर्न सकिन्छ । तर उहाँहरूसँग हाम्रो संवैधानिक सम्बन्ध भने हुँदैन । सङ्घीय सरकारको थिङ्क ट्याङ्कका रूपमा केन्द्रमा राष्ट्रिय योजना आयोग एउटा मात्र रहन्छ । यसका शाखा हुँदैनन् । प्रदेश या स्थानीय सरकारले आफ्नो आवश्यकताबमोजिम योजना इकाइ या विभाग बनाउन सक्छन् ।

उनीहरूले सहयोग मागेको खण्डमा हामी दिन तयार छौं । तर हाम्रो सीधा उपस्थिति भने तल हुनेछैन ।

हामीकहाँ विकासको मुख्य बाधक को हो भनेर नेता र कर्मचारीबीच आपसमा आरोपप्रत्यारोप चल्ने गरेको छ । तपाईं त दुवै हेर्न सकिने स्थानमा हुनुहुन्छ । वास्तवमा बाधक चाहिँ को रहेछ ?

यो ठ्याक्कै भन्न अलिक गाह्रो हुन्छ । तर म मूल विकासको नेतृत्व चाहिँ राजनीतिक तहबाटै आउनुपर्छ भन्छु । कर्मचारी तुलनात्मक रूपमा यथास्थितिवादी हुन्छ, जोखिम उठाउन खोज्दैनन् । तर राजनीतिक नेतृत्वको काम भनेको जोखिम मोलेर भए पनि भिजन राख्ने हो । र हामीले बनेका मुलुकहरूको नतिजा हेर्दा पनि राजनीतिक नेतृत्वले नै गति दिएको देखिन्छ । तर हाम्रो राजनीतिक नेतृत्व सुरूमा पञ्चायत भन्यो, त्यसपछि माओवादी, राजा जस्ता राजनीतिक अजेन्डाकै वरिपरि घुमिरह्यो । आर्थिक अजेन्डामा त्यत्तिको बौद्धिक विलास गरेको भए अहिलेको अवस्था अर्कै भइसक्थ्यो । तर नेताको भिजन कार्यान्वयन गर्ने दायित्व चाहिँ कर्मचारीकै हो । काम गर्छु भनेर आउने नेतृत्वलाई पनि कर्मचारीतन्त्रले कतिपय स्थानमा रोकेको देखिन्छ ।

बजेट बनिसकेपछि रकमान्तर गरेर नयाँ कायक्रम लगाउने प्रवृत्ति पनि समस्याकै रूपमा देखिएको छ । तपाईंको नेतृत्वमा यो रोकिएला ?

मैले भनिसकें, खलबलिएको वित्तीय अनुशासनलाई ट्र्याकमा ल्याउन नै दुई ओटा कङ्क्रिट पहल लिँदै छौं । त्यसले यसमा सुधार गर्ला भन्ने आशा राख्न सकिन्छ । अर्को कुरा, देश विकास सार्वजनिक खर्चबाट हुँदैन । निजी पुँजीको पनि यसमा ठूलो योगदान रहन्छ । त्यसैले देशभित्र र बाहिरको निजी पुँजी परिचालनमा पनि हामीले के गर्न सक्छौं भनेर हेर्नुपर्छ । सार्वजनिक खर्चकै सन्दर्भमा पनि यसपालि बजेटको ठूलो हिस्सा स्थानीय तहमा गएको छ । यो रकम

यसपटकदेखि समयमै खर्च हुन्छ भनेर आशा राख्न सकिन्छ । स्थानीय खुद्रे कार्यक्रममा बजेट राख्ने क्रम रोकिएको हुनाले पनि यस पटक ठूला आयोजनाको प्रगति केही राम्रो होला भनेर आशा राख्न सकिन्छ ।

नेपाल आएको छोटो समयमै महत्त्वपूर्ण जिम्मेवारी हासिल गर्न सफल हुनुभयो । अब बिस्तारै यहाँको यात्रा राजनीतितर्फ सोझिने हो ?

मैले त्यसरी सोचेको छैन । भविष्यले कहाँ पुऱ्याउला भन्ने त थाहा छैन । तर तत्काललाई आफ्नो क्षमता र रूचिअनुसारको काम पाएको छु भन्ने लागेको छ । यसमा दिलो ज्यान दिएर काम गर्ने हो ।

बिजमान्डु, साउन २३, २०७४

योजना आयोगको पुनर्संरचना जरूरी

नेपाल फर्कनुभएको छोटो अवधि (झन्डै साढे दुई वर्ष)मै तपाईं योजना आयोगको उपाध्यक्ष हुनुभयो । कस्तो लागिरहेको छ ?

मेरो पदबहाली हुँदै छ । योजना आयोगको सदस्य नै रहिरहेको अवस्थामा उपाध्यक्ष हुँदा प्राकृतिक रूपमा पदोन्नति भएको भन्ने महसुस भएको छ । एक दशकयताको अवस्थालाई हेर्दा योजना आयोगमा सबभन्दा लामो समय काम गरेको सदस्य सायद म नै हुँला । म दुई कार्यकाल गरी करिब २८ महिना सदस्य रहें । यसले काम गर्न पनि सजिलो होला जस्तो लागेको छ ।

झट्ट हेर्दा तपाईं एक्कासि विदेशबाट आएर ठूलो पदमा पुगे जस्तो देखिन्छ । तपाईंको पृष्ठभूमिबारे सर्वसाधारणलाई पनि जान्ने उत्सुकता छ, बताइदिनुहोस् न ?

म गोरखाको बुङ्कोटमा जन्मेको हुँ । मेरा बुबा शिक्षक । पढ्न काठमाडौं आएँ । कक्षा चारदेखि बूढानीलकण्ठ स्कुलमा पढें । २०४५/४६ को जनआन्दोलनका समयमा मैले एसएलसी दिएको हुँ । जनआन्दोलनमा अलिअलि सहभागी पनि भएँ । राजनीतिमा रूचि बढ्दै गयो । एसएलसीमा बोर्ड दोस्रो भएँ । ए लेभल पढिसकेपछि डाक्टर, इन्जिनियरको साटो अर्थशास्त्र पढ्ने निर्णय गर्दा केही तरङ्ग आएको थियो । त्यसपछि लन्डन स्कुल अफ इकोनमिक्समा मैले

छात्रवृत्ति पाएँ । त्यहाँ पढ्दा केही समय *बिबिसी नेपाली सेवा*मा 'पार्टटाइम' काम गरें । सन् १९९६ मा पढिसकेर नेपाल आएर संयुक्त राष्ट्रसङ्घीय विकास कार्यक्रम (युएनडिपी)मा दुई वर्ष काम गरें । सन् १९९८ मा पहिलो पटक नेपालको मानव विकास प्रतिवेदन लेख्दा देवेन्द्रराज पाण्डे, चैतन्य मिश्र सरहरूसँग मिलेर काम गर्ने अवसर पाएँ । त्यसपछि हार्भर्ड विश्वविद्यालयमा जेफ्री स्याक्सले सुरू गरेको विशिष्ट प्रकारको एपिए (स्नातकोत्तर) पढें । अनि भियतनाममा युएनडिपीको क्षेत्रीय परियोजनामा अर्थशास्त्रीका रूपमा पाँच वर्ष काम गरें । त्यसपछि अस्ट्रेलियन नेसनल युनिभर्सिटीबाट पिएचडी सकेर विश्व बैङ्कमा वरिष्ठ अर्थशास्त्रीका रूपमा काम गर्दैगर्दा पूर्वअर्थसचिव रामेश्वर खनालले नेपाल फर्कन प्रस्ताव गर्नुभयो । रवीन्द्र मिश्रले पनि आउन जोडबल गर्नुभयो । पूर्वअर्थमन्त्री डा. रामशरण महतले पनि आश्वासन दिनुभयो ।

प्रायः मान्छे विदेशबाट नेपाल फर्कन चाहँदैनन् । तपाईंलाई केले प्रेरित गऱ्यो ?

नेपाली काङ्ग्रेसको नेतृत्वमा नयाँ निर्वाचित सरकार बनेको थियो । मैले डा. महतलाई योजना आयोगमा बृहत् अर्थतन्त्र (म्याक्रो इकोनमी) हेर्ने सदस्यमा नियुक्ति दिनुहुन्छ भने आउँछु भनें । योजना आयोग नभए अर्थ मन्त्रालयमै राख्छु भन्ने प्रतिबद्धता दिनुभयो । पछि त आयोगमै भयो । मैले उता दुई सातामै राजीनामा गरें । यसमा मेरी श्रीमतीको समर्थन थियो ।

दुई कार्यकाल सदस्य रहँदाको अनुभव कस्तो रह्यो ?

पहिलो कार्यकाललाई असाध्यै उत्साहजनक, चुनौतीपूर्ण र सफल मान्छु । दोस्रो कार्यकाल पहिलो जस्तो उचाइमा पुऱ्याउने खालको त भएन । तर नियमित काम भए । मेरो विचारमा नियमित काम पनि महत्त्वपूर्ण छन् । नियमित काम मात्रै पनि सबै हुने हो भने विकास भइहाल्छ ।

तपाईं नियमित काम बढी गर्नुपर्छ भन्दै हुनुहुन्छ । आयोगको उपाध्यक्ष भइसकेपछि त तपाईंले मुलुकको मुहारै फेर्न सक्नुहुन्छ भन्ने स्तरको अपेक्षा गरिँदै छ नि ?

यस्तो विषयलाई बुझाउनैपर्छ । त्यसकारण मैले आफूले गर्न नसक्ने वा क्षेत्राधिकारभन्दा बाहिरको कुरा गरेकै छैन । कुल गार्हस्थ्य उत्पादन (जिडिपी) दोब्बर गराइदिन्छु, प्रतिव्यक्ति आय अधिक बढाउँछु, बेरोजगारी घटाएर स्वाट्टै पाँच लाखमा झारिदिन्छु भनेर बोलेको छैन । मेरा पाँचछ प्राथमिकता छन्, जुन योजना आयोगमा गरिआएकै काम हुन् । योजना आयोग कार्यकारी निकाय होइन । भूकम्पका बेला काम पनि देखाइयो । हामीले त्यति बेला मरेर काम गरेकै हो ।

भूकम्पका बेला विपद्पछिको आवश्यकता पहिचान (पिडिएनए) बनाउनुभयो । तर त्यही गतिमा पुनर्निर्माणको काम भएन नि ?

भूकम्पपछिका चार महिना गौरव गर्न लायक काम भएका हुन् । पिडिएनए बनाउने, नीति बनाउने र अन्तर्राष्ट्रिय स्तरमा पाँच सय जति सहभागीलाई समेट्ने काम गऱ्यौं । पहिलो अनुभव नमुना नै हो । दाता सम्मेलन गरियो । त्यो पनि अपूर्व रूपले सफल भयो । त्यसपछि संस्थागत रूपमा अर्को निकाय बनाउनुपर्छ भनेर प्राधिकरण गठन गरियो । ढिलै भए पनि प्रमुख कार्यकारी अधिकृत (सिइओ) नियुक्त भए । हामीले कल्पना गरेअनुसारका काम त्यसपछि भएनन् । राजनीतिक दुर्घटनाहरू सुरू भए । हामीले योजना आयोगबाट राजीनामा दियौं, सरकार परिवर्तन भयो, नाकाबन्दी भयो, यो नेपालकै लागि दुर्भाग्य भयो । तर गरेको काम त 'रेकर्ड'मा छ । त्यसमा गौरव छ । त्यो गतिअनुसारको परिणाम अहिले नआएको हो । हामी कर्ता भएर काम नभएको भए अझ बढी ग्लानि हुन्थ्यो होला । तर देशका लागि यो दुःखको कुरा हो । पछि म योजना आयोगमा पुनः फर्केर आएँ । अर्को सिइओ नियुक्त हुनुभयो । तर प्रणाली अर्को 'ट्र्याक'मा गइसकेको रहेछ ।

पुनर्निर्माणका क्रममा हामी कहाँ चुक्यौं ?

साँच्चै शक्तिसम्पन्न संयन्त्रको कल्पना गरिएको थियो । शक्तिसम्पन्न संयन्त्र गठनका लागि बनेको ऐनको मस्यौदा 'कोल्याप्स' भयो । त्यसपछि अर्कै दिशामा गयो । अहिले राष्ट्रिय योजना आयोगभन्दा निकै कमजोर भूमिकामा छ, राष्ट्रिय पुनर्निर्माण प्राधिकरण । शिक्षाको काम शिक्षा मन्त्रालयले गर्ने, स्वास्थ्यको काम स्वास्थ्य मन्त्रालयले । यो संयन्त्र त हुलाकी जस्तो मात्रै भयो । कुनै अधिकार नै छैन । शक्तिशाली होस् भनेर सिइओको पदको दर्जा मन्त्रीस्तरको राखिएको हो । हटाउन पनि चानचुने किसिमले नहोस् भन्ने थियो । दातृ निकायसँग सीधै सम्पर्क गर्न सकिने कानुनी अधिकार पनि छ । राजनीतिक आशीर्वाद पनि छ । पैसा पनि छ भन्ने अवधारणाबाट संयन्त्र गठन गर्ने भनिएको थियो । तर ऐन त्यसअनुरूप आएन । नाकाबन्दी लागेपछि मुलुकको प्राथमिकता पनि परिवर्तन भयो । तातो फलाममा हान्ने भने झैं काम सुरू गर्नुपर्थ्यो । तर काम सुरू नै ढिलो भयो । ठूलो अवसर हामीले गुमायौं ।

योजना आयोगको उपाध्यक्षका रूपमा अब तपाईंका प्राथमिकता के हुन् ?

माघ ७ सम्म निर्वाचन हुने भएकाले प्रधानमन्त्रीको कार्यकाल पनि त्यहीँसम्म हो जस्तो लाग्छ । आयोगको अध्यक्ष नै प्रधानमन्त्री हुने भएपछि उहाँ हट्नासाथ हामी पनि हट्छौं । शेरबहादुर देउवा प्रधानमन्त्री भएर आएपछि मैले उहाँलाई चिठी लेखेको थिएँ । किनभने व्यक्तिगत सम्बन्ध त छ । तर म व्यावसायिक तरिकाले प्रस्तुत हुनुपर्छ भनेर पत्र पठाएको हुँ । त्यसमा आफू आयोग उपाध्यक्ष हुन योग्य भएको कारण दिएको थिएँ । सँगै आफूले गर्न सक्ने कामको सूची पनि दिएको थिएँ ।

मैले छ महिनामा गर्न सकिने खालका पाँचछ ओटा प्राथमिकता निर्धारण गरेको छु । पहिलो, योजना आयोगको पुनर्संरचना । दोस्रो, विकासको 'भिजन' तयार पार्ने । २०४८ सालपछि एक वा दुई आवधिक

योजनाको महत्त्व रहेको पाइन्छ । त्यसपछि हामी आवधिक योजनामा रूमल्लिरहेका छौं । योजनाको गुणस्तरै छैन । मन्त्रालयले पठाएकामा 'कम्पायल' गरेर सार्वजनिक गर्ने गरियो । यसमा मेरो असन्तुष्टि हो । तीनवर्षे योजनामा त केही गर्न सकिँदैन । आवधिक योजनाको औचित्य सकिएको छ । तर राजनीतिक रूपमा परिवर्तन भने भइरहेका छन् । त्यसैअनुसार परिवर्तन हुने खालका आर्थिक योजना खोइ भन्दै सार्थक र दीर्घकालीन योजनामा जानुपर्छ भन्ने हो । भिजन सन् २०३० को पनि गृहकार्य भइरहेको छ । यसबारे काम गर्नु छ । कुराहरू घुमीफिरी यिनै आउँछन्– जलस्रोत, कृषि, पर्यटन, सेवा क्षेत्र यस्तैयस्तै । भारत-चीनसँग नयाँ तरिकाले गाँसिने कुरा होलान् । तर यसलाई पनि नौलो किसिमले प्रस्तुत गर्नुपर्छ भन्ने हो । दिगो विकासको 'रोडम्याप'बारे काम गर्नु छ ।

तेस्रो, सङ्घीयतासँग सम्बन्धित छ । सात सय ४४ ओटा सरकार बन्दै छन् । प्रदेश सरकार आउँदै छ । बजेट हतारहतारमा बन्यो । स्थानीय तहलाई बजेट गएको छ, योजना बनेको छैन । केन्द्र सरकारको कार्यकाल कति छ, थाहा छैन । तर स्थानीय सरकारको कार्यकाल पाँच वर्षको हो । यस्तो लरतरो तालले हुँदैन । तर सात सय ४४ ठाउँमै योजना आयोग पुगेर योजना बनाइदिने, बजेट बाँडफाँट गरिदिने त हुँदैन । त्यसैले उनीहरूलाई सिकाउनुपर्ने हुन्छ । योजना आयोगकै हालको संयन्त्रबाट मात्रै पनि नहोला । विज्ञहरूलाई परिचालन गरेर काम गर्नुपर्नेछ ।

आर्थिक सुधार मेरो चौथो 'अजेन्डा' हो । अर्थ मन्त्रालयसँगको सहकार्यमा यो काम गर्नुपर्नेछ । ऐन, नियमावली, नीतिका कुराहरू आउँछन् अब । हाल वित्तीय अनुशासन तोडिएको छ । सन् २००६ पछिको बजेट विश्लेषण गर्न लगाएको छु । बजेटमा गर्न नहुने काम पनि गरिएका छन् । सङ्क्रमणका नाममा बजेटमा दुरूपयोग देखिएको छ । यस विषयमा अर्थ मन्त्रालय र योजना आयोग दुवैले मिलेर काम गर्नुपर्छ । अर्थ मन्त्रालयले सार्वजनिक खर्च पुनरवलोकन आयोगमा विश्वस्त व्यक्ति ल्याउन जरूरी छ । वित्तीय अराजकतालाई

'ट्र्याक'मा ल्याउनु छ । आर्थिक सुधारका अन्य प्राथमिकता पनि छन् । सार्वजनिक-निजी साझेदारी ऐन पनि ल्याउनु छ । प्रत्यक्ष वैदेशिक लगानी र ठूला लगानीमा समस्या देखिइरहेको छ । यसमा पनि विदेशी लगानीका विषयमा लगानी बोर्डसँग समन्वय गरेर काम गरिनेछ । अर्को, पूर्वाधारसम्बन्धी अजेन्डा हो । पूर्वाधारका विषयमा पनि केही प्रतिवेदन तयार भएका छन् । कानुन बनाएर अघि बढ्नुपर्नेछ । गौरवका आयोजनाहरूका विषयमा एउटा छाता ऐन ल्याउनुपर्नेछ ।

गौरवका आयोजनाका लागि छुट्टै ऐन नै ल्याउने हो र ?

कानुनी राय लिन बाँकी छ । राष्ट्रिय गौरवका आयोजनामा समस्या छ । बजेट नै अनियन्त्रित रूपले बढाइदिने, पछि खर्च नहुने प्रवृत्ति छ । पूर्वतयारी पनि छैन । त्यसका लागि छाता ऐन ल्याउनु छ । राष्ट्रिय गौरवमा अनुगमन बढाउँछौं । अरूण तेस्रो म आफैंले हेरेर आएँ । केही समस्याले गर्दा अघि बढ्न सकेका छैनन् । यी समस्या योजना आयोगको उपाध्यक्षले फुकाउन सक्छ ।

योजना आयोग कार्यकारी निकाय होइन । तपाईंले बनाएका योजना सचिवले, मन्त्रीले नमान्न पनि सक्छन् । तपाईंले भने जस्तो नहुँदा त कागजमा मात्रै हुने भयो नि ?

हो, योजना आयोगको सीमितता बुझ्न आवश्यक छ । म सदस्य भएर आउँदा कायापलट नै पो गर्ला कि भन्ने थियो । तर निश्चित दुई/तीन ओटा काम गरेर देखाएपछि त्यो अपेक्षा सेलायो । आजको भोलि नै तत्काल सुधार गर्ने ठाउँमा म छैन । म अर्थमन्त्री होइन । मेरो भिजन २०३० तिरको हो । आजको भोलि नै बाटो पिच गर्ने मेरो सोच पनि होइन । तर यसमा समन्वयकारी भूमिका निर्वाह गर्न सकिन्छ । यो सुझाव दिने निकाय हो । उपाध्यक्षले आफ्नो अधिकार राम्रैसँग प्रयोग गर्‍यो भने समस्या सुल्झाउन भूमिका खेल्न सक्छ । व्यक्तित्व, टिम, नेतृत्वले पनि फरक पार्छ । आफ्नो जिम्मेवारी म गर्छु । यो देशलाई आजको भोलि नै सिङ्गापुर बनाउने भूमिकामा म छैन ।

अर्को प्रसङ्गमा जाऔँ, पूरक बजेट ल्याउनेबारे कुनै गृहकार्य भइरहेको छ ?

यो वर्षका लागि ल्याइएको बजेट अपूर्ण, अपूरो र हात बाँधिएको खालको छ । नीतिगत सुधारका कुनै कुरा छैनन् । त्यसकारण पूरक बजेट आवश्यक छ । पूरक बजेट भन्नेबित्तिकै आकार बढाउने होइन । चुनावलाई प्रभावित गर्ने खालको हुनुहुँदैन । नीतिगत परिवर्तन र राजस्वमा सुधार गर्ने खालको हुनुपर्छ । अर्थमन्त्री, प्रधानमन्त्रीले चाहेमा हुन्छ पनि । मेरो राय मागियो भने नीतिगत सुधारमै प्राथमिकता हुनेछ ।

अन्त्यमा, तपाईंका योजना कार्यान्वयन हुन कस्तो वातावरण आवश्यक छ ?

आउँदो छ महिनामा प्रधानमन्त्रीको विश्वास निरन्तर र यथावत् हुनुपर्‍यो । उहाँ मेरो नेता र अध्यक्ष पनि हुनुहुन्छ । उहाँको सहयोग आवश्यक छ । जब मैले दुई महिनाअघि उहाँलाई पत्र लेखें, सुरूवात त्यही बिन्दुबाट भएको हो । उहाँले नियुक्ति गर्नु भनेको मेरा धारणालाई एक प्रकारले अनुमोदन गर्नुभएको हो । तर व्यस्त भएका कारण उहाँलाई पटकपटक जानकारी गराउनुपर्ने हुन सक्छ । दोस्रो कर्मचारीतन्त्र नै हो । सचिव, सहसचिवहरूको सहयोग आवश्यक हुन्छ । तर काम दौडाउने उपसचिव तहमा हो । यस्तो प्राविधिक खालको सहयोग आवश्यक हुन्छ । बाहिरबाट पनि विज्ञहरू ल्याउनुपर्ने हुन सक्छ । प्रक्रियागत तहको झन्झट सहज बनाउन सचिवहरूको भूमिका हुन्छ । हामीले खोजेको विज्ञ उपलब्ध हुनुपर्‍यो, उनीहरूले सहयोग गर्ने वातावरण हुनुपर्‍यो । अर्को, योजना आयोगको टिम हो । हरेक सदस्यको आआफ्नै भूमिका हुन्छ । उहाँहरूले पनि सहयोग गर्नुपर्छ । मेरो आग्रह उहाँहरूलाई पनि छ– एउटा-एउटा उल्लेख्य काम गरौं ।

कान्तिपुर, साउन २२, २०७४